Thilo Falk

Dark Clouds

Der Regen ist dein Untergang

THILO FALK

DARK CLOUDS

Der Regen ist dein Untergang

THRILLER

dtv

MIX
Papier | Fördert gute Waldnutzung
FSC® C083411
www.fsc.org

Originalausgabe 2022

Umschlaggestaltung: ZERO Werbeagentur, München
Umschlagmotive: shutterstock.com
Satz: Fotosatz Amann, Memmingen
Gesetzt aus der Minion, Trade Gothic und der Gill Sans
Druck und Bindung: CPI books GmbH, Leck
Printed in Germany · ISBN 978-3-423-22021-7

O, du Ausgeburt der Hölle!
Soll das ganze Haus ersaufen?
Seh ich über jede Schwelle
doch schon Wasserströme laufen.

(Goethe, ›Der Zauberlehrling‹)

PROLOG

»Es blieben nur noch 16 Tage bis zum Untergang Europas, wie wir es kannten, doch das wussten wir damals nicht.

Liebe zukünftige Kolleginnen und Kollegen, ich möchte Ihnen berichten von einem der größten, gefährlichsten und riskantesten Einsätze aller Zeiten.

Keiner der Beteiligten ist ohne schwere Blessuren daraus hervorgegangen. Niemand hatte sich einen Angriff dieser Größenordnung auf die freiheitliche Grundordnung vorstellen können. Wir werden unsere demokratischen und politischen Prozesse ebenso auf den Prüfstand stellen müssen wie die oft mangelhafte Zusammenarbeit der Ermittlungsbehörden.

Zudem sollten wir in Zukunft die Machtfülle und Dreistigkeit privater Akteure umfassender berücksichtigen.

Niemand hätte ahnen können, welche dunkle Zeit Deutschland und Europa unmittelbar bevorstand.

Vor allem aber sollten wir nie vergessen, wie fragil unser System ist: politisch, menschlich und klimatisch.«

12. Juni

10:17 Uhr, München

Philip Graf schaute auf. Vor dem Fenster rauschte es. Graf brauchte einen Moment, um zu begreifen, was er sah. Ein grauer Schleier hatte sich zwischen ihn und die Welt geschoben. Dichter Regen fiel in Schwaden. Daher das Rauschen. Blätter taumelten umher. Offenbar stürmte es auch. Zwischen den Wasserfäden blitzten da und dort weiße Flecken auf. Ein lautes Klacken mischte sich in das Rauschen, oder zumindest wurde Graf jetzt erst darauf aufmerksam.

Er wandte den Blick zurück auf den Bildschirm, dann wieder zum Fenster. Mehrere seiner Kollegen waren bereits aufgestanden und an die Scheiben getreten. Aus Sicherheits- und Klimaschutzgründen ließen sich die Fenster nicht öffnen.

Verrückt. Heute Morgen hatte die Wetter-App noch strahlenden Sonnenschein vorher-…

Graf sprang auf und sprintete in Richtung Treppenhaus. Einige Kollegen sahen ihm erstaunt hinterher. Er warf sich mit der Schulter gegen die rechte Seite der Doppeltür, schlitterte auf die Fahrstühle zu, entschied sich dann aber doch für die Treppe. Schließlich waren sie nur im dritten Stock. Graf hatte Mühe, in seiner Eile nicht auszurutschen. Er klammerte sich auf den Treppenabsätzen ans Geländer, bremste seinen Schwung. Wirbelte um die nächste Biegung, noch eine, noch eine, er kam fast aus dem Gleichgewicht, fing sich mit den Händen an der Wand ab, kühle Fliesen unter der Haut. Dann hatte er das Erdgeschoss erreicht, er brach durch die Türe ins Foyer, lief ohne anzuhalten zwischen Gaffern und Gästen hindurch in einer geraden Linie Richtung Parkplatz.

Er schoss durch die nächste Doppeltür hinaus ins Freie. Unter dem Vordach hatten sich einige Kolleginnen und Kollegen versammelt. Manche rauchten, andere bestaunten das Unwetter. Die weißen Flecken flogen nicht nur durch die Luft, sie lagen auch auf dem Boden. Es handelte sich um beinahe tischtennisballgroße Hagelkörner.

Die Luft war seit dem Morgen merklich abgekühlt. Die Feuchtigkeit traf Graf, als hätte ihm jemand einen kalten Waschlappen ins Gesicht geschleudert. Er drängelte sich zwischen den anderen hindurch, ohne merklich zu verlangsamen. Diejenigen an den äußeren Rändern der Gruppe, die dadurch hinaus in den Regen geschubst wurden, schimpften empört.

Graf rannte weiter, das Wasser fast wie eine Wand, der Regen kalt in seinem Nacken, die massiven Hagelbomben schmerzhaft, als bewürfe das Universum ihn mit Kastanien. Auf dem Parkplatz stand bereits das Wasser, und seine Ledersohlen fanden keinen Halt mehr. Er musste verlangsamen, um nicht zu stürzen.

Auf einmal nahm er den Lärm um sich herum wahr, den er bisher offenbar ausgeblendet hatte. Autoalarmanlagen jaulten, fette Tropfen platschten auf den Boden, in der Luft lag das massive Rauschen des Regens, die großen Hagelkörner knallten krachend auf den Boden, die Autodächer und die Heck- und Windschutzscheiben. Die Bäume bogen sich im Wind, ihre Blätter ein einziges Zappeln und Fauchen.

Endlich erreichte Graf seinen Wagen, die dunkelblaue Alfetta. Entsetzt bemerkte er mehrere tiefe Dellen im Dach, an einer Stelle war sogar bereits der Lack aufgeplatzt. Auch die Heckscheibe hatte es erwischt, durch die linke Seite zog sich ein langer Riss. Und das Unwetter schien an Kraft immer weiter zuzunehmen.

Graf kam schlitternd zum Stehen, prallte seitlich gegen seinen Wagen, schob mühsam die rechte Hand in die vollkommen durchnässte Hosentasche, um den Autoschlüssel hervorzuziehen. Er musste die Augen zusammenkneifen, um das Türschloss zu treffen. Regen lief ihm über das Gesicht. Er riss die Tür auf, ließ sich auf den Sitz fallen, zog die Tür wieder schnell hinter sich zu. Im Innern das Wagens war der Lärm noch viel schlimmer, das Prasseln der Tropfen, der Aufprall der Eiskugeln, die aus Tausenden Metern Höhe auf ihn und seinen Schatz herabstürzten. Ein Windstoß ließ den Wagen hin und her schaukeln.

Halb blind tastete Graf nach dem Zündschloss, schob den Schlüssel hinein, drehte ihn, trat auf Kupplung und Gas, hörte aber nur ein feuchtes Rattern. Die Zündung, ohnehin eine bekannte Schwachstelle des filigranen Italieners, spielte nicht mit. Graf schlug frustriert auf das Lenkrad. Die Einschläge der Hagelkörner klangen im kleinen Innenraum des Sportwagens wie Pistolenschüsse. Durch die Windschutzscheibe konnte er praktisch nichts erkennen, so stark regnete es. Zwischen den Schlieren hindurch war jedoch zu erahnen, dass auch die Motorhaube bereits einige deutliche Dellen aufwies.

Erneut drehte Graf den Schlüssel, er drehte und hielt, drehte und hielt, und auf einmal kam doch noch Leben in das Fahrzeug, der Motor hustete, sprang an, beinahe erlosch der Zündfunke gleich wieder, aber Graf kannte diese Macke schon, zügig trat er bei weiterhin durchgedrückter Kupplung aufs Gas. Er schaltete die Scheibenwischer auf die höchste Stufe und beugte sich vor, um wenigstens irgendetwas zu sehen. Langsam ließ er die Kupplung kommen, und der Wagen setzte sich in Bewegung. Vorsichtig, um keine Schäden an den übrigen geparkten Autos zu verursachen, lenkte Graf die Alfetta in Richtung Parkplatzrand. Fast schon hatte er die schützenden Bäume dort erreicht, da zerbarst mit einem lauten Krach die Windschutzscheibe. Von der Mitte aus breiteten sich Bruchlinien aus, einige Splitter krümelten auf den Beifahrersitz. Unwillkürlich stiegen Graf Tränen in die Augen. Wie viele Stunden hatte er in die Restaurierung dieses Wagens gesteckt, und jetzt war alles umsonst gewesen.

Natürlich war der Oldtimer versichert, aber von der Zahlung wurde er auch nicht wieder heil. Durch die Risse in der Scheibe sickerte Wasser und tropfte auf das Armaturenbrett. Wahrscheinlich würde er am Ende auch noch die Elektrik austauschen müssen. Graf schaltete den Motor aus und ließ die Stirn auf das Lenkrad sinken.

Er bemerkte nicht, wie das Unwetter innerhalb weniger Minuten abflaute. Einige letzte Hagelkörper tanzten über das Metall und den Asphalt, der Sturzregen wandelte sich in Landregen, dann endete er so abrupt, wie er begonnen hatte.

Als Graf schließlich aufschaute, zitterte er am ganzen Leib, weil seine Kleidung vollständig vom kalten Regen durchnässt worden war. Und wie zum Hohn strahlte ihm die Frühsommersonne durch die zerstörte Windschutzscheibe direkt ins Gesicht.

*

Graf schleppte sich zurück ins Büro. Für Notfälle hatte er einen Anzug in seinem Schrank hängen. Er zog sich auf der Toilette um.

Misstrauisch schaute er zum Fenster hinaus, als er zurückkehrte. Immer noch Sonne.

Wieczorek, der Kollege ihm gegenüber, fragte: »Was war das denn für eine Nummer? Hast du dich bei *Fast and Furious* beworben?«

Graf verdrehte die Augen. »Das ist eine Alfetta«, erklärte er. »Ein ›kleiner Alfa‹. Dem klassischen Rennwagen der Anfangsfünfziger nachempfunden. Wurde nur von 1972 bis 1984 gebaut. Ist technisch unzuverlässig und total rostanfällig. Aber ein Traum zu fahren.«

»Hast du sie neu?«

Graf schüttelte den Kopf. »Die stand in der Scheune meiner Großeltern. Eine echte Überraschung. Hatte schon mehr als 175 000 km auf dem Tacho, war aber sehr gepflegt. Das ist acht Jahre her, und seitdem habe ich sicher 10 000 Stunden Arbeit und doppelt so viel Euro in die Karre gesteckt.«

Wieczorek nickte in einer Mischung aus Ehrfurcht und Unglaube.

Graf konnte sich den Oldtimer leisten. Sein Gehalt war mehr als ausreichend, und seiner Frau gefiel es, dass er einem eigenen Hobby nachging.

Wenn er nicht im Homeoffice arbeitete, kam und ging er gewöhnlich früher als die Kollegen. Graf begann seinen Arbeitstag meist bereits um sechs, sodass er kurz vor 15 Uhr Feierabend machen konnte. Er war weder unfreundlich noch ungesellig, kam aber gut alleine klar.

Wenn er, so wie heute, im Büro arbeitete, trug er Hemd und Sakko. Eine Krawatte hatte er seit Jahren nicht mehr umgebunden. Er hätte nicht sagen können, ob er überhaupt noch eine besaß.

Graf war kein sportlicher Typ, hatte Übergewicht und bereits seit Mitte 40 einen Herzschrittmacher. Vom beinahe kreisrunden Kopf standen strubbelige dunkelblonde Haare in alle Himmelsrichtungen ab. Ein Dreitagebart zierte die untere Gesichtshälfte. Dazu trug Graf eine Brille, die zwar von einem aktuellen Designer stammte, aber auch schon vor dreißig Jahren im Angebot hätte sein können.

Bei den Kollegen war er beliebt wegen seiner witzigen Art, die Vorgesetzten schätzten ihn für seine Gründlichkeit.

Deswegen war er heute ins Büro gekommen – und hatte seinen Garagenschatz ruiniert. Um sich von dem Schreck abzulenken, widmete er sich wieder seinem Bildschirm. Er war mit einer eigenartigen Situation konfrontiert. Eine Reihe mittelständischer Unternehmen hatte in dichter Folge ähnliche Wetterschäden gemeldet. Es bestanden, zumindest soweit Graf bekannt war, keine persönlichen oder geschäftlichen Verbindungen zwischen den Geschädigten. Die Meldungen selbst waren teilweise direkt, teilweise über unterschiedliche Agenturen erfolgt. Sie wiesen keine identischen Textabschnitte auf – ein typisches Merkmal ungeschickt gefälschter Schadensanzeigen. Auch die Orte, an denen sich die Schäden ereignet hatten, sowie die Firmensitze ergaben kein offensichtliches Muster. Trotzdem hatte das System die Schäden als ungewöhnlich markiert und eine manuelle Prüfung empfohlen. Sie waren deutlich höher als in den Vergleichszeiträumen und lagen enger beieinander. Vor allem aber wiesen sie inhaltliche Ähnlichkeiten auf, die tatsächlich gegen eine zufällige Häufung sprachen.

Zwar deckten sich die genannten Zeitpunkte mit dokumentierten Starkwetterereignissen – Sturm, Regen, Gewitter. Es waren also wohl keine Erfindungen. Natürlich meldete immer irgendwer nach einem dicken Sturm auch ein paar runtergefallene Dachziegel, die dort schon seit Wochen lagen. Aber üblicherweise ergab sich bei den großen Versicherern aus der Dauer des Ereignisses und der betroffenen Fläche eine durchschnittliche Schadenssumme. Anders gesagt: Wenn man wusste, wie lange ein Unwetter dauerte und wie viele Bauten betroffen waren, ließ sich die Auszahlungssumme grob schätzen.

Das war auch nötig, denn nur wenn diese Risikoeinschätzungen stimmten, verdiente der Konzern Geld. Eine Versicherung machte Gewinn, wenn die Gesamteinnahmen unter den Gesamtauszahlungen blieben. Verrechnete man sich beim Risiko, wurden die Prämien zu niedrig angesetzt. Das verführte Kunden zum Wechseln, sodass die besonders schlecht kalkulierten Policen auch noch besonders beliebt waren. Der Verlust vervielfachte sich auf diese Weise. Kalkulierte man hingegen zu risikoavers, wurden die Policen zu teuer, und man verlor Kunden.

Graf war üblicherweise mit der Berechnung und Begutachtung von Großschäden beschäftigt. Aber Kleinvieh wie dieses machte eben in der Summe auch verdammt viel Mist. Und den Kollegen war es nicht gelungen, das Problem ausfindig zu machen. Falls eines bestand. Natürlich gab es auch immer die Möglichkeit eines sogenannten »Schwarzen Schwans«. So nannten Mathematiker ein sehr seltenes Ereignis, das daher für unmöglich gehalten wurde.

Wer nur weiße Schwäne kennt, könnte denken, dass alle Schwäne weiß sind. Aber der Anblick eines einzigen schwarzen Schwans beweist, dass das nicht stimmt.

So konnte es eine Versicherung in die Krise oder sogar in den Ruin treiben, wenn die Versicherungsmathematiker unwahrscheinliche – aber eben nicht unmögliche – Risiken nicht angemessen einpreisten.

Grafs Aufgabe bestand darin, herauszufinden, ob dies hier der Fall war. Ob jemand etwas übersehen hatte. Dann mussten die Tarife neu kalkuliert werden. Oder ob es sich schlicht um eine zufällige Häufung handelte, die ärgerlich war, aber kein Eingreifen erforderte.

14:45 Uhr, Hamburg

»… noch einmal darauf hin, dass für den Nachmittag eine Flutwarnung ausgegeben wurde. Kraftfahrzeughalter, die ihre Fahrzeuge auf dem Fischmarkt geparkt haben, werden dringend gebeten, diese zu entfernen.«

Fjella Lange riss die Verpackung eines Proteinriegels auf, während sie an der Pförtnerloge der TU Harburg vorbeiging, aus der die Radionachrichten erklangen. Sie war gerade mit dem Rad aus der HafenCity gekommen, es war angenehm warm und sonnig. Was für eine Pest, dass alle immer versuchten, Verantwortung abzuschieben. Ständig kamen Unwetterwarnungen, Sturmwarnungen, Flutwarnungen im Radio und sogar als Push-Nachrichten auf das Handy. Aber dann zogen doch nur ein paar harmlose Wölkchen auf, mehr nicht.

Schade eigentlich. Fjella war nicht nur Doktorandin in Wolkenkunde – Nephologie –, sondern auch eine echte Storm Chaserin. Wenn sie Gelegenheit hatte, fuhr sie Sturmfronten hinterher, um jedes Mal wieder staunend die gewaltvolle Entladung der meteorologischen Kräfte zu beobachten.

Sie kaute ihren Riegel. Spürte geradezu, wie ihre Muskeln die Nährstoffe aufsogen. Fjella blieb stehen, griff in ihren Rucksack, zog die Trinkflasche heraus. Nahm einen Schluck des Wassers, in das sie gleich zwei Tütchen Isopulver hineingegeben hatte.

Fjella war supersportlich, hatte den biegsamen Körper einer Turnerin. Das blonde Haar trug sie praktisch kurz. Strich sie es glatt, lag es wie eine Filzkappe auf ihrem Schädel, verwendete sie ein wenig Gel, konnte sie es gerade eben zu smarten Stacheln zupfen.

Für die 45-minütige Fahrt ins Institut hatte sie ihr Fahrradtrikot angezogen. Sie musste einige Dinge im Büro erledigen und in zwei Büchern in der Bibliothek etwas nachschlagen. Einerseits war es absurd, heutzutage noch irgendwo hinfahren zu müssen, um etwas zu erledigen. Andererseits war es manchmal auch ganz schön, dass sich nicht alles per Computer von zu Hause aus erledigen ließ.

Ihre Fahrradschuhe klickten auf dem Fliesenboden. In der Spiegelwand des Foyers nahm Fjella sich aus dem Augenwinkel wahr – geschmeidig wie ein schwarzer Panther huschte sie mit langen Schritten durch den Raum. Zwei schmale weiße Streifen führten seitlich an ihrer Sportkleidung von den Waden über die Hüften bis zu den Schultern. Ihr Gesicht war schmal geschnitten, Kinn und Nase spitz, die Augen schmal. Ihr Blick stets kritisch-zweifelnd. Sie galt als diejenige, die stets 200 Prozent gab und die unbequemen Fragen stellte. Nach wissenschaftlichen Zusammenhängen oder auch nach der Zweifelhaftigkeit der Finanzierung wichtiger Studien durch die Industrie.

»Hey«, grüßte im Vorbeigehen eine Studentin, die im Wintersemester eines ihrer Seminare besucht hatte. Fjella konnte sich nicht an den Namen erinnern, das Mädchen war auch nicht besonders aufmerksam gewesen. Vielleicht eine Susanne oder Lara. Sie nickte und grüßte unverbindlich zurück. »*Hej*«, sagte sie im dänischen Tonfall. Ihre Mutter war Hamburgerin, ihr Vater stammte aus Kopenhagen.

Die Treppe in den zweiten Stock nutzte Fjella als kleines High-Intensity-Training, um den Puls noch mal kurz in die Höhe zu treiben. Zum Abschluss ein paar Dehnübungen, dann die Mails, ein Konferenzcall mit Nephologie-Doktorand*innen in Argentinien, Japan und Kanada, mit denen sie eine gemeinsame Studie durchführte. Alle vier hatten vor, auf der Grundlage dieses Projekts ihre Dissertationen zu verfassen. Die Erhebungen der Wetterdaten lagen etwas hinter Plan. Erste, überschlägige Auswertungen zeigten zudem ein Übermaß an Ausreißern. Fjella hatte mit ihren Tabellen ein ähnliches Problem und war einerseits erleichtert, dass es den Kolleg*innen auch so ging, andererseits genervt über die Verzögerung.

Nach dem Call fuhr sie ihren Rechner herunter, griff ihren Rucksack und joggte in einem leichten Trott über den Campus in die Bib. Sie benötigte Angaben aus einem Jahresband der TROPOS, des Leibniz-Instituts für Troposphärenforschung, auf den aus Lizenzgründen kein Digitalzugriff möglich war. Außerdem war in der aktuellen Ausgabe von *Nature* ein Artikel von Bjorn Stevens erschienen, den sie mit dem Handy scannte, um ihn später zu lesen.

Um 16:07 Uhr schwang sich Fjella erneut auf ihr Rennrad und startete die Aufzeichnung der Trainingsdaten an ihrer Uhr. Es war zwei Grad kühler als vorhin, aber immer noch sonnig.

Sie querte die Süderelbe, fuhr am Wilhelmsburger Inselpark vorbei, diesem Pseudo-Sozialprojekt für eine sozial vernachlässigte Halbinsel. Die Georg-Wilhelm-Straße schnurgerade Richtung Spreehafen, vorbei an Lidl, Polizeiwache 44, Penny. Als sie in die Harburger Chaussee bog, konnte sie die Tankstelle bereits sehen … und dass sie unter Wasser stand. Ebenso wie die Hafenkante und die linke Straßenseite.

Was? Fjella verlangsamte, hielt jedoch nicht. War etwa doch etwas dran gewesen an der Flutwarnung?

Richtung S-Bahn-Station sah es schon wieder besser aus. Sie beschleunigte, querte die Veddel. Fuhr hinter dem nächsten Penny auf die Freihafenbrücke, unter sich die Nordelbe. Weit links von ihr wurde an der Spitze der HafenCity die Elbphilharmonie sichtbar, rechts lag die Elbbrücke und dahinter Entenwerder. Fjella musste noch an der MS Stubnitz vorbei über den Baakenhafen, um das Überseequartier zu erreichen. Dort, zwischen als Großraumbüros genutzten alten Fabriketagen, der HafenCity-Universität und allerhand schicken Hotelneubauten hatte sie ihr WG-Zimmer im Campustower in unmittelbarer Nähe zum Lohsepark.

Als der Bau in Sichtweite kam, griff Fjella so hart in die Bremsen, dass es sie fast vom Rad schleuderte. Das Wasser unter der Baakenhafenbrücke stand hoch wie nie, die Wellen nippten an den Betonlippen des Versmannkais rechts und des Buenos-Aires-Kais links. Der Park Baakenhöft, auf den sie direkt zusteuerte, stand zu zwei Dritteln unter Wasser. Der Boden unter ihr war jedoch trocken. Es hatte also nicht geregnet, sondern tatsächlich ein Hochwasser gegeben. Aber warum?

Langsam radelte sie über die Baakenhafenbrücke. Schaute sich verwundert um. Wie anders die Stadt gleich aussah, wenn das Wasser nur eineinhalb Meter höher stand als sonst.

Wie verwundbar. Wie … Fjella erschrak. Trat in die Pedale. Der Keller. Sie hatte gar nicht an die Kiste im Keller gedacht.

Sie sprang vom Rad, schloss die Tür auf. Der Boden um den Campustower war trocken, ebenso der Eingangsbereich. Sie nahm ihr Rad auf die Schulter, trug es, wie immer, hinunter in den Fahrradkeller. Sicherte es nervös mit dem Zahlenschloss. Als sie es eilig losließ, knallte der Schließzylinder gegen den Lack und verursachte eine hässliche Scharte. Das war ihr noch nie passiert!

Roch es hier unten feuchter und muffiger als sonst? Oder bildete sie sich das nur ein?

Unter der Metalltür, welche die restlichen Kellerräume vom Gemeinschaftsbereich abtrennte, leckten dunkle Wasserfinger hindurch. Fjella packte den Griff, wollte die Tür aufreißen, doch sie war abgeschlossen. Verdammt, natürlich!

Sie hastete die Treppe hinauf zu ihrer Wohnung im vierten Stock, riss die Kellerschlüssel vom Haken, rannte die Treppe wieder hinunter. Musste verdammt aufpassen, sich mit den glatten Fahrradschuhen nicht hinzupacken. Langsam, vorsichtig … Fjella öffnete die hellgraue Eisentür. Dahinter glänzte der Boden nass. Das Kellerlicht sprang an. Sofort konnte sie sehen, dass über die Rückwand des Kellers – die Seite zum Baakenhafen hin – Wasser lief. Irgendwo oberhalb von Normalnull musste es eine undichte Stelle geben, durch die das Hochwasser eindringen konnte. Es sickerte in dichten Schlieren die Betonwand herunter und breitete sich flächig aus.

»Oh nein, neinneinnein«, murmelte Fjella und hob die Hände an den Mund. »Bitte, nicht …« Sie patschte durch den Flur in Richtung des schmalen Kellerabteils, das zu ihrer Wohngemeinschaft gehörte. Es befand sich in der hintersten

Ecke des Kellers, sie hatte dort nicht viel gelagert, aber … Schon als Fjella hineinschaute, wusste sie, was geschehen war. Sie schniefte einmal laut, riss sich dann zusammen und fummelte den kleinen Schlüssel in das Vorhängeschloss. Tür auf, Matratze zur Seite, die war von unten ebenfalls klatschnass, das würde eine schöne Schimmelscheiße geben, aber nicht ihr Problem. Dahinter ihre drei Kisten. Die unterste war die wichtigste, deswegen hatte sie die zuerst hierhergetragen. Und jetzt … Sie riss die oberste herunter, spürte schon die Instabilität des Turms, aber wo sollte sie den Umzugskarton nun hinstellen? Ein Regal gab es nicht, am Boden stand drei Zentimeter hoch das Wasser.

Fjella drückte die Matratze weiter zur Seite, bog sie ein wenig, zog dann am oberen Ende und faltete sie. Wuchtete ihren Karton darauf. Den zweiten daneben. Als sie den untersten anheben wollte, hatte sie nur die Pappwände in den Händen – der vollkommen durchnässte Inhalt war mitsamt dem Boden einfach abgerissen. Sie warf die nutzlose Pappe zur Seite und betrachtete das Häufchen klatschnasses Papier vor sich auf dem Boden.

Die Fotoalben ihrer Familie. Für immer verloren.

Fjella schniefte erneut. Ihr Hals zog sich zu. Die Trauer traf sie wie ein Schlag in die Magengrube, bahnte sich als lang anhaltender Schrei den Weg ins Freie. »Aaaaahhhhhh!«, hallte es durch den Keller. »*For søren!* Verdammtes Kackscheißdreckswasser!«

Dann hörte sie die Rückwand des Kellers knacken.

19:31 Uhr, Frankfurt 

Arian Fischer war keiner dieser Diplom-Ingenieure, die Wert darauf legten, Jahrgangsbeste zu werden. Im Gegenteil, er hatte für sein Studium zwei Semester länger als die Regelstudienzeit benötigt und dennoch nur einen befriedigenden Abschluss erhalten.

Er war ein Mann der Praxis, nicht der Theorie. Die Arbeit an konkreten Projekten hatte ihm stets mehr Freude bereitet als das Durcharbeiten von Lehrbüchern. Früher hatte er sich gern in Projekte hineingekniet und Nächte durchgearbeitet. Inzwischen war er happy damit, seinen Job ordentlich zu machen und pünktlich Feierabend zu haben.

Fischer war groß und schlank. Gäbe es mehr Frauen in der Baubranche, wäre er sicher der Hahn im Korb gewesen. So aber blieb es bei einem freundlichen Lächeln für die wenigen Kolleginnen, eine Affäre würde das Leben zu sehr verkomplizieren. Der Analyst hatte von Natur aus lockige Haare und trug lieber Jeans und Hoodie als Anzug.

Heute war Arian nicht im Homeoffice in Dreieich geblieben, sondern in die City gefahren, weil er einige Einkäufe für sich und seine Nachbarin zu erledigen hatte. Die nette alte Dame, die ihm gegenüber wohnte, war schon über 80. Sie hatte sein Angebot dankend angenommen, ihr einen Teil der Besorgungen abzunehmen. Im Gegenzug versorgte sie ihn im Winterhalbjahr mit wirklich ausgezeichneten selbst gekochten Marmeladen. Manchmal, wenn Arian ein neues Glas öffnete und ihm der intensive Duft entgegendrang, überlegte er, mit Frau Ott zusammen einen kleinen Marmeladenshop im Internet aufzusetzen. Einfach nur zum Spaß und um anderen Menschen eine Freude zu machen. Doch sie kam mit ihrer Rente aus, und er saß sowieso genug vor dem Rechner.

Als Datenanalytiker bei TM Beton, Deutschlands größtem Bauunternehmen, bestand seine Aufgabe darin, die ständig zunehmenden Ströme an möglicherweise relevanten Informationen im Blick zu behalten. Er sollte Alarm schlagen, wenn etwas die Geschäftsabläufe beeinträchtigen könnte. Dafür berücksichtigte er einerseits die gesamten eigenen Daten der Firma: Angebote, Bestellungen, Lieferungen, Termine, Engpässe, Krankentage, Mitarbeiterfluktuation. Darüber hinaus liefen auf seinem Rechner Informationen über die unterschiedlichen benötigten *commodities* ein: die Preisentwicklung von Sand, Kies, Zement, Stahl. Die aktuelle Lohnentwicklung in allen europäischen Staaten, die aktuelle Inflation, die Kurse von Euro, Dollar, britischem Pfund, Schweizer Franken, russischem Rubel, chinesischem Yuan und japanischem Yen. Die Prognosen der Wirtschaftsweisen, der Bundesregierung, der EU; die innerdeutsche, europäische, amerikanische und globale Zinsentwicklung. Weitere Einflussfaktoren auf das Baugewerbe waren der globale Konjunkturverlauf, die Jahreszeiten, das Wetter. Ebenso konnten politische Probleme Auswirkungen haben, weil Handelswege unterbrochen oder Sanktionen verhängt wurden. Daher *monitorte* Arian über die von TM Beton selbst generierten Informationen hinaus zahlreiche Kennzahlen, Datenbanken und Aggregatoren. Eine seiner Aufgaben bestand darin, monatliche Langzeit- und wöchentliche Kurzzeitprognosen zu erstellen, die als Gesprächsgrundlage für Verhandlungen sowie informelle Treffen mit Politikern genutzt wurden.

All das hatte er so weit wie möglich automatisiert. Selbst programmierte Algorithmen bewerteten die eingehenden

Kennzahlen und verständigten Arian nur, wenn etwas Unerwartetes geschah. Einen Großteil der Zeit konnte er daher mit Daytrading oder Computerspielen verbringen – oder er verschaukelte Verschwörungstheoretiker in ihren geheimen Chatgruppen. Das war auch immer lustig.

»Komm, Konrad, Schluss für heute«, sagte Arian und versetzte gleichzeitig seinen Computer in den Ruhezustand. Seinen zotteligen Puli hatte er nach Konrad Zuse benannt, der 1941 den ersten funktionsfähigen Computer der Welt baute. Der Hund, der es sich in seinem Korb unter dem Schreibtisch gemütlich gemacht hatte, schaute auf. »Ja, Konrad, wir gehen jetzt los«, sagte Arian. Manchmal fragte er sich, ob er mit seinen 32 Jahren etwas zu fixiert auf das Tier war. An Homeoffice-Tagen war Konrad manchmal der Einzige, mit dem er sprach. Dann konnte es schon mal vorkommen, dass er dem Puli beim Abendessen die neuesten News aus der Betonbaubranche erzählte.

Vielleicht sollte er sich doch endlich mal bei einer dieser Datingplattformen anmelden. Bisher hatte er sich nicht dazu überwinden können. Arian Fischer mochte ein IT-Nerd und ein Einzelgänger sein, aber tief im Herzen war er zugleich ein schrecklicher Romantiker. Er zog ein schönes Liebesdrama jedem Actionthriller vor. Obwohl man da natürlich genauso wusste, wie es ausgehen würde. Und auf keinen Fall hätte er diese Leidenschaft irgendjemand außer Konrad gegenüber zugegeben.

Pulis waren keine besonders praktischen Hunde. Ihr Fell hing in langen Schnüren bis auf den Boden, sodass sie aussahen wie Rastas. Einst wurden die Tiere von ungarischen Schafhirten als Hütehunde eingesetzt. Sie waren selbstständig, willensstark, wachsam, mutig, intelligent, loyal – und wetterfest. Arian und Konrad gingen bei jedem Wetter gern raus. War der Puli einmal durchnässt, dauerte es zwar lange, ihn zu trocknen. Aber egal, Arian hatte sich im Tierheim ganz einfach in diesen Hund verliebt, den irgendein Schwein an einer Autobahnraststätte angebunden hatte.

Arian ging zur Tür, klopfte auf seinen Oberschenkel. »Komm, los geht's!«

Der Puli kam angetrabt. Arian nahm seinen Rucksack und die Jutetaschen mit den Einkäufen für Frau Ott und schloss die Tür hinter sich. Mit einem Klicken rastete das automatische Schloss ein. Niemand in der Firma hatte Zugriff auf mehr sensible Daten als Arian, deshalb war nicht nur sein Rechner verschlüsselt und mittels 2-Faktor-Authentifizierung besonders gesichert, sondern auch sein Büro selbst konnten nur er und Thomas Müller, der CEO von TM Beton, per Fingerabdruck öffnen. Einem Angriff mit den üblichen Werkzeugen – Kuhfuß, Flex, Säbelsäge – würde das Schloss mindestens 30 Minuten standhalten. Zugleich würde ein derartiger Angriff die Alarmanlage auslösen, und nach spätestens zehn Minuten wäre der Objektschutz vor Ort.

Das Büro von TM Beton lag günstig. In fünf Minuten erreichte Arian die S-Bahn-Station Hauptwache. Tagsüber hatte es zwar mehrfach Regenschauer gegeben, aber immer wieder war es aufgeklart. Nun zog der Himmel erneut zu. Arian überlegte kurz, ob er in einem der zahlreichen Lokale einkehren sollte, statt sich zu Hause wieder mal Nudeln zu kochen. Aber nachher würde es vielleicht wieder regnen. Daher beschloss er, gleich zu fahren.

S3 und S4 benötigten eine gute Viertelstunde bis nach Dreieich-Buchschlag, von dort waren es noch einmal acht Minuten zu Fuß. Unter 30 Minuten Weg, und dafür wurde

Arian Fischer am Wochenende von Vogelgezwitscher geweckt statt vom Rauschen der Autos. Aus dem Homeoffice machte er mit Konrad gern eine Mittagsrunde von 45 Minuten um eine in der Nähe gelegene Pferdekoppel. Am Wochenende joggten sie im Wald oder waren mit dem Mountainbike unterwegs.

Arian und Konrad bestiegen einen Waggon und suchten sich eine freie Sitzbank. Die Einkaufstaschen stellte er zwischen seine Füße. Der Zug fuhr an. Arian zog sein Handy heraus und öffnete Telegram. Sie erreichten die Konstablerwache, dann die Ostendstraße, gleich würden sie den Main unterqueren.

Konrad wimmerte leise, als die Türen der Bahn sich schlossen. »Ist ja gut. Wir sind ja bald da«, murmelte Arian abwesend.

Auf einmal verlangsamte der Zug, blieb dann ganz stehen. Arian sah auf. Erst jetzt bemerkte er, dass einige Passagiere, die neu eingestiegen waren, Schirme bei sich trugen oder nass geregnet waren. Das Licht flackerte kurz. Die Lautsprecher knacksten, dann war ein Rauschen zu hören. Das Licht flackerte erneut. Konrad wimmerte wieder. »Ist ja gut, ist ja gut«, sagte Arian. Er steckte sein Handy weg und streichelte den Puli beruhigend. Der Hund zitterte ein wenig.

»Was soll das denn jetzt wieder?«, murmelte ein Geschäftsmann im Anzug auf der gegenüberliegenden Gangseite. Ungeduldig schaute er auf seine Armbanduhr.

Eine ältere Dame zwei Sitzbänke weiter erhob sich und öffnete das Kippfenster oberhalb ihres Platzes. Die Luft, die hereinquoll, war kühl und feucht.

Wieder flackerte das Licht, dann setzte sich die Bahn in Bewegung. Sie fuhren zurück in die Richtung, aus der sie gekommen waren.

»Aufgrund einer betrieblichen Störung wird dieser Zug ausgesetzt. Bitte bewahren Sie Ruhe. Wir wechseln die Fahrtrichtung und kehren zurück zur Ostendstraße.« Der Zug ruckelte. Er fuhr langsamer als üblich. Arian fragte sich, warum das der Fall war. Der Fahrer saß in der ursprünglichen Fahrtrichtung vorn, konnte also jetzt nicht mehr sehen, wo es hinging. Aber beim Schienenverkehr musste man ja nicht lenken, sondern nur beschleunigen und abbremsen. Egal, besser zu langsam als zu schnell.

Die Bahnhofsbeleuchtung zeichnete sich vor den Fenstern ab. Doch als sie den Bahnsteig erreichten, ergoss sich augenblicklich ein Wasserschwall über den Waggon. Unwillkürlich zuckte Arian zurück. Was war das?

Der Zug kam zum Stehen. Mit einem leisen Zischen öffneten sich die Türen automatisch. »Bitte verlassen Sie zu Ihrer eigenen Sicherheit die Waggons«, forderte die Lautsprecherstimme. »Aufgrund einer Unwetterlage kommt es zu Überflutungen. Bitte verlassen Sie daher zu Ihrer eigenen Sicherheit zügig die Station. Es besteht keine Gefahr.«

»Haha«, murmelte Arian. »Die wissen auch nicht, was sie wollen. Es besteht keine Gefahr, aber zur Sicherheit sollen wir hier raus. Na komm, mein Junge.« Er setzte seinen Rucksack auf, nahm die Tasche mit den Einkäufen in die eine, Konrads Leine in die andere Hand.

Doch die Mitfahrer stauten sich vor den Türen. Als Arian ihnen über die Schultern spähte, erkannte er auch, warum: Von der Decke der Bahnstation lief das Wasser herunter. Es klatschte auf das Dach der S-Bahn und lief über Fenster und Türen. »Raus, nichts wie raus hier!«, hörte er auf einmal eine kräftige Männerstimme. Ein junger Kerl drängelte sich zwischen den anderen Fahrgästen hindurch, sprang zur

Tür hinaus und rannte über den Bahnsteig Richtung Aufgang.

»Bitte verlassen Sie sofort die Waggons!«, hallte es aus den Lautsprechern. Einer nach dem anderen folgte der Aufforderung. Arians Schuhe waren sofort durchnässt, als er auf den Bahnsteig trat. Seine Einkaufstasche machte ihn etwas unbeweglich, daher hatte er den Waggon als Letzter verlassen. Hinter ihm schloss sich die Türe wieder – halb. Dann öffnete sie sich erneut. Das wiederholte sich in einer endlosen, von scharfen Zischtönen begleiteten Schleife. »Bitte verlassen Sie zügig den Bahnsteig! Es besteht keine Gefahr! Bitte benutzen Sie nicht die Notausgänge. Bitte bewahren Sie Ruhe! Bitte verlassen Sie zügig den Bahnsteig! Es besteht keine Gefahr …«, verkündeten die Lautsprecher im Bahnhof.

Arian sah sich nach dem nächstgelegenen Ausgang um. Auf einmal traf ihn ein Wasserschwall, als hätte jemand einen Eimer über ihm entleert. Augenblicklich war er vom Hoodie bis zur Unterhose vollständig durchnässt. Reflexhaft sprang er zur Seite. Konrad begann zu bellen. »Ist ja gut, ist ja gut«, murmelte Arian. Er hätte nicht sagen können, ob er damit Konrad oder sich selbst beruhigen wollte.

Vier Aufgänge führten vom Bahnsteig zu den Ausgängen. Auf einmal stoben ein paar Fahrgäste, die gerade versuchten, durch den hintersten Aufgang ins Freie zu gelangen, kreischend auseinander. Eine massive Welle, die aus dem Treppenschacht schoss, brachte eine junge Frau zu Fall. Jemand streckte ihr eine Hand entgegen, die sie im letzten Moment, bevor sie auf die Gleise gespült wurde, noch zu fassen bekam.

In der Mitte des Bahnsteigs hatte sich ein Grüppchen Jugendlicher auf eine Bank gerettet und filmte mit ihren Handys. Die Lichter im Zug erloschen. Die Türen blieben halb offen stehen, rührten sich aber nicht mehr. Aus dem Tunnel auf Arians Seite des Bahnhofs drang eine dünne, stinkige Rauchfahne. Offenbar hatte es irgendwo einen Kurzschluss gegeben. Er sah auf den Boden. Wasser lief über den Bahnsteig ins Gleisbett, wo sich die Stromabnehmer befanden. Vielleicht sollte er es den Teenagern nachmachen, bevor Konrad und er einen Schlag bekamen.

Da begriff er: Das Licht und die Türen der Bahn waren tot, weil die Leitstelle aus Sicherheitsgründen den Saft abgedreht hatte.

Die Durchsage auf dem Bahnsteig endete mitten im Satz. Eine unheimliche Stille breitete sich aus, einen Moment lang war nur das Rauchen und Tropfen des Wassers zu hören. Dann folgte eine neue Durchsage: »Bitte bleiben Sie, wo Sie sind. Es besteht keine Gefahr. Bitte bleiben Sie, wo Sie sind. Die Rettungskräfte wurden verständigt. Sie werden evakuiert. Bitte bleiben Sie, wo Sie sind. Es besteht keine Gefahr. Die Rettungskräfte wurden verständigt und werden in Kürze bei Ihnen sein. Bitte leisten Sie den Anweisungen des Rettungspersonals Folge. Es besteht keine Gefahr. Bitte bleiben Sie, wo Sie sind ...«

Konrad presste sich eng an Arians nasses Hosenbein. Er konnte das Zittern des verunsicherten Tiers deutlich spüren. Immer mehr Wasser strömte aus den Aufgängen und aus den Lüftungsschlitzen auf den Bahnsteig. Arian trat einen Schritt näher an die Wand, um der Strömung auszuweichen. Er hielt in jeder Hand eine mittlerweile ebenfalls vollkommen durchnässte Stofftasche mit Einkäufen.

Auf einmal tauchten Feuerwehrmänner in voller Montur auf und scheuchten die Fahrgäste vor sich her. »Kommen Sie, da lang, da lang, los, gehen Sie, schneller, schneller!« Die Gestalten in den massiven Stiefeln, dem Sicherheitsanzug, mit Beil und Helm wirkten wie aus einem Film. Arian hätte nie gedacht, wie dankbar er sein würde, dass ihm jemand in einem derartigen Notfall klare Anweisungen gab. »Hier, kommen Sie, hier entlang, nehmen Sie den Hund mit, kommen Sie, kommen Sie, hier ist es sicher!«

Er hastete hinter dem Feuerwehrmann her durch einen Gang, eine stillstehende Rolltreppe hinauf, zwei andere Fahrgäste noch hinter sich. »Komm, Konrad, kommt mit!«, rief er über den Lärm der Durchsage und des Wassers hinweg.

Sie erreichten das Erdgeschoss und sammelten sich in der Vorhalle. Auch hier lief Wasser die Wände herunter, aber draußen vor den Türen war es noch schlimmer. Der Regen kam vom Himmel wie beim Jüngsten Gericht. Die Kanalisation versagte, aus den Gullis sprudelte braune Kloake. Wenigstens wurde sie sofort vom Regen weggespült.

Der Betreiber des Bahnhofskiosks händigte kostenlos heißen Kaffee aus. Arian nahm einen Becher. »Danke.«

So plötzlich, wie es begonnen haben musste, war das Unwetter wieder vorbei. Im einen Moment dröhnte es noch auf dem Bahnhofsdach, trommelte draußen auf den Gehsteig und rauschte die Wände herunter und über den Boden. Und auf einmal war alles vorbei. Es wurde heller und leiser. Die ersten Menschen traten vor die Türen, dann mehr und mehr, bis auch Arian ihnen folgte.

»Der Zugverkehr wird aus Sicherheitsgründen vorerst ausgesetzt. Der Zugverkehr wird aus Sicherheitsgründen vorerst ausgesetzt. Der Zugverkehr …«

Arian sah sich um. Er war nass bis auf die Unterhose, und ihn fröstelte. Sollte er zurück ins Büro gehen? Und dann?

Auf einmal hielt ein Taxi vor ihm. Arian reagierte zuerst

nicht. Der Geschäftsmann, der ihm in der Bahn gegenübergesessen hatte, schubste ihn beiseite und riss die Beifahrertür auf. Er ließ sich auf den Sitz fallen.

Ohne darüber nachzudenken, machte Arian es ihm nach. Er öffnete die hintere Tür, scheuchte Konrad in den Wagen, sprang mit seinen Einkaufstaschen dann selbst hinein. »Wir können das Taxi teilen«, sagte der Geschäftsmann von vorn, ohne sich umzudrehen, »wenn wir zuerst zum Flughafen fahren.«

Der hatte Nerven. Nach so einem Schock wollte er fliegen. Da konnte man ihm nur wünschen, dass das Wetter hielt.

»Kein Problem. Ich muss nach Dreieich«, sagte Arian. Das war ohnehin nicht weit vom Flughafen. Besser, als in dem Chaos, das jetzt in der Stadt herrschte, ein neues Taxi finden zu müssen.

Der Wagen fuhr an. »Frankfurter Innenstadt teilweise überflutet«, las der Geschäftsmann von seinem Handy ab. »S-Bahn-Verkehr eingestellt. Feuerwehr im Dauereinsatz. Drei Züge mussten evakuiert werden.«

Arian stellte sich vor, wie es gewesen wäre, wenn die Bahn nur eine oder zwei Minuten später gestoppt hätte. Dann wäre eine Umkehr kaum möglich gewesen.

»Acht Zentimeter Regen in nur 20 Minuten. Die Bahnstationen wurden überflutet, ebenso einige Kellerräume von Bürobauten. Der Pegel des Mains ist um 20 Zentimeter gestiegen. Teile des Gutleut-Viertels ohne Strom …«

So ging es weiter bis zum Flughafen. Der Mann schaute kurz nach hinten zu Arian, dann drückte er dem Taxifahrer einen Hunderter in die Hand. »Ich brauche eine Quittung. Fahren Sie ihn nach Dreieich. Der Rest ist für Sie.«

»Das ist doch nicht …«, setzte Arian an.

»Ist doch nicht mein Geld«, sagte der Geschäftsmann.

»Okay, danke.«

Erstaunlich. Oder vielleicht hatte Arian auch einfach seinen Vorurteilen beim Anblick des dunklen Anzugs freien Lauf gelassen.

Zu Hause schaltete er die Heizfunktion in Konrads Hundebett ein – der Puli würde dann zwar morgen muffig riechen, bekam aber wenigstens keine Erkältung. Er selbst duschte lange und heiß, schlüpfte danach in seinen Jogginganzug. Er trocknete Frau Otts Einkäufe ab und brachte sie ihr. Kurz überlegte er danach, sich eine Pizza zu bestellen, stellte aber fest, dass er gar nicht hungrig war.

Stattdessen schaltete er den Fernseher ein und begann, parallel auf dem Laptop durch regionale News-Seiten zu scrollen.

Viele der Videos stammten von Usern aus sozialen Medien. Zig Autofahrer, die langsam durch das immer tiefer werdende Wasser fuhren, bis ihre Karren wortwörtlich absoffen und sie die Wagen stehen lassen mussten. Fotos und Videos aus mehreren S-Bahn-Stationen: Wasser regnete von der Decke, lief über die Bahnsteige, setzte die Gleise unter Wasser. Die Treppen waren Wasserfälle, die Rolltreppen standen. Ein Zug steckte über 30 Minuten lang in einem Tunnel fest. Die Stimmung unter den Passagieren schwankte zwischen ängstlich und aggressiv. Aus einer Wohnung im zweiten oder dritten Stock hatte jemand gefilmt, wie auf der Straße unten ein Feuerwehrwagen nach dem anderen vorbeibrauste, dicht gefolgt von zahlreichen Krankenwagen.

Die Insassen eines Busses, der einfach mitten auf dem Willy-Brandt-Platz angehalten hatte, filmten durch die Fenster nach draußen. Es sah aus, als stünden sie in der Waschanlage. Der Flughafen meldete, dass nach einer Unterbrechung des Flugverkehrs aus Sicherheitsgründen Starts und Landungen nun wieder planmäßig erfolgen konnten.

Ein Replay des Regenradars zeigte, wie rasant sich das intensive Unwetter gebildet hatte – und wie schnell es wieder vorüber gewesen war.

Am Frankfurter Römer war es zu leichten Unwetterschäden im Dachbereich gekommen, die provisorisch gesichert wurden. Der Eiserne Steg, die bei Liebespaaren beliebte Brücke über den Main, war vorläufig gesperrt. Jemand hatte von der Alten Brücke aus ein Foto der Maininsel gemacht – sie stand nahezu vollständig unter Wasser. Die Europäische Zentralbank und die Deutsche Bundesbank meldeten einen störungsfreien Betrieb des Finanzsystems.

In einer Live-Schalte diskutierten zwei Wissenschaftler über das Thema »Ist das noch das Wetter oder schon das Klima?«.

22:12 Uhr, Seesen

»Und, wie war's?«, fragte Nele. Die 17-Jährige babysittete regelmäßig Jan Baumanns Tochter Mia, wenn er sich außerhalb der Schulzeit um Arbeiten in seinem B&B kümmern oder dringende Büroarbeiten erledigen musste. Heute war der Grund ein anderer gewesen: Baumanns erstes Date seit dem Tod von Mias Mutter vor über zwei Jahren.

Baumann hatte sich in Schale geworfen: weißes Hemd, schwarzes Sakko, nur der oberste Knopf offen. Vorgestern war er beim Friseur gewesen. Sein Haar wuchs noch dicht, und den ersten Hauch Grau hatte er wegfärben lassen. So eitel war er dann doch. Auf dem etwas länglichen Gesicht zeigte sich schon wieder ein Bartschatten. Zwanzig Jahre jünger, und Baumann wäre der perfekte Schwiegersohn gewesen – brav und zuverlässig, aber mit einem frechen Glitzern in den Augen.

Das war lange her und längst vorbei. Heute war er als alleinerziehender Vater mit gebrochenem Herzen, noch dazu selbstständig mit einem kleinen Bed & Breakfast, schwer vermittelbar. Und wusste zudem nicht einmal selbst, ob er überhaupt schon wieder bereit war, vermittelt zu werden.

Nele schaltete den Fernseher stumm, nahm die Füße vom Couchtisch und hielt Baumann eine noch halb volle Schüssel mit Popcorn hin. Der schüttelte den Kopf. »Danke. Es war … wahrscheinlich völlig in Ordnung. Ich bin aus der Übung. Sie hat erzählt, auf wie vielen Dates sie schon war. Mehr als 30. Das macht mir nicht unbedingt Mut.« Er seufzte. »Der Film war okay, danach hat sie sich von mir mit einem Küsschen verabschiedet.« Er fing sich. »Aber das wolltest du vermutlich alles gar nicht so genau wissen. Wie lief es mit Mia?«

Nele winkte ab. »Alles bestens. Sie ist ein Schatz. Hier« – sie griff nach einem Blatt, das umgedreht neben ihr auf dem Sofa lag – »sie hat etwas für dich gemalt.« Baumann trat einen Schritt vor und nahm das Bild.

Drei Strichmännchen, zwei groß, eines klein, Hand in Hand. Eine der größeren Figuren hatte Engelsflügel. Daneben ein kleiner brauner Kater. Um die Figuren herum schwebten ganz viele Herzen und über ihnen eine leuchtend gelbe Sonne. Und als wäre das noch nicht eindeutig genug, stand unter den Figuren: Mama, Papa, Mia, Johnny.

Baumann seufzte. »Tja«, sagte er nur leise.

Nele zuckte mit den Achseln und schaltete den Fernseher aus. »Ich geh dann mal«, sagte sie.

Baumann zog sein Portemonnaie aus der Tasche und zählte 40 Euro ab.

Nele steckte das Geld ein und verabschiedete sich.

»Danke noch mal«, sagte Baumann. Er brachte sie zur Tür. Trat danach in die Küche. Überlegte, ob er sich ein Bier aufmachen oder einen Espresso kochen sollte. Entschied sich dann gegen beides.

Ging stattdessen ins Bad und putzte sich die Zähne. Er fühlte sich erschöpft und schmutzig.

Natürlich war es ganz normal, dass er eine Dating-App nutzte. Er war schließlich ein Mann in den besten Jahren und hatte auch seine Bedürfnisse. Aber wenn er ehrlich mit sich war, dann bestand sein einziger ernst zu nehmender Wunsch darin, dass Yvonne wieder bei ihm wäre.

Leise öffnete er die Tür zu Mias Zimmer. Im Dunkeln trat er an ihr Bett. In Mias Armbeuge lag ihr Stoffkater Johnny. Die zarten Atemzüge seiner Tochter waren kaum hörbar.

»Ich vermisse sie auch so sehr«, flüsterte Baumann und strich seiner Tochter sanft über das Haar. »Jeden Tag.«

Nachts, am Bett seiner Tochter, waren die einzigen Momente, in denen er weinen konnte. Sonst hatte er sich stets unter Kontrolle. Yvonne war jetzt zwei Jahre tot, das Leben ging weiter. Musste weitergehen, schon Mia zuliebe.

Mehrfach hatte er sich bei seinem Date dabei erwischt, wie er sein Gegenüber mit Yvonne verglich. Obwohl ihm klar war, dass das nichts brachte. Und es tat ihm leid für die fremde Frau, die ja auch nichts dafür konnte, dass er ein emotionaler Krüppel war.

Baumann fuhr sich mit dem Handrücken über die Augen, dann beugte er sich vor und gab seiner schlafenden Tochter einen Kuss auf die Wange. Die reagierte darauf, indem sie die

Stirn runzelte, etwas Unverständliches murmelte, sich auf den Bauch drehte und ihr Gesicht im Kissen vergrub.

Mit einem Lächeln verließ Jan Baumann das Kinderzimmer. Er hätte nicht gewusst, was er täte, wenn es Mia nicht gäbe. Sie war es, die ihn am Leben hielt. Sie allein.

Ausgewählte Nachrichten vom 12. Juni

Hamburg. Das angekündigte Hochwasser, vor dem der Deutsche Wetterdienst in einer Ad-hoc-Mitteilung nachdrücklich gewarnt hatte, fiel erheblich niedriger aus als vorhergesagt. Entgegen der Vorhersage waren nur unmittelbare Elbanlieger betroffen. Viele Bürger beklagten sich über die, so wörtlich, »Panikmache«. Abgeordnete aller Parteien wiederholten ihre Forderung nach einer Überprüfung der Etats für den Wetterdienst mit der Begründung, so Fachbereichssprecher Lars Thomsen, »wer keine Leistung bringt, sollte auch nicht bezahlt werden«. Es handelte sich bereits um die dritte Warnung dieser Art im Verlauf des Jahres.

Berlin. Die Bundesinnenministerin hat die neue Kampagne »Fühl dich sicher« vorgestellt. Sie soll der Terrorangst in der Bevölkerung, die durch die zahlreichen Anschläge in den letzten Monaten deutlich zugenommen hat, etwas entgegensetzen. »Es ist immer noch sicherer, ein Konzert zu besuchen, als mit dem Auto dorthin zu fahren«, betonte die Ministerin. Zuletzt waren mehrfach öffentliche Einrichtungen Ziel von Terrorgruppen geworden.

Amsterdam. Die überparteiliche Naturschutzorganisation Greenpeace hat ihren Jahresbericht vorgestellt. Darin wird insbesondere vor massiven Folgen einer weiteren ungebremsten Klimaveränderung gewarnt. Ein Sprecher sagte, es sei wissenschaftlich kaum absehbar, welche Konsequenzen die Erderwärmung haben werde. »Sicher ist nur, dass es schlimmer wird, als wir es uns vorstellen können, deswegen müssen wir alles tun, was uns noch möglich ist«, hieß es. Die Brüsseler Industrieverbände haben in einer Eilmeldung darauf hingewiesen, dass die von Greenpeace empfohlenen Klimaschutzmaßnahmen »Millionen Europäerinnen und Europäer ihren Arbeitsplatz und ihren Wohlstand kosten« würden.

Frankfurt. Die Oppositionsparteien im Stadtrat beklagten die hohe Ungenauigkeit der Wettervorhersage. »Hier wird Schindluder mit Steuergeldern betrieben. Wie ist es möglich, dass es zu einem Unwetter mit Starkregen kommt, das hohe Schäden verursacht und zeitweise den öffentlichen Nahverkehr lahmlegt, ohne dass der Deutsche Wetterdienst warnt? Was tun die Beamten dort den ganzen Tag? Wir versichern den Bürgern, dass wir keine Ruhe geben werden, bis das geklärt ist.« Bei einem in dieser Heftigkeit unerwarteten Unwetter kam es am Abend zu Überflutungen. Die Höhe der Schäden an städtischen Bauten und der Infrastruktur ist noch unbekannt.

13. Juni

Corriere della Sera, Interview mit Eowyn Sandel, CFO, und Timothy »Flack« Ruinam, CEO des Thinktanks »Fronte della Tempesta«

Vor 100 Tagen haben Sie in einem ehemaligen Augustinerkloster in Norditalien den Thinktank »Fronte della Tempesta« eröffnet. Mit welchen Themen beschäftigen Sie sich zurzeit?

Ruinam: Wir setzen alles daran, einen Linksruck bei den bevorstehenden Wahlen zum EU-Parlament zu verhindern. Zu diesem Zweck schmieden wir eine eiserne Allianz der gemäßigten Mitte sowohl auf der Nord-Süd- wie auch auf der West-Ost-Achse Europas.

Sandel: Wenn die Trends stabil bleiben, werden wir ein Ergebnis sehen, das wir bereits vor Wochen prognostiziert haben. Die Dynamik ist auf unserer Seite.

Welche Faktoren werden Ihrer Ansicht nach den größten Einfluss auf das Wahlergebnis haben?

Sandel: Die Lebensbedingungen der Menschen. Die Bürger haben es satt, Eliten zu finanzieren. Sie wollen selbst am Wohlstand teilhaben!

Ruinam: Nach der Wahl wird Krieg im EU-Parlament herrschen! Wir werden alle jagen, die sich dem Wechsel verweigern, der kommen muss. Durch die Vernetzung werden wir eine Macht erlangen, von der die nationalkonservativen Kräfte bislang noch nicht einmal geträumt haben.

Das beantwortet noch nicht die Frage. Welche Faktoren werden die Wahl am meisten beeinflussen?

Ruinam: Das Klima verändert sich. Die Stimmung schlägt um. Wir sind eine NGO, eine Nichtregierungsorganisation. Wir sind informelle Beobachter und Berater. Wir haben unser Ohr am Puls der Zeit. Und ich sage Ihnen: Die Menschen sind unzufrieden! Es ist zu heiß, es ist zu kalt, es ist zu trocken, es ist zu feucht. Das Wetter spielt verrückt. Und niemand unternimmt etwas. Die Bürger werden allein gelassen mit entfesselten Naturgewalten!

Sandel: Aufgrund umfangreicher Projektionen sind wir zu der Überzeugung gelangt, dass noch innerhalb der nächsten Wochen die ersten wetterbedingten Störungen in überregionalen Lieferketten auftreten werden. Wir sind zu abhängig von der Großindustrie, von einer weltumspannenden Zusammenarbeit. Die Globalisierung ist eine Schimäre!

Ruinam: Wir müssen den Bezug erneuern zur unmittelbaren Umgebung. Die Nationen werden erstarken. Der Nationalismus wird wie ein Gewitter über die Länder fegen und sie im Sturm einnehmen.

Sandel: Schon bald werden die Menschen um den Bezug der nötigsten Lebensmittel kämpfen. Wasser, Hygieneartikel, Mehl, alles wird knapp sein! Dann werden sie erkennen, dass nur auf das eigene Volk Verlass ist!

06:49 Uhr, Frankfurt 

Gestern fast Weltuntergang, heute ganz friedlich halb Sonne, halb Wolken. Verrückt. Aber es zeigte eben auch, dass diese Klimaaktivisten mit ihrem Pessimismus massiv übertrieben. Arian Fischer joggte gemütlich eine kleine Runde und ließ die Gedanken schweifen. In der Luft lag noch ein letzter Rest Nachtkühle, sodass Konrad gut mithalten konnte.

Seit Jahren berichteten die Medien über Klimaveränderungen. Er verfolgte das Thema peripher, weil es Bauunternehmen zunehmend berührte. Erstens mussten Gebäude, wenn nötig, an neue Gegebenheiten angepasst werden. Das war vor allem eine Frage für die Architekten und Ingenieure. Zweitens behinderten Wettereinflüsse den Bau selbst. Und das in dreifacher Hinsicht. Längere Regenperioden erschwerten ganz schlicht die Arbeit. Und weltweite Wetterprobleme störten die Lieferketten für Rohstoffe. Außerdem bauten immer mehr Menschen weltweit massiv – im Gegensatz zu den kostengünstigen Leichtbaukonstruktionen, die den Menschen vielerorts bisher gereicht hatten. Das führte zu steigenden Preisen für Sand, Quarz, Kies und Zement.

Einer der Bauern tuckerte mit seinem Traktor über das Feld. Arian winkte zum Gruß, der junge Mann winkte zurück. Sie begegneten einander manchmal um diese Zeit.

Die Preissteigerungen waren ein zunehmendes kalkulatorisches Risiko für die Baubranche. Andererseits ließen sie sich, entsprechende Verträge vorausgesetzt, leicht an die Auftraggeber durchreichen. Und bisher waren die angeordneten Baustopps durch Starkwetterereignisse zu verkraften gewesen. Er nahm sich vor, das Thema trotzdem gleich heute genauer unter die Lupe zu nehmen. Obwohl die Welt jetzt wieder ganz friedlich aussah und obwohl er eine grundpositive Persönlichkeit sein Eigen nannte, steckte ihm der Schreck von gestern noch ganz schön in den Knochen.

Arian duschte, packte seine Tasche, nahm Konrad an die Leine und ging zur Bahn. Sämtliche Störungen waren behoben, alle Züge fuhren wieder nach Plan.

Als die S-Bahn den Tunnel unter dem Main erreichte, spürte er kurz eine gewisse Nervosität in sich aufsteigen. Aber die Frankfurter Verkehrsbetriebe hätten den Tunnel nach dem gestrigen Zwischenfall nicht freigegeben, wenn nicht alles in Ordnung wäre, sagte er sich.

Kurz vor acht betrat Arian sein Büro. Konrad machte es sich in seinem Körbchen unter dem Schreibtisch gemütlich. Arian loggte sich ein, holte sich einen Becher Kaffee, las E-Mails, überflog ein paar Branchennews sowie die Systemmeldungen der unterschiedlichen aktiven Baustellen der Firma. Alles okay so weit.

Dann machte er sich an die Arbeit. Zuerst musste er herausfinden, welche Klima- und Wetterdaten überhaupt erhoben und wo diese aggregiert wurden. Dann galt es zu bewerten, welche dieser Angaben relevant für Arians Branche waren.

Er war erstaunt, wie viele der Messwerte wirklich gut aufbereitet und damit sofort nutzbar vorlagen. Das war offensichtlich auf die seit Jahren andauernde Diskussion über die Ursachen und Folgen der Klimaveränderung zurückzuführen. Dennoch erfreulich – Daten aus anderen Bereichen musste Arian oft erst mühsam zusammenführen und bereinigen. Diese hier konnte er praktisch unverändert auf unterschiedlichste Weise nutzen. *Easy.*

09:20 Uhr, A1 Lübeck-Fehmarn

Die Fotoalben und -bücher hatte Fjella in ihrer Wohnung zum Trocknen aufgestellt. Heute Morgen strahlte der Himmel blau, und die Wettervorhersage war sensationell. Die Bücher für ihre Doktorarbeit stapelten sich zwar nicht nur in ihrem Büro an der TU, sondern auch auf dem Schreibtisch im Campustower. Aber bei diesem Wetter blieb ihr gar nichts anderes übrig, als eine Ausnahme zu machen. Sie öffnete eine App für Segler und Surfer, die stundengenaue Vorhersagen über Windstärken und Tideverlauf machte. Ihre Vermutung bewahrheitete sich: das perfekte Wetter zum Kitesurfen. PhD hin, PhD her, solche Tage durfte man nicht ungenutzt verstreichen lassen. Das Leben war zu kurz, um nur zu lernen. Sie war schließlich keine, wie die Dänen so schön sagten, *Sofakartoffel*.

Sie reservierte per App eines der Elektro-Autos in der Nähe, trug Sonnenschutz auf, zog sich an, holte ihre Kite-Tasche aus dem Schrank, und los.

Nach Fehmarn waren es fast zwei Stunden Fahrtzeit. Fjella öffnete die Fenster und startete eine Sommer-Playlist. Wahnsinn. Der Wind brauste um sie herum. Fantastisch, perfekt. Um acht war sie mit schlechter Laune aufgewacht, jetzt hatte sich der ganze Tag gedreht. Rapsfelder, Kartoffeln, Mais. Norddeutschland von seiner schönsten Seite. Sie nahm die A1 Richtung Lübeck, wechselte in Ratekau auf die Landstraße über Pandsdorf und Süsel, um den Dauerstau in der Dauerbaustelle zu umfahren. Bei Neustadt musste sie entscheiden, ob sie zurück auf die A1 fuhr oder die B 501 entlang der Küste nahm. Laut Navi wäre sie auf der Bundesstraße einige Minuten länger unterwegs – aber dafür konnte sie zu ihrer Rechten das Meer sehen. Die Entscheidung fiel ihr leicht.

Als die Ostsee in ihrem Blickfeld auftauchte, spannte sich jedoch nicht der erwartete blitzblaue Himmel über dem etwas dunkleren Wasser. Stattdessen baute sich eine dunkelgraue Wand in Richtung Dahme und Großenbrode auf. Fasziniert verlangsamte Fjella. Als Wolkenkundlerin kannte sie sich fachlich mit Wolken aus, als leidenschaftliche Kitesurferin hatte sie auch einen persönlichen und sehr engen Bezug zu Winden und Wetter. Draußen auf dem Wasser musste man sich auf Erfahrung und Intuition verlassen können, sonst geriet man schnell in gefährliche Situationen.

Die Cumulonimben ballten sich zu einem hohen, dichten Turm. Links blieb der Himmel sprichwörtlich himmelblau, und auch ganz rechts wurde schon wieder ein Silberstreif sichtbar. Fjella zuckte zusammen, als der Fahrer hinter ihr ungeduldig hupte. Ihr Blick zuckte in Richtung Armaturenbrett. Sie hatte gar nicht bemerkt, wie langsam sie geworden war, fuhr aber nur noch 35 km/h. Und wegen des unregelmäßigen Gegenverkehrs und der vielen Kurven konnte der Wagen hinter ihr nicht überholen. Sie blinkte und hielt rechts in der nächsten Einfahrt zu einem Rapsfeld.

Die eigenartige Wolkenformation berührte etwas tief in ihr. Ihr Körper schien eine Spannung wahrzunehmen, die sie nicht rational erklären konnte.

Die Cumulonimben ballten sich immer dichter und höher zu flächigen Nimbostratuswolken über dem Wasser zusammen, verdunkelten sich dabei und nahmen eine unscharfe V-Form an. Fjella stieg aus. Sie kniff die Augen zusammen. Schwache Querstreifen begannen sich auf dem V abzuzeichnen, und am unteren Ende schäumte das Wasser weiß.

Sie traute ihren Augen kaum. Dort draußen bildete sich – an einem Tag, für den nichts als Sonnenschein und leichter Wind vorhergesagt war – eine Wasserhose. Auf einmal zuckte ein erster Blitz aus den oberen Wolkenlagen herunter, Sekunden später war der Donner zu hören. Wasserhosen waren kleine Tornados, die trichterförmig aus Gewitterwolken herausragten und sich bis zur Wasseroberfläche schlängelten. Solche Wirbel entstanden, wenn besonders kalte Luft in großer Höhe über ungewöhnlich warme Luft oder warmes Wasser strömte. Vom Wasser aufgewärmte Luft stieg auf und saugte dabei aus der Umgebung noch mehr warme Luftmassen heran. Die Feuchtigkeit der warmen Luft lieferte zusätzliche Energie für die Unwetterlage. Strömten die Winde über dem Wasser aus unterschiedlichen Richtungen, konnten sich Luftwirbel bilden, die einen schnellen Aufwärtssog erzeugten.

Eine derartige Formation benötigte große Mengen Energie und entstand daher normalerweise nur im Rahmen großflächiger Unwetterlagen. Fjella zog ihr Handy heraus und ließ sich die aktuellen Wetterdaten ihres Standortes anzeigen: Luftfeuchtigkeit, Luftdruck, Taupunkt, Feuchtkugeltemperatur. Sie fertigte einen Screenshot an, dann wechselte sie auf die Rückkamera und begann, die Windhose zu filmen. Ohne Beweis würde ihr an der Uni kein Mensch glauben, was sie beobachtet hatte.

Innerhalb kürzester Zeit zogen sich die dunklen Wolken nach oben zurück, nur der sich immer schneller drehende Trichter bildete eine bizarre Verbindung zwischen Himmel und Erde. Und nicht nur das, er kam auch immer näher. Mittlerweile hatten weitere Autos am Straßenrand gehalten. Die Fahrer stiegen aus und starrten wie Fjella in Richtung Meer.

Es war schwer zu schätzen, wie weit die Windhose entfernt sein mochte. Vielleicht zwei bis drei Kilometer. Und dann veränderte sich auf einmal spürbar die Luft um sie herum. Die Gaffer zuckten kollektiv zusammen, manche stiegen zurück in ihre Autos, wo sie sich sicherer fühlten.

Fjella wusste, was geschah. Sie waren in Reichweite der Sogwirkung der Windhose gelangt – der Luftstrom nahm zu, die Temperatur sank. Und auf einmal ging alles ganz schnell.

Der Wirbelsturm bewegte sich auf das Ufer zu, erreichte das Land, riss Sand, Erde, Kies in die Höhe. Er ließ einige Strandliegen und Campingstühle durch die Luft fliegen, schleuderte sie beiseite wie mit wütender Zauberkraft. Fjella trat instinktiv einige Schritte zurück, duckte sich dann hinter ihren Wagen. Das Handy hielt sie in die Höhe gereckt, um zu filmen, was sie kaum glauben konnte. Ebenso gemächlich wie unaufhaltsam fraß sich die Windhose quer durch die Felder, die zwischen Fjella und dem Meer lagen. Ihr Durchmesser war gering, sicher weniger als ein halbes Fußballfeld. Windhosen, das wusste Fjella, waren sensible Gebilde, sie existierten meist nur zehn bis 30 Minuten. Auch diese ließ bereits erkennen, dass ihre Kraft abnahm.

Fjella sah zu, wie der Minitornado Richtung Grömitz an ihr vorbeizog, langsam verblasste und sich schließlich in fade Nebelschwaden auflöste. Jetzt erst bemerkte sie, dass sich ein leichter Nieselfilm auf ihre Haut gelegt hatte. Sie wischte die Feuchtigkeit ab, dann atmete sie tief durch.

Die letzten Beobachter des Spektakels fuhren weiter. Fjella schaute auf die Uhr. Dann siegte aber doch ihre Neugier. Sie folgte zu Fuß der Treckerspur, an deren Beginn sie geparkt hatte. Nach wenigen Minuten hatte sie die Bahn der Windhose erreicht. Es war eine Schneise wie von einem riesigen Mähdrescher gezogen. Raps und Maispflanzen waren aus dem Boden gerissen und zur Seite geschleudert worden. Zu sehen war Hunderte von Metern weit in beide Richtungen nur nackter Ackerboden. Fjella hob ihr Handy und schoss einige Fotos.

Von dem unerwarteten Unwetter war mittlerweile keine Spur mehr zu sehen, die Wolken hatten sich ohne Weiteres in Nichts aufgelöst. Fjella überprüfte den Wetterbericht und ihre

Surf-App. Die Vorhersage war weiterhin ausgezeichnet. Sie entschloss sich, trotz allem an den Strand zu fahren. Sie würde vorsichtig sein und die Augen offen halten.

Tatsächlich verlief der Rest des Tages ohne weitere Zwischenfälle. Die Temperatur war optimal, der Wind perfekt. Aber es gelang Fjella nicht wirklich abzuschalten – zu tief hatte ihre Beobachtung sie verunsichert. Was war da nur los mit dem Wetter?

14:54 Uhr, Frankfurt

Im Studium hatte er Nächte mit dem Schreiben von illegalen Patches für Games und manchmal zum Spaß auch dem Hacken offizieller Zugänge verbracht. Das motorisierte Einhorn bei GTA4, das Graffiti auf der Homepage der Goethe-Universität, das war er gewesen. Schon damals hatte er sich manchmal auf Streifzügen im Kaninchenbau der Codezeilen und Schnittstellen verloren. So ging es ihm an diesem Tag wieder – erst am frühen Nachmittag, als Konrad ihn mehrfach anstupste, weil er dringend mal vor die Tür musste, schaute Arian auf die Uhr. »Oh Mann, später als ich dachte«, murmelte er und reckte sich. Er fuhr mit Konrad nach unten, holte sich bei der Bäckerei um die Ecke einen Wrap und einen Matcha-Tee und kehrte an seinen Schreibtisch zurück. Was sich bei seiner Recherche andeutete, machte ihm Sorgen. Gern hätte er festgestellt, dass er auf der falschen Spur war oder sich irrte.

Während in der Bankenmetropole Millionen Euro hin- und hergeschoben wurden und Tausende von Menschen in der Innenstadt ihre tägliche Arbeit verrichteten, versank Arian

Fischer immer tiefer in die Spalten und Zeilen zahlloser Tabellen, die Niederschlagsmengen, Wolkendichte, Sonnenscheinstunden, Temperaturveränderungen, Luftfeuchtigkeit, Luftqualität und viele andere Werte über Tage, Wochen, Monate, Jahre und teilweise sogar Jahrzehnte oder Jahrhunderte dokumentierten und somit auch vergleichbar machten. Vor allem erhielt Arian durch diesen Datenschatz die Möglichkeit, unerwartete oder sogar für das menschliche Auge unsichtbare Querverbindungen sichtbar zu machen. Bei solchen sogenannten »Big-Data«-Auswertungen ging es darum, faktische Zusammenhänge aufzufinden. So funktionierten auch die Empfehlungssysteme aller großen Internetanbieter: Wer dies kauft, kauft auch das; bastelst du gern, könnten dich auch diese Cupcake-Rezepte interessieren. Computerprogramme waren exzellent darin, derartige Korrelationen zu bemerken – und nahezu unfähig, festzustellen, ob es sich um echte Zusammenhänge oder zufällige Ähnlichkeiten handelte. Wenn eine Wolke am Himmel aussah wie ein Hase, dann stand das eben nicht in irgendeinem Zusammenhang mit Hasen oder dem Tierreich generell. Es war schlicht Zufall.

Wenn also die Auswertung ergab, dass sämtliche Baustopps aller Großfirmen – nicht nur die von TM Beton, sondern auch die bei den relevanten Wettbewerbern – in zeitlichem Zusammenhang mit bestimmten Wetter- oder Klimadaten standen … dann konnte das entweder eine sensationelle Entdeckung sein. Oder Unsinn. Bestand ein *kausaler* Zusammenhang zwischen signifikanten Temperaturumschwüngen, Luftdruckveränderungen und so weiter und der Sicherheit am Bau? Und falls ja, ließ dieser sich *fortschreiben*? Oder war das Wetter eben mal besser und mal schlechter, und manchmal war es so schlecht, dass man kurzzeitig kaum nach draußen konnte?

Dafür musste Arian dreierlei klären: Ließen sich ähnliche Muster auch zu Zeitpunkten finden, zu denen Normalbetrieb herrschte? Dann gab es vermutlich keinen Zusammenhang. Falls die zeitliche Koinzidenz sich als belastbar erwies, würde er herausfinden müssen, ob die Wetterveränderungen tatsächlich der Auslöser der Probleme auf den Baustellen sein konnten. Wenn ein Flugzeug im Gewitter abstürzte, konnte das an der Technik liegen – aber auch an menschlichem Versagen. Und schließlich – selbst wenn seine ersten beiden Annahmen sich bewahrheiteten – wäre noch zu klären, ob und in welchem Umfang sich die Daten in die Zukunft projizieren ließen. Soweit Arian in den letzten Jahren die Klimadebatte verfolgt hatte, war immer noch strittig, wie sicher die Vorhersagen waren. Der nächste Schritt bestünde darin, Varianz und Standardabweichung seiner Schätzungen zu bestimmen, doch dafür fehlten ihm etliche Wetter-Variablen. Das konnte er immer noch später nachholen, wenn nötig.

Er überprüfte noch einmal die Formeln, mit deren Hilfe er die finanziellen Auswirkungen unterschiedlicher Szenarien auf die Baubranche prognostizierte. Für deren Erstellung hatte er auf einige vorprogrammierte KI-Bausteine aus Programmierbibliotheken zurückgegriffen. Auf diese Weise konnte die Künstliche Intelligenz eigenständig Muster erkennen und neue Vorgehensweisen entwickeln.

Der Rest seines Tees war kalt geworden. Er trank trotzdem einen Schluck und schnitt eine Grimasse.

Selbst wenn er keinerlei Verschlechterung der Situation annahm, sondern die Daten nur fortschrieb, ergaben sich kaum tragbare Schadenssummen, weil die Bauplanung immer präziser wurde und weniger Raum für Unwägbarkeiten ließ. Preiste er noch eine gewisse Steigerung des Auftragsvolumens sowie eine sinkende Marge ein, landeten die Ergebnisse bereits in wenigen Jahren im roten Bereich. Nahm er an, dass sich die Wetterdaten auch nur in der Geschwindigkeit der letzten zwanzig Jahre veränderten – noch war keine Rede vom offenbar zu erwartenden exponentiellen Wachstum der Problematik –, dann würde die Firma bereits in zwei Jahren massive Verluste einfahren und wäre in knapp vier Jahren bankrott.

Arian war geschockt. Er hatte maximal damit gerechnet, dass die Klimaprobleme vielleicht zu kurzen Störungen der Lieferketten führten. Und wie angenommen stellte die Zunahme der Hitzetage insofern ein Problem für den Bau dar, als der Beton schneller härtete und daher die Verarbeitungszeit abnahm. Aber er hatte nicht wirklich ernsthaft damit gerechnet, dass Wetterereignisse konkret und in der nahen Zukunft Probleme verursachen könnten. Sein heutiges Ziel hatte vielmehr darin bestanden, genau diese Fehlannahme aufzudecken und zu dokumentieren.

War es denkbar, dass ihm ein derart wichtiger Faktor für das finanzielle Überleben des Unternehmens und vielleicht sogar der Branche entgangen war? Oder erlag nun auch er der allgemeinen Hysterie? Machte er einen Denkfehler – hatten die Störungen und Einschränkungen in der Vergangenheit, die er extrapolierte, andere Gründe? Das internationale Baugewerbe war hart; Korruption, Missmanagement, Sabotage, Industriespionage und neuerdings auch Hacking stellten für alle Firmen ernst zu nehmende Risiken dar.

Er rief einige Kollegen an, ohne ihnen im Detail zu erläutern, woran er arbeitete. Sie waren es gewöhnt, dass er irgendwelche scheinbar unzusammenhängenden Informationen von ihnen wollte. Dann wählte er die Nummer des Deutschen Wetterdienstes in Frankfurt und ließ sich zu einem Datenanalysten durchstellen. Der war weniger hilfsbereit als die Mitarbeiter von TM Beton, bestätigte aber in knappen Worten dennoch Arians Grundannahmen. Die Wetterdaten, mit denen er seine Formeln fütterte, waren nicht nur korrekt, sondern auch relevant.

Doch wenn die Branche wirklich so nah vor einem Kipppunkt stand, warum hatte er davon noch nichts mitbekommen? Er gab die entsprechenden Begriffe in eine Suchmaschine ein. Keine hilfreichen Treffer. Er veränderte die Suche. Immer noch nichts. Wie wahrscheinlich war es, dass er als Erster und Einziger darauf gekommen war, dass die Baubranche aufgrund von zu erwartenden Starkwetterereignissen kurz vor dem Ruin stand? Er hatte seine These rückwirkend auf die bisher im Zusammenhang mit Unwettern eingetretenen Schäden und Schließungen auf Baustellen angewandt. Seine Auswertung ergab ganz eindeutig, dass sich die Zeitpunkte des Auftretens *nicht* vorhersagen ließen. Wohl aber war eine eindeutige Zunahme an Häufigkeit und Intensität zu verzeichnen. Das hieß konkret: Wenn das alles stimmte, konnte man das Problem nicht vermeiden, aber sicher sein, dass es früher oder später auftrat.

War es wirklich denkbar, dass »nur« das Wetter so dramatische Auswirkungen hatte? Oder gab es eben doch andere Ursachen?

Er ließ sich Prognosen der KI anzeigen, die seit mehreren Stunden im Hintergrund arbeitete. Und erschrak. »Das …«, flüsterte er. »Das kann doch nicht … das darf nicht wahr sein!«

Arians entsetzter Tonfall ließ Konrad besorgt aufschauen.

Der Puli winselte leise. »Schon gut, mein Junge, schon gut. Ich bin sicher, irgendwo ist ein Fehler im System. Ich muss ihn nur finden«, versuchte Arian sich und seinen Hund gleichzeitig zu beruhigen. »Und sonst … sonst müssen wir uns verdammt schnell etwas überlegen, um das Business zu retten.«

Leider biss er bei der Suche nach einer Erklärung auf Granit. Die KI erwies sich als »Black Box«, als schwarzes Loch. Sie hatte aus den zur Verfügung gestellten Fällen eigene Analyseregeln abgeleitet. Die wiederum hingen von vielen Faktoren ab, unter anderem von den Daten, mit denen das »Deep Learning«-System gefüttert worden war. Die Schlussregeln ergaben sich aus dem Netzwerk an sich, den Trainingsdaten und vielen weiteren Faktoren – sie waren daher viel zu komplex, als dass ein *human being* sie jemals nachvollziehen könnte. Diese Vorgehensweise führte zu schnellen, oft bahnbrechenden Ergebnissen. Andererseits ließen sich grundlegende Fehler kaum mehr ausfindig machen.

Arian druckte die aktuellen Ergebnisse aus und ging den Flur hinunter zu seinem Boss, Thomas Müller, dem Gründer und Namensgeber von TM Beton. Auf halbem Weg zögerte er – vielleicht sollte er lieber eine Nacht darüber schlafen? Er machte sich doch lächerlich, wenn er jetzt den Ökospinner gab.

Aber dann ging er doch weiter. Wenn die Daten stimmten, war die Angelegenheit einfach zu dringend.

Müller war am Mittag erst von einer Besprechung in Dubai zurückgekehrt. Er hatte vom gestrigen Unwetter aus den Medien sowie von seiner Familie erfahren. »Aber bei uns war nichts, sagt meine Frau, kein Tropfen, dabei braucht der Garten dringend Regen.« Der Gründer und Geschäftsführer wohnte, wie alle Frankfurter Millionäre, nördlich der Stadt im Taunus.

Arian umriss knapp sein Vorgehen – Müller hatte ihm fünf Minuten eingeräumt – und präsentierte dann das Ergebnis seiner Recherchen: »Die KI sagt, bereits in den nächsten Tagen und Wochen sei mit Stürmen und Unwettern in bisher nicht gekannter Heftigkeit zu rechnen. Ich weiß leider nicht, wie dieses Ergebnis zustande kommt. Das Deep Learning findet in einer Black Box statt.«

»Klartext, Herr Fischer. Ich bin Ingenieur, kein Informatiker«, forderte Müller.

»Wenn wir, sagen wir mal, 27 mal 3 rechnen sollen, dann hat jeder von uns dafür einen eigenen Weg. Manche Leute ›sehen‹ das Ergebnis einfach. Andere addieren 27 plus 27 plus 27. Man kann auch 3 mal 20 plus 3 mal 7 rechnen. Oder 30 mal 3 minus 3 mal 3. Und so weiter. Es gibt viele verschiedene Wege ans Ziel. Diese Regeln, die wir uns im Leben selbst beigebracht haben, wenden wir dann auch auf andere Fälle an, zum Beispiel könnte man es bei 2727 mal 33 auch versuchen. Dann wird man aber schnell feststellen, dass manche der Strategien dafür besser geeignet sind als andere. Auf eine ähnliche Weise entwickelt die Künstliche Intelligenz ganz eigenständig ihr Vorgehen. Das Dumme ist nur, dass man nicht an die Systematik herankommt. Man kann weder anzeigen noch auslesen, *wie* die neuronalen Netze der KI arbeiten. Aber in den meisten Fällen sind ihre Ergebnisse viel präziser als die menschlicher Prognosen. Sonst würden wir ja immer noch lieber in die Bibliothek gehen als im Internet nachzuschauen. Aber die meisten Fälle sind eben nicht alle.«

Müller rieb sich das Kinn. »Das heißt, Sie *glauben*, es sei *verdammt wahrscheinlich*, dass die Rechnung stimmt und wir ziemlich schnell pleitegehen, wenn wir keinen sofortigen Baustopp durchführen. Aber Sie *wissen* es nicht und können es auch nicht herausfinden? Mit anderen Worten: Vielleicht hat Greta recht, vielleicht aber auch nicht?«

Arian nickte. »So ungefähr. *Ich* kann es nicht rausfinden. Ich hielt es bisher für unwahrscheinlich. Eigentlich sogar für abwegig. Panikmache. Und es könnte natürlich auch andere Gründe geben für die zunehmende Zahl der Schadensfälle. Bislang unbemerkte Probleme in der Projektkoordination. Letztlich wäre auch Sabotage denkbar. Aber nach dem überraschenden Starkregen gestern …«

Müller nickte. Er war ein Mann der schnellen Entscheidungen. Das schätzte Arian an seinem Arbeitgeber. »Es geht um Millionen. Da müssen wir uns an die *due diligence* halten. Wenn dabei herauskommt, dass Sie sich irren, umso besser. Wir machen es so: Sie fahren morgen nach Potsdam zu diesem Klimainstitut. *Wenn* Ihr kleiner Computergeist recht hat, müssen wir etwas unternehmen. Aber wenn nicht, dann eben auch nicht. Ein früherer Kommilitone von mir ist irgendwas Wichtiges in dem Laden. Der soll das überprüfen. Ich mache Ihnen einen Termin. Nehmen Sie die Berechnungen mit, die sollen checken, was dran ist. Höchste Priorität. Aber kein Wort zu niemandem, klar? Das Ganze ist absolut vertraulich zu behandeln.«

Er zögerte, schaute einen Moment zum Fenster hinaus. »Das Beste wäre sogar fast, Sie hätten recht, und nur wir sehen die Katastrophe kommen. Dann hätten wir hinterher ein schönes Monopol. Wenn ich mir nur vorstelle, was nach einer solchen Unwetterkatastrophe alles wiederaufgebaut werden muss …« Seine Augen leuchteten. Arian wurde ein wenig flau im Magen. Aber natürlich war das Müllers Aufgabe – das

Unternehmen voranzubringen. Der Geschäftsführer fuhr fort: »Ich maile Ihnen den Kontakt. Wenn es Schwierigkeiten gibt, sagen Sie, wir bauen denen eine Bib oder ein Auditorium. Hauptsache, wir können die Sache schnellstmöglich klären.«

»Okay«, sagte Arian nur. »Ich halte Sie auf dem Laufenden.«

Aus der S-Bahn rief Arian seine Nachbarin an und fragte, ob sie noch Einkäufe benötigte, er müsse für ein oder zwei Tage verreisen. Sie sei gut versorgt, versicherte sie ihm, aber ob sie seine Blumen gießen solle? »Nein, weil ich keine habe, aber danke.«

Arian kraulte Konrad hinter den Ohren und sagte: »Morgen geht's auf nach Potsdam, mein Junge.«

22:25 Uhr, Hamburg

Fjella hatte ihre Aufnahme des Tornados bei »Thunderlovers«, einem Diskussionsforum von Storm Chasern und anderen Wetter-Nerds, hochgeladen. Die Kommentare waren gemischt. Sie reichten von »Wahnsinn, war ja klar, dass es so kommt. Ich sag's euch, flieht in die Berge!« bis zu »Verpiss dich mit deinen Lügengeschichten. Sieht doch ein Blinder, dass das gefälscht ist, und die Geodaten passen auch nicht dazu!«

Anfangs hatte Fjella die Reaktionen ihrerseits noch kommentiert, aber nach einer Weile ließ sie es. Die wenigen sinnvollen Bemerkungen bestätigten sie in ihrer Annahme, dass sie Zeugin eines zwar unwahrscheinlichen, aber doch erklärbaren Phänomens geworden war. Pro Grad Erwärmung nahm Luft etwa sieben Prozent mehr Feuchtigkeit auf. Und feuchtere Luft verhielt sich nun mal ganz anders als trockenere.

Diese Entwicklung würde die Menschheit, so viel war klar, die nächsten Jahrzehnte und wohl sogar Jahrhunderte begleiten. Das Wetter wurde volatiler, seine kurzfristigen Schwankungen entkoppelten sich immer mehr vom langfristigen Klima. Die Folge war absehbar, wurde aber politisch noch immer ignoriert: zunehmende Unsicherheiten in den Vorhersagen – und massive Schäden an Land, Bewohnern und Infrastruktur.

Entnervt fuhr sie den Rechner herunter. Wenn sogar innerhalb der interessierten Community Misstrauen herrschte und kein Schulterschluss herzustellen war, wie sollten dann die Menschen auf der Straße verstehen, was bevorstand? Und wie sollte die Politik sie beschützen?

Nicht zum ersten Mal überlegte sie, ob ausreichte, was sie tat. Sie forschte und veröffentlichte wissenschaftlich gesicherte Informationen über einen bestimmten Teil der Klimakrise. Wenn bessere Erkenntnisse über die Entstehung, die Auflösung und das Verhalten von Wolken vorlagen, ließen sich Wetter- und Klimaverläufe besser modellieren und somit auch der Nutzen möglicher Schutzmaßnahmen präziser einschätzen.

Aber vielleicht musste sie noch mehr tun. Vielleicht sollte sie sich doch den radikalen Klimaaktivisten von Extinction Rebellion anschließen, die durch zivilen Ungehorsam auf die Dringlichkeit der Notlage aufmerksam machten.

Noch fühlte sie sich zu jung, und sie wüsste auch gar nicht mit wem. Aber irgendwann wollte sie schließlich auch mal eigene Kinder in diese Welt setzen.

Aktuelle Chat-Beiträge im Storm-Chaser-Forum thunderlovers:

weatherGOD_3000: »Leute, das Wetter kippt jetzt endgültig. Sieht man deutlich hier in der Grafik: LINK NUR FÜR ANGEMELDETE MITGLIEDER SICHTBAR. Bevorratet euch, solange es noch geht. Bald werden die Supermärkte keinen Nachschub mehr erhalten. Sagt dann nicht, ihr hättet nichts gewusst!«

Klimaliste_nord: »Nicht schon wieder die alte Leier, weathergod. Panik ist kein guter Ratgeber. Sammle lieber Unterschriften für unsere Klimaforderungen: LINK NUR FÜR ANGEMELDETE MITGLIEDER SICHTBAR.«

Stormgrrl: »Lust auf eine heiße Nummer? Bei mir vergisst du alle deine Sorgen! Storm Chaserin bei Tag, Stormgrrl bei Nacht: LINK NUR FÜR ANGEMELDETE MITGLIEDER SICHTBAR.«

weatherGOD_3000: <Eintrag von Stormgrrl zur Überprüfung an Admin gemeldet>

weatherGOD-3000: »Klimaliste, eure Forderungen bringen gar nichts, die sind Opium fürs Volk. Dann wiegen sich die Leute in Sicherheit und werden ersaufen wie die Ratten, wenn die große Flut kommt!«

wetter.SH: »Hat eine*r von euch auch den Tornado heute beobachtet? Ich war vor Ort, und es war echt der Hammer. So was habe ich noch nie gesehen, ich habe um mein Leben gefürchtet, aber es war auch geil. Genau deshalb bin ich Stormchaser*in geworden!«

Klimaliste_nord: »Hier @wetter.SH, @Nepho_FL hat ein Video davon gepostet: LINK NUR FÜR ANGEMELDETE MITGLIEDER SICHTBAR.«

WeatherGOD_3000: »Das ist eine Fälschung, das sieht man sofort! Fallt nicht auf solchen Mist rein!«

Wetter.SH: »Danke @Klimaliste_nord, es war genauso, wie es auf dem Video zu sehen ist. Ich war nur noch etwas näher dran. Fast hätte der Wind mich mitgerissen. War echt Wahnsinn!«

WeatherGOD_3000: »Wenn hier welche wahnsinnig sind, dann ihr, @wetter.SH, @Klimaliste_nord, @Stormgrrl!«

Ausgewählte Nachrichten vom 13.06.:

Lübeck. Ein Blitz-Unwetter richtete am späten Vormittag größeren Schaden im östlichen Schleswig-Holstein an. Augenzeugen sprechen von einer »Schneise der Verwüstung«. Die Landwirtschaftsministerin erhebt schwere Vorwürfe gegen den Wetterdienst: »In diesem Fall hätte unbedingt eine Wetterwarnung erfolgen müssen.« Der Wetterdienst weist die Vorwürfe zurück: »Die Vorhersage-Daten rechtfertigten keine Warnung. Es hätte nur eine harmlose Regenfront sein dürfen.«

Frankfurt. Die Frankfurter Feuerwehr zieht eine erste Bilanz des gestrigen Jahrhundert-Unwetters am Main. »Die First Responder haben ausgezeichnete Arbeit geleistet. Es gibt nur einen Toten zu beklagen. Sieben Menschen konnten aus prekären Situationen gerettet werden. Die Fahrtüchtigkeit des Öffentlichen Nahverkehrs war binnen weniger Stunden wieder vollständig hergestellt. Das zeigt, wie gut gerade Frankfurt dank der großzügigen Investitionen in die Sicherheit der Bürger auf die Herausforderungen des Klimas vorbereitet ist.«

14. Juni

07:40 Uhr, Seesen

»Kannst du mich nicht *bitte* in die Schule fahren, Papa? Schau doch mal, wie sehr es regnet!« Mia deutete auf das Küchenfenster. Der Himmel war wolkengrau, der Regen hing wie ein dichter Vorhang in der Luft. So ging das seit Wochen. Ab und zu mal eine kurze Pause, dann setzte das Prasseln wieder ein. Jan Baumann hob den Blick vom Handy. Die Wetter-App sagte eine weitere Woche Landregen voraus.

Vor ihm auf dem Küchentisch stand eine Schüssel Müsli mit Bananenscheiben und Blaubeeren, unberührt. Daneben ein Becher Kaffee, aus dem er ebenfalls noch keinen Schluck genommen hatte. Morgens fehlte ihm Yvonne am meisten. Immer noch fiel es ihm schwer, die Energie aufzubringen, sich einem weiteren Tag zu stellen. Zumal die Tage momentan eher sorgenvoll waren.

In den Dachzimmern hatte er die ersten leichten Durchfeuchtungen festgestellt. Er hoffte, dass ein wenig frische Farbe ausreichen würde, den Schaden zu beheben. Vor der Eröffnung des Bed & Breakfasts »Seesener Herz« hatten sie die alte Villa begutachten lassen. Das Dach war als unproblematisch eingestuft worden – wichtig, weil ein neues Dach finanziell schlicht nicht zu stemmen gewesen wäre. Und auch jetzt konnte er sich das auf keinen Fall leisten.

Zumal aktuell nur Absagen hereinkamen. Baumann traute sich schon gar nicht mehr, morgens in die E-Mails oder das Buchungssystem zu schauen. Viele Gäste machten sich sogar die Mühe, freundliche Begründungen in das Kommentarfeld der Stornoseite zu schreiben: Sie baten um Verständnis und kündigten an, im kommenden Jahr anzureisen. Doch das nützte ihm aktuell überhaupt nichts.

»Papa, Papa, *bitte*!«, jammerte Mia. »Nur ausnahmsweise. Nur einmal, nur heute, sonst wird mein Bild ganz nass. Kannst du mich *bitte* mit dem Auto fahren?«

Baumann erhob sich mit einem tiefen Seufzer. Er wandte Mia den Blick zu und sah, wie ihre Hoffnung erlosch. Mit Mühe zwang er seine Mundwinkel in die Höhe. Sie konnte ja nichts für seine Sorgen, seine alles durchdringende Erschöpfung.

»Bitte fahr die arme kleine Mia mit dem Auto, bitte, bitte«, ließ sie nun noch ihren Stoffkater Johnny sagen.

»Okay, okay, ist ja gut, ich fahr dich«, murmelte er mit einem erschöpften Lächeln.

»Oh, Papa, Papa, du bist der Beste, danke, danke!«, rief sie, lief um den Tisch herum und schlang ihre Ärmchen um seine Hüfte. Sie drückte sich ganz fest an ihn, als wollte sie ihn nie wieder loslassen. Baumann legte seine Hand auf ihren Rücken. Einen Moment lang genoss er die Nähe und Innigkeit der Berührung, dann sagte er: »Na dann los, sonst kommen wir zu spät.«

Mia schoss davon. »Ich muss noch Zähne putzen!«, rief sie.

Baumann trat ans Fenster. Die Gebäude auf der anderen Straßenseite waren kaum auszumachen. Er betrachtete den Fensterrahmen genauer. Das Haus war ein wirklich charmanter Altbau, den Yvonne und er mit viel Liebe hergerichtet hatten. Die Fensterrahmen waren aus Holz – und offenbar dem anhaltenden Regen nicht gewachsen. Baumann holte ein Küchentuch und wischte die Feuchtigkeit auf, die sich auf dem Fensterbrett gesammelt hatte.

Er sah im Wohnzimmer nach, auch dort war Wasser eingedrungen.

Also musste er unbedingt alle Gästezimmer überprüfen, damit keine dauerhaften Schäden entstanden. Vielleicht hatte er in der Werkstatt auch noch etwas Isolierband, das er an den Rahmen anbringen konnte.

»Bin fertig!« Mia tauchte neben ihm auf. »Oh«, sagte sie dann und schlang ihre Arme um sein Bein. »Ist etwas passiert?«

Baumann bemühte sich um ein Lächeln für seine Tochter. Doch er spürte, dass es seine Augen nicht erreichte. »Mach dir keine Sorgen. Es ist alles in Ordnung. Der Regen schlägt mir etwas aufs Gemüt, und ich muss nachher einige Reparaturen vornehmen. Das ist alles.«

»Was ist ein Gemüt?«, fragte Mia.

»Das ist, welche Laune man gerade hat. Komm, gehen wir.«

In der Kellergarage schlug ihnen kühle, feuchte Luft entgegen. An der Seite hatte sich eine Pfütze von vielleicht einem halben Meter Durchmesser gebildet. Baumann schüttelte den Kopf. Hoffentlich hörte der Regen bald auf.

Mia krabbelte auf ihre Sitzerhöhung auf dem Beifahrersitz des alten Mercedes. Ihren Schulrucksack stellte sie in den Fußraum. Sie hielt eine eingerollte Pappe im Arm. Baumann legte ihr den Sicherheitsgurt an. »Was ist das eigentlich für ein Bild?«, fragte er.

»Hausaufgabe. Wir sollten die Welt malen, wenn wir erwachsen sind.«

»Oh, das ist ja toll. Zeigst du mal?«

Mia schüttelte den Kopf. »Nein. Sonst wirst du noch trauriger.«

Baumann schaute erstaunt. »Wieso?« Er schloss ihre Tür, nahm hinter dem Steuer Platz und drehte den Schlüssel im Zündschloss. Der Motor hustete und stotterte, sprang aber nicht an. »Nicht auch das noch«, grummelte er.

»Was ist mit dem Auto?«, fragte Mia. »Ist es kaputt?«

»Nein. Die Zündkerzen sind bloß feucht. Wird gleich besser.« Er drehte den Schlüssel noch einmal, und der Wagen sprang an. Gott sei Dank.

Baumann öffnete das Garagentor, fuhr langsam die Rampe hoch. Der Motor röchelte, und er musste deutlich mehr Gas geben als sonst, damit er nicht absoff. »Was ist jetzt mit dem Bild?«, fragte er, als sie nach rechts bogen und der Regen auf die Windschutzscheibe zu donnern begann.

»Ach«, sagte Mia. »Die Welt wird doch immer wärmer. Das habe ich gemalt.« Sie entrollte das Bild und hielt es in die Richtung ihres Vaters. Eine gnadenlose Sonne schien auf eine Art Wüste, in der Menschen mit hochgereckten Armen standen, die »Wasser! Wasser!« riefen.

Durch einen Spalt an der Tür tropfte es kühl auf Baumanns Schulter. Erderwärmung. Wassermangel. Hahaha.

12:54 Uhr, Berlin

Im Gegensatz zu Frankfurt schien in Berlin die Sonne. Als der Zug in den Hauptbahnhof einfuhr, konnte Arian Fischer aus dem Fenster einen Blick auf den Europaplatz werfen, der voll war mit Menschen. Es schien sich um eine Demonstration zu handeln, aber die Transparente ließen sich nicht entziffern. Die bevorstehende Wahl zum Europaparlament mobilisierte alle politischen Akteure.

Hier mussten sie umsteigen in einen Bummelzug, der sie in 25 Minuten nach Potsdam bringen würde. Es folgten noch einige Stationen mit dem Bus. Natürlich hätten Konrad und er auch ein Taxi nehmen und auf die Spesenabrechnung setzen können, aber schneller ging das auch nicht.

Arian fuhr hinunter auf die Hauptebene, warf einen Blick durch die offen stehenden Türen auf die Menschenmenge dort draußen. Einige Banner waren so groß, dass er die Sprüche darauf lesen konnte:

Ist doch klar: Die Zukunft ist solar!
Die Erde kocht vor Wut
Opa, was ist ein Schneemann?

Auf der Anzeigetafel wollte er das Gleis seines Zugs ermitteln – doch offenbar war sie ebenfalls Ziel einer Aktion geworden. Statt Zeiten, Zielen und Gleisen stand überall nur:

11:55	*Atomausstieg*	*verspätet*
11:55	*Kohleausstieg*	*verspätet*
11:55	*Ausbau regenerativer Energien*	*verspätet*
11:55	*Erneuerung Wasserkraftwerke*	*verspätet*
11:55	*Verkehrswende*	*verspätet*

Fünf vor zwölf. Arian fand den Alarmismus der Aktivisten übertrieben, die Idee aber durchaus witzig. Er zog sein Handy heraus: Regional Express RE1 nach Brandenburg, Gleis 14.

Eine Handvoll uniformierter Bahnmitarbeiter sammelte

sich unter der Anzeigetafel. Im Zeitlupentempo fuhr jemand einen piepsenden Wagen mit einer ausfahrbaren Hebebühne durch die Halle. Wie hatten die Demonstranten es eigentlich geschafft, unbemerkt die Tafel zu bekleben?

Und warum griffen *Umwelt*aktivisten die Bahn an? War die Bahn nicht deren große Hoffnung?

»Komm, Konrad«, sagte er. »Das ist zu hoch für uns beide.«

*

»Ich gebe Professor Waas Bescheid«, sagte die Dame unbestimmten Alters am Empfang. »Er hat Sie bereits angekündigt.« Sie warf einen Blick auf den hechelnden Puli. »Möchte er vielleicht etwas Wasser? Dem ist bestimmt warm mit einem so zotteligen Fell.«

»Gerne, das wäre sehr nett«, entgegnete Arian.

»Und Sie auch?«

»Auch gerne.«

»Still oder Sprudel?«

»Einmal still, einmal Sprudel. Der Sprudel ist für mich.«

Sie verschwand durch eine kleine Tür und kehrte mit einem Glas und einem Napf zurück. Sie reichte Arian das Glas und stellte den Napf neben ihren Empfangstresen. Konrad und Arian tranken dankbar.

Kaum hatte er das Glas geleert, tauchte auch schon Müllers alter Buddy auf. »Waas. Freut mich, Sie kennenzulernen. Wie geht es Thomas?«

Wo Müller sich ganz als entschlossener Macher präsentierte, gab Waas mit seinen etwas zu langen Haaren, einem stoppeligen Kinn und allen Ernstes sogar mit einem weißen Laborkittel den quintessenziellen Wissenschaftler.

»Ich glaube, ganz gut. Jedenfalls kann er sich mein Gehalt leisten«, versuchte es Arian mit einem Scherz. Sein Boss verdiente sicher zehn Mal so viel wie ein beamteter Prof. Und seine Ehe schien auch stabil. Das machte nicht unbedingt sympathisch, weswegen er sich entschied, es seinem Gesprächspartner nicht aufs Brot zu schmieren.

»Kommen Sie. Ich leite hier die Erdsystemanalyse. Ihre Überlegungen – Thomas hat sie mir gemailt – betreffen aber vor allem die anderen Bereiche. Also Klimaresilienz, Transformationspfade und Komplexitätsforschung.« Arian folgte dem Professor tiefer ins Gebäude. »Ich habe, weil es ja auf der ersten Ebene um eine Beurteilung des *Modelings* geht, eine Kollegin aus der Komplexität dazugebeten. Haben Sie gut hergefunden?«

»Ja, kein Problem. In Berlin war eine Klimademo am Hauptbahnhof, das fand ich etwas merkwürdig – die schien mir eher gegen die Bahn gerichtet zu sein. Ich dachte, die Bahn sei gut fürs Klima?«

»Ja, in Berlin ticken die Uhren anders«, erwiderte der Prof. »In der Politik, aber auch in der Aktivistenszene. Manchmal sind die Argumentationen da etwas verstiegen.«

Er öffnete die Tür eines kleinen Konferenzraums. Eine Frau mit neonpink lackierten Nägeln. Sie blätterte in einem Paper.

»Michelle, das ist Arian Fischer, ein Mitarbeiter meines ehemaligen Kommilitonen Thomas Müller. Herr Fischer, Frau Dr. Raether von der Komplexität. Wasser?«

Dr. Raether und Arian nickten beide. Raether war zierlich und hatte ihr blondes Haar zu einem straffen Pferdeschwanz gebunden. Sie sah aus wie eine strenge Internatsleiterin.

Waas holte zwei gekühlte Flaschen Mineralwasser aus einem kleinen Kühlschrank, stellte sie auf den Tisch. »Für den Hund auch?«

»Konrad hatte gerade etwas vorn am Empfang, danke.«

Raether schenkte ein. Arian und Waas setzten sich. Waas sagte: »Ich war so frei und habe Ihre Unterlagen an Michelle weitergeleitet.«

»Natürlich.«

»Es kann gut sein, dass Sie richtig liegen«, sagte die Komplexitätsforscherin. »Ich nehme einmal an, dass es Ihnen nicht so sehr um die Klimakrise im Allgemeinen geht, sondern um die konkreten, kurzfristigen Auswirkungen auf Ihre Branche?«

»Korrekt. Ehrlich gesagt, bin ich selbst überrascht von den Ergebnissen. Ich habe bisher gedacht, also … ich meine, ich bin kein Klimakrisenleugner, das nicht, aber ich dachte, das dauert alles noch. Ein paar Jahrhunderte oder zumindest Jahrzehnte. Insofern …« Er zuckte mit den Schultern.

»Verstehe«, sagte Raether. Ihre Stimme blieb dabei vollkommen neutral.

Arian kam sich langsam etwas dumm vor, zwischen lauter Klimafolgenforschern. Es schien, als wäre er von etwas überrascht, was diesen beiden sonnenklar war. »Ich will Ihre Zeit wirklich nicht verschwenden, es ist nur …«, begann er.

»Keine Sorge«, unterbrach ihn der Professor. »Im Gegenteil. Wir begrüßen genau solche Anfragen wie Ihre. Denn es bedeutet, dass unser Herzensthema in der Mitte der Gesellschaft angelangt ist. Und es berührt die Republik genau dort, wo es wehtut – beim Geld. Damit will ich weder sagen, dass Ihre Berechnungen richtig sind, noch dass ich mich darüber freue. Aber Sie verschwenden keineswegs unsere Zeit. Im

Gegenteil, wir sind froh, mit Menschen wie Ihnen Gespräche wie dieses zu führen.«

»O…kay«, sagte Arian überrascht. »Gut, danke. Das ist natürlich … sehr freundlich von Ihnen.«

»Also, um es kurz zu machen« – Raether schien weniger Geduld zu haben als Waas –, »die relevanten Variablen für Ihre Überlegungen sind diese beiden hier.« Sie deutete auf zwei gehighlightete Zeilen Ihres Ausdrucks. »Gemeinsam ergeben sie im Grunde den Kipppunkt, der entscheidet, ob unser aller Befürchtungen dieses Jahr, diesen Monat oder vielleicht sogar schon nächste Woche Wirklichkeit werden. In welchen Zusammenhang die KI diese Annahmen nun *genau* stellt, lässt sich der Dokumentation nicht entnehmen, aber es sind diese beiden Werte, auf die es ankommt.«

Gut, dachte Arian. Jetzt musste sie ihm nur noch sagen, wie richtig oder falsch er mit seinen Ausgangswerten lag.

»Das Problem ist«, fuhr Raether fort, »dass ich Ihnen nicht sagen kann, wie richtig oder falsch Sie mit Ihren Ausgangswerten liegen. Und erst recht kann ich keine belastbaren Annahmen darüber anstellen, in welchem Umfang weitere, noch unbemerkte Faktoren die Bautätigkeit Ihrer Firma einschränken. Die Komplexität des Wetters ist weit größer, als wir es uns landläufig vorstellen. Tatsächlich hat der sprichwörtliche Flügelschlag eines Schmetterlings eben wirklich Auswirkungen. Aber welche und in welchem Umfang, das stellt die Wissenschaft immer noch vor ein Rätsel. Um es kurz zu machen: Das von Ihnen entworfene Szenario wird gemäß unseren eigenen Berechnungen mit einer Wahrscheinlichkeit von 70 bis 90 Prozent innerhalb der nächsten 25 bis 250 Jahre eintreten und mit einer Wahrscheinlichkeit von 85 bis 95 Prozent in den nächsten 15 bis 350 Jahren.

Genauer kann ich es Ihnen wissenschaftlich gesichert leider nicht sagen.«

Sie schob Arian einige geheftete Seiten mit ihren Ergebnissen über den Tisch.

»Hm«, machte der nur und schaute verblüfft auf die Ausdrucke.

Raether erhob sich, ging dann aber doch nicht gleich, sondern fügte im Stehen noch hinzu: »Wenn ich eine Vermutung abgeben sollte, auch auf der Grundlage unserer eigenen Versuche mit Künstlichen Intelligenzen, dann bestünde sie darin, dass die Black Box Vermutungen darüber anstellt, wie und wann sich Wolken bilden und welchen Einfluss diese Wolkenbildung speziell auf Starkwetterereignisse hat. Dazu gibt es natürlich maßgebliche Veröffentlichungen, klar. Und trotzdem gelingen uns zu genau diesen Übergangsmomenten – der *Entstehung* von Wolken, der Bildung *bestimmter* Wolkenformen und der *Entladung* der in den Wolken gespeicherten Energie – noch immer keine zuverlässigen Vorhersagen.«

»Sie meinen, wenn das Modell eine Möglichkeit der präziseren Berechnung gefunden hat, würde das die Ergebnisse deutlich verändern?«, fragte Arian.

»Das ganz sicher.« Raether setzte sich wieder. Das Thema schien sie nun doch nicht ganz kalt zu lassen. »Die Frage ist nur, ob diese Verkleinerung der Varianz mit einer Vergrößerung des Fehlers einhergeht.«

»Also ob die Annahmen zwar präzise klingen, aber unzutreffend sind.«

»Genau.«

Sie zog ihre Ausdrucke zu sich zurück, blätterte sie auf. Legte Arians Unterlagen daneben, verglich verschiedene Angaben. »Ja. Das könnte es sein.«

»Im Grunde müsste man jetzt nachrechnen«, schlug Arian vor. »Auf diese Weise könnte man doch überprüfen, ob unsere Annahmen über das Deep Learning zutreffen.«

»Nicht abschließend, aber: ja, grundsätzlich schon. Oh, wissen Sie, mit wem Sie sprechen sollten?« Raether zog ihr Handy heraus und tippte eine Suchanfrage ein. »Da ist es. An der TU Hamburg-Harburg ist derzeit Professor Marian Taylor als *guest lecturer*. Sie werden weltweit kaum jemand finden, der so ein gutes Gefühl für Wolken hat. Und ich meine das keineswegs despektierlich. Natürlich verfügt er über das Fachwissen, er gehört zu den besten Nephologen weltweit. Auch wir haben bei einigen Projekten schon mit ihm zusammengearbeitet. Aber ich sage Ihnen … der Mann schaut zum Himmel und *intuiert* das Wetter von morgen. Ich weiß nicht, wie er das macht. Ich glaube, er weiß es selbst nicht. Er unterrichtet eigentlich in Chicago. Es geht das Gerücht um, die Kollegen dort hätten ihn einen ganzen Monat lang gegen den offiziellen Wetterbericht antreten lassen und Taylor wäre jedes einzelne Mal genauer gewesen.«

Waas schnaubte. »Der Wetter-Flüsterer.«

»Jedenfalls: Wenn einer überprüfen kann, ob Ihre Projektionen auf neuartige Annahmen über die Wolkenbildung zurückgehen, dann Marian.«

»Okay.« Arian nickte. »Darf ich mich auf Sie beziehen?«

»Ich rufe ihn an«, sagte Raether. »Grüßen Sie ihn von mir. Und halten Sie mich doch bitte auf dem Laufenden. Wenn Ihr Ansatz sich bewahrheitet …« Sie unterbrach sich. »Also, für Ihre Branche wäre das natürlich eine Katastrophe. Das ist mir bewusst. Aber für die Wissenschaft …«

Arian lächelte schief. »Ja. Ich melde mich, wenn ich etwas herausbekomme.«

14:41 Uhr, Magdeburg

Sarah Vogel wischte sich den Schweiß von der Stirn. Zwei ihrer Männer hatten bereits Hitzeschocks erlitten. Sie reichte den Kolleginnen und Kollegen, die neue Sandsäcke holten, jeweils eine Halbliterflasche Wasser. »Trinkt, Leute. Sonst kippt ihr bald um.«

Ihr Handy vibrierte. Sie zog es aus der Hosentasche. »Mausi, hast du heute pünktlich Schluss? Dann koch ich uns was Schönes!«

Jonas, Sarahs Freund. Ja, er liebte sie sehr – aber wenn sie im Einsatz war, nervte er mit seiner Anhänglichkeit auch mächtig.

»Weiß ich noch nicht«, schrieb sie zurück. Zögerte dann aber, die Nachricht abzuschicken. So lernte er doch nur, dass sie immer sofort antwortete.

»Wir brauchen Verstärkung am Cracauer Wasserfall«, rief einer der Kollegen ihr zu. Sie steckte das Handy weg und warf ihm Sandsäcke in die Schubkarre.

»Okay, den Nächsten, der kommt, schicke ich zu euch«, sagte Vogel. Sie leitete einen der zwei Züge im Südosten der Stadt. Für übermorgen früh, in nur 36 Stunden, war der Beginn einer massiven Flut vorhergesagt. Das Wetter spielte überall verrückt. Während hier in Magdeburg das Thermometer über 35 Grad zeigte und die Sonne erbarmungslos von einem absolut wolkenlosen Himmel knallte, regnete es seit Tagen in Tschechien und Polen. In einigen Regionen dort war bereits der Notstand ausgerufen worden.

Das Wasser brauchte einige Zeit, um sich zu sammeln, aber dann würde der Pegel der Elbe auf mindestens sechs

Meter steigen, sodass man sicher eine erneute Überflutung der Rothehorninsel vorhersagen konnte. Damit es nicht so schlimm endete wie 2002 und 2013, sicherten Feuerwehr und Bundeswehr gemeinsam mit Kolleginnen und Kollegen der Polizei sowie der Freiwilligendienste das Ufer weiträumig mit Sandsäcken.

Die vier Einsatzleiter, zu denen auch Vogel gehörte, hatten schon im vergangenen Jahr beschlossen, dass sie im Falle eines Falles mehrstufig vorgehen würden. Erstens sollte der direkte Uferbereich weiträumig gegen niedrige Pegelerhöhungen gesichert werden. Zweitens mussten die Kronen der vorhandenen Deiche verstärkt gesichert werden. Denn eine Überprüfung hatte ergeben, dass im oberen Bereich, direkt neben den Radwegen, viele Mäuselöcher den Deich zierten. Möglich, dass dann durch diese Gänge Wasser einsickerte und die Stabilität sowohl des Deichs als auch der Wege für schwere Einsatzfahrzeuge zur Deichverteidigung gefährdete. Und drittens mussten bekanntermaßen tief liegende bewohnte Gebiete einerseits so weit als möglich gesichert werden, andererseits waren die Bewohner auf eine etwaige kurzfristige Evakuierung vorzubereiten. Zu diesem Zweck hatten Vogels Leute Infostände aufgebaut und gingen von Haus zu Haus.

Die Affenhitze machte die Arbeit nicht leichter.

Vogels Handy vibrierte. »Warum antwortest du nicht? Ist dir etwas passiert? Muss ich mir Sorgen machen? Oder ist dir nur wieder dein Job wichtiger als ich?«

Puh.

17:30 Uhr, Tesperhude bei Hamburg

Fjella sauste am späten Nachmittag zwischen den Kirchwerder Wiesen und der Elbe entlang, die Sonne im Rücken. Von der TU aus konnte sie sich auf der Nordseite eng an den geschlängelten Verlauf des Flusses schmiegen bis nach Tesperhude. Sie liebte die Strecke zu ihrem Großvater. Die Straße verlief zwar nicht gerade, eben weil sie dem Fluss folgte. Aber die Kurven blieben sanft, und es waren keine Abzweigungen zu nehmen. Sie konnte die Gedanken schweifen lassen und schließlich ganz abschalten.

Rechts der Deich, links Wiesen, Häuser, ein paar Schafe, kleine Siedlungen, Felder. In Borghorst unterquerte sie an der Schleuse Geesthacht die B 404, von hier waren es noch 20 Minuten.

Sie schloss ihr Rad vor der Seniorenresidenz Tesperhude ab. Nach dem Tod seiner Frau hatte ihr Opa reinen Tisch gemacht, das Haus entrümpelt und verkauft, solange er dazu noch selbst in der Lage war, und sich eine kleine Wohnung in einem Altersheim mit Elbblick genommen. Fjellas Mutter hatte das »verfrüht« gefunden, Fjella selbst erschien es smart. Sie hoffte, ebenso weitsichtig zu sein, wenn sie in das Alter kam.

Dieses Heim käme dann allerdings nicht mehr infrage. Das stünde bis dahin längst unter Wasser.

Ihr Großvater saß auf seiner kleinen Terrasse und genoss den Blick über den Fluss.

»Hallo, Opa!«, rief Fjella und gab ihm einen Kuss auf die Wange. Dann ließ sie sich auf den zweiten Stuhl plumpsen.

»Wie schön, dass du hier bist, Kind«, sagte er. »Was verschafft mir die Ehre?«

»Du alter Scherzkeks. Wir sind doch verabredet! Wir haben vorhin telefoniert!«

»Ach ja, genau. Genau. Das hatte ich nur kurz … du bist Margots Tochter, richtig?«

Ihr Herz zog sich zusammen. Margot war ihre verstorbene Großmutter. Margots Tochter war Fjellas Mutter.

»Nein, Opa«, sagte sie und legte ihre Hand auf seine. »Ich bin Fjella. Deine Enkelin.«

Er kniff die Augen zusammen und starrte sie einen Moment lang an. Dann sagte er: »Ja, jetzt sehe ich es auch. Ich muss dich verwechselt haben. Wir haben ja auch heute telefoniert. Du wolltest zum Mittagessen kommen.«

»Zum Abendessen, Opa. Es ist Zeit zum Abendessen.«

»Ja, genau, sage ich doch. Mittagessen.«

Er stand auf und ging durch die Terrassentür in seine kleine Wohnung. An der Garderobe hingen ein Sakko, eine Windjacke und ein Bademantel. Er zog den Bademantel über, öffnete dann den kleinen Kühlschrank und legte sein Schlüsselbund hinein. »Wir können los. Komm, sonst hat der Film schon angefangen.«

Fjella fischte die Schlüssel aus dem Kühlschrank und hakte sich bei ihrem Großvater unter. »Los geht's«, sagte sie munterer, als ihr zumute war.

An manchen Tagen ging es ihrem Opa besser, an anderen schlechter. Vorhin am Telefon hatte er noch fit und aufmerksam geklungen und genau gewusst, mit wem er sprach – seit er sich einmal ihr Studienfach hatte erklären lassen, nannte er sie immer »das Wolkenmädchen«.

Mehrfach schon hatte Fjella das Gespräch mit ihren Eltern über den Gesundheitszustand des Großvaters gesucht, doch die wehrten immer ab. Ihre Mutter war bei den Großeltern in

Tesperhude aufgewachsen. Fjellas Vater war Däne. Sie selbst war in Hamburg groß geworden – doch nach ihrem Auszug waren die Eltern nach Flensburg gezogen. Halbe Strecke zwischen seinen und ihren Eltern. Einmal im Monat besuchte Margot ihren Vater hier im Heim, einmal im Monat fuhren sie nach Norden zu ihren Schwiegereltern. »Ja, natürlich wird Opa langsam ein wenig vergesslich«, redete sich Margot die Lage schön. »Aber *Demenz*? Also wirklich, Fjella, hör auf! Wir werden alle mal alt. Ich fürchte, du stellst zu hohe Ansprüche an das Leben. Deswegen hast du auch keinen Freund, oder wie sagt ihr jungen Leute? Keinen Partner! Weil du zu viel verlangst. Opa verlegt vielleicht mal seine Brille, aber sonst ist mit ihm alles in Ordnung. Also hör jetzt auf mit solchen Sachen.« So ging es jedes Mal. Und jedes Mal nahm Fjella sich fest vor, beim nächsten Gespräch das Thema zu meiden. Aber dann besuchte sie ihren Großvater, und der legte die Schlüssel in den Kühlschrank und ging im Bademantel zum Abendessen. Da war es doch nur eine Frage der Zeit, bis ein größeres Unglück passierte. Und alles, was Fjella wollte, war, dass eine Pflegestufe für den Großvater beantragt wurde. Genau dafür war er doch damals in eine Wohnung in der Anlage gezogen. Damit die Betreuung da war, wenn er sie brauchte!

Sollte sie am nächsten Tag doch noch einmal versuchen, mit ihrer Mutter zu sprechen? Oder vielleicht besser gleich die Heimleitung kontaktieren und in die Wege leiten, was notwendig war? Andererseits würde das natürlich unausweichlich zu einem Riesenkrach mit ihren Eltern führen.

Das Hauptgebäude, in dem die Mahlzeiten serviert wurden, war über einen kurzen Weg durch eine gepflegte Gartenlandschaft zu erreichen. Auf einmal blieb Fjellas Großvater stehen und legte den Kopf in den Nacken. »Es regnet gar nicht«, sagte er staunend.

»Ja, das stimmt. Wir brauchen keinen *paraply.* Regenschirm.«

Er schaute weiter himmelwärts. »Die ganze letzte Woche hat es geregnet. Und die davor.«

»Na ja, nicht die ganze …«

»Ich konnte gar nicht rausgehen. Ich wäre fast verhungert. Das Wetter war so schlecht, dass ich fast verhungert wäre. Wie damals, nach dem Krieg. Da wäre ich auch fast verhungert. Habe ich dir das schon erzählt? Und damals war das Wetter auch schlecht. Unsere Eltern haben immer gesagt, wir müssen uns vor dem Regen schützen in den Bunkern. Aber wir Kinder wussten genau, was gespielt wird.« Nun schaute er Fjella direkt an. »Wir wussten es. Wir gingen nicht in die Bunker, weil es regnete. Sondern weil es *Feuer* regnete. Feuer ist schlimmer als Wasser. Aber nicht viel. Und jetzt regnet es wieder. Nur Wasser, kein Feuer, aber trotzdem. Ich konnte gar nicht rausgehen.« Abrupt setzte er sich wieder in Bewegung. »Aber heute nicht«, sagte er.

»Ja, Opa, heute nicht«, sagte Fjella mitfühlend. »Heute ist alles in Ordnung. Mach dir keine Sorgen.«

»Natürlich nicht. Komm, Wolkenmargot, heute gibt es Pudding zum Nachtisch.«

18:45 Uhr, Magdeburg

»Hey, pass auf, gleich …« Sarah Vogel konnte den Satz nicht mehr zu Ende sprechen, da stolperte ihr Kollege Tobias auch schon und stürzte ins Wasser. Sarah warf ihren Sandsack zur

Seite und streckte ihre Hand nach der von Tobias aus. Doch die Elbe konnte tückisch sein. Die Strömung an dieser Stelle war stark. Und zerrte den kräftig gebauten Kerl mit sich, der vor Schreck bloß ziellos mit den Armen ruderte.

Sarah zögerte nicht den Bruchteil einer Sekunde, sondern lief sofort hinter Tobi her ins Wasser, bis es ihr selbst bis über die Hüfte stand. Nun bekam sie endlich seine Hand zu fassen. Ein Kumpan, der das Unglück beobachtet hatte, war ihr gefolgt und sicherte seinerseits sie. Tobias war mit dem Kopf unter Wasser geraten. Er prustete einige Male angestrengt, bevor es ihm gelang, sich gegen die Strömung zu stemmen und die Füße aufzusetzen. Langsam richtete er sich auf.

Die drei Feuerwehrleute kehrten zum Ufer zurück. »Alles okay?«, fragte Sarah.

»Ja, nur der Schreck. Verrückt, wie schnell so was geht und welche Kraft das Wasser dann entwickelt«, grummelte Tobi. Sarah kannte den Mann gut. Sie ahnte, dass er sich mächtig über sich selbst ärgerte.

»Danke«, sagte sie zu Alexander, der sie gesichert hatte.

Sie bemerkte, dass Tobi zu zittern begann. Die Nässe, der Schock und die Müdigkeit. Sie waren seit den frühen Morgenstunden bei der Arbeit. Eigentlich war eine lange Mittagspause im Schatten vorgesehen gewesen, aber es war einfach so viel Ufer zu sichern, dass keiner eine Pause hatte verantworten können.

»Komm, wir fahren auf die Wache«, sagte Sarah. »Du musst aus den nassen Sachen raus. Und ich auch.«

»Okay«, murmelte Tobi nur, ganz untypisch für ihn. Sie suchte ihren Trupp zusammen und beendete den Einsatz für heute. Die Kollegen und Kolleginnen quetschten sich in den

Feuerwehrwagen. Jemand hatte Tobias in eine der dicken Decken gehüllt, die sie an Bord hatten. Sarah ließ den Motor an, gab Gas und – die Räder drehten durch. Sie versuchte es noch einmal, konnte aber schon spüren, wie das schwere Gefährt immer tiefer einsank.

Die Feuerwehrleute stiegen wieder aus und besahen sich die Situation. Da würden auch ein paar Schaufeln Sand oder rutschfeste Unterlagen nicht ausreichen. Sie waren zu nah ans Ufer gefahren. Die zahlreichen LKWs mit Sandsäcken, die neben ihnen rangierten und entluden, hatten die Bodenstruktur weiter geschwächt.

Per Funk wandte sich Sarah an den Truppführer der Bundeswehr. »Wir benötigen Unterstützung, ein Fahrzeug hat sich im Schlamm festgefahren.« Sie nannte ihren Standort.

»Wir kommen!«

Wenige Minuten später rumpelte quer über das Feld ein Panzer auf sie zu. Ein Panzer! Die Klappe öffnete sich, und zwei Soldaten befestigten eine Kette am Feuerwehrwagen.

Mühelos zog das Militärfahrzeug den Einsatzwagen hinter sich her. Sarah ärgerte sich maßlos, dass sie nicht genauer darauf geachtet hatte, wo sie den Wagen abstellten. Aber wer hatte schon damit gerechnet, dass das Elbwasser bereits heute auch den Boden durchweichte?

Wasser war zwar für sie als Feuerwehrfrau der größte Segen und wichtigster Verbündete. Aber es konnte auch unberechenbar und hinterlistig sein.

Ihr Handy vibrierte zum zigsten Mal. Sie sah gar nicht erst nach.

NZZ (Auszug)

Im Kanton Wallis hat sich durch intensive Regenfälle in den letzten Wochen die Wassermenge in den bei Touristen wie Einheimischen gleichermaßen beliebten Alpenbächlein verzehnfacht. Zwei Gemeinden meldeten den Verlust von insgesamt drei Stück Weidevieh, welche von den Wassermassen mitgerissen wurden. Unter der Entwicklung leidet nicht nur der Tourismus, auch zahlreiche landwirtschaftliche Flächen lassen sich aufgrund einer überhöhten Durchfeuchtung nicht bewirtschaften. Es steht zu befürchten, dass es zu massiven Ernteausfällen kommen kann. Ein Weckli könnte dann bald schon bis zu zwei Franken oder mehr kosten. Im Thurgau und dem benachbarten St. Gallen hingegen beklagen Bauern sich über die unerträgliche Hitze und Trockenheit. Auch hier leiden sowohl der Tourismus wie auch der Anbau.

Im Kanton Graubünden wurden die Kontrollen des kleinen Grenzverkehrs zu den Nachbarländern Österreich und Italien massiv verstärkt, als bekannt wurde, dass nächtens kriminelle Banden einen regen Schmuggel mit Alltagsgütern wie Reinigungsmitteln, Seife oder Dosenwaren betrieben. Aufgrund der Unwetter in der Zentralschweiz in der vergangenen Woche waren Gerüchte über Lieferengpässe aufgekommen. Die Zentralen von Migros und Coop versichern, dass nicht mit Engpässen zu rechnen ist. Dennoch werden zahlreiche Waren derzeit nur in haushaltsüblichen Mengen abgegeben.

Urs Johnathan, Klimaexperte der Uni Bern, erklärte: »Es handelt sich bei den derzeitig zu beobachtenden Ereignissen keineswegs um Ausnahmen, sondern wir werfen damit einen Blick in die Zukunft, die uns zweifelsohne bevorsteht. Extremwetterereignisse aller Art – Hitze, Kälte, Niederschlag und Wind – werden uns die nächsten Hunderte Jahre begleiten.«

Experten sind sich uneins darüber, ob die außergewöhnliche geografische Lage der Schweiz in dieser Hinsicht einen

Vor- oder Nachteil darstellt. Einerseits ermöglichen die Berge bei Bedarf ein Ausweichen in die Höhe, um der Hitze oder dem Niederschlag im Tal zu entkommen. Andererseits behindern die Berge den freien Zug der Wolken, sodass zukünftig mit länger anhaltenden Wetterlagen zu rechnen ist.

Twitter

<Video einer Kuh, die beim Trinken aus einem Bergbach von den Wassermassen mitgerissen wird>

Kommentare:

- Auch der Wettergott ist also kein Veganer! Haha.
- Ist das Tier okay? Konnte es gerettet werden? Wurden die Behörden verständigt? Ich wäre bereit, kurzfristig zu helfen!
- Surf and Turf, geil!
- Ich finde das SCHLIMM!
- Versteh gar nicht, wieso die Kuh aus dem Gleichgewicht gerät. Bei uns auf dem Land wollten wir mal schlafende Kühe umkippen, das geht gar nicht!
- Selber Kuh!
- Das is keine Kuu, sondan ein Stir! Oda sehd ihr ein Äuter, ihr Idioten?
- Das Video ist ein manipulierter Deepfake. Der Klimawandel ist eine Erfindung der Machteliten! Lasst euch nicht für dumm verkaufen. Wacht auf!
- Muh! Schlafkuh!

15. Juni

05:45 Uhr, München

»Und du kannst wirklich nicht mitkommen? Ich finde das eine Ungeheuerlichkeit! Habt ihr keinen Betriebsrat?«

Die Scheibenwischer zuckten auf höchster Geschwindigkeit, und trotzdem konnte Philip Graf kaum etwas sehen und musste sich konzentrieren, um nicht von der Straße abzukommen. Er konnte die Gereiztheit seiner Frau Katrin nachvollziehen, aber erstens war die Streichung von genehmigten Urlaubstagen durch den Arbeitgeber durchaus zulässig, sofern ein angemessener Grund gegeben war. Worüber man im konkreten Fall sicher diskutieren konnte, es war aber jedenfalls keine Willkür oder Schikane. Und zweitens wurde nun einmal ab einer gewissen Hierarchieebene nicht nur überdurchschnittlich gezahlt, sondern auch überdurchschnittlicher Einsatz erwartet.

»Ach, lass doch«, versuchte er Katrin daher zu beruhigen. »Ich komme ja morgen nachgeflogen. Spätestens übermorgen. So schlimm ist das nun auch nicht. Besser, als wenn nachts um vier das Handy klingelt.«

Bei der Erinnerung an den unerwarteten Anruf einer Kollegin mitten in der Nacht, da diese nicht wusste, dass Graf und Katrin auf Hochzeitsreise in Bali waren, mussten sie beide lächeln. Nach dem Anruf hatten sie nicht mehr einschlafen können, daher waren sie zum Sonnenaufgang Hand in Hand am Strand spazieren gegangen – unverhofft und ungeplant eine ihrer schönsten gemeinsamen Erinnerungen überhaupt.

»Du hast ja recht.« Katrin legte ihre Hand auf seinen Oberschenkel. »Aber trotzdem. Die Jungs und ich hatten uns so auf den gemeinsamen Urlaub gefreut!«

»Also wirklich. Du tust so, als würden wir uns erst in zwei Wochen wiedersehen.« Er verlangsamte in einer Kurve. Der Wagen schwamm mehr, als dass er fuhr, und Graf wollte nicht im Graben landen. Der Lkw hinter ihm hupte verärgert und blendete auf. Das waren genau die Leute, deren Unfälle dann auf den Tischen der Kollegen landeten. »Mach dir keine Sorgen. So eine Begutachtung dauert nicht ewig. Und ihr könnt schon mal die schönsten Strände und die besten Liegen am Pool ausfindig machen. Ehrlich, du glaubst gar nicht, wie ich mich auf ein paar Tage Sonne freue!«

Der Lkw zog links an ihm vorbei und scherte dann ein wenig zu knapp wieder ein.

Die Jungs auf der Rückbank waren wieder eingedöst.

Graf nahm die Abfahrt zum Franz-Josef-Strauß-Flughafen und stellte den Wagen ins Langzeit-Parkhaus. Es war offen, ob er morgen aus Frankfurt nach Kreta fliegen würde oder ob er zuvor noch einmal nach München zurückkehrte. Gepackt hatte er für alle Eventualitäten.

Er begleitete Frau und Söhne zum Check-in. Dort verabschiedete er sich. Sein eigener Flug nach Frankfurt sollte etwa 20 Minuten vor dem seiner Familie abheben, aber er hatte auch nur Handgepäck und war bereits eingecheckt.

Der Regen ließ nicht nach, aber wenigstens wurde kein Gewittersturm wie vor einigen Tagen daraus. Von seinem Fensterplatz in Reihe 3 aus schickte er Katrin noch eine Nachricht: »Guten Flug und viel Spaß! Genießt die ersten Tage für mich mit!«

Der Start seiner Maschine war etwas unruhig, aber nichts, was er nicht schon tausend Mal erlebt hätte.

*

Grafs Spezialgebiet bei den Schadensbegutachtungen waren IT-gesteuerte und -überwachte Industriebauten, speziell bei systemrelevanten Anbietern wie Energieerzeugern, Geldinstituten und Datenbankknotenpunkten. Er hätte nicht sagen können, wie viele Keller voller Server er schon gesehen hatte. Und wie viele Schäden er unter die Lupe genommen hatte, von denen im Vorfeld alle Beteiligten geschworen hätten, dass sie un-mög-lich passieren konnten. Weil die Sicherheitsvorkehrungen *state of the art* waren, weil alles automatisiert überwacht und geregelt wurde, weil die Sicherheitsvorschriften übererfüllt wurden. Und doch machten Feuer, Wasser, Feuchtigkeit, Kriechstrom, unerwartete Erschütterungen zum Beispiel durch große Bauvorhaben, unerwartete chemische Reaktionen, Sabotage und Industriespionage sowie zunehmend eben auch Extremwetterereignisse den Betreibern immer wieder einen Strich durch die Rechnung. So auch hier. Die Sachlage war so einfach, dass Graf sich fragte, warum er dafür seinen Urlaub hatte verschieben müssen: Es waren substanzielle Mengen Wasser in zwei Kellergeschosse der Deutschen Bank eingedrungen. Der Schaden selbst hielt sich in Grenzen, einige Computer, ein paar Aktenschränke. Eine der Fahrstuhlanlagen war automatisch abgeschaltet worden. Vermutlich hatte ein Feuchtigkeitssensor angeschlagen.

Graf hatte sich die Schadensmeldung im Taxi zum Kunden noch einmal vergegenwärtigt. Auch in Frankfurt regnete es, aber weniger stark als in München.

»Weiß. Danke, dass Sie kommen konnten.« Der Mann, der Graf im Foyer begrüßte, trug einen dunkelblauen Anzug, ein hellblaues Hemd, eine dunkelblaue Krawatte mit hellblauen Streifen, schwarze Schuhe und eine knallige Smartwatch, durch die sein übriges Outfit noch spießiger und altmodischer wirkte. Der Nachname ließ ihn auch nicht individueller erscheinen.

»Das ist mein Job.«

»Möchten Sie einen Kaffee? Oder ein Wasser?«

»Nein, danke. Was genau kann ich für Sie tun?«, kam Graf gleich zur Sache. Vielleicht konnte er ja sogar heute Abend noch fliegen.

Der Banker senkte die Stimme und trat einen Schritt zur Seite. Seine Körpersprache machte deutlich, dass er nicht wollte, dass sich herumsprach, was er zu sagen hatte. »Unsere Techniker können nicht ermitteln, wie das Wasser ins Gebäude eingedrungen ist. Das gesamte Gebäude entspricht höchsten Sicherheitsstandards. Die übrigen Kellergeschosse sind trocken. In den beiden betroffenen Stockwerken sah es gestern aus, als hätte man die Badewanne einlaufen lassen und dann vergessen, den Hahn zuzudrehen. Woher kommt das Wasser? Wie ist es ins Gebäude gelangt? Wie können wir verhindern, dass ein derartiger Zwischenfall sich wiederholt?«

Oh, dachte Graf. Das ist ja doch interessanter als erwartet.

»Ich würde mir gern zuerst die betroffenen Räumlichkeiten ansehen.«

»Selbstverständlich.«

Der Mitarbeiter ging voraus in Richtung der Fahrstuhltüren, bog dann aber kurz vorher ab zu einer nahezu unsichtbaren Tür, hinter der sich das Not-Treppenhaus verbarg. »Ich hoffe, das ist okay für Sie, aber ich traue der Elektrik im Moment nicht.«

»Kein Problem. Kann nicht schaden. Und ist ja auch gut für die Gesundheit und die Umwelt«, spielte Graf mit. Runter war ja auch okay. Aber auf später Treppe hoch hatte er wenig Lust.

Auf beiden Stockwerken verrichteten große Entfeuchter brummend ihre Arbeit. Trotzdem merkte man der Luft noch immer an, dass hier etwas vorgefallen war. Sie schmeckte wärmer, feuchter, metallischer als üblich. Ein leichter Hauch von Moos oder Rinde lag im Raum.

Graf deutete auf die Überwachungskameras. »Irgendetwas Ungewöhnliches auf den Aufzeichnungen?«

Sein Gegenüber schüttelte den Kopf. »Nein, aber wenn sich kein Personal in den Räumen aufhält, wird die Beleuchtung ausgeschaltet. Einen echten Wassereinbruch hätte der Bewegungssensor bemerken sollen, insofern können wir davon ausgehen, dass der Wassereintritt nicht schwallartig erfolgte. Wie sollte er auch?«

Graf nickte und sah sich genauer um. Er fuhr mit den Fingern über ein freies Stück Wand, ging dann in die Knie und strich über den Boden. Der Beton fühlte sich kühl und immer noch ein wenig feucht an.

»Was ist hinter diesen Schlitzen?«, fragte er dann.

»Die Klimaanlage. Vollautomatisch. Keine Auffälligkeiten.«

»Na ja, wenn Sie irgendwo Auffälligkeiten gefunden hätten, wäre ich jetzt nicht hier – auffällig war aber das Wasser im Gebäude. Insofern sollten wir möglichst keine vorschnellen Schlüsse ziehen.«

Weiß zuckte zurück, als hätte Graf ihm eine Ohrfeige verpasst. »Selbstverständlich«, presste er hervor.

»Ich benötige Zugriff auf das zentrale Gebäudemanagementsystem. Ich gehe davon aus, dass Sie die Daten der letzten 72 Stunden festgeschrieben haben?«

Weiß zögerte, dann schüttelte er zaghaft den Kopf.

»Veranlassen Sie das sofort. Und ich schaue mir das hier mal genauer an.« Graf griff nach einem klappbaren Tritt, der neben einem Aktenschrank stand, um den Zugriff auf die oberen Fächer zu erleichtern. Er stellte ihn unterhalb eines Lüftungsschlitzes auf und zog ein Multifunktionswerkzeug aus der Sakkotasche, das er bei Begutachtungen stets bei sich trug. Er klappte den kleinen Torx15-Schlüssel aus und entfernte die silberne Blende.

»Riechen Sie das?«, fragte er dann seinen Begleiter. »Muff. Schimmel. Feuchtigkeit. Ich glaube, wir wissen jetzt, welchen Weg das Wasser genommen hat. Unklar wäre dann nur, wie das geschehen konnte.«

11:47 Uhr, Seesen

Wie schon am Vortag hatte Jan Baumann seine Tochter fahren wollen, als er die Nachricht über den Schulausfall bekam. An mehreren Stellen war Wasser in das Gebäude eingedrungen, außerdem stand nahezu das gesamte Schulgelände unter Wasser. Ein geregelter Betrieb war ausgeschlossen. Die gesicherte Ganztagsbetreuung konnte ebenso wenig stattfinden.

»Aber du musst dich alleine beschäftigen, ich muss arbeiten«, hatte Baumann gesagt, nachdem klar war, dass Mia nun den ganzen Tag zu Hause wäre.

Am Morgen war die letzte Stornierung eingegangen – sein B&B »Seesener Herz« hatte jetzt offiziell keine einzige zukünftige Buchung mehr vorzuweisen. Es blieb ihm nichts anderes übrig, als die finanzielle Lage sehr genau zu überprüfen, um zu entscheiden, wie er vorgehen wollte. Er schaltete einen Klassiksender ein, um seine Nerven zu beruhigen. Eine Option bestand darin, den Hotelbetrieb zu pausieren und seine drei Minijobber in Kurzarbeit zu schicken. Viel Bürokratie, aber kostengünstig. Andererseits ließe sich eine solche Maßnahme nicht schnell rückgängig machen.

Die Alternative konnte darin bestehen, aus der Not eine Tugend zu machen und mithilfe aktiver Werbekampagnen zum Beispiel »Romantische Regenwochen« anzubieten. Irgendwas mussten die Leute ja unternehmen.

Mittlerweile hatte er die nötigen Zahlen zusammengetragen und zwei überschlägige Kalkulationen vorgenommen. Leider war keine so eindeutig besser oder schlechter, dass sie sich aufdrängte. Er brauchte dringend eine Pause.

Baumann holte sich in der Küche einen Tee. Mit dem Becher in der Hand ging er hoch ins Dachgeschoss, um nach Mia zu sehen. Vorsichtig öffnete er ihre Zimmertür. Keine Spur von seiner Tochter. Im Wohnzimmer hatte er sie auch nicht gesehen. Wo steckte das Mädchen?

Baumann kehrte zurück ins Erdgeschoss. Im Flur stellte er fest, dass ihr Regenmantel und die Gummistiefel fehlten. Er durchquerte das Wohnzimmer und schaute hinaus in den Garten. Yvonne und er hatten dort Rollrasen legen lassen und die Rabatten liebevoll selbst bepflanzt. Aber jetzt … der Dauerregen hatte die Grünfläche komplett unter Wasser gesetzt.

Mia stand in der Mitte und drehte sich mit ausgestreckten Armen im Kreis. Das Gesicht hatte sie himmelwärts gerichtet. Sie machte wirklich das Beste aus der Situation. Jan Baumann beneidete sie fast ein wenig um diese Unschuld.

Ein zäher brauner Strom lief aus den Beeten über den kleinen Fußweg unter dem Tor zur Straße hinaus. Jetzt wurde den Pflanzen auch noch die Erde weggeschwemmt, aber was sollte er machen.

Auf einmal blieb Mia stehen, verharrte für einen Moment, dann ließ sie sich nach hinten fallen. Vielleicht war sie auch gestürzt, weil ihr schwindelig geworden war.

Baumann stellte seinen Becher auf das Fenstersims, schlüpfte im Flur in seine Gartenschuhe. Er lief hinaus und verlor beinahe selbst den Halt auf dem nassen Untergrund. Mia ließ sich gerade erneut in den Matsch fallen. Dreckiges Wasser spritzte in alle Richtungen. »Was machst du denn da?!«, rief Jan Baumann empört. »Was soll denn das?«

Mias Lachen hallte durch das Rauschen des Regens. »Das ist lustig, Papa. Probier mal!«

Mit zwei, drei großen Schritten hatte Baumann seine Tochter erreicht, packte sie am Arm und zog sie hoch. »Hör sofort auf! Du machst dich total dreckig und ruinierst auch noch den Rasen!«, schimpfte er.

Mias Gesichtsausdruck veränderte sich schlagartig. Eben hatte sie noch gelacht, jetzt schossen ihr Tränen in die Augen. »Aber … ich wollte doch noch …«, murmelte sie.

»Komm jetzt rein! Du musst in die Badewanne.« Baumann drehte sich um und zog seine Tochter hinter sich her.

Auf einmal hörte er eine beißende Stimme aus dem Nachbarhaus. »Wurde ja auch Zeit, dass Sie mal nach Ihrer Tochter sehen! Die hätte schon längst ertrunken sein können in diesem verfluchten Hochwasser! Ich habe mir wirklich Sorgen gemacht. Beinahe hätte ich das Jugendamt gerufen!«

Die alte Hartmann hatte ihn noch nie gemocht. Yvonne hatte es irgendwie geschafft, mit ihr klarzukommen. Ihr Sohn und dessen Frau führten eine einfache Pension für Handwerker und Geschäftsreisende. Sie bewohnte das Dachstübchen. Sie war ebenso unfreundlich und barsch wie ihr Sohn und die Schwiegertochter.

Obwohl Baumann sich mit dem »Seesener Herz« an eine ganz andere Zielgruppe wandte, betrachteten sie den Neuankömmling als unliebsame Konkurrenz. Und ganz offensichtlich traute sie es Baumann auch nicht zu, sich allein angemessen um Mia zu kümmern. »Kümmern Sie sich doch um Ihren eigenen Kram!«, rief Baumann zurück. Der Regen lief ihm aus den Haaren in den Nacken und über den Rücken.

Wütend zerrte er die schluchzende Mia hinter sich her. »Komm jetzt! Es reicht!«

»Nur weil Ihr Hotel nicht läuft, müssen Sie Ihre schlechte Laune doch nicht an dem Kind auslassen!«, keifte die Alte.

Baumann blieb abrupt stehen, Mia lief gegen ihn und schluchzte daraufhin noch lauter. »Was wollen Sie denn eigentlich von mir?«, rief Baumann durch den Regen. »Was haben Sie gegen mich? Ja, es regnet durch das Dach! Ja, die Gäste stornieren wie die Weltmeister! Ja, der halbe Garten schwimmt weg! Ja, Mias Mutter ist gestorben! Ich tue doch, was ich kann! Lassen Sie uns doch einfach in Ruhe, verdammt noch mal!«

»Was erlauben Sie sich eigentlich, so mit mir zu reden! Früher hätte es das nicht gegeben! Früher herrschte hier im Ort noch Anstand! Aber von einem Zugezogenen ist das vermutlich zu viel verlangt!« Frau Hartmann knallte ihr Fenster zu.

Baumann stieß den Atem aus und ließ den Kopf hängen. Der Regen prasselte auf seinen Rücken. Mia heulte immer noch.

»Komm, wir gehen rein. Es tut mir leid. Ich hätte dich nicht anschreien sollen. Aber es … Frau Hartmann hat ja recht. Es läuft gerade nicht besonders gut, und ich bin ganz schön gestresst.«

Mia klammerte sich auf einmal an ihn und presste ihr Gesicht gegen sein Hosenbein. »Du bist der beste Papa, den es gibt, und Frau Heppmann ist eine gemeine alte Hexe!«, schniefte sie.

Baumann musste trotz allem lachen. »Frau Hartmann. Und so etwas sagt man nicht.« Er wollte Mia über das Haar streicheln, aber das war schlammverkrustet. »Komm, ab in die Badewanne.«

»Oh ja, mit ganz viel Schaum!«

Seine Tochter ließ sich vom Wetter jedenfalls nicht die Laune verderben. Vielleicht konnte er sich bei ihr etwas abgucken.

13:35 Uhr, Hamburg-Harburg

Die »Zentrale Information« der Technischen Universität Hamburg-Harburg befand sich im Foyer der Unibibliothek. Hinter einem aufgeräumten Schreibtisch saß eine ältere Dame. »Entschuldigung, wissen Sie vielleicht, wo ich Herrn Professor Taylor finde?«, fragte Arian. »Er ist *guest lecturer* an der Meteorologischen Fakultät.«

»Ist das ein Shar-Pei?«, entgegnete die Dame.

»Nein, ein Puli. Shar-Peis sind die Hunde mit den Hautfalten. Aber die sind viel bekannter, deshalb werden wir das oft gefragt.«

Sie kam um den Schreibtisch herum auf Arian und Konrad zu. »Darf ich?«, fragte sie, während sie bereits mit dem Puli auf Augenhöhe ging.

»Ja, gerne, kein Problem.«

Sie streichelte Konrad vorsichtig. »Fast wie ein Schaf«, sagte sie dann.

»Pulis sind ungarische Hirtenhunde«, sagte Arian.

»Der Kollege Taylor ist nicht oft hier«, sagte die Dame dann, während sie hinter ihren Schreibtisch zurückkehrte. »Ich glaube, ich muss auch mal ein Forschungssemester einlegen. Studieren Sie bei uns?«

Er schüttelte den Kopf. »Ich bin aus Frankfurt.«

Die Dame nickte mehrfach. »Schöne Stadt. Schöne Stadt.« Sie sah auf ihre Armbanduhr.

Eine junge Frau mit einem sportlichen blonden Haarschnitt und dunklen Augen trat neben Arian. »Worum geht es denn? Ich arbeite an der Meteorologischen Fakultät.«

»Ich, äh …« Arian brauchte einen Moment, um sich zu fangen. »Ich habe einen Termin mit Herrn Taylor. Es geht um Wolkenbildung.«

»Und Sie sind …?«

»Oh, Entschuldigung. Ich bin Arian Fischer, Datenanalyst bei TM Beton. Es geht um eine Unwettersimulation.«

»Also eine Frage aus der Industrie.« Die Stimme der jungen Frau kühlte merklich ab.

»Ja, das schon«, gab Arian zu. Er wusste um die latente Feindseligkeit zwischen Forschung und Anwendung, zwischen akademischer und Businesswelt. »Aber, ganz ehrlich, wofür ist Forschung denn gut, wenn nicht für den Rest der Welt?«

Die Frau lachte etwas angespannt. »Wenn Sie meinen. Ich kann Sie gleich mitnehmen. Muss nur noch diese Bücher hier« – sie wedelte mit einem Notizzettel – »ausleihen.«

»Klar, gerne, danke, wunderbar«, sagte Arian. Klar, gerne, danke, wunderbar. Also wirklich. Als wäre er 13.

*

»Ich bin übrigens Fjella«, stellte sich die junge Frau auf dem Weg zur Meteorologischen Fakultät vor. »Ich bin Doktorandin der Nephologie.«

»Arian. Fischer. Arian Fischer. Und das ist Konrad.«

»Cool.«

Arian hatte keine Ahnung, was Nephologie war, wollte aber auch keine dummen Fragen stellen. Die Frau war ein paar Jahre jünger als er, aber ihre dominante Art schüchterte ihn ein.

Fjella führte ihn routiniert durch das übliche Uni-Labyrinth. Schließlich klopfte sie gegen den Rahmen einer offen stehenden Tür. »Marian, hier ist dein Termin.«

Ein Mann im Karohemd schaute von seinem Computerbildschirm auf. Er hatte einen spiegelglatten Schädel, trug einen Vollbart und eine Cargohose. Dazu Wanderstiefel und eine Hornbrille. Er hätte sofort in einem Craftbeer-Ausschank anfangen können.

Arian erklärte, was ihn nach Potsdam zum Institut für Klimafolgenforschung und nun nach Harburg geführt hatte. Dazu breitete er immer mehr Unterlagen, Skizzen und Berechnungen auf Taylors Schreibtisch aus. Der schaute zwar anfangs skeptisch. Es war ja auch nicht sonderlich wahrscheinlich, dass ein Fachfremder dem Top-Experten sinnvolle Fragen stellte. Doch dann folgte er Arians Ausführungen immer interessierter, je spezieller sie wurden.

Fjella hatte ausführlich Konrad gekrault, während sie Arian zuhörte. »Vielleicht sollte man auch noch eine Fluktuation der thermohalinen Zirkulation berücksichtigen«, schlug sie vor.

Taylor nickte. »Ja, die Abschwächung des Golfstroms. Eine sehr gute Idee. Und man könnte auch noch die Rückkopplungseffekte durch das Tauen der Permafrostböden einfließen lassen.« Er warf Arian einen kurzen Blick zu, dann tippte er auf einen der Ausdrucke. »Spontan würde ich sagen, die geschätzte Kollegin Raether hat recht, und Ihre Black Box hat einige Annahmen über die Entstehungsrate von größeren Wolkenfeldern gemacht, die man bislang so nicht kennt – deren Logik aber spontan auch nicht von der Hand zu weisen ist.«

Das Telefon klingelte. Taylor warf einen Blick auf das Display. »Moment«, sagte er und nahm das Gespräch an.

»Ja … ja, genau … ich habe dir schon eine Mail geschickt, in der steht … exakt, so solltet ihr es machen«, sagte er auf Englisch.

»Entschuldigen Sie. Ein Kollege von mir aus den USA. Geophysiker. Beschäftigt sich mit möglichen Maßnahmen zur CO_2-Entnahme und anderen technischen Eingriffen in das Klimasystem. Er hatte eine Frage zur Modellierung von bestimmten Wolkenformen, speziell Zirrus Kelvin-Helmholtz. Das sind schlanke, horizontale Wolkenspiralen. Sehr hübsch, sehr selten. Aber zurück zu Ihrem Thema.«

Er beugte sich wieder über Arians Unterlagen.

»Diese Werte hier«, sagte Fjella und wies auf eines der Blätter, »sprechen meines Erachtens für eine ungewöhnlich hohe Bewertung von Bodenversiegelungen.«

»Hm«, machte Taylor. »Aber das ist vielleicht ja nicht falsch. Zumal im großstädtischen Kontext, wo wohl die meisten Bauvorhaben stattfinden.«

»Ich muss ehrlich zugeben, ich war bislang …«, begann Arian. Taylor und Fjella sahen auf. Das Wort »Klimaskeptiker« lag unausgesprochen in der Luft. Er setzte neu an. »Also, nicht dass ich den Klimawandel bezweifle. Oder die Tatsache, dass er teilweise menschengemacht ist. Aber ich bin davon ausgegangen, dass es sich um eine Entwicklung handelt, die sich über Jahrzehnte, wenn nicht Jahrhunderte erstreckt. Die also unsere Kinder oder Enkel betrifft. Die wir mit technischen Entwicklungen und Gegenmaßnahmen gut im Griff behalten können. Und nicht eine, die unmittelbare Auswirkungen in der Gegenwart hat.«

Fjella schüttelte den Kopf und wandte den Blick ab. Arian meinte, eine tiefe Enttäuschung in ihren Augen gelesen zu haben.

15:08 Uhr, Frankfurt

Philip Graf hatte einige Zeit über den Logs der Haustechnik gebrütet. Es dauerte eine Weile, bis er das Zusammenspiel der Anlage nachvollziehen konnte. Nachdem ihm das gelungen war, fand er den Fehler recht schnell.

»Hier«, sagte er und wies mit dem Laserpointer auf einen Wert in einer schier endlosen Excel-Tabelle. Im Konferenzsaal saßen außer ihm nur Weiß sowie der Büroleiter des Hauptsitzes der Bank, Arnold Küsters. »Sehen Sie? Die Werte gehen von 50 % hoch auf 60 %, 70, 80 … Dann wird die 100 überschritten. Das ist eigentlich nicht möglich. Denn in dieser Spalte wird die Luftfeuchtigkeit gemessen. Hundert Prozent bedeutet, die Luft ist gesättigt und kann kein Wasser mehr aufnehmen. Der Wert steigt aber immer weiter, und zwar rasant: 200, 450, 900, schließlich pendelt er sich bei weit über 1000 ein. Das könnte natürlich ein Messfehler sein, aber« – er wechselte auf eine andere Tabellenseite – »kurz bevor die Messwerte steigen, wird die Schubrichtung der Umwälzanlage gewechselt.«

»Mit anderen Worten: Die Klimaanlage hat gesaugt statt gepustet?«, fragte Küsters.

Graf nickte. »Könnte man so sagen. Und der Wasserschaden entstand dadurch, dass die Öffnungen am Gebäudeäußeren unter Wasser waren. Es wurde also nicht etwa versehentlich *Luft* von draußen angesaugt, sondern *Wasser.*«

»Und warum?«

»Schwer zu sagen«, begann Graf. Küsters wollte ihn schon sichtlich verärgert unterbrechen, doch der Schadensbegutachter fuhr fort: »Gebäude wie dieses verfügen über sogenannte ›smarte‹, selbstlernende Systeme. Meine Auswertung legt nahe, dass eine Situation eingetreten ist, die von den Programmierern nicht vorhergesehen wurde. Also hat die KI etwas ausprobiert. Denn nur so kann sie ›lernen‹, durch Versuch und Irrtum. Ich habe bereits Rücksprache mit den Softwareherstellern gehalten. Es wurde leider keine Schnittstelle für einen entsprechenden manuellen Input vorgesehen.«

»Wir können dem System also nicht sagen: netter Versuch, aber nächstes Mal bitte nicht so?«, fragte Weiß.

»Genau. Genauso ist es. Vielleicht ein wenig wie der Suzuki X-90. Ein zweisitziger SUV, wirklich hässlich. Da hätte man den Designern auch sagen wollen: netter Versuch, aber nächstes Mal bitte nicht so. Ambitioniert gedacht, aber in der Ausführung nicht überzeugend. Aber wenn sich erst mal eine solche Idee breitgemacht hat, lässt sie sich nicht mehr richtig ausrotten. Sie bleibt immer als Option bestehen. Deshalb möchte ich Sie bitten, das System wiederherzustellen auf einen Stand von vor mehr als 72 Stunden. Das müsste den gesamten fehlgeschlagenen Lernvorgang löschen. Danach sollte alles wieder laufen wie zuvor. Alternativ können Sie auch einen Reset auf die ursprünglichen Standardeinstellungen vornehmen. Es muss dann nur noch bei Gelegenheit ein Patch eingespielt werden, damit sich die Sache nicht wiederholt. Sobald fehlerfreie Logs für 48 Stunden vorliegen, kann unsererseits die Schadensregulierung erfolgen.«

Küsters schlug mit der flachen Hand auf den Tisch. »Es ist doch immer dasselbe mit Versicherungen«, schimpfte er. »Immer die Schuld auf andere schieben und immer die Auszahlung verschleppen. Ich bin sicher, Sie werden irgendetwas an den Logs zu beanstanden haben. Wozu haben wir denn eigentlich diese schweineteuren Elementarschadenversicherungen gegen Hochwasser, Starkregen, Feuer, Terrorangriffe, Aliens und was weiß ich was, wenn Leute wie Sie dann doch immer mit dem Kleingedruckten ankommen?«

Graf holte tief Luft und ließ sie langsam wieder ausströmen. Der technische Teil seiner Arbeit als Gutachter war das eine. Der menschliche war oft der schwierigere.

»Es steht Ihnen natürlich frei, meine Ergebnisse von Ihrem eigenen Gutachter – zu Ihren Lasten selbstverständlich – verifizieren zu lassen«, sagte er und klappte seinen Laptop zu.

Manchmal hatte er, trotz aller Schulungen, einfach keine Lust mehr auf Deeskalation. Sondern wollte lieber im nächsten Flieger nach Kreta sitzen.

16:20 Uhr, Hamburg-Harburg

Fjella wusste nicht recht, was sie von dem Typ mit den Wuschelhaaren und dem Wuschelhund halten sollte. Er wirkte offen und interessiert, intelligent, freundlich. *What's not to like?* Andererseits arbeitete er in der Bauindustrie und glaubte, der Klimawandel sei nicht so schlimm. Das ging natürlich gar nicht.

Professor Taylor fand das Problem, mit dem dieser Arian angetanzt war, faszinierend. War es ja auch. Vielleicht hatte er aus der Praxis heraus ein paar Faktoren bedacht, die rein theoretisch bisher keine große Relevanz hatten. Oder seine KI-Black-Box-Formel war einfach großer Mist, und deshalb kam etwas anderes als erwartet heraus. Auch möglich. Eine spannende Frage, ganz klar.

»Geben Sie mir bis morgen? Sind Sie in der Stadt?«, fragte Taylor. Fjella wusste, er würde die Nacht durcharbeiten. Gleich zu Beginn seiner Zeit an der TU hatte der Prof sich eine Klappliege ins Büro gestellt. Gott sei Dank erwartete er das nicht von den Mitarbeitern.

»Ich kann jedenfalls bleiben«, entgegnete Arian. Fjella bemerkte, wie sich bei diesem Satz unerwartet ein warmes Kribbeln in ihrem Oberkörper ausbreitete.

»Wo sind Sie denn untergekommen?«, fragte Fjella. Was war nur mit ihr los? Ihre Stimme klang ganz piepsig.

»Wir haben eine Firmenvereinbarung mit einer dieser Hotelketten, die immer irgendwo in der City sind.« Er schaute auf sein Handy. »In der Nähe des Michel.« Er zoomte in die Karte hinein.

»*Godt.* Wir können zusammen fahren. Ich zeige Ihnen den Weg«, sagte Fjella.

»Das ist nett, danke.«

Taylor sagte, ohne aufzusehen: »Dann bis morgen.«

Fjella nahm ihr Rad mit in die S-Bahn. Sie fuhren zum Hauptbahnhof, spazierten dann zu Fuß Richtung Innenstadt.

»Nette Abwechslung«, sagte Arian und deutete himmelwärts. »In Frankfurt hat es in den letzten Tagen schwere Unwetter gegeben, in Berlin und Potsdam war es sauheiß. Verrückt, dass das Wetter ausgerechnet in Hamburg mitspielt.«

»Und dann glauben Sie noch …« Fjella unterbrach sich. »Ach, lassen wir das. Warten wir bis morgen. Kennen Sie sich aus in Hamburg?«

»Können wir nicht lieber Du sagen? So alt bin ich schließlich auch nicht.«

»Klar, gerne. An der Uni ist das ja auch üblich. Aber bei Besuchern aus der Industrie weiß man nie.«

»Keine Sorge. So ›angekommen‹ bin ich da noch nicht. Also, ich bin Arian.«

Er blieb kurz stehen und sah ihr in die Augen.

»Fjella«, entgegnete Fjella. Und das warme Gefühl in ihrem Oberkörper verwandelte sich in ganz viele Schmetterlinge in ihrem Bauch. Sie hoffte nur, dass ihr Lächeln noch als höflich durchging und nicht dumm oder *creepy* aussah. »Wieso arbeitet jemand wie du eigentlich für die Industrie?«, fragte sie dann unverblümt.

»Was soll das heißen?« Arian kniff die Augen zusammen. Er schüttelte den Kopf. »Diesen Dünkel der Forscher fand ich schon an der Uni zum Kotzen.«

»Dünkel?«, höhnte Fjella. »Wer fragt denn gerade wen um Rat?«

»Weil mir offenbar etwas aufgefallen ist, wofür eigentlich deine ach so tolle Forschung bezahlt wird, ja.«

Er schnaubte wütend. Sie presste die Lippen aufeinander. Schweigend liefen sie weiter. Am Rathausmarkt nickten sie einander zum Abschied wortlos zu, bevor sie auseinandergingen.

Kölner Merkur (Auszug)

(…) neuer Rekord für die höchste Temperatur eines Junitags mit 37,2 Grad in Freiburg. Zugleich wurde bereits zur Monatsmitte auch der Rekord für die höchste Niederschlagsmenge gebrochen: 111 Liter pro Quadratmeter fielen bereits in den vergangenen 14 Tagen im niedersächsischen Goslar. Der Rekord aus dem Jahr 2021 liegt bei 110 Litern pro Quadratmeter im Gesamtmonat. Es kam zu zahlreichen Unwetterschäden. Bislang wurden keine Todesfälle im Zusammenhang mit der außergewöhnlichen Wetterentwicklung gemeldet.

Für die kommenden Tage ist ein erhebliches Hochwasser der Elbe vorhergesagt, während der Rhein bisher Niedrigwasser führt. Sämtliche Badestellen und Angelplätze in Köln und im Kölner Umland sind aus Sicherheitsgründen geschlossen.

Hydro-klimatologische Einordnung der Stark- und Dauerniederschläge im Grenzgebiet der Niederlande, Belgiens und Deutschlands im Zusammenhang mit dem Tiefdruckgebiet »Björn« vom 12. bis 15. Juni

Im Zusammenhang mit dem Tief »Björn« traten im Großraum Aachen sowie in den südlichen Niederlanden und in Nord-Belgien insbesondere im Zeitraum 12. bis 15.06. regional sehr ausgeprägte Starkregenereignisse auf. Diese führten insbesondere in Maastricht und Aachen zu ausgeprägten Überschwemmungen, die Ursache für eine bislang einstellige Zahl von Todesfällen und erhebliche Schäden an der Infrastruktur waren.

Die Wetterlage an den Tagen vom 12. bis 15.06. zeichnete sich vor allem durch tiefen Luftdruck über Mitteleuropa aus. In Verbindung mit einem Höhentief, welches sich langsam von Frankreich her näherte, war die Troposphäre zunehmend instabil geschichtet. Warme und sehr feuchte Luftmassen gelangten aus dem Mittelmeerraum in einer Drehbewegung um das Bodentief »Björn« nach Deutschland. Durch erzwungene Hebung (orografisch und dynamisch) und leichte Staueffekte an den westlichen Mittelgebirgen (Sauerland, Westerwald und Eifel), kam es zunächst regional, später großflächig zu wiederkehrendem bzw. anhaltendem Starkregen.

Neben der Wettersituation ist auch die momentane Bodenfeuchtesituation von Bedeutung. Denn der Boden kann nur einen Teil des Niederschlags speichern und zurückhalten. Dies funktioniert am besten, wenn der Boden nicht zu feucht und nicht zu trocken ist. Die Vorwochen waren jedoch in ganz Deutschland von wiederkehrenden Niederschlagsereignissen geprägt, welche die Böden regional bereits gut gefüllt hatten. Teilweise standen nur noch zwischen 10 und 75 mm freier Bodenwasserspeicher zur Verfügung. Hinzu kommt, dass sehr intensiver Niederschlag meist nicht oder nur im geringen Maße von den Böden aufgenommen werden kann. Er fließt stattdessen direkt an der Oberfläche ab.

16. Juni

06:13 Uhr, Hamburg

»Sind Sie schon wach?«

Arian konnte die Stimme nicht zuordnen. »Jetzt schon«, brummte er in sein Handy.

»Gut. Hier ist Taylor. Von der TU. Sie haben recht. Es ist eine Sensation. Mit einer Wahrscheinlichkeit von 97 Prozent, also mit an Sicherheit grenzender Wahrscheinlichkeit, werden die mithilfe Ihres Modells berechneten Risiken an mindestens einem Drittel der berücksichtigten Standorte eintreffen. Vor allem bin ich beeindruckt von der Präzision, mit der die Entwicklung einer Sturmfront vorhergesagt wird. Ich habe einige Parameter etwas feiner eingestellt, was die Vorhersage jedoch nur noch definierter ausfallen lässt.« Der Gastdozent schien sich von Energydrinks zu ernähren. »Man kann es nicht anders sagen: Sie haben einen wissenschaftlichen Durchbruch erreicht. Können wir uns heute Vormittag treffen? Wir müssen unbedingt für ein Paper kollabo-«

»Was?«, fragte Arian. »Nein, auf keinen Fall!« Er setzte sich auf. »Habe ich das gestern nicht gesagt? Die Information muss unbedingt absolut vertraulich behandelt werden! Die Daten wie auch das Modell selbst sind schließlich Betriebsgeheimnis.«

»Aber Ihre Erkenntnisse sind revolutionär!«

»Das mag sein. Aber sie sind trotzdem intellektueller Besitz von TM Beton.«

»Sie können doch nicht …«

»Ich *muss* sogar. Alles andere würde mir eine fristlose Kündigung eintragen. Können Sie andere Faktoren sicher ausschließen, Fremdeinwirkung, Missmanagement?«

»Nach menschlichem Ermessen ja«, bestätigte Taylor. Er klang jetzt deutlich weniger begeistert als eben.

»Danke. Ich spreche mit meinem Vorgesetzten. Wenn sich an dessen Haltung etwas ändert, lasse ich es Sie wissen.« Arian legte auf, braute mit der Maschine auf dem schmalen Schreibtisch einen sogar einigermaßen trinkbaren doppelten Espresso, ging dann mit Konrad eine Runde an den noch nahezu menschenleeren Landungsbrücken. Hatte der Forscher recht, und er könnte die Wissenschaft voranbringen und vielleicht sogar Menschenleben retten, wenn seine Berechnungen veröffentlich würden? Oder gab es vielleicht sogar eine Möglichkeit, die Entwicklung aufzuhalten?

Er schaute über das Wasser. Eine Fähre setzte über zum Containerhafen. »Egal«, sagte er zu Konrad. »Erst mal Müller informieren.«

Er wählte die Handynummer seines Chefs und berichtete knapp von der Bestätigung seiner Befürchtungen durch Raether und Taylor. »Okay«, sagte der. »Gut zu wissen.«

»Wir müssen alle Baustellen stilllegen«, mahnte Arian.

»Nein«, entgegnete Müller. »Die Vorhersage trifft mit hoher Wahrscheinlichkeit für *ein Drittel* unserer Vorhaben ein. Es wäre also fahrlässig, alle stillzulegen. Was wir tun müssen ist, unsere Versicherungspolicen auf den bestmöglichen Extremwetterschutz umzustellen. Nehmen Sie den nächsten Zug, und kümmern Sie sich darum, besser heute als morgen.«

09:54 Uhr, Hamburg-Alsterdorf

Nina Kuhn schnitt eine Grimasse. Der Kaffee aus dem Automaten auf der Etage mit den Konferenzräumen war noch mieser als der im dritten Stock, wo ihr Kollege Eric Schmitz und sie ein Büro teilten. Und doch machte sie jedes Mal den Fehler, sich einen Becher zu holen.

Ihr Partner grinste. »Du bist einfach ein grundoptimistischer Typ«, sagte er. »Eigentlich ganz falsch beim LKA.«

Kuhn und Schmitz waren ein ungewöhnliches Team. Beide hatten geglaubt, sie könnten nicht gut miteinander. Doch das Gegenteil war der Fall.

Nina Kuhn hatte gerade eben die Größenvoraussetzung für den Polizeidienst erfüllt, war ehrgeizig, gründlich, fordernd. Sie war blond, trug meistens schwarz und war nur deshalb Single, weil sie zu hohe Ansprüche stellte.

Eric Schmitz stammte aus Peru und war mit sechs Jahren von einem deutschen Lehrer-Ehepaar adoptiert worden. Er war ein einfallsreicher, zuverlässiger Kollege – hätte aber mit seinem unkämmbaren Haar, dem Fünftagebart und seinem immer ein wenig schiefen Grinsen jederzeit als charakterloser, Herzen brechender Südeuropäer in einer Daily Soap auftreten können.

Die übrigen Teilnehmer des Meetings hatten ihre Plätze bereits eingenommen. Die turnusmäßigen Treffen der Nord-LKAs waren selten wirklich ergiebig, aber wichtig, um im Bedarfsfall kurze Kontaktwege nutzen zu können. Reihum berichteten die Kolleginnen und Kollegen aus Bremen, Niedersachsen, Schleswig-Holstein, Mecklenburg-Vorpommern und Berlin sowie Kuhn und Schmitz über die aktuellen Ermittlungsschwerpunkte und die von ihnen prognostizierte Entwicklung in den jeweiligen Bundesländern.

Landeskriminalämter waren Bestandteil der Landespolizei und, mit wenigen Ausnahmen, dem jeweiligen Innenministerium nachgeordnet. Die Beamten übernahmen einerseits umfangreiche regionale und überregionale Ermittlungstätigkeiten vor allem von Sexualstraftaten, Organisierter Kriminalität sowie Rauschgift- und Falschgeldhandel. Außerdem leisteten sie den Staatsschutz für die Behörden vor Ort, sicherten diese also vor politisch motivierten Aktivitäten. Zudem wurden von ihnen meist anspruchsvollere kriminaltechnische Untersuchungen durchgeführt, die berühmte Forensik.

Zugleich waren die LKAs jedoch nicht nur als Teil der lokalen Polizei für größere Ermittlungen mit erheblichem Koordinationsaufwand zuständig. Sie übten ebenfalls eine Zentralstellenfunktion aus und stellten das Bindeglied zum BKA dar, dem Bundeskriminalamt. Dieses konnte zwar grundsätzlich jede größere Ermittlung an sich ziehen, meist verblieben operative Fallanalyse und taktische Leitung jedoch beim LKA.

Konkret bedeutete diese Zwitterfunktion, dass die interessantesten Ermittlungen auch die umkämpftesten waren, weil immer wieder geklärt werden musste, wer nun das Sagen hatte: das LKA, in dessen Bundesland eine Ermittlung begonnen hatte, oder die Kollegen, in deren Land die Tatverdächtigen sich gerade aufhielten, oder eben vielleicht doch das BKA.

Es war daher wichtig, gute Netzwerke auf unterschiedlichen Ebenen zu pflegen. Natürlich zum BKA, aber eben vor allem untereinander.

Hauptthema bei allen Anwesenden war eine mehr oder

weniger stark zunehmende Gewaltbereitschaft im Umfeld von Wahlveranstaltungen. Die Radikalisierung der politischen Landschaft zeigte sich immer deutlicher auf den Straßen und Marktplätzen: Keine Kollegin und kein Kollege, der nicht von Sachbeschädigung, eingeworfenen Scheiben, Brandstiftung und strafrechtlich relevanter Körperverletzung berichtete. Politiker der meisten Parteien sprachen sich öffentlich gegen die zunehmende Aggressivität des Wahlkampfs aus, aber nicht allen nahm man die Aussage ab.

Deutlich abgeschlagen auf Platz zwei folgten ein paar Berichte über Amtshilfe wegen Unwetterschäden sowie einige Fälle von Schwierigkeiten, Menschen dazu zu bewegen, nicht im schlimmsten Unwetter irgendwelchen nutzlosen Outdoor-Beschäftigungen nachzugehen, sondern sich doch bitte in Sicherheit zu begeben. Die Kollegen aus Mecklenburg-Vorpommern erzählten von einem Porschefahrer, der im dichten Regen eine Kurve übersehen hatte und mit Vollgas auf einer Kuhweide landete. Glücklicherweise war dabei nur sein übermäßiges Selbstbewusstsein verletzt worden.

Darüber hinaus waren bei mehreren Polizeistationen Beschwerden von Bürgern gegen das Wetter eingegangen. Sie riefen die 110 an, um sich zu erkundigen, ob die Toilettenpapierlieferungen gesichert würden und welche Anzahl Dosengerichte für eine vierköpfige Familie empfohlen wurden. »Im Internet kursieren Petitionen, die ein besseres Wetter in Deutschland fordern, und ein paar davon haben mehrere Tausend Unterschriften«, sagte Schmitz. Er wusste immer, was im Netz los war.

»Ich kann das verstehen«, nickte der Kollege aus Bremen, ein älterer Mann mit kurzen grauen Haaren und einem Bauchansatz. »In Bremen war es im April viel zu heiß, und im

Mai hat es nur geregnet. Da war ich auch kurz davor, Amok zu laufen.«

»Die Vorhersagen spielen weiter verrückt«, sagte Kuhn. »Ich fürchte also, wir werden uns darauf einstellen müssen, dass es genauso kommt. Wahlkampf und Wetter – kein Wunder, dass die Leute durchdrehen.«

10:12 Uhr, Frankfurt

Den Kreta-Flug am Abend zuvor hatte Philip Graf um Minuten verpasst. Es half nicht, dass es eine der Billig-Airlines war, bei denen sein Vielfliegerstatus nichts galt.

Verärgert hatte er sich ein Zimmer im Flughafenhotel genommen. Die Videoverbindung zu seiner Frau und den Jungs auf Kreta war ruckelig gewesen, und nach zehn Minuten hatten sie aufgegeben. Er hatte sich trotzdem gefreut, sie zu sehen, wenn auch nur sehr pixelig.

»Du verpasst nicht viel«, hatte Katrin ihm dann geschrieben. »Es ist kühl und windig, nur mittags sonnig genug, um draußen zu sitzen. Wir waren 1x am Strand, aber der hat viele Kiesel. Bring gutes Wetter mit morgen!«

Die Wetterkarte im Fernsehen zeigte ein ziemliches Chaos. Orange und rote Bänder in Skandinavien, Frankreich, Mittelspanien sowie Kroatien und Ungarn. Grüne und blaue Felder und Streifen über Dänemark, Polen, den Beneluxländern, großen Teilen Deutschlands, dem südlichen Portugal, dem griechischen Festland.

»ich versuche jedenfalls, das schlechte wetter in deutschland zu lassen <3«, schrieb er zurück. Das Herzemoji hatten ihm seine Söhne beigebracht.

Nun war er für einen Linienflug nach Athen eingecheckt. Dort musste er sein Gepäck in Empfang nehmen und würde mit einer regionalen Airline weiter nach Kreta fliegen. Aber immerhin, am frühen Nachmittag sollte er dort sein. Er freute sich schon auf den Wellnessbereich des Hotels – Sauna, Whirlpool, vielleicht sogar eine Massage.

In der Newsticker-Leiste der Nachrichtensendungen, die stumm auf den Monitoren gezeigt wurden, liefen Unwettermeldungen aus ganz Deutschland. Im Gegensatz zu früheren Unwetterlagen waren diesmal vielfach nur scharf abgegrenzte Gebiete betroffen, um die herum das Wetter gut blieb oder wo die Menschen sogar über Hitze und Trockenheit klagten.

Grafs Handy vibrierte. Sein Chef.

»Ich weiß, Sie wollen in den Urlaub. Aber ich brauche Sie noch für zwei Begutachtungen. In Berlin wäre beinahe ein Umspannwerk vom Netz gegangen, und im Wasserkraftwerk Hohenwarte scheint eine Turbine verrückt zu spielen.«

»Kann das nicht …«, setzte Graf an.

»Ehlert ist ebenfalls unterwegs, und die Situation ist einfach zu kompliziert für Mitarbeiter, die über weniger Expertise verfügen.«

»Aber wenn ich gestern schon geflogen wäre, müsste es auch ohne mich gehen.«

»Ich fürchte, nicht. Dann müssten Sie jetzt bloß wieder zurückfliegen. Philip, wir haben Hunderte von Schadensmeldungen, zahlreiche problematische Fälle in der sensiblen Infrastruktur. Es tut mir leid, aber es geht nicht anders.«

Graf legte auf. Er hatte sich auf Kreta gefreut, aber es würde noch viele gemeinsame Urlaube geben. Er brummte missmutig und ging an den Schalter. »Ich muss mein Ticket umbuchen«, sagte er. »Nach Berlin statt Athen.«

12:45 Uhr, Seesen

Der Regen mochte ein wenig nachgelassen haben, aber vielleicht war das auch nur Einbildung. Jan Baumann hatte das Gefühl, mittlerweile vollständig durchfeuchtet zu sein – ebenso wie seine Wohnung und das Bed & Breakfast. Die Tapete wellte sich bereits an einigen Stellen, in den Zimmerecken bildeten sich Wasserflecken, und wenn man Pech hatte, funktionierte die Toilettenspülung nicht. Die Behörden hatten über Internet, Radio und Fernsehen melden lassen, dass die Sicherheit des Leitungswassers nicht mehr zu 100 Prozent zu garantieren sei, weswegen geraten wurde, es abzukochen.

Im Garten hätte Baumann mittlerweile Karpfen halten können. Die Kombination aus Dauerregen und Sturmböen hatte einige Bäume entwurzelt, sodass die B248 mehrere Stunden unbefahrbar gewesen war.

Nele kümmerte sich um Mia, Baumann war in den Baumarkt gefahren. Schon auf dem Parkplatz herrschte Wildwest. Die Autos standen kreuz und quer, manche waren gänzlich eingeparkt und versuchten, durch Hupen auf sich aufmerksam zu machen.

Gruppen von Männern schleppten Holzplatten, Plastikplanen und Elektrowerkzeuge durch den Regen. Einige hatten Schubkarren voll mit Sandsäcken geladen. Die Menschen versuchten alles, um ihr Hab und Gut vor dem Wasser zu retten.

Im Schritttempo bewegte sich Baumann vorwärts, Vivaldis »Vier Jahreszeiten« im CD-Spieler, nicht unpassend. Die Scheibenwischer flogen hin und her, trotzdem konnte er nicht genug sehen. Die Klimaanlage blies warme Luft gegen die Windschutzscheibe, damit die nicht beschlug. Langsam bekam er Kopfschmerzen.

Auf einmal brach wenige Meter von ihm entfernt ein Streit zwischen vier Männern aus. Baumann hatte den Auslöser nicht mitbekommen. Vielleicht hatte einer von ihnen eine Ware, die der andere brauchte, oder vielleicht waren sie auch nur versehentlich aneinandergerempelt. Auf alle Fälle begannen sie augenblicklich, einander grob zu schubsen. Einen Moment lang ging es zwei gegen zwei. Baumann stoppte, damit ihm nicht versehentlich einer dieser Deppen vors Auto stolperte.

Dann eskalierte der Streit innerhalb von Sekunden. Aus dem Korb des Einkaufswagens griff einer der Männer eine Axt und hob sie drohend in die Höhe. Die beiden anderen erstarrten, hoben dann die Hände und entfernten sich rückwärts. Der Mann mit der Axt sah sich um. »Was glotzt denn du so blöd?«, schrie er so laut in Baumanns Richtung, dass er es durch die geschlossene Scheibe hören konnte.

Er beschloss, dass er die Planen, Platten und Dichtungen, die er benötigte, auch später besorgen könnte, und fuhr davon. Bevor dieser Irre ihm noch die Scheibe oder gar den Schädel zertrümmerte.

Auf der Rückfahrt fielen ihm Schilder in den Fenstern mancher Häuser auf: »Notunterkunft. 6-Bett-Zimmer, 100 €/ Nacht. TROCKEN!!!« Und: »Garage, als Lagerraum nutzbar, sicher und trocken, bewacht, 80 €/qm«.

Irgendwer machte mit jeder Katastrophe noch Gewinn.

14:12 Uhr, Berlin

In Deutschland gibt es über 1000 Umspannwerke. Sie sehen aus wie übergroße Kressebeete aus Strommasten. Überall laufen Kabel kreuz und quer. Um auf dem Weg zur Kundin oder zum Kunden möglichst wenig Energie zu verlieren, wird Strom über mehrere Spannungsebenen transportiert. Im Umspannwerk wird dann von der einen Ebene zur anderen transformiert. Etwa so wie in den kleinen Kästchen, die sich in den Stromkabeln vieler Geräte befinden. Sie machen beispielsweise aus 240 Volt die benötigten 12. Dabei entsteht Wärme, deshalb werden die Kästchen manchmal heiß.

Wie alle städtischen Stromnetze besteht auch das in Berlin aus Teilnetzen in den Spannungsebenen Hochspannung (110 kV), Mittelspannung (10 kV) und Niederspannung (0,4 kV). Diese sind über fast 80 Umspannwerke an das vorgelagerte Übertragungsnetz (380 kV) gekoppelt.

Im Freiluftumspannwerk Tempelhof, direkt neben dem ehemaligen Flughafengelände, waren an den Vortagen gleich mehrere in der Summe besorgniserregende Schäden und Störungen eingetreten. Sebastian Höfer, laut Visitenkarte Leiter der *Security Division Electricity*, berichtete Philip Graf: »Wir hatten mehrere Vorfälle, die uns für sich genommen nicht bemerkenswert schienen. Aber die Häufung gab uns dann doch zu denken.« Höfer war eher jünger als Graf, doch seine Stirn schien nahezu vollständig aus Furchen und Falten zu bestehen. Das war jemand, der das Leben auf keinen Fall leichtnahm.

Toll, dachte Graf verärgert, *eine Störung, und dann willst du deinen Hintern absichern und schreibst ein Memo, und wer immer das gelesen hat, wollte sich ebenfalls absichern und hat daher uns verständigt. Also bin ich jetzt hier und nicht auf Kreta bei meiner Familie. Großartig.*

Obwohl auch auf der griechischen Insel kein Urlaubswetter herrschte –Katrin hatte ihm ein Foto von sich und den Jungs in Pullovern und mit Decken über den Schultern geschickt.

»Vor drei Tagen hatten wir einen Fehlalarm an der Ostseite des Geländes. Dort grenzen wir an den ehemaligen Flughafen. Abends um« – er warf einen Blick auf einen Ausdruck, der vor ihm lag – »20:41 Uhr wurde eine mögliche Beschädigung der Schutzanlagen gemeldet. Mit anderen Worten: Der Sensor war der Ansicht, dass der Sicherheitsbereich verletzt wurde. Zwei Kollegen vom Wachdienst haben das selbstverständlich sofort überprüft. Sie waren um 20:44 Uhr vor Ort. Der Zaun war unbeschädigt. Es hielten sich keinerlei verdächtige Personen auf unserem Gelände und auch nicht auf dem Tempelhofer Feld auf. Manchmal werfen Jugendliche Gegenstände auf die Sicherheitsanlagen. Wir gingen daher von einem Fehlalarm aus. Eine Überwachung der Meldungen speziell dieses Sensors wurde im System hinterlegt, um zu überprüfen, ob es sich um einen technischen Defekt handelt. Bisher keine weiteren Auffälligkeiten.«

Graf nickte.

»Am Tag darauf, also vorgestern, fiel ohne Vorwarnung um 11 Uhr 14 ein Teil der Regeltechnik aus. Derartige Störungen sind selten, aber nicht vollkommen unbekannt. Wir sind davon ausgegangen, dass es vielleicht mit dem Wetter zu tun haben könnte. Erst zu heiß, dann zu feucht. Das mag das Material natürlich nicht.«

»Wie die Zündkerzen im Auto«, bestätigte Graf.

»Ja, kein ganz abwegiger Vergleich«, sagte Höfer. »Nach

20 Minuten hatten wir den Bereich wieder im Griff. So weit, so gut. In der folgenden Nacht kam es um 2 Uhr 34 zu einer vollständigen automatischen Abschaltung der gesamten Anlage. Mehrere Tausend Wohnungen waren für Stunden ohne Strom. Rundfunk, Fernsehen und Internet fielen ebenfalls aus, soweit die Verteilerpunkte von uns versorgt wurden. Wir wurden per Notsignal verständigt und waren innerhalb von 30 Minuten mit voller Besetzung vor Ort. Die auslösende Ursache des Alarms war nicht festzustellen. Angezeigt wurde immer nur ›Error 7‹, aber laut *Manual* sind alle Fehlermeldungen Klartext. Auch der Softwarehersteller, mit dem ich am nächsten Morgen Kontakt aufgenommen habe, konnte sich diese Angabe nicht erklären.«

Graf begann, mit den Fingern auf seinem Oberschenkel zu trommeln. Warum war er hier? Drei Fehlalarme in drei Tagen, das war ärgerlich, aber kein Weltuntergang.

»Bei der internen Besprechung fiel einem Kollegen dann auf, dass die Quersumme der Zeiten immer 7 war: 20 Uhr 41, 11 Uhr 14, 2 Uhr 34. Dazu dann der angebliche *Error 7*.«

Quersummen! Was kam als Nächstes, Außerirdische? Trotzdem war Grafs Aufmerksamkeit geweckt.

»Wir fürchteten einen Software-*Exploit*. Irgendein Programmier-Problem, das Schadsoftware zulässt, sobald die Quersumme der Uhrzeit 7 ist.«

»Und ›Error 7‹ wäre dann …?«

»Arroganz!«

»Nicht unmöglich«, brummte Graf, »aber schon ganz schön weit hergeholt.«

»Warten Sie ab! Denn dann«, sagte Höfer, »haben gestern zwei Netze die Spannungsebenen gewechselt. Das ist, als ob Sie versuchen, das Wasser in den Wasserhahn zurückzustopfen. Oder in unserem Fall eben den Strom in die Steckdose. Oder stellen Sie sich vor, Sie haben als Kind eine Murmelbahn gebaut, alles läuft prima, und auf einmal kommt der Kindergartenbully und schmeißt einen Tennisball mittenrein. So ungefähr ist das. Der Großtrafo hat natürlich sofort abgeschaltet, aber dennoch ist ein massiver Schaden an der Spule entstanden.«

Graf spitzte die Lippen.

»Genau«, sagte Höfer. »Wir hatten Glück, dass niemand in der Nähe war und Blitzableiter gespielt hat. Davon abgesehen ist der Sachschaden reparabel. Die viel wichtigere Frage lautet: Wie konnte das passieren – und kann es wieder vorkommen?«

»Hm«, machte Graf.

»Und jetzt halten Sie sich fest: Der Schaden ist um genau 7 Uhr 7 entstanden!« Höfer drehte die Handflächen nach oben, aber es war nicht klar, ob er damit ausdrücken wollte, wie wasserdicht sein Nachweis für einen gezielten Angriff höherer Mächte war, oder ob ihm bewusst war, wie wahnsinnig seine Story klang. »Die Notabschaltung des Trafos und die Teilunterbrechung der Stromversorgung wurden automatisch dokumentiert.«

»Okay«, sagte Graf. »Sagen wir mal so: Vorläufig betrachte ich das noch als ausgesprochen unwahrscheinliche Verkettung von Zufällen. Aber nur zu Ihrer Beruhigung, ich bleibe offen für eine menschliche Komponente. Was genau kann ich jetzt für Sie tun? Warum bin ich hier?«

»Ich möchte, dass Sie die gesamte Anlage und das gesamte Gelände überprüfen und mir bestätigen, dass alle Sicherheitsmaßnahmen eingehalten werden, sodass vollumfänglicher Versicherungsschutz besteht.«

Graf hatte gehofft, er könnte heute noch den zweiten Termin absolvieren und spätestens morgen früh nach Kreta fliegen. Aber nun musste er wohl mindestens einen weiteren Tag dranhängen. Einer derart komplexen Anlage Versicherungsschutz zu attestieren, dauerte. Fehler durften dabei nicht passieren, denn es ging um Millionen. Und damit auch um seinen Job.

Merkwürdig war die Angelegenheit trotz allem. Die Quersummen-Idee erschien Graf etwas zu verschwörungstheoretisch. Viel wahrscheinlicher war menschliches Versagen. Dennoch fand selbst er es besorgniserregend, wie verletzlich die wichtigen Infrastrukturen der Bundesrepublik waren: Strom, Wasser, Grundnahrungsmittel, Finanztransaktionen, Internet und Presse – in allen Bereichen war es in den letzten Tagen durch das Extremwetter zu Störungen gekommen.

16:34 Uhr, Berlin

Ein sanfter, aber stetiger Wind drückte Philip Graf den Regen ins Gesicht. Der Schirm, den Höfer ihm in die Hand gedrückt hatte, nützte kaum etwas. Das Summen der Hochspannungsleitungen lag in der Luft.

Höfer hatte recht, die Häufung und Frequenz der Vorfälle – ganz abgesehen von der mystischen Sieben – sprachen für mehr als Zufall. Aber worin bestand der Zusammenhang? Am wahrscheinlichsten war aus Grafs Sicht ein kaskadierender Softwarefehler: In irgendeinem selten genutzten Unterprogramm trat dabei durch Zufall ein kleiner Fehler auf. Zum Beispiel würde dem Sensor am Zaun zu kalt, oder er reagierte auf eine unerwartete Menge Feuchtigkeit. Dieser Fehler löste dann einen weiteren Fehler anderswo aus. Möglicherweise weil die ständigen Meldungen zu einem Buffer overflow führten, sodass ein Modul einfror. Und weil das Zusammenspiel von Software und Hardware einerseits so präzise lief und andererseits so unglaublich komplex, war es praktisch nicht möglich, solche Fehler im Vorfeld auszuschließen. Und hinterher kam man ihnen leider auch nicht immer auf die Spur.

Grafs Handy vibrierte. Sein Boss. Er zögerte kurz, dann schickte er den Anruf auf die Mailbox.

Während er auf den Benachrichtigungs-Pieps wartete, öffnete er den Slack-Chat seiner Abteilung.

»Kleiner Insider: Deckt euch alle mit Klopapier, Wasser und ein paar Energieriegeln ein«, schrieb eine Kollegin.

»Warum?«, hatte jemand anders gefragt.

»Wir untersuchen mögliche Angriffe auf die Infrastruktur systemrelevanter Zulieferer. Weiß nicht, wie viel dran ist, hier drehen alle am Rad. Könnte auch Zufall sein. Aber vielleicht herrscht in wenigen Tagen Notstand.«

»Und das heißt …?«

»Krieg«, sprach die Kollegin es aus. »Das Recht der Straße. Jeder gegen jeden.«

Versicherungsfachleute tendierten berufsgemäß zum Pessimismus.

Graf schloss die App. Vielleicht war also doch mehr dran am Verschwörungs-Verdacht von Höfer. Er hörte seine Mailbox ab. »Schlechte Neuigkeiten. Bei der Deutschen Bank sind nach dem Reset erneut drei Stockwerke voll Wasser gelaufen. Wir haben jetzt eine Baufirma zurate gezogen. Wollte dich nur auf dem Laufenden halten.«

Hamburger Wasserwerke, internes Memo

*** Diese Information ist streng vertraulich zu behandeln! ***

Probenentnahmen vom heutigen Tag wiesen erneut deutlich erhöhte Verkeimungsraten des Rohwassers auf. Ausgelöst wurden diese möglicherweise durch den steigenden Grundwasserspiegel. Unklar ist derzeit, auf welchem Wege die Keime in die Vorhaltebecken gelangen.

Derzeit werden alle vorgeschriebenen Richtwerte eingehalten. Es besteht keine gesundheitliche Gefährdung. Etwaige mediale Anfragen sind ausschließlich durch die Stabsstelle Öffentlichkeitsarbeit zu beantworten.

Tagesspiegel, Berlin: Interview mit Prof. Ralf Götze, Inhaber des Lehrstuhls für Katastrophenmanagement, Universität Greifswald

Herrscht in Deutschland Katastrophenzustand, Herr Prof. Götze?

Nein. In manchen Gegenden mag Ausnahmezustand herrschen, sicher treten dabei auch Notlagen auf. Eine ›Katastrophe‹ aber ist folgenschwer und hat ›verheerende‹ Folgen. So weit sind wir noch nicht.

Besteht die Gefahr denn?

Katastrophen lassen sich niemals ausschließen, das liegt in ihrer Natur.

Die Menschen machen sich Sorgen – viele fordern ein Eingreifen der Bundeswehr. Die Opposition wirft der Regierung vor, die Bevölkerung alleinzulassen. Was läuft schief in Deutschland?

Wir haben es mit einer unerwarteten Großwetterlage zu tun, welche die Logistik herausfordert und damit die Lieferketten schwächt. Noch ist die Versorgung mit Grundgütern gesichert, keine Frage. Doch das Gefühl der Bedrohung ist real.

Besonders schwerwiegend wird es dadurch, dass das Verursacherprinzip nicht gilt. Wir können viel leichter mit unangenehmen Situationen umgehen, für die jemand die Verantwortung trägt. Arbeitslosigkeit? Flüchtlinge! Internetausfall?

Programmierfehler! Chemische Verunreinigung von Lebensmitteln? Herstellungsbedingungen! Das sind menschengemachte Probleme, die wir – zumindest theoretisch – auch lösen könnten.

Aber das Wetter? Wer hat uns zu viel Regen geschickt, zu viel Sonne? Wer kann die Situation zum Positiven wenden?

Welche Gefahren bestehen für die Infrastruktur des Landes?

Der Ausfall kritischer Infrastrukturen wie des Stromnetzes oder der Wasserversorgung wird schnell unmittelbar lebensgefährdend. Erinnern Sie sich nur zurück an den großen Stromausfall in Texas: Bei minus 39 Grad waren 4,4 Millionen Haushalte ohne Elektrizität. Es kam zu knapp 100 Todesfällen. Durch den Versorgungsengpass wurden zudem die Bezugspreise mancher Stromverträge automatisiert angepasst – sodass diejenigen, die noch Strom beziehen konnten, zum Teil Rechnungen über Tausende von Dollar erhielten.

Aber zurück zu Deutschland. Durch Straßenschäden ist vor allem die sichere Versorgung mit Lebensmitteln und Medikamenten gefährdet. Störungen der Daten-Infrastruktur könnten die ärztliche Versorgung einschränken. Betroffen wären in einem solchen Fall wohl auch die Organe der öffentlichen Ordnung, also Polizei, Feuerwehr, Grenzschutz, Zoll.

Was können die Bürgerinnen und Bürger selbst tun?

Bevorraten Sie sich mit haltbaren Grundnahrungsmitteln und Wasser. Legen Sie sich zudem einen größeren Vorrat an Bargeld an – sowie an leicht tauschbaren Gütern wie Kaffee, gängige Arzneimittel, Kraftstoff, aber auch Zigaretten, Alkoholika sowie Edelmetalle. Kaufen Sie bereits jetzt nötige Medikamente und Hygieneartikel für die nächsten Wochen.

Und, ganz wichtig: Nehmen Sie Kontakt zu Ihren direkten Nachbarn auf. In einer Notsituation ist das Überleben in der Gruppe deutlich leichter.

Herr Prof. Götze, wir danken Ihnen für das Gespräch.

17. Juni

10:40 Uhr, Seesen

»Gleich«, sagte Jan Baumann zum x-ten Mal an diesem Vormittag. Draußen goss es immer weiter, und Mia quengelte an einem Stück. »Ich muss noch einen Anruf machen«, versprach er ihr. »Dann spielen wir was.«

»Aber diesmal wirklich!«

»Ja, versprochen.« Baumann seufzte. Traurig genug für Mia, ohne Mutter aufzuwachsen. Dass der Vater sie ständig vertröstete und selten wirklich Zeit für sie hatte, war aber vielleicht noch schlimmer – denn er *könnte* sich anders entscheiden. Prioritäten setzen.

Doch wenn er jetzt nicht handelte, würde ihr Lebenswerk, sein und Yvonnes zweites Baby, seine Altersvorsorge, wortwörtlich den Bach runtergehen. Er hatte am Morgen die Decken im Obergeschoss kontrolliert, die Fenster im Keller. Im Nachhinein ärgerte er sich, dass er gestern nicht doch in den Baumarkt gegangen war. Am Nachmittag hatte er alle Anbieter in der Umgebung abtelefoniert, und wenn die Verbindung es zuließ, gaben sie alle die gleiche Auskunft: ausverkauft!

Doch er brauchte dringend Planen und Sandsäcke, um das ›Seesener Herz‹ vor dem Wasser zu schützen. Erst heute Morgen hatte Baumann sich auf seinen Gewerbeschein besonnen.

Er konnte ja auch Material bei gewerblichen Baustoffhändlern bestellen!

Der erste war ebenfalls ausverkauft, dem zweiten war sein Auftragsvolumen zu gering gewesen. Beim dritten hörte er sich seit Minuten die Warteschleifenmusik an. Endlich war er dran – und hatte Glück: Sie hatten nicht nur bereits gefüllte Sandsäcke und Plastikplanen, sondern auch noch einen Liefertermin für den kommenden Vormittag – Sonntag. Ungewöhnliche Zeiten erforderten ungewöhnliche Maßnahmen. Der Preis ließ ihn kurz nach Luft schnappen, aber hatte er eine Wahl? »Ja, in Ordnung«, sagte er.

»Wir akzeptieren derzeit ausschließlich Barzahlung an den Fahrer«, mahnte die Disponentin.

»In Ordnung«, bestätigte Baumann erneut.

Er legte auf. Eine Welle der Erschöpfung schien ihn zu verschlingen. »Komm, Papa, komm jetzt, du hast es versprochen!«, rief Mia.

Baumann schüttelte den Kopf. Er würde an nichts mehr anderes denken können, bis er sicher sein konnte, dass morgen alles glatt lief und er endlich die nötigen Materialien erhielt, um das Bed & Breakfast zu retten. »Ich muss nur noch kurz Geld holen«, sagte er. »Aber gleich danach …«

Mia warf das Spiel, mit dem sie zu ihrem Vater gekommen war, zu Boden und begann zu weinen. Sie lief in ihr Zimmer und rief: »Du bist blöd! Ich wünschte, du wärst tot und nicht Mama!« Ihre Tür knallte.

Baumann seufzte mit Tränen in den Augen. »Wenn du wüsstest«, flüsterte er, »wie oft ich mir das selbst wünsche. Mir. Und dir. Und ihr.«

10:25 Uhr, Hamburg

»Fjella?« Prof. Taylor trat in ihr Büro.

Sie sah auf.

»Mir ist ein Wetterereignis aufgefallen, das zu den Annahmen Ihres Freundes passt«, sagte Taylor.

»Meines …« Ach, wahrscheinlich meinte er Arian. Sie hatte den Mann in Taylors Büro geführt, wahrscheinlich ging er davon aus, dass sie einander kannten. »Ja?«

Taylor legte ihr einen Ausdruck auf den Tisch. In den frühen Morgenstunden des gestrigen Tages hatte die Wetterstation Torfhaus ein unerwartetes Sturzwasser an der Ostseite des Brockens gemeldet.

Taylor legte einen zweiten Ausdruck daneben: »Mit größtem Bedauern beklagen wir die schwere Beschädigung des erst im vergangenen Jahr in Betrieb genommenen neuen Wanderweges aus Torfhaus auf den Brocken. Aus Sicherheitsgründen muss der Weg vorläufig über weite Strecken gesperrt werden. Bei dem Wanderweg handelt es sich um den ersten Wanderweg weltweit, dessen Streckenführung durch Künstliche Intelligenz vorgegeben wurde. Am Weg sind weitergehende Informationen über das Projekt mittels QR-Codes auf dem Handy abrufbar. Der weltweit erreichbare virtuelle Wanderweg ist per Internet weiterhin begehbar.« Eine Pressemitteilung des Harzer Tourismusverbands von gestern Nachmittag.

Er legte ein drittes Blatt daneben: Die Wettervorhersage von vorgestern für die Nacht auf gestern – wolkenlos. Und die tatsächlichen Wetterdaten aus der Nacht – ein Gewitter mit dichten Wolken.

Merkwürdig. Ja, Wetterberichte waren keine exakte Wissenschaft, aber in den meisten Fällen lagen sie mittlerweile eher richtig. Und wenn nicht, dann gab es in der Regel eine gute Erklärung. Die drängte sich hier jedenfalls nicht gerade auf.

»Das ist doch genauso eine Situation, wie Fischers KI sie vorhersagt – überraschende Starkwetterereignisse.«

»Und du denkst …«

»Noch ist der Boden feucht«, bestätigte Taylor.

Fjella zuckte mit den Achseln. »Alles klar. Warum nicht.« Es ging doch nichts über einen Tag im Gelände.

11:03 Uhr, Magdeburg

Die Elbe hatte gesiegt. Trotz aller Bemühungen, den Fluss in seinem Bett zu halten oder wenigstens Wohngebiete vor den Wassermassen zu schützen, indem diese auf landwirtschaftliche Flächen umgeleitet wurden, hatte weiterer unerwarteter Dauerregen im Riesengebirge zu einer Pegelerhöhung auf 11,37 Meter – statt der vorausgesagten 9,49 Meter – gesorgt. Daraufhin war es in der Nacht zu einem Deichdurchbruch in Fermersleben gekommen. Das einschießende Wasser hatte mittlerweile auch den Stadtteil Buckau erreicht. Das Wasser war zuerst in die Keller gelaufen, mittlerweile stand es in manchen Straßenzügen kniehoch. Die Bewohner wurden aufgefordert, ihre Häuser zu verlassen. Doch die wenigsten von ihnen leisteten der Anweisung Folge. Die Obergeschosse wurden von den meisten Anwohnern als sicher angesehen.

Daraus würde sich jedoch mittelfristig eine Gefahrenlage ergeben, denn noch war der Maximalpegel nicht erreicht.

Sarah Vogel und ihre Staffel waren seit dem Morgengrauen

im Einsatz. Sie hatten die Aufgabe, in den elbnahen Straßen die Häuser abzugehen und zu überprüfen, ob die Bewohner in Sicherheit waren.

Sie wischte sich den Regen aus den Augen und stapfte in Gummistiefeln und Anglerhose auf das nächste Haus zu. Franziska Lück, ihre Kollegin und beste Freundin, klingelte. Ein Platz im Doppel-Carport vor dem Haus war leer, auf dem anderen stand ein Kleinwagen – mit Wasserschaden.

Niemand öffnete. Gerade wollte Sarah sich abwenden und zum nächsten Haus gehen, da erwachte ihr Funkgerät zum Leben. »Achtung! Alle Einheiten, Achtung! Es hat einen weiteren Deichdurchbruch …« Dann nur noch Rauschen. Eine neue Stimme meldete sich: »Geht in Deckung, ich habe eben gesehen, wie die Kollegen weggerissen wurden! Bringt euch in Sicherheit!«

»Franzi, komm!«, rief Sarah. Im Laufen drückte sie auf den Sendeknopf des Funkgeräts, nannte die Codenummer ihrer Staffel: »Alle sofort zum Fahrzeug! Ich wiederhole, aus Sicherheitsgründen alle sofort zum Fahrzeug!«

Sie schaute auf – und erstarrte. Aus Richtung Süden, in der ihr Einsatzwagen stand, kam eine massive Wasserfront auf sie zu. Auf keinen Fall würden sie es bis zum Fahrzeug schaffen. Und selbst wenn, würde eine solche Flutwelle es vermutlich einfach mit sich reißen.

Hektisch sah sie sich um. Sollten Sie versuchen, auf das Carportdach zu klettern? Gab es in der Nähe einen Obstbaum, dessen Krone Schutz böte? Mit drei großen Schritten erreichte sie einen SUV, der am Straßenrand parkte. Sie sprang auf die Motorhaube.

»Franziska!«, rief sie und wirbelte herum in Richtung des Gartens, aus dem sie gerade gekommen war. Ihre Freundin war nur noch wenige Meter entfernt. Sarah streckte ihr eine Hand entgegen.

Urplötzlich nahm sie das anschwellende Rauschen der Wasserwand wahr, die gerade den Straßenzug erreichte. Wasser, das wusste jede Feuerwehrfrau, war fast noch gefährlicher als Feuer. Ironischerweise entstand bei den meisten Einsätzen mehr Schaden durch das Wasser als durch die Flammen.

Die Flutwelle schob geparkte Autos wie Spielzeuge vor sich her. Sonnenschirme, Gartenmöbel und Grills tanzten auf dem Wasser. Angst erfasste Sarah. Es blieben nur noch Sekunden für Franziska, auch den Wagen zu erreichen.

»Spring!«, schrie Sarah. Franziska Lück setzte einen Fuß auf die Stoßstange, Sarah packte ihre Hand, als aus dem Nichts auf der Schaumkrone der Woge ein Gartentrampolin heranschoss. Es traf Lück genau in den Rücken. Später meinte Sarah, sich daran erinnern zu können, wie die Hand ihrer Freundin, die sie mit aller Kraft umklammerte, mit einem Mal erschlaffte. Der Schrei, den Sarah ausstieß, während sie ihrer Freundin in die Augen sah, verlor sich im Rauschen des Wassers um sie herum. Es war unmöglich, dass sie das Knacken hatte hören können, mit dem Franziskas Genick brach, und doch würde sie dieses Geräusch die nächsten Monate bis in die tiefsten Träume verfolgen.

Sarah ließ Franzis Hand nicht los, sie warf sich flach auf die Motorhaube und suchte Halt mit den Zehenspitzen und der freien Hand. Sie hielt den Atem an, als das Wasser über sie hinwegströmte. Hustend und spuckend hob sie schließlich den Kopf. Sie hätte nicht sagen können, ob es nach Sekunden, Minuten oder Stunden war. Ein lautes Knirschen ließ sie nach links schauen. Auf der gegenüberliegenden Straßenseite stand ein älteres Haus, an dessen Südseite sich im Erdgeschoss eine

Glasfront befunden hatte. Die Wassermassen hatten das Glas bersten lassen. Das wiederum hatte offenbar Auswirkungen auf die Statik des Altbaus, denn das Haus neigte sich langsam in Richtung Süden. Es schien Sarah, als könnte sie jedes Knacken und Krachen des Gebäudes hören. Die Nordseite wurde gestreckt, Balken und Verankerungen rissen, Fugen platzten, Fenster sprangen aus den Rahmen, Dachziegel prasselten zwischen geborstenen Dachbalken hindurch.

Während das Haus immer weiter in Schieflage geriet, wurde Sarah auf einmal der Regen bewusst, der auf sie niederging. Sie konnte die Tropfen auf der Regenjacke hören und spüren.

Und auf einmal schien sich der Lauf der Zeit abrupt zu verändern; was eben noch Zeitlupe gewesen war, wurde nun zum Zeitraffer, grell und überdeutlich nahm sie auf einmal die tödliche Schlaffheit der Hand wahr, die sie noch immer umklammerte. Und sie verstand, bevor sie wirklich verstand, und aus ihrem Innersten löste sich ein animalischer Laut, ein entsetzliches Kreischen, wie sie es noch nie vernommen hatte.

14:45 Uhr, Pumpspeicherkraftwerk Hohenwarte II

Kurz vor drei am Nachmittag erreichte Philip Graf das Wasserkraftwerk Hohenwarte II. Bis spät in die Nacht hatte er die Aufzeichnungen über die Schäden im Umspannwerk studiert. Welche Software, welche Hardware arbeitete auf welche Weise zusammen? Welche Parameter wurden über welche Schnittstelle ausgetauscht? Häufiges Problem bei solchen rätselhaften Ausfällen: ein Wert, der nicht in das entsprechende Datenbankfeld passte. Zu viele Stellen, Nachkommastellen, alphanumerisch, falsche Einheit – es gab zahllose Möglichkeiten für Fehler, die erst sehr viel später in der Befehlskette Probleme verursachten.

Wie in jedem aktiven System war auch im Berliner Umspannwerk nicht alles dokumentiert, was hätte dokumentiert sein sollen. Aber im Großen und Ganzen waren die Abläufe und Übergänge nachvollziehbar. Zwei Inkompatibilitäten waren für ihn erkennbar. Er schrieb eine entsprechende E-Mail und empfahl, diese beheben zu lassen und dann das gesamte System neu zu starten, um etwaige Ablagen im Zwischenspeicher zu löschen.

Dann war er in einen unruhigen Schlaf gefallen. Und jetzt parkte er vor einem der größten Wasserkraftwerke des Landes. Graf war fest entschlossen, heute Abend ab Leipzig nach Kreta zu fliegen. Auf der Fahrt hatte es immer wieder Regenschauer gegeben, aber wenigstens kam zwischendurch auch mal die Sonne heraus. Man wusste ja kaum mehr, wie sich das anfühlte.

Hohenwarte II war seit 1966 in Betrieb, und mit einer Leistung von 320 Megawatt und acht Maschinensätzen handelte es sich um das größte Wasserkraftwerk an der Saale. Das Oberbecken mit einem Fassungsvermögen von rund drei Millionen Kubikmeter Wasser reichte für sieben Stunden Volllastbetrieb.

Vor zwei Tagen war eine der Turbinen zuerst ausgefallen, nach einem Neustart hatte sie dann eine zu hohe Drehgeschwindigkeit erreicht und war überhitzt, was zu einer Notabschaltung führte. Nach der erneuten Wiederinbetriebnahme lagen die gemessenen Vibrationen des Turbinenläufers in den letzten 48 Stunden knapp unterhalb des vom Hersteller erlaubten Maximums.

Graf war mit dem Präzedenzfall aus dem Wasserkraftwerk im russischen Sayano-Shushenskaya wohlvertraut. Der Großschaden wurde in Schulungen als Musterbeispiel für unzulängliche Kontrollmechanismen und menschliches Versagen präsentiert. Am 17. August 2009 war eine Turbineneinheit aus der Verankerung gerissen worden. Das 2000 Tonnen schwere Maschinenteil zerstörte das Dach der Anlage und beschädigte einige umliegende Bauten. Rund 360 Kubikmeter Wasser pro Sekunde schossen unter dem Druck einer 200-Meter-Wassersäule in das Maschinenhaus und verursachten Kurzschlüsse und einen sofortigen Ausfall der gesamten Anlage. 75 Menschen kamen ums Leben. Bei der metallographischen Untersuchung der 80 Haltebolzen stellte sich heraus, dass wahrscheinlich etliche davon nicht ausreichend gesichert worden waren. Teilweise fehlten Muttern. Gegen Mitarbeiter des Anlagenbetreibers sowie der Wartungsfirma wurde Anklage erhoben. Es entstand ein Schaden in Höhe von mehreren Milliarden Rubel, mehreren Hundert Millionen Euro. Jahrelang stritten Betreiber und die unterschiedlichen Versicherungen und Rückversicherungen vor Gericht über die Regulierung. Ein Ergebnis von Sayano-Shushenskaya war die Einführung von externen Risikomangement-Programmen.

»Können wir uns die Turbine einmal ansehen?«

Dr. Moritz Urban, der stellvertretende Schichtleiter, ein wortkarger Mann mit O-Beinen, der aussah und ging, als wäre er viele Hundert Jahre Cowboy gewesen, führte ihn in die Umkleide. Graf zog die für Besucher bereitgestellten Sicherheitsschuhe an, setzte einen Helm und Ohrenschützer auf. Sie betraten die Turbinenhalle. Selbst mit Ohrenschützern war das Dröhnen wuchtig. Kühle Feuchtigkeit lag in der Luft, die von einem sanften Vibrieren erfüllt war.

Sie näherten sich der fraglichen Einheit, der dritten Turbine von rechts. Alles sah aus, wie es aussehen sollte. Graf berührte mit den Fingerspitzen den Handlauf des Geländers. Das Vibrieren war hier deutlicher zu spüren und wirkte beunruhigend.

Zurück im Konferenzraum überprüfte Graf die Aufzeichnungen der letzten Stunden. Man musste schon sehr genau hinsehen, um das Problem zu erkennen: Die fragliche Turbine drehte mit 101 % der vorgesehenen Geschwindigkeit, also eine Winzigkeit zu schnell. Graf vermutete, dass dadurch die eigenartigen Schwingungen entstanden. Sie würden nicht ausreichen, um größere Schäden anzurichten – obwohl: Das Problem bei Überdrehzahlen im Auto bestand darin, dass die Ventile aufgrund ihrer Massenträgheit nicht mehr der Bahn der Nockenwelle folgen konnten. Der Kolben machte aber weiterhin seinen vorgegebenen Weg, was dazu führen konnte, dass sich beides im oberen Totpunkt berührte. Nicht gut.

Bei den aktuellen Bedingungen konnte er gar nicht vorsichtig genug sein. Denn er musste nicht nur das Kraftwerk schützen, sondern auch seine Laufbahn.

Unter normalen Umständen hätte er zum Abwarten und zur Beobachtung geraten. Doch nun empfahl er zum dritten Mal innerhalb von 72 Stunden den kompletten Neustart einer hochkomplexen Gebäude-IT. Bei der Deutschen Bank war es bereits schiefgegangen, aus Berlin hatte er noch nichts gehört. Es beunruhigte ihn, dass er keine bessere Idee hatte als: »Mal probieren, ob es von alleine weggeht.«

Entweder hatte er etwas übersehen – oder das Problem war viel gefährlicher, als er bisher annahm.

15:27 Uhr, Brocken (Harz)

Fjella parkte den Wagen vor der Ladesäule und schloss das Kabel an. Der beschädigte Wanderweg war leicht zu finden – gestreiftes Absperrband wies ihr den Weg. Sie sah sich kurz um. Zwei weitere Autos standen auf dem Parkplatz, aber es war kein Mensch zu sehen.

Sie schlüpfte unter dem Absperrband hindurch und folgte vorsichtig dem Weg. Schon nach wenigen Metern konnte sie die ersten Schäden ausmachen – das Sturzwasser hatte die als Tritthilfen quer zum Weg gelegten Rundhölzer unterspült, sodass sich etliche von ihnen aus den Halterungen gelöst hatten. Der Boden war feucht und rutschig. Fjella stützte sich an einem Baumstamm ab, um nicht aus dem Gleichgewicht zu geraten.

Am Wegrand hatte sie einen etwas sichereren Tritt.

Nach einigen Hundert Metern erreichte sie den ersten – für Wanderer, die von unten aufstiegen, den letzten – QR-Code mit Informationen über die Planung des Weges. Der Code war auf eine Blechtafel gedruckt, die an einem Pfahl befestigt worden war. Allerdings hatte eine entwurzelte Tanne ihn fast vollständig unter sich begraben.

Fjella stieg den Hang hoch, um sich das Wurzelwerk des Baumes anzusehen. Doch sie kannte sich damit nicht aus. Der Boden erschien ihr recht sandhaltig, was eine gewisse Lockerheit erklären könnte, aber das war nicht ihr Fachgebiet.

Sie folgte dem Weg noch zwei Kurven lang, bis eine kleine Brücke über einen Bach führte. Beziehungsweise: geführt hatte. Der Bach war noch da, von der Brücke existierten nur noch die Fundamente. Offenbar hatte der Bach so viel Wasser geführt, dass er die Brücke selbst überspült und mit sich gerissen hatte.

Fjella kniete sich an das Ufer des Bächleins, um eine Wasserprobe zu entnehmen. Fast hätte sie im feuchten Untergrund den Halt verloren. Reflexhaft schoss ihre freie Hand vor, und sie stützte sich auf dem Bachbett ab. Das Wasser war eiskalt, und ein spitzer Kiesel ritzte ihre Handfläche. Sie erhob sich, steckte das Reagenzglas mit der Wasserprobe ein, wischte dann mit einem Taschentuch ihre Hand sauber. Blutstropfen perlten aus dem feinen Schnitt.

Fjella krümmte die Hand und drückte mit dem Daumen der rechten auf den Schnitt, um die Blutung zu stillen.

Das Rascheln zwischen den Bäumen oberhalb von ihr bemerkte sie nicht.

16:14 Uhr, Brocken (Harz)

Fjella trat an den Rand des Weges und beugte sich vor, um eine Bodenprobe zu entnehmen. Die Erde war hier immer noch sehr feucht, da sie durch die Kronen der Bäume vor dem Sonnenlicht geschützt war. Mal ganz abgesehen von der dichten Wolkendecke, die immer noch über dem Land hing.

Wenn die Wolken – und damit der Regen – eine chemische Besonderheit aufwiesen, ließe sich diese auch in der Bodenfeuchtigkeit noch nachweisen.

Sie zog eine kleine Bodenprobe-Sonde und einen Klarsichtbeutel aus ihrer Tasche. Drückte die Sonde in den Boden und zog sie wieder heraus. Das Erdreich war zu feucht, um in der Sonde stecken zu bleiben. Kurz entschlossen steckte Fjella die Finger in den nassen Untergrund, um etwas Erde in den Probenbeutel zu befördern. Sie würde ihre Hände in dem Bächlein waschen.

Vorsichtig schob sie ihre Finger noch etwas tiefer. Sie arbeitete derart konzentriert, dass sie erst im letzten Moment aus dem Augenwinkel heraus eine Bewegung wahrnahm. Irritiert sah sie auf, glaubte einen dunklen Umriss zu bemerken, doch bevor sie genauer hinsehen konnte, erhielt sie einen unerwarteten Schlag gegen die Schläfe und stürzte nach vorn in den Schlamm.

16:25 Uhr, Magdeburg

»Ich sage es ihm selbst!«

»Du stehst unter Schock. Sie war deine beste Freundin. Du musst dir keine Vorwürfe machen. Es war ein Unfall. Es gibt keinen Grund, aus dem du jetzt …«

»Wir waren zusammen im Urlaub. Franziska und Lukas, Jonas und ich. Ich bin ihre Trauzeugin. *Ich* sage es ihm.«

»Dann lass mich wenigstens mitkommen«, schlug Sarah Vogels Zuführer vor. Daniel Schwab war ein bulliger Mann mit Glatze. Er war gute zehn Jahre älter als Vogel, und sie wusste, dass auf ihn absoluter Verlass war und er immer nur ihr Bestes wollte.

»Nein«, sagte sie. »Sie war mit mir unterwegs. Ich war dabei. Das ist kein Egotrip, es ist Anstand.«

Schwab zuckte mit den Achseln, dann schaute er auf die Uhr. »Hast du jemanden, mit dem *du* sprechen kannst?«

»Willst du mich nach Hause schicken?«

»Du kannst morgen wieder kommen.«

»Auf keinen Fall. Die Flut ist jetzt. Ich informiere Lukas, dann komme ich auf die Wache.«

Schwab schloss für einen Moment die Augen. »Meinetwegen. Besser, als wenn du allein zu Hause sitzt. Melde dich bei mir, wenn du zurück bist, dann sehen wir weiter.«

*

Lukas wohnte in Sudenburg, zehn Minuten mit dem Auto. Als Sarah parkte, piepste ihr Handy. Eine Nachricht von Jonas: »Weißt du schon, wann du Schluss hast? Ich könnte uns Risotto kochen. Und wollen wir danach ins Kino?«

Er war lieb und meinte es gut, aber Jonas hatte keinerlei Vorstellung von ihrem Job. Sie steckte das Handy weg, ohne ihm zu antworten. Sie wusste, er hasste es, wenn die Nachrichten als »gelesen« angezeigt wurden und sie nicht zurückschrieb, aber da musste er durch.

Der Regen ließ ein wenig nach. Sarah schaute einen Moment lang durch die Windschutzscheibe auf das Haus, in dem Lukas und Franzi wohnten. Gewohnt hatten. In dem sie eine Zukunft haben wollten. Eine Familie gründen.

Es kam ihr vor, als wären die Tropfen, die über ihre Windschutzscheibe sickerten, Tränen des Himmels.

Sie stieg aus, ging über die Straße, klingelte. Lukas öffnete und sah ihr ins Gesicht. Er begriff sofort, was geschehen war. Sarah nickte nur traurig. »Franzi«, sagte sie, dann brach ihre Stimme.

»Komm rein«, sagte Lukas.

Er ging ins Wohnzimmer. Wie oft hatten sie hier gesessen und gelacht, Spiele gespielt, Filme geschaut?

Lukas ließ sich auf das Sofa sinken. Sarah setzte sich neben ihn. Sie fühlte sich wie taub, konnte ihren Körper kaum spüren. Sie legte ihre Hand auf Lukas' Oberschenkel, nahm sie dann wieder weg. Er starrte einfach geradeaus.

Auf dem Esstisch stand ein aufgeklappter Laptop. Daneben lagen einige Ausdrucke. Am anderen Ende stand noch das Frühstücksgeschirr. Zwei Teller, zwei Becher.

»Es war ein Unfall«, sagte Sarah. »Ich war dabei. Sie hat nicht gelitten, es ging ganz schnell. Es war …« Nun traten ihr doch Tränen in die Augen. »Sie hat …«

Lukas stand auf, ging zum Vitrinenschrank, schenkte zwei Grappa ein. Kippte einen, brachte Sarah den zweiten. Ihr Handy vibrierte, aber sie sah nicht nach. Sie zögerte kurz, dann schloss sie die Augen und goss die brennend scharfe Flüssigkeit in ihren Mund.

Lukas ließ sich neben sie plumpsen. »Ich habe immer befürchtet …«, murmelte er.

»Ja«, sagte Sarah. Die Angst der Angehörigen prägte den Beruf der Feuerwehrfrau fast ebenso wie das High, Menschenleben retten zu können. »Ja.«

Eine Weile saßen sie nur da. Mieden es, einander anzusehen. Starrten geradeaus.

»Es war ein Unfall. Sie hat … sie wollte …« Sarah schüttelte den Kopf, riss sich zusammen. »Es hat einen Deichbruch gegeben. Eine Flutwelle kam auf uns zu. Riss alles mit sich, was in den Gärten stand. Ein Trampolin traf sie in den Rücken. Sie war sofort …« Sie wischte sich über die Nase. »Ich habe ihre Hand gehalten. Sie hat nicht gelitten«, wiederholte sie.

Lukas stand auf, schenkte nach. Er trank, sie nicht.

»Kannst du deine Schwester anrufen, damit du nicht allein bist?«

Er nickte. »Mache ich gleich.«

»Ich muss wieder los. Das Wasser steigt noch immer«, sagte Sarah schließlich. »Und wenn wir jetzt nicht helfen …«

»Sie hätte nicht gewollt, dass du mit mir hier Trübsal bläst«, nuschelte Lukas. »Sondern dass du rausgehst und hilfst. Das war ihr so wichtig.«

Sarah erhob sich. Lukas blieb sitzen und starrte weiter geradeaus. Kurz überlegte sie, ihn zu umarmen, ließ es dann aber doch. »Bis bald.«

Er nickte wortlos.

Sarah zog die Tür hinter sich ins Schloss. Mittlerweile schien die Sonne, wie zum Hohn. Sie stieg ins Auto und spürte die Tränen aufsteigen. Wütend zog sie die Nase hoch, wischte sich mit dem Handrücken über die Augen, schüttelte den Kopf und fuhr los.

Besser jetzt Sandsäcke schleppen bis zur Erschöpfung, als darüber nachdenken, was geschehen war.

Ihr Handy vibrierte. Heute Nacht, wenn sie erschlagen und todtraurig nach Hause kam, würde sie sich nur zu gern in Jonas' Arme schmiegen. Aber jetzt gerade war sie nicht in der Lage, seine ständigen Nachfragen zivilisiert zu beantworten.

17:47 Uhr, Brocken (Harz)

Fjella öffnete die Augen. Sofort begann sich die Welt zu drehen, und eine Welle der Übelkeit stieg in ihr auf.

Sie saß auf einem Stuhl, die Hände hinter dem Rücken gefesselt. Es war kalt, und in der Luft lag der Geruch von abgestandenem Kaffee.

An der Decke hing eine Neonröhre. Neben ihr stand ein

abgenutzter Tisch. Ein Mann in einer dunklen, uniformartigen Montur saß am Kopfende des Tisches.

»Sie ist wieder da«, sagte der Mann mit einer leisen, tiefen Stimme, die Fjella auf unbestimmte Art als bedrohlich empfand. Er trug eine Sturmhaube – sie konnte seine Augen und seinen Mund sehen, aber sonst nichts von seinem Gesicht. Die Augen erschienen ihr kalt und bösartig. Vor ihm lagen ein Funkgerät, ein Handy, eine Kombizange und ein aufgerissener Proteinriegel. Auf der anderen Seite des Tisches standen zwei weitere, unbenutzte Stühle.

»Was wollten Sie in dem Wald?«, fragte eine zweite Stimme. Sie klang höher, weiblich. Fjella wollte den Kopf drehen, um die Sprecherin anzusehen, aber der Schmerz schoss ihr in den Nacken.

»Ich …« Sie zögerte. Was waren das für Leute? Wo war sie? Hatten die sie niedergeschlagen und entführt? Wenn ja, warum? War sie in großer Gefahr? »Ich bin Wissenschaftlerin«, sagte sie schließlich. »Nephologin. Wolkenforscherin. Ich habe eine Bodenprobe entnommen, um Informationen über die Wolkenzusammensetzung während des Unwetters zu erhalten«, sagte sie schließlich.

»Sie waren auf einem Privatgrundstück«, sagte die Frau streng. Oder vielleicht war es auch ein Mann mit einer ungewöhnlich hohen Stimme. Fjella hatte den Eindruck, dass ihre Wahrnehmung noch nicht wieder korrekt funktionierte.

»Ich war auf einem … das war ein öffentlicher Wanderweg.«

»Der Weg ja. Der Wald nein.«

»Was?«

»Der Wald ist Sperrgebiet. Privatgrundstück. Kein Betreten.«

Fjella wusste, dass früher die deutsch-deutsche Grenze hier in der Nähe verlaufen war und dass die Bundeswehr hier Stationen hatte. War sie etwa versehentlich dem deutschen Militär in die Quere gekommen?

»Ich möchte einen … Wer sind Sie überhaupt?«

»Wir sorgen hier für Ordnung. Lassen Sie uns einfach unsere Arbeit machen. Ist besser für alle. Verstanden?«

»Ich, äh, also …«, setzte Fjella an.

»Halbe Stunde«, sagte die Stimme.

Der Mann Fjella gegenüber erhob sich. Warf einen letzten Blick auf sie, ging an ihr vorbei. Ein kalter Schauer lief ihr über die Schultern und den Rücken. Sie fürchtete, gleich wieder geschlagen zu werden.

Doch es folgten nur Schritte, dann das Klicken einer Tür. Vorsichtig sah sie sich um.

Wenn sie sich langsam bewegte, ging es. Ihre Füße waren ebenfalls mit Schellen gesichert, aber es gelang Fjella, sich mitsamt ihrem Stuhl einmal im Kreis zu drehen. Sie war allein.

Sie zerrte an den Handfesseln. Versuchte, die schmerzenden Schultern locker zu lassen. Atmete gegen die Angst an. Sollte sie um Hilfe rufen? Oder lieber nicht?

Sie schloss die Augen. Mit einem leisen Rülpsen schoss Magensäure in ihren Hals, brannte.

Erneut versuchte sie, ihre Hände zu befreien, die Füße. Fast wäre sie mitsamt dem Stuhl umgefallen. Beim Versuch, das Gleichgewicht zu halten, vollführte sie eine unglückliche Drehung, und ein dumpfer Schmerz breitete sich wie Tinte in ihrem Lendenwirbelbereich aus.

Was tun? Denk nach! Wie lange saß sie schon hier, wie spät mochte es sein, waren Menschen in der Nähe, die sie …

Mit einem leisen Klicken öffneten sich die Hand- und Fußfesseln automatisch. Fjella war frei. Das also war mit »halbe Stunde« gemeint gewesen. Hektisch, bevor die verdammten Dinger wieder zupackten, sprang sie auf. Sie rieb sich die Handgelenke, tippelte auf und ab, um die Durchblutung anzuregen, kreiste mit den Schultern.

Vorsichtig näherte sie sich der Tür. Drückte die Klinke herunter. Lehnte sich dagegen.

Sie stand im Freien, auf dem Parkplatz. Fünfzig Meter weiter konnte sie ihr Auto an der Ladestation sehen. Die Luft griff mit kalten, klammen Fingern nach ihr.

Fjellas Hand schoss in die Taschen ihrer Cargohose. Die Probenbeutel, die Sonde, alles weg.

Änderung der Allgemeinen Geschäftsbedingungen für Amazon Prime

Hiermit informieren wir Sie über eine aktuelle, kurzfristige Änderung der Allgemeinen Geschäftsbedingungen für Amazon Prime. Sofern Sie die Dienstleistung weiterhin nutzen, stimmen Sie dieser Änderung zu. Sie haben die Möglichkeit, Ihren Vertrag fristlos zu kündigen. Bitte beachten Sie, dass Sie zu einem späteren Zeitpunkt nur zu den aktuellen, höheren Preisen erneut Mitglied werden können.

Amazon Prime ist eine Dienstleistung des Onlinehändlers Amazon. Der Zweck dieser Dienstleistung besteht in der zeitnahen, zuverlässigen Zustellung bestellter Waren. Darüber hinaus werden weitere Dienstleistungen (wie u. a. Amazon Prime Video, Amazon Foto) angeboten.

Im Rahmen der Einzelhandelskampagne »Alle für einen, wir für Deutschland« erhöhen wir befristet auf vorläufig sechs Monate die Versandgebühren. Bislang kostenlose Lieferungen werden ab sofort mit 3,99 Euro berechnet. Amazon möchte hiermit die Transportunternehmen entlasten und leistet einen Beitrag zur Sicherung der Grundversorgung der Bevölkerung.

Lieferungen von haushaltsüblichen Mengen von Grundgütern (ab sofort gekennzeichnet durch das Logo »Grundgut«) in ausgewiesene Notstandsgebiete bleiben versandkostenfrei. Die entsprechende Gutschrift erfolgt im Bestellvorgang auf Grundlage der Versandadresse. Auf diese Weise soll der kommerzielle Weiterverkauf von Grundgütern erschwert werden.

Amazon zeichnet sich durch verantwortungsvolles Handeln auf allen Ebenen und in allen Schritten des Produktionsablaufs aus. Wie alle Bürger hoffen auch wir, dass die durch zahlreiche unerwartete Starkwetterereignisse ausgelöste aktuelle Notlage bald endet. Wenn Sie Hilfe benötigen, wählen Sie bitte 112.

RBB: Interview mit Kristian Wirth, Pressesprecher des Bundesverbands der Deutschen Industrie, sowie mit Julia Moser, Pressesprecherin des Bundesverbands Deutscher Mittelstand (Auszug)

Wie begegnet die deutsche Wirtschaft den aktuellen Herausforderungen?

WIRTH: Die deutsche Industrie ist im internationalen Vergleich bereits massiv benachteiligt durch hohe Steuern und Lohnnebenkosten am Standort. Zugleich waren aufgrund der Kurzfristigkeit politischer Planungen keine langfristigen Investitionen möglich. Ich sehe die Bundesregierung in der Pflicht, sämtliche Einnahmenausfälle durch Extremwetterereignisse zu erstatten, da die Politik jahrzehntelang die Eindämmung der Klimakrise verschleppt hat.

MOSER: Der deutsche Mittelstand ist geprägt durch den Export. Es ist die Aufgabe des Staates, eine funktionierende

Infrastruktur bereitzustellen. Ist dies nicht der Fall, so sind die Schäden zu ersetzen.

Machen Sie es sich mit solchen Forderungen nicht sehr einfach? Immerhin hat die Industrie jahrelang Klimaschutzmaßnahmen abgelehnt.

MOSER: Der Klimaschutz ist für den Mittelstand eine enorme Innovationschance. Wir sehen das Problem eher im mangelhaften internationalen Schutz intellektuellen Eigentums. Wenn deutsche Ingenieure ein Patent anmelden, sollten sie davon auch profitieren dürfen. Stattdessen werden die neu entwickelten Prozesse weltweit nachgebaut. Diese kriminellen Handlungen dürfen nicht geduldet werden!

WIRTH: Es ist nicht die Aufgabe der Wirtschaft, Politik zu machen. Unternehmen sind dem Shareholder Value verpflichtet. Es wäre die Aufgabe der Politik gewesen, angemessene Rahmenbedingungen zu setzen. Wenn das Volk eine handlungsunfähige Regierung wählt, dürfen Unternehmen nicht darunter leiden.

Klimawandel macht Wettervorhersagen ungenauer (Beitrag auf einem Science-Blog)

Eigentlich sollten die Menschen im Frühsommer in den Straßencafés sitzen und Eis schlecken. Stattdessen verstecken sich die meisten zu Hause und hoffen auf ein Ende des Regens. Es sind erste massive Wasserschäden zu beklagen. Teilweise kommt es zu logistischen Einschränkungen und damit zu Lieferschwierigkeiten. Zugleich ist in anderen Regionen eine übermäßige Hitze und zu geringer Niederschlag zu beklagen. All dies trat ohne Vorwarnung ein, und auch aktuell sind die Wetterberichte auffällig ungenau. Wie ist das zu erklären?

Normalerweise liefern über 3500 Flugzeuge von rund 40 kommerziellen Airlines pro Tag mehr als 680 000 Wetterdaten an die World Meteorological Organization (WMO). Seit Beginn der Starkwetterproblematik hat der Flugverkehr in Europa um 12 bis 28 Prozent abgenommen. Weltweit haben acht Fluggesellschaften den Betrieb weitestgehend eingeschränkt. Dadurch fehlen erhebliche Datenmengen.

Zugleich stört die Intensität der Extremwetterereignisse die sensiblen Wettermessinstrumente. So fallen vermehrt Stördaten an.

Außerdem wurden die Modellierungen, die aus aktuellen Messungen Projektionen des zukünftigen Wetters berechnen, auf der Grundlage historischer Daten entwickelt. Die derzeitige Entwicklung zeigt, dass ein sich veränderndes Klima auch eine mit den bisherigen Tools unvorhersehbare Veränderung des Wetters mit sich bringt. Der Deutsche Wetterdienst meldete bereits eine Verringerung der Qualität von Punktvorhersagen um bis zu neun Prozent, in Einzelfällen sogar um bis zu 72 Prozent. Konkret bedeutet das: Wenn Sonne vorhergesagt wird, kann es auch regnen, statt leichtem Wind kann auch ein Sturm aufziehen. Wir müssen uns darauf einstellen, dass auch in den nächsten Wochen und Monaten wenig Verlass auf den Wetterbericht sein wird.

Dies zeigt bereits erste wirtschaftliche Konsequenzen, die Aktien von Schirmherstellern und Outdoorbekleidung befinden sich in einem rasanten Steigflug.

Ausgewählte Preisveränderungen an den internationalen Warenbörsen

Getreide + 22 % ^
Milch + 12 % ^
Kaffee + 56 % ^
Öl + 8 % ^
Erdgas + 14 % ^

Ausgewählte Aktienkurse (Börse Frankfurt)

Deutsche Bank – 8 % ˅

Lufthansa – 34 % ˅

Deutsche Bahn + 2 % ^

TUI – 14 % ˅

Apple – 1,3 % ˅

Allianz – 19 % ˅

Amazon + 45 % ^

18. Juni

08:00 Uhr, Hamburg, Messehallen 

»Herzlich willkommen!« Die Stimme des Hamburger Innensenators, der auf der Bühne ans Mikrofon getreten war, hallte durch den Konferenzsaal in den Messehallen. »Ich freue mich, dass Sie es einrichten konnten, an diesem Treffen teilzunehmen.«

»Als hätten wir eine Wahl gehabt«, flüsterte Nina Kuhn ihrem Kollegen Eric Schmitz zu. Sie waren die Klimabeauftragten des LKA Hamburg und daher zwangsabgeordnet zu der Sitzung.

»Er ist halt ein echter Schmierendarsteller«, flüsterte Schmitz zurück. Er konnte den Innensenator – seinen obersten Vorgesetzten – nicht ausstehen. Der hatte sich in der Vergangenheit weder durch fachliche Kompetenz noch durch politisches Geschick hervorgetan. Aber Nina Kuhn vermutete, dass es ein ganz klein wenig auch daran lag, dass der Innensenator mindestens genauso eitel war wie ihr geschätzter Kollege. Sie schenkte sich eine Tasse Kaffee ein und nippte daran. »Oh. Hoffentlich ist der wenigstens Fairtrade.«

»Dieses Treffen steht ganz im Zeichen des Klimas«, erklärte der Innensenator den Anwesenden, was diese allesamt schon wussten. »Unser erklärtes Ziel besteht darin, den behördlichen Umgang mit der aktuellen Schlechtwetterperiode zu koordinieren, um föderale Reibungsverluste möglichst gering zu halten. Dies soll auf regionaler Ebene ebenso gelten wie, sofern möglich, auf europäischer. Lassen Sie uns mit einer Bestandsaufnahme beginnen, bevor wir mögliche Vorgehensweisen diskutieren.«

Der Reihe nach informierten zuerst die jeweiligen Vertreter der Landeskriminalämter über die Situation in den Bundesländern. Bayern: vereinzelte Unwetterschäden in Franken sowie intensive Gewitterlagen in der Alpenregion, wenn auch bisher ohne schwerwiegende Konsequenzen. Sachsen: extreme Unwetter im Erzgebirge, die zum Teil zu schweren Naturschäden geführt hatten. Hessen: bislang nur überdurchschnittlicher Niederschlag. Nordrhein-Westfalen: vereinzelte Überschwemmungen durch Starkregen, dadurch mehrere Schäden an öffentlichen und privaten Gebäuden. Sachsen-Anhalt: Elbhochwasser durch erhöhtes Niederschlagsvolumen in Tschechien, Deichdurchbrüche in Magdeburg, Sachschäden sowie zwei Todesopfer. Schleswig-Holstein: außergewöhnliche Hitze und Niederschlagsarmut, daraus resultierend Waldbrandgefahr und Klagen der Landwirtschaft sowie der Seniorenheime. Nina Kuhn sprach für Hamburg: »In den letzten Wochen war das Wetter hier auch nicht schlechter als sonst.« Leises Gelächter brandete durch den Saal, und die aufgebaute Spannung nahm etwas ab.

Der Hamburger Innensenator trat wieder ans Mikrofon. »Vielen Dank. Ich werde meine Landeskollegen bei der nächsten IMK über die aktuelle Lage informieren.« Die Innenminister der Länder waren Mitglieder der Ständigen Konferenz der Innenminister und -senatoren der Länder, kurz

Innenministerkonferenz oder IMK. Die Landeskriminalämter stellten zwar einerseits das Bindeglied zwischen Landespolizei und Bundeskriminalamt – BKA – dar, andererseits unterstanden sie nicht dem Bundesrecht, sondern waren den jeweiligen Innenministerien nachgeordnet.

»Ich darf nun die Kolleginnen und Kollegen aus den europäischen Nachbarländern um eine kurze Stellungnahme bitten.«

Dänemark: Dauerregen, Tourismuseinbruch, überdurchschnittliche Schäden an Ferienimmobilien. Polen: Wir haben alles im Griff. Tschechien: Seit Wochen Starkregen in bevölkerungsarmen Waldgebieten, der in die Elbregion abfließt. Schweiz: erhebliche Sach- sowie einzelne Vieh- und Personenschäden durch regional begrenzte Extremwetterereignisse. Betroffen sind sowohl Industrie als auch Tourismus. Hält der Zustand an, ist die Sicherheit und Grundversorgung der Bevölkerung ebenfalls in Gefahr. Frankreich: intensive Niederschläge im Osten des Landes, extreme Hitzewelle an der Mittelmeerküste sowie in und um Paris. In der Hauptstadt sind bereits mehrere Hundert Hitzetote zu beklagen. Einige Krankenhäuser und Altenheime mussten evakuiert werden. Niederlande: Verluste von mehreren Hundert Quadratkilometern Land in Küstennähe durch unerwartet schnellen Anstieg des Meeresspiegels. Dadurch hohe Schäden für die Landwirtschaft. Menschenleben waren bislang nicht in Gefahr.

»Das ist ja doch eine Nummer größer, als ich dachte«, flüsterte Nina.

»Die Frage ist, wie lange die Menschen das noch mitmachen – und wann sie anfangen, zu rebellieren«, erwiderte Schmitz.

»Gegen was? Gegen den Regen?«

»Gegen ihre Angst um Leib und Leben, um Haus und Garten, um Klopapier und Mehl. Ich glaube, das möchte ich lieber nicht erleben. Dann haben wir Bürgerkrieg.«

»Und was sollen die« – sie deutete in Richtung Bühne – »machen? Regenschirme verteilen?«

»Ich weiß es doch auch nicht. Ich sag ja nur, wenn das Wetter nicht bald besser wird, dann geht es richtig rund.«

08:44 Uhr, Seesen

Jan Baumann trat vor die Tür und drückte auf seine eigene Klingel. Der vertraute Ton erklang. Daran lag es also jedenfalls nicht.

Für acht Uhr war die Lieferung des Baustoffhandels angekündigt worden, aber bisher noch nicht eingetroffen. Die Nummer, unter der er gestern bestellt hatte, war besetzt.

Er blieb in der Tür stehen und schaute die Straße entlang. Der Himmel war grau, der Asphalt nass. Der Wetterbericht sagte weiter anhaltenden »leichten Regen« voraus.

Baumann schloss die Tür hinter sich und schleppte sich die Treppe hoch. Die Tapete an der Wand wellte sich leicht.

Im Dachgeschoss löste sie sich bereits dort, wo Wasser eingedrungen war. In Mias Zimmer hatte sich hinter einer Spielkiste Schimmel gebildet, den er gestern Abend behandelt und entfernt hatte.

An der Rückwand des Einbauschranks im Schlafzimmer hatte sich ebenfalls Feuchtigkeit gesammelt. Baumann hatte sie abgetupft und über Nacht die Heizung aufgedreht. Gut für die Bausubstanz, aber jetzt hatte er Kopfschmerzen.

Er schaute hinaus in den Garten. Vollkommen zerstört durch die Wassermassen, die seit Tagen hindurchströmten. Er würde wieder ganz von vorne anfangen müssen. Jetzt ging es nur noch darum, das Gebäude selbst zu retten. Er brauchte die Planen, um die Übergänge zwischen Dach und Mauerwerk vor dem Dauerregen zu schützen. Und die Sandsäcke sollten verhindern, dass der Keller voll Wasser lief. Bisher war der verschont geblieben, aber das war nur eine Frage der Zeit.

Baumann sah auf die Uhr. »Wo bleiben die nur?«, murmelte er und drückte die Wahlwiederholung. Endlich ein Freizeichen.

»Ich wollte nur sicherstellen, dass die Lieferung noch kommt«, sagte Baumann und nannte seine Bestellnummer.

»Hier steht, die Ware wurde ausgeliefert.«

»Aber nicht an mich! Ich bin seit sieben wach und es hat niemand geklingelt.«

»Moment. Ich frage beim Fahrer nach.«

Sie drückte Baumann in die Warteschleife. Wie zum Hohn lief »Purple Rain«. Nach dem halben Refrain meldete die Disponentin sich zurück. »Der Fahrer sagt, Herr Hartmann habe bereits auf der Straße auf ihn gewartet und sogar beim Abladen geholfen.«

»Hartmann. Dieser … – Besten Dank, aber ich heiße Baumann. Sie haben die Ware an den falschen Empfänger ausgehändigt. Ich kläre das.« Baumann legte auf, stürmte aus dem Haus, lief zum Nachbarhaus. Wütend trommelte er gegen die Haustür. Als niemand öffnete, klingelte er Sturm.

Die Gegensprechanlage summte. »Ja?«

»Ihr … hast du … ich warte auf eine Lieferung: Planen und Sandsäcke. Ich brauche die dringend. Der Fahrer sagt …« Baumann rang vor Wut und Verzweiflung nach Worten.

»Ja?«, fragte die körperlose Stimme.

»Habt ihr meine Lieferung angenommen?«

Es raschelte. Dann: »Das war wohl ein Versehen. Aber wir haben sie auch bezahlt. Ist also kein Schaden entstanden.«

»Doch, verdammt noch mal, weil es bei mir reinregnet und das weit und breit die letzten Planen und Sandsäcke waren, und ich weiß nicht, wie es weitergehen soll, ich will sofort meine Sachen, hörst du, sofort?«

»Das ist jetzt etwas ungünstig«, sagte die Stimme. »Die Planen sind bereits angetackert, und die Säcke liegen schon hinter den Türen. Da lässt sich jetzt nicht mehr viel machen. Tut mir wirklich leid. Ehrliches Missverständnis. Wenn du da gewesen wärst, als der Fahrer kam, wäre das bestimmt nicht passiert.«

Baumann schlug mit der flachen Hand gegen die Tür. »Aber ich war da! Ich bin extra um sieben aufgestanden! Ich habe gewartet, und du hast einfach …«

»Ich war zufällig vor Ort, als ein Laster mit Baumaterial in die Straße bog. Und habe meine Chance ergriffen. Ich habe nichts gestohlen, alles bar bezahlt. Rechnung kann ich dir zeigen. Das ist Kapitalismus. Genau wie wenn einer seine Klitsche einfach frech direkt neben einem bisher gut gehenden Familienbetrieb aufmacht. Darf man. Klar. Wir sind ein freies Land. Viel Glück.«

Es klackte, dann war die Verbindung unterbrochen. Ungläubig starrte Baumann die Tür an, die Gegensprechanlage. Er schlug noch einmal gegen das Holz, klingelte erneut. Keine Reaktion.

Schließlich schlich er durch den Regen zurück auf die andere Straßenseite, zog die Tür hinter sich ins Schloss. Der Flur war kalt und feucht, genau wie das ganze Gebäude. Er setzte sich auf die unterste Stufe der Treppe und ließ den Kopf in die Hände sinken. Er war bis auf die Haut nass geregnet und begann zu zittern. Noch nicht einmal nach Yvonnes Tod war er so allein und verzweifelt gewesen. Das B&B, die Bausubstanz, ihr Investment, ihre liebevolle Arbeit … alles verloren. Wie sollte es jetzt nur weitergehen?

10:14 Uhr, Leipzig

Philip Graf startete die Videokonferenz mit seiner Frau. Katrin nahm das Gespräch an. Sie trug ein Sweatshirt und saß im Bett. Das Zimmer war abgedunkelt, und Graf konnte hören, dass der Fernseher lief.

Sie lächelte, als sie ihn sah, doch es wirkte bemüht.

»Wie geht es euch?«, fragte Graf. »Ich habe gute Nachrichten, heute Nachmittag geht mein Flug nach Kreta!«

»Ach, weißt du, vielleicht bleibst du besser da«, sagte Katrin.

»Oh! Hast du einen Urlaubsflirt angefangen, von dem ich nichts wissen soll?«, scherzte Graf.

Seine Frau schüttelte den Kopf. »Was du nur wieder denkst. Nein, es ist nur … es ist verdammt kalt hier. Das Hotel hat keine Heizung, deshalb haben wir die Vorhänge zugezogen, damit es weniger auskühlt. Wir sitzen im Bett und schauen Fernsehen. Es gibt 80 Programme, aber nur drei deutsche. Offenbar sind die Lebensmittel-Lieferungen eingeschränkt, jedenfalls wird das Büffet immer armseliger. Die Jungs sind am Durchdrehen. Ich wollte ihnen schon eine Du-weißt-schon im Internet bestellen« – Graf nickte: Sie meinte die neue Playstation, die sich beide Jungs wünschten –, »aber die wird momentan nicht auf die Insel geliefert.«

Natürlich wusste Philip Graf durch seine Arbeit bei einem Versicherungskonzern, wie fragil das ganze Leben war. Und trotzdem fühlte es sich noch mal anders an, wenn es einen persönlich betraf. »Vielleicht krieg ich hier noch eine im Elektromarkt und kann sie mitbringen«, schlug er vor.

Das Bild fror ein. Während Graf noch darauf wartete, dass die Verbindung wieder zum Leben erwachte, wurde ihm ein neuer Videoanruf angezeigt: sein Boss.

Er klickte »beenden und annehmen«. Das Gesicht seines Vorgesetzten erschien. Hinter ihm an der Wand hingen Familienfotos – er arbeitete offenbar im Homeoffice. Graf hatte am Tisch vor dem Fenster gesessen und hinaus auf die verregneten Straßen geschaut. Jetzt trug er den Laptop zu dem kleinen Schreibtisch und nahm davor Platz. Ein besserer Winkel für die Kamera.

»Hallo Philip«, sagte Stefan Nickel.

Graf arbeitete seit drei Jahren mit Nickel und konnte an dessen Ausdruck sofort erkennen, dass etwas nicht stimmte.

»Wo bist du?«, fragte Nickel.

»Radisson Blu, Leipzig. Heute Nachmittag fliege ich in den Urlaub nach Kreta.«

»Ich fürchte, das wird nichts werden«, sagte Nickel. »Wir haben nämlich ein Problem. Es ist mir etwas unangenehm …«

»Nein, nein«, unterbrach Graf. »Du hast versprochen, wenn ich nach Berlin und Sachsen fahre, dann kann ich danach …«

»Ich weiß, was ich versprochen habe!«, fuhr Nickel dazwischen.

Graf zuckte zusammen.

»Und ich stehe zu meinem Wort. Es ist nur …« Nickel zögerte. Er schien nach der richtigen Formulierung zu suchen.

»*Wir* haben ein Problem«, begann er dann erneut und mit veränderter Betonung. »Du und ich. *Wir* haben ein Problem. Die letzten drei Kunden haben sich alle drei beschwert. Du seist unachtsam und oberflächlich gewesen, die vorgeschlagenen Maßnahmen hätten die Situation noch verschlimmert.« Er schaute hinunter, offenbar hatte er Notizen oder Ausdrucke vor sich liegen. »In Frankfurt sind weitere Wasserschäden aufgetreten, das weißt du ja bereits. In Berlin hat der von dir angeordnete Neustart eines Teilbereiches offenbar ein vollständiges Herunterfahren des gesamten Umspannwerks ausgelöst, und bislang ist es nicht gelungen, dieses wieder im vollen Umfang ans Netz zu bringen. Und in Hohenwarte haben die Schwingungen der Turbine mittlerweile die vorgegebenen Toleranzwerte weit überschritten, sodass sie abgeschaltet werden musste.« Nickel sah wieder in die Kamera. »Ich weiß nicht, was mit dir los ist, aber das sind Fehler, die einfach nicht passieren dürfen«, sagte er.

»Aber ich …«, setzte Graf an.

»Bei derartigen Fehlleistungen«, fuhr Nickel ungerührt fort, »sind auch langjährige Angestellte nicht vor gravierenden Konsequenzen sicher.« Er schaute direkt in die Kamera. »Haben wir uns verstanden?«

»Ja, ich …« Graf holte tief Luft. »Ja. Selbstverständlich. Verstanden. Es wird nicht wieder vorkommen.«

»Gut.« Nickel legte auf.

Vollbremsung. Totalschaden.

Was für ein Arschloch. Graf starrte in den Spiegel, der über dem Arbeitstischchen hing. Er sah müde und blass aus. Vielleicht sollte er es einfach darauf ankommen lassen und nach Kreta fliegen. Ein paar Tage Urlaub würden ihm guttun. Er brauchte dringend eine Pause, brauchte Abstand und Erholung. Er würde den Jungs eine Spielkonsole mitbringen, dann konnten Katrin und er ohne schlechtes Gewissen wandern gehen.

Die trauten sich sowieso nicht, ihn zu kündigen. Nickel machte jetzt bloß auf dicke Hose, gab den Druck nach unten weiter, statt sich vor seine Leute zu stellen. Und wenn schon, er war so lange dabei, das gäbe dann auch eine feine Abfindung.

Noch besser wäre es gewesen, gleich auf dem Urlaub zu bestehen und mitzufliegen. Dann wäre das alles nicht passiert.

Sein Handy klingelte. »Wir bedauern«, leierte eine Computerstimme, »Sie darüber informieren zu müssen, dass der von Ihnen gebuchte Flug mit der Nummer« – die Stimme nannte die Nummer seines Fluges in die Freiheit – »nach Kreta aus technischen Gründen abgesagt wurde. Ich wiederhole, der von Ihnen für den heutigen Tag gebuchte Flug nach Kreta kann leider nicht durchgeführt werden. Bitte bestätigen Sie mit ›eins‹, dass Sie diese Information erhalten haben. Bitte drücken Sie die ›Zwei‹, wenn Sie die Nachricht erneut hören möchten. Bitte bleiben Sie in der Leitung, um mit einem Mitarbeiter zu sprechen.«

Graf drückte die Eins. Er hatte verstanden.

Er würde nach München fahren und herausfinden, was zu seinen Fehleinschätzungen geführt hatte. Als hätte Nickel es persönlich eingefädelt.

14:54 Uhr, Magdeburg

Zum Dauerregen und der Flut war nun auch noch ein Gewitter gekommen. Und der Blitz hatte ausgerechnet in der Alten Oper eingeschlagen und dort einen Brand des Dachstuhls ausgelöst. Seit Jahren sollte das Gebäude saniert und modernisiert werden. Eine solche Maßnahme hätte vielleicht verhindern können, dass der Brand sich derart ausbreitete.

So aber standen Sarah Vogel und ihr Trupp auf der Straße und mussten mehr oder weniger machtlos mitansehen, wie das altehrwürdige Gebäude den Flammen zum Opfer fiel. Mit zwei Löschzügen konnten sie sicherstellen, dass die nahe liegenden Bauten nicht in Gefahr gerieten. Doch die Alte Oper selbst war nicht mehr zu retten. Das Feuer hatte sich zu schnell zu tief in das Gebäude gefressen.

Sarah legte den Kopf in den Nacken, um an der Fassade hochzublicken. Der Regen klatschte ihr ins Gesicht. Es war Laien immer schwer zu erklären, wieso Gebäude auch im Regen niederbrennen konnten – es hatte mit der Hitze eines gut genährten Feuers zu tun. Wasser löschte die Flammen nur, indem es sie erstickte, ihnen den Sauerstoff entzog. Doch brannte das Feuer zu intensiv, ließ es das Wasser verdampfen, bevor es helfen konnte. Dann stand man vor der Wahl, zu versuchen, auf andere Weise zu löschen, beispielsweise mit Schaum. Oder, wenn die Lage überschaubar war, das Feuer ausbrennen zu lassen, bis ihm die Nahrung ausging. Für diese Vorgehensweise hatten sie sich hier entschieden.

Sarah war letzte Nacht erst spät nach Hause gekommen. Jonas hatte bereits geschlafen. Heute Morgen war sie vor ihm aufgestanden und hatte sich aus dem Haus geschlichen – sie wusste, hätte sie ihn geweckt, wäre die ganze Trauer über gestern aus ihr herausgebrochen.

Sie sah auf die Uhr. In einer Stunde war ihre Schicht um. Heute würde sie pünktlich Schluss machen, nach Hause gehen, in Ruhe mit Jonas über alles reden.

Von Franzis Tod erzählen. In seinen Armen weinen.

Sich geborgen fühlen.

Den nächsten Urlaub planen. Sie wusste, dass es ihm Sicherheit vermittelte, wenn sie Pläne machten. Dann würde er im Alltag vielleicht etwas weniger klammern.

Ihr Handy vibrierte. Sie trat in den Windschatten des Feuerwehrwagens, um die Nachricht zu lesen. »Sarah, wo warst du gestern? Ich habe mir Sorgen gemacht! Und heute Morgen bist du einfach gegangen. Ich kann das nicht. Du bist nie da. Auf dich ist kein Verlass. Das verletzt mich. Wir müssen dringend reden!«

Der Kerl kostete sie langsam mehr Kraft, als er wert war.

»Sorry. Gestern war hart. Erzähl ich dir später«, schrieb sie.

»Immer geht es nur um dich. Aber was ist mit mir und meinen Gefühlen? Woher soll ich so wissen, dass ich dir vertrauen kann?«

Jetzt reichte es ihr. »Weißt du was, ich glaube, wir brauchen mal eine Pause voneinander«, schrieb sie zurück. Zögerte kurz, dann schickte sie die Nachricht ab.

Sie wollte das Handy schon wegstecken, da piepste es erneut. »Ich bin so enttäuscht von dir«, schrieb Jonas. »Immer weichst du mir aus! Du bist doch beziehungsunfähig! Und dabei liebe ich dich so.«

Sarah war kurz davor, das Handy zu zertrümmern.

»Wir wäre es, du ziehst mal eine Woche zu deinen Eltern?«, schlug sie vor. Seine Eltern wohnten im Sülzetal, zehn Minuten südlich der Stadt. Er war dort zwei Mal die Woche zum Mittagessen. Sein Zimmer war seit der Schulzeit unverändert. So eine große Sache war das also nicht.

Schweigen.

Dann: »Ich hätte nie gedacht, dass du so eiskalt bist. Warum siehst du keine Zukunft mehr für uns? Was habe ich falsch gemacht? Aber wenn du meinst, dann ist es eben aus. Schade!«

Aus? Schade? Was war das jetzt? Sarah schwankte zwischen Erstaunen, Erleichterung und Gelächter. Hatte Jonas jetzt etwa gerade mit ihr Schluss gemacht? Per SMS? Am Tag, nachdem ihre beste Freundin gestorben war?

Weil er nicht damit klarkam, dass Feuerwehrleute nicht immer pünktlich nach Hause kamen und dann manchmal das Essen kalt wurde?

Oder wollte er sie nur provozieren, sofort in seine Arme zu eilen und seine zittrigen Händchen zu halten? Wenn ja, dann war es gründlich nach hinten losgegangen. Er wusste nicht von Franziska, aber ihn interessierte auch schon lange nicht mehr, wie es ihr ging. Nur wann sie nach Hause kam.

»Ok. Alles Gute«, schrieb sie zurück. »Ist vielleicht wirklich besser so«, murmelte sie. Und war gleichermaßen entsetzt und beglückt über die Erleichterung, die sie empfand.

15:12 Uhr, Hamburg HafenCity

Seit den frühen Morgenstunden heulten in der Hansestadt die Sirenen. Alle halbe Stunde war für eine Minute ein auf- und abschwellender Heulton zu hören. Das Radioprogramm sendete zur vollen und zur halben Stunde Warninfos. Diese waren ebenso über Bildschirmtext, im Internet als Banner auf der offiziellen Webseite der Stadt sowie über die Warn-Apps KATWARN, BIWAPP und NINA abrufbar. Das Elbhochwasser, das seit Tagen bereits den Menschen am Unterlauf des Flusses zu schaffen machte, würde im Lauf des frühen Abends Hamburg erreichen. Es war mit Überschwemmungen in »erheblichem Ausmaß« zu rechnen – was immer das heißen mochte.

Fjella wählte nun schon zum dritten Mal die Nummer ihres Großvaters in Tesperhude. Es klingelte, aber niemand ging ran. Wütend warf sie das Handy auf ihr Sofa.

Sie schaute zum Fenster hinaus. Es nieselte zwar, aber von Hochwasser war noch nichts zu sehen. Sie machte sich Sorgen, dass ihr Opa vielleicht bei einem Abendspaziergang zu nah ans Wasser ging und in Gefahr geriet. Oder, schlimmer noch, dass mitten in der Nacht Wasser in seine Wohneinheit eindrang.

Sie griff nach dem Handy, wählte die Nummer der Zentrale der Wohnanlage. Es klingelte und klingelte, schließlich erklang die Ansage: »Sie rufen außerhalb unserer Geschäftszeiten an …«

Fjella kochte vor Wut. Gestern war sie auf dem Brocken von diesen merkwürdigen Gestalten angegriffen worden. Heute konnte sie ihren Großvater nicht erreichen. Noch am Abend hatte sie in Torfhaus Anzeige gegen unbekannt erstattet. Die ganze Rückfahrt über hatte Fjella zu verstehen versucht, was vorgefallen war. Immer wieder war sie in der Nacht aus klaustrophobischen Träumen hochgeschreckt.

Heute Vormittag hatte sie Taylor informiert, dem es leidtat, sie in den Harz geschickt zu haben. Aber selbstverständlich würden sie auch ohne die Proben leben können.

Nun versuchte sie es noch einmal bei ihrem Opa, dann schlüpfte sie in ihre Fahrradklamotten und die Klickschuhe. Bei Regen zu fahren machte wenig Spaß, aber wenigstens konnte sie so das verdammte Adrenalin verbrennen, das ihren Blutkreislauf überflutete.

*

»Opa? Opa, bist du da? Ich bin's, Fjella!«, rief sie über das halbstündliche Jaulen der Sirenen hinweg.

Sie schaute zum Wasser. Der Fluss wirkte wie angeschwollen, aber noch trat er nicht über seine Ufer. Das würde erst heute Nacht geschehen. Aber wie weit? Befand sich die Wohnanlage im Überflutungsgebiet? Sie musste ihren Opa finden und in Sicherheit bringen!

Die Terrassentür zur Wohneinheit war nur angelehnt. Fjella wartete, bis die Sirene fertig war, dann rief sie erneut. »Opa? *Hej*, ich bin's, Fjella! Bist du da?« Sie klopfte gegen die Glasscheibe, dann öffnete sie vorsichtig die Tür.

Auf dem Bett lag ein aufgeklappter Koffer, hastig und unvollständig gepackt. Ein Paar Schuhe, ein Anzug, einige Unterhosen. Ein Buch … die Bibel. Ein Brillenetui.

Fjella sah sich suchend um. Sie schaute unter das Bett, in den Schrank, hinter die Tür. Niemand.

Im Bad auch nicht. Sie zog den Duschvorhang beiseite.

In der schmalen Garderobe hingen einige Jacken und Mäntel. Niemand versteckte sich dahinter.

Sie wählte auf dem Handy erneut die Nummer des Empfangs. »Sie rufen außerhalb unserer Geschäftszeiten an …«

Sie tippte auf den Eintrag ihres Großvaters. Das Festnetztelefon auf dem Nachttisch klingelte. Daran lag es also nicht.

Nachdenklich starrte sie auf den halb vollen Koffer. Es sah aus, als hätte ihr Großvater in aller Eile gepackt. Warum? Wollte er verreisen? Fliehen? Jemanden besuchen?

Sie drehte sich langsam im Kreis. Versuchte, das Zimmer mit seinen Augen zu sehen.

Vielleicht hatte das Kreischen der Sirenen ihn in Panik versetzt. Wenn ja, wo würde ein alter Mann sich verstecken? Sie folgte ihrer Intuition. Trat hinaus in den Flur, der die einzelnen Wohneinheiten verband. Folgte ihm zu dem Gemeinschaftsraum, in dem die alten Leute fernsehen oder Gesellschaftsspiele spielen konnten. Der Raum war menschenleer. Wo steckten die Bewohner und Mitarbeiter nur?

Irgendwo mussten sie ja sein. Durch die gegenüberliegende Tür verließ Fjella das Gebäude, überquerte eine kleine Rasenfläche. Sie hörte Stimmen, folgte deren Klang. Vor dem Haupteingang stand ein Reisebus. Zahlreiche Plätze waren bereits besetzt, langsam stiegen weitere Alte ein. Drei Pflegerinnen und zwei Pfleger beaufsichtigten den Einsteigevorgang. Eine der Pflegerinnen hielt ein Klemmbrett mit einer Namensliste in den Händen.

»Hey, hallo, ich bin Fjella Lange, die Enkelin von Willy Lange. Evakuieren Sie die Bewohner?«

Die Pflegerin nickte. »Gut, dass Sie hier sind«, sagte sie.

»Warum?«

»Weil wir nicht wissen, wo Ihr Großvater steckt. Wir können ihn nicht finden. Und wir müssen los. Der Bus fährt in zehn Minuten.«

»Aber Sie können doch nicht …«

»Ich bin auch nicht glücklich damit, aber wir müssen auch die Sicherheit der übrigen Bewohner gewährleisten. Wenn alles glattläuft, kann einer meiner Kollegen hierbleiben und ihn suchen. Aber …« Sie zuckte mit den Achseln. Offenbar machte sie sich keine großen Hoffnungen.

Fjella wandte sich auf dem Absatz um und rannte zurück in den Aufenthaltsraum. Vorhin hatte sie eine unscharfe Vermutung gehabt, wo ihr Großvater sich aufhalten könnte. Nun würde sie die überprüfen.

An einer Wand stand ein Tisch mit Gläsern sowie Wasserflaschen. Unter dem Tisch war stets eine Getränkekiste deponiert, aus der Bewohner und Besucher weitere Flaschen entnehmen konnten. Neben dem Tisch führte eine unscheinbare Treppe in das Kellergeschoss, in dem Getränke, aber auch allerhand weitere Dinge gelagert wurden: Tischdecken, jahreszeitliche Dekorationen, Glühbirnen und Hygieneverbrauchsartikel, seniorengerechte Sportgeräte.

Fjella hastete die Treppe hinunter, drückte die Tür auf. Der Kellerraum war stockfinster und roch staubig und muffig. »Opa? Opa, bist du hier?«, rief sie.

Ein Rascheln war zu hören. Fjella tastete nach dem Lichtschalter. Neonröhren flackerten auf. In der hintersten Ecke konnte sie eine Bewegung sehen. Sie eilte durch den Raum.

Zwischen zwei Schränken kauerte ein Mensch, ein Mann … er wandte sein Gesicht vom Licht ab wie ein Untergrundwesen, das der Helligkeit entkommen wollte. Er hatte die Hände hinter dem Kopf verschränkt und die Ellenbogen schützend gegen die Ohren gepresst. Fjella kniete sich in einiger Entfernung hin.

»Opa, ich bin's, Fjella«, sagte sie leise. »Ich bin's. Du musst keine Angst haben. Ich bin's. Du bist in *sikkerhed.*« Sie streckte langsam eine Hand in seine Richtung aus.

Die kauernde Gestalt löste sich ein wenig aus der Spannung, drehte den Kopf, löste die Hände und die Arme, sah mit furchtsamem Blick in ihre Richtung. Der Mund öffnete sich, aber kein Ton drang heraus.

In Zeitlupe drehte ihr Großvater sich immer weiter zu ihr, hob den Kopf, nahm schließlich vorsichtig ihre Hand. Sie half ihm, sich zu erheben. »Geht es dir gut?«, fragte sie.

Er sah sie an, und wieder bewegten sich seine Lippen, doch er sprach kein Wort.

»Komm«, sagte Fjella. »Du musst hier weg. Es wird eine Überflutung erwartet.«

In hektischen, kleinen Bewegungen begann ihr Großvater zu nicken. Fjella führte ihn die Treppe hoch und über das Grundstück zum Bus. Die übrigen Bewohner waren bereits allesamt an Bord.

»Sie kommen gerade noch rechtzeitig«, sagte die Pflegerin mit dem Klemmbrett.

»Opa, bitte steig in den Bus, sie bringen dich in Sicherheit«, sagte Fjella. »Heute Nacht musst du dir keine Sorgen machen.«

Auf einmal begannen die Sirenen wieder zu heulen. Willy Lange zuckte zusammen, sein Blick irrlichterte wild, dann ließ er Fjellas Hand los, hielt sich die Ohren zu und war mit zwei, drei langen Schritten im Bus verschwunden. Fjella versuchte, ihn zwischen den übrigen Alten auszumachen, aber es gelang ihr nicht.

Die Sirenen, dachte sie. Die Sirenen mussten seine Kriegstraumata reaktiviert haben. Sie hatten ihn in Angst versetzt und ihm wortwörtlich die Sprache verschlagen.

Und wovor wurde gewarnt? Vor nichts anderem als den Folgen des Klimawandels. Sie wären vermeidbar gewesen, wenn die Politik nur rechtzeitig gehandelt hätte. Genau wie die Schäden an dem Wanderweg im Harz. Genau wie die verrückte Windhose neulich in Schleswig-Holstein. Genau wie das Hochwasser neulich, bei dem ihre Fotoalben beschädigt worden waren. Alles unnötig, nur der Faulheit und Feigheit der Politik in den letzten Jahrzehnten geschuldet. Und nun verlor sie auch noch ihren bislang fröhlichen und kommunikativen Großvater!

Auch der Angriff auf sie gestern ging irgendwie auf das Konto des Wetterdramas. Vor ein paar Wochen wäre so etwas noch undenkbar gewesen.

Sie wusste, dass sie den Klimawandel nicht allein würde aufhalten können. Aber sie nahm sich vor, ab sofort noch mehr zu tun, damit es nicht einfach immer schlimmer wurde.

Mit etwas Pech würde die Wohnung ihres Großvaters, das letzte Fleckchen, auf dem er sich noch zu Hause fühlte, heute Nacht vom Elbhochwasser zerstört werden. Schon jetzt hatten die Flutwarnungen ihn retraumatisiert. Fjella war zwar Wetterexpertin und selbstverständlich Mitglied bei Scientists for Future und im WWF. Aber welche Konsequenzen die Klimakatastrophe auf ganz persönlicher Ebene für die Menschen haben würde – darüber hatte sie bisher noch gar nicht ernsthaft nachgedacht. Vielleicht auch, weil sie insgeheim wusste, wie schrecklich ihre Erkenntnisse sein würden.

Aber damit war jetzt Schluss!

15:58 Uhr, Seesen

Jan Baumann stopfte ein paar Unterhosen, T-Shirts und Socken in einen Rucksack. Dazu eine Jeans, ein Paar Turnschuhe, eine Regenjacke. Deo, Rasierzeug, Duschgel, Shampoo.

Sie mussten hier weg. Er wusste, wenn er jetzt innehielt,

würde er wieder ins Dachgeschoss gehen und vergebens versuchen, die feuchte Tapete, die sich von der Wand löste, festzustreichen. Oder er würde in den Keller hinabsteigen und zusehen, wie Wasser unter der Tür zum Garten hindurchlief und sich langsam zu einem immer größeren See sammelte. Er hatte bereits im Abfluss herumgestochert. Es half nichts.

Baumann lief in Mias Zimmer, das Handy am Ohr. Seit Stunden versuchte er, seine Schwester in Stuttgart zu erreichen. Endlich ging sie ran.

»Hey, Anna, Jan hier. Ich weiß, ich habe mich lange nicht gemeldet. Aber ich brauche deine Hilfe. Mia und ich müssen hier weg. Die Leute drehen durch. Sie greifen einander an, im Supermarkt, auf der Straße. Deswegen wollten wir …«

Seine Schwester unterbrach ihn.

»Ach so … ach so …« Baumann klang immer kläglicher.

»Bist du sicher? Na gut, dann ist das so. Dann alles Gute.«

Er ließ sich entmutigt auf Mias Bett sinken. An der Wand gegenüber hing ein runder Spiegel in einem gelben Rahmen mit Sonnenstrahlen. Baumann betrachtete sein Gesicht. Er sah aus wie ein alter Mann: erschöpft, ratlos, gebrochen.

Anna Baumann, ihre Partnerin Jennifer sowie Jans Mutter, die bei Anna und Jennifer in einer Einliegerwohnung lebte, hatten Stuttgart bereits am Tag zuvor verlassen. Der sogenannte »Kessel« füllte sich mit immer mehr Wasser. Anna und Jennifer besaßen eine Ferienwohnung in der Schweiz – dort wollten sie bleiben, bis das Wetter wieder besser wurde.

Keiner der »Nachbahr---innen«, wie Anna, genderkorrekte Architekt_in, es aussprach, hätte einen Schlüssel.

Verdammt. Jan Baumann schlug sich mit der flachen Hand auf den Oberschenkel, doch in der Geste lag mehr verzweifelte Erschöpfung als Mut. Was jetzt?

Mit einem leisen Rascheln löste sich eine Tapetenbahn von der durchfeuchteten Wand und landete direkt neben Baumann auf dem Bett.

BMI

**** Memo nur zur internen Verwendung ****

Das Bundesministerium des Innern informiert hiermit die Innenministerien der Länder über mögliche Störungen in der Sicherung der Versorgung mit Grundnahrungsmitteln. In Teilen des Bundesgebietes ist mit der Beschädigung von Straßen und ggf. auch Bahntrassen durch Extremwetterereignisse innerhalb der nächsten 24 bis 48 Stunden zu rechnen. Pläne für eine Notversorgung sind in Vorbereitung.

Eine Information der Bevölkerung über die Situation ist zu vermeiden, um eine ausbrechende Panik zu verhindern. Es handelt sich um eine fluide Sachlage. Offizielle Informationen sollten erst an die Öffentlichkeit gegeben werden, wenn sie belastbar zur Verfügung stehen.

Offener Brief des Europäischen Bauernverbandes an die Europäische Kommission

Bis zu 80 % der europäischen Landwirtschaft sind direkt oder indirekt von Schäden durch Starkwetterereignisse betroffen. Wir fordern daher die Europäische Kommission auf, unverzüglich entsprechende Nothilfefonds zur Unterstützung der betroffenen Betriebe aufzulegen. Andernfalls ist aufgrund der noch nie da gewesenen Schadenshöhe mit kurzfristigen Insolvenzen und somit auch Versorgungsnotständen in allen Bereichen der Agrarwirtschaft zu rechnen.

Aktuelle Information des Bundesamtes für Bevölkerungsschutz und Katastrophenhilfe, Bonn

Entgegen Gerüchten, die sich vor allem auf sozialen Medien verbreiten, ist die Versorgung der Bevölkerung mit Grundgütern nach wie vor sichergestellt. Ungeachtet der Ausführungen in zahlreichen Medien handelt es sich bei der derzeitigen Wetterlage über Deutschland trotz einiger entstandener schwerer Schäden nicht um eine Katastrophensituation. Daher ist ein Eingreifen des Bundesamtes für Bevölkerungsschutz und Katastrophenhilfe nicht angezeigt. Ebenso ist daher ein Einsatz der Bundeswehr und des Grenzschutzes im Inneren ausgeschlossen.

Die Lage wird von sämtlichen politischen Gremien zeitnah beobachtet. Sollte die Situation sich grundlegend verändern, werden entsprechende Informationen der Bevölkerung erfolgen.

Das Bundesamt für Bevölkerungsschutz und Katastrophenhilfe rät grundsätzlich dazu, einen angemessenen Vorrat an nicht verderblichen Lebensmitteln anzulegen. Eine entsprechende Liste kann auf der Webseite des Bundesamtes im Bereich »Infos« unter dem Reiter »Service« im Menü »Grundsätzliches« unter der Bezeichnung »ratgeber_notfallvorsorge_checkliste-final2.3.pdf« heruntergeladen werden.

19. Juni

08:45 Uhr, Hamburg

Nina Kuhn und Eric Schmitz sahen die LKA-Meldungen des Vortages durch. Alle Landeskriminalämter stellten automatisiert um Mitternacht die Fälle des Tages ins gemeinsame Mitteilungssystem.

»Verdammtes Dreckszeug«, murmelte Kuhn und stellte ihren halb vollen Kaffeebecher zur Seite.

»Und trotzdem holst du dir jeden Morgen welchen«, stichelte Schmitz. »Ich sag's ja, du bist eine verkappte Optimistin!«

»Blödmann.«

Sie konzentrierten sich wieder auf ihre Bildschirme.

»Das finde ich eigenartig«, sagte Schmitz nach einer Weile.

»Was?«

»Sachsen, Bayern *und* Baden-Württemberg melden mutwillige Beschädigungen von Wanderwegen, die allesamt ohnehin schon aufgrund von Unwetterschäden gesperrt waren. Okay, die Leute drehen langsam am Rad, und Jugendliche haben immer schon viel Mist gemacht, aber drei Tatorte an einem Tag … nein, warte mal, vier sogar, BW hat zwei Meldungen eingestellt.«

Kuhn war aufgestanden und hinter ihn getreten, um mitlesen zu können. »Zeig mal die Details.«

Schmitz öffnete die entsprechenden Einträge. Auf dem Brocken hatten Unbekannte die mit Metallspangen fest verankerten Holzbohlen, mit denen die Nutzung des Weges erleichtert wurde, herausgerissen und ins Unterholz geworfen. Im Bayerischen Wald waren im Höllbachtal sämtliche Wegweiser mit schwarzer Farbe beschmiert worden. Auf dem Kaiserstuhl-Rundwanderweg um Oberbergen waren an drei Stellen gezielt Bäume derart gefällt worden, dass sie die nach den Wetterschäden vorzunehmenden Instandsetzungsarbeiten erschwerten. Und auf dem Feldberg im Schwarzwald hatten Unbekannte den Lauf eines ohnehin über das Ufer getretenen Bergbachs blockiert, sodass dieser über Stunden den Weg überflutete, wodurch eine tiefe Schlammkuhle ausgefressen wurde.

»Sieht nicht gerade nach organisierter Kriminalität aus«, brummte Kuhn.

»Trotzdem. Lass uns das im Auge behalten. Ich suche mal nach Motiven und Querverbindungen.«

»Bitte. Wenn du meinst. Es ist dein Leben.«

11:32 Uhr, Frankfurt

Arian Fischer hatte am Samstag trotz anhaltenden Nieselregens einen Ausflug zum Goetheturm gemacht, um den Kopf freizukriegen. Doch das war ihm nicht gelungen. Stimmten seine Befürchtungen nun – oder nicht? Und falls ja, konnte er sie – wie von seinem Boss gefordert – für sich behalten?

Diese Überlegungen ließen ihn nicht los. Doch um eine Entscheidung zu treffen, musste er wissen, *wie* wahrscheinlich die jeweiligen Ergebnisse waren. Folglich hatte er den gesamten Sonntag damit verbracht, seine Überlegungen zu überprüfen, die Formeln, die Zusammenhänge, die expliziten und impliziten Annahmen, die eingespeisten Datensätze. Vor allem hatte er seine Vorgehensweise von einer Projektion auf eine Analyse umgestellt. Das war schließlich sein Gebiet.

Wie weit man damit kam, war eine Frage der Weltsicht. Man konnte der Ansicht sein, dass weder Aktienkurse noch das Wetter, die Benzinpreise oder die Laune der Freundin sich einigermaßen zuverlässig vorhersagen ließen. Oder man ging davon aus, dass die Welt geprägt war durch Ursache und Wirkung. Man stieß eine Billardkugel an, die eine weitere ins Rollen brachte. Wurde Rohöl teurer, stiegen die Benzinpreise. Dann stiegen auch die Aktienkurse der Energiekonzerne. Bildete sich eine Wolke über dem Meer, musste die irgendwo abregnen oder sich auflösen. Selbst die Laune der Freundin hatte im Normalfall irgendeine Ursache.

Analysierte man also die Vergangenheit nur genau genug, so ließen sich die zahlreichen Ursachen, die jedem Ereignis zugrunde lagen, ermitteln – und in der Folge isolieren und extrapolieren. Anders gesagt: Kannte man die Ursachen, wurde die Prognose der Folgen sehr viel zuverlässiger.

Am späten Nachmittag hatte Arian Rechenzeit auf dem Großrechner des Bundesverbandes der Deutschen Industrie beantragt und am frühen Abend die aktualisierte Version seines Analysetools auf den umfangreichsten Satz Daten losgelassen, mit dem er je gearbeitet hatte. Historische Wetterdaten, politische Entwicklungen national und international, Rohstoffpreise, regionale und sogar lokale Verkehrsdaten, soziale Strömungen, technische Innovationen – er suchte alles zusammen, was ihm einfiel. Genau das war ja der Charme der

Big-Data-Auswertungen: dass sie, mit genügend Daten gefüttert, Muster erkannten, die dem menschlichen Verstand verborgen blieben.

Nun stand das Ergebnis zur Verfügung. Arian ließ sich die prognostizierten Ereignisse im zeitlichen Verlauf auf einer Europakarte anzeigen. Dabei bezogen sich alle Angaben auf Verzögerungen und Störungen seiner Branche – der eigenen Baustellen sowie, sofern bekannt, bei den Wettbewerbern. Diese zu vermeiden war sein Job.

Die Ausfälle wurden daher auf der Karte rot angezeigt. Je größer das Feld, desto höher der Schaden bzw. die Kosten.

Dazu kamen die jeweiligen Ursachen: Hitze, orange. Regen, blau. Logistik, braun. Politische Ursachen, beispielsweise ein Streikaufruf der Gewerkschaft oder Grenzschließungen, sodass nicht ausreichend Arbeiter zur Verfügung standen, lila. Kalkulations- und Finanzschwierigkeiten, grün. Weitere von der Analyse entdeckte Ursachen: gelb.

Die Anzeige begann vor zehn Jahren. Die Karte blieb einige Zeit fast farblos, nur alle paar Jahre ergoss sich Lila über die Baustellen, gefolgt von Rot: Streiks, um Forderungen nach Lohnerhöhungen durchzusetzen. Einmal, im Sommer vor sieben Jahren, sehr viel Regen, viel Blau und Schwarz. Es blieb ein Ausreißer.

In den letzten vier Jahren hingegen begannen immer mehr Farben aufzuscheinen: Die Zahl der Baustopps nahm zu, die der Ursachen ebenfalls. Die Farben wechselten rapide, es schien, als hätte jemand ein grellbuntes Feuerwerk über Europa abgebrannt.

Dann erreichte die Simulation Gegenwart und Zukunft. Und auf einmal erschienen immer mehr und immer größere schwarze Flächen auf der Karte, und sie waren zuerst umgeben von Orange und Blau – Hitze und Regen –, die jedoch nach Kurzem ergänzt wurden durch Braun, Grün, da und dort auch einem gelben Tupfer. Abrupt flammte Lila auf und verschwand wieder, doch die übrigen Farben breiteten sich immer weiter aus. Jetzt war es kein Feuerwerk mehr, sondern die Karte sah aus, als hätte jemand Tinte darauf vergossen. Das Schwarz fraß sich überallhin, bedeckte immer größere Flächen, gestörte Bauvorhaben überall, wie Krebsgeschwüre.

Arian war entsetzt. Er zog den Zeitregler mit der Maus vorsichtig etwa in die Mitte der Leiste – ins letzte Jahr – und ließ die Animation noch einmal langsamer laufen. Was ihn am meisten beunruhigte, war die unerwartet schnelle Zunahme der Störfaktoren in den letzten Wochen – was zur Projektion einer exponentiellen Zunahme in den kommenden Jahren führte.

Viele der Daten, die diese Simulation stützten, stammten von Mitbewerbern und aus öffentlich zugänglichen, automatisch ausgelesenen Informationen kleiner und mittelständischer Unternehmen. Das erklärte, warum Fischer und TM Beton die Entwicklung bislang entgangen war.

Aber was war da los? War wirklich ein Kipppunkt erreicht, wie die Ökos es schon lange vorhersagten? Aber welcher und warum?

Oder hatte die dramatische, unerwartete Veränderung der Situation andere – oder zusätzliche – Ursachen?

»Wuff«, machte Konrad leise. Arian nutzte die Gelegenheit, um sich zu recken und zu strecken. Dann kniete er sich neben den Puli und kraulte ihn mit beiden Händen. Konrad schloss die Augen und fiepste schnaufend.

»Ja, du hast ja recht, du hast ja recht, ich verstehe das auch nicht! Du hast ja recht, das versteht keiner«, murmelte Arian. Aber es musste eine Erklärung geben. Ursache und Wirkung: Nichts geschah ohne Grund.

*

Arian überlegte. Er hatte jeden Stein umgedreht. War in Potsdam und Hamburg gewesen. Hatte mit den führenden Wetterexperten gesprochen. Seine Erkenntnisse mussten stimmen.

Wenn sie das taten, waren sie hochrelevant. Nicht nur für die Baubranche, sondern für die Menschen. Denn was den Baubetrieb aufhielt, brachte auch den Alltag durcheinander, ließ Brücken einstürzen, Häuser zusammenbrechen, vernichtete Ernten und kostete Leben. Die entsprechenden Meldungen liefen jeden Tag in den Nachrichten.

»Was soll ich nur tun?«, fragte er Konrad leise.

Sein Boss, Thomas Müller, hatte ihm ausdrücklich befohlen, seine Überlegungen und Projektionen für sich zu behalten. Jede Kommunikation mit Dritten war untersagt. Er hatte diese Anweisung sogar, ein *first,* seit Arian in der Firma war, in einem Memo per Mail geschickt.

Und Arian nahm sowohl die Vorgaben der Firma als auch die möglichen rechtlichen Konsequenzen einer Pflichtverletzung ernst.

Draußen war erneut ein Unwetter aufgezogen. Er schaltete seine Schreibtischlampe ein, musterte sein Spiegelbild, das in der Fensterscheibe erschien. Würde er damit leben können, wenn er sein Wissen für sich behielt? Wenn Tausende, vielleicht Zehntausende von Menschen ihr Zuhause verloren, ihre Existenz? Wenn Millionenwerte zerstört wurden?

Unterlag er nicht auch einer Pflicht, wenigstens zu versuchen, das Schlimmste zu verhindern? Aber wenn ja – wie? Sein Blick wanderte zurück auf den Computermonitor. In den schier endlosen Datenmengen hatte die Analyse nur einen nahezu vernachlässigbaren Einfluss menschlicher Einzelentscheidungen ausmachen können. Was dort draußen geschah, war schlicht größer als jede und jeder Einzelne.

Mit wem sollte er über sein Dilemma sprechen? Wer konnte ihm dabei helfen, die richtige Entscheidung zu treffen? Er zögerte lange, dann wählte er die Nummer dieser verrückten Hamburger Wolkenforscherin mit den dunkel umrandeten Augen, den crazy geschnittenen blonden Haaren und dem intensiven Blick. Nicht dass er in den letzten Tagen dauernd an sie gedacht hatte, ohne zu wissen, warum eigentlich. Aber sie wusste sowieso von der Sache, und obwohl sie ihm und seiner Branche nicht gerade freundlich und aufgeschlossen gegenüberstand, hoffte er doch auf ein faires und hilfreiches Gespräch.

11:36 Uhr, Hamburg

Nach Wochen, in denen es eher zu heiß und zu trocken gewesen war, schüttete es nun. Der Regen fiel ausgerechnet mit dem Eintreffen des Hochwassers zusammen. Einsatzkräfte und Freiwillige überwachten die Deiche ab Marschacht stadteinwärts, an der Süder- und an der Norderelbe, in Nienstedten und Blankenese. Gegenüber, auf dem Airbus-Gelände, wurden seit Tagen Sandsäcke angeliefert und aufgeschichtet.

Lokalsender übertrugen seit zwei Tagen nichts anderes als Liveberichte der Vorbereitung auf die »große Flut«.

Fjellas Handy klingelte: der Frankfurter Betonbauer, Arian.

Sie schob ihren Laptop beiseite und nahm das Gespräch an. Besser als Quellenarbeit war das allemal.

Arian entschuldigte sich für seine Ausdrucksweise bei ihrem Treffen in Hamburg.

»Schon gut«, sagte Fjella. Und tatsächlich trug sie ihm sein Verhalten nicht nach, obwohl sie dazu guten Grund gehabt hätte. Andererseits war er ein echter *lækkerbisken* – ein Leckerbissen.

Danach berichtete er erst zögernd, dann immer zügiger von seinen neuen Berechnungen. »Ich stecke in einem echten Dilemma«, schloss er. »Einerseits darf ich mit niemandem darüber reden. Eigentlich nicht mal mit dir. Andererseits könnte mein Schweigen für viele Menschen existenzielle Not oder sogar Lebensgefahr bedeuten. Nicht nur in Deutschland, sondern europaweit.« Er hatte ihr parallel eine Karte geschickt, die mögliche zukünftige Wetterschäden darstellte. Fjella stockte fast der Atem, als sie das Ausmaß begriff.

»Bist du sicher?«, fragte sie.

»So sicher, wie man sein kann, wenn man über die Zukunft spricht.«

»Okay. Dann musst du diese Informationen weitergeben. Die Menschen müssen gewarnt werden. Sonst klebt ihr Leid und Blut an deinen Händen.«

Okay, das war jetzt vielleicht ein bisschen sehr theatralisch gewesen, aber es stimmte schon.

»Und weißt du«, fuhr Fjella fort. Ihr Verstand stellte auf einmal neue, unerwartete Verbindungen her. »Ich habe auch den Eindruck, dass es nicht nur die Natur ist, die hier zurückschlägt. Da ist noch etwas anderes im Spiel. Eine Art Unterströmung. Ich war vorgestern im Harz, und irgendwelche Typen haben mich überfallen und mir meine Bodenproben weggenommen. Keine Ahnung, warum. Ich kann es nicht besser erklären, aber etwas stimmt nicht. Und das macht die Angelegenheit noch dringender.«

»Was? Überfallen?«

»Ja, na ja, es war schon unheimlich, aber am Ende ist alles gut ausgegangen. Ich habe auch Anzeige erstattet. Das ist jetzt aber nicht so wichtig. Mir geht es darum, dass noch irgendwas anderes läuft. Das ist nicht nur ungewöhnlich schlechtes Wetter über Deutschland. Aber was da los sein könnte … keine Ahnung.«

Arian schwieg. Sie konnte ihn seufzen hören. »Schönes *Backseat Gaming*. Und nun?«, fragte er schließlich.

»Die zuständige Behörde ist nicht weit von dir«, sagte Fjella. »Das Bundesamt für Bevölkerungsschutz und Katastrophenhilfe in Bonn.«

12:45 Uhr, Brokdorf

Philip Graf hatte schon sein Ticket für den ICE nach München gebucht, da rief sein Kollege Ehlert an. Er musste mindestens einen, vielleicht auch zwei Tage länger als geplant bei einem Logistikdienstleister in Karlsruhe bleiben. »Nickel hat gesagt, du sollst meinen Termin in Brokdorf übernehmen. Er meinte, dort könntest du wieder ›strahlen‹. Fand ich nicht so witzig. Jedenfalls erwarten sie dich.«

»Ich dachte, die AKWs wären alle bereits abgeschaltet?«

»Ja, schon, aber die Zwischenlager werden uns wohl noch ein paar Jahre erhalten bleiben. Oder Jahrzehnte, wenn sie mit der Endlagersuche so weitermachen.«

»Und wir versichern das?«

»Logisch, Atomkraftwerke sind die teuersten Haftpflichtpolicen der Welt, und der Schuldner ist der Staat. Wir reden über Prämien von 20 Mios pro Jahr, für alle Endlager.«

»Puh.« Graf blies die Luft aus. Aber nach Kreta kam er ja sowieso nicht. Also war er nach Hamburg gefahren. Dank zahlreicher Betriebsstörungen auf der Strecke hatte das bis zum späten Abend gedauert.

Er war immer wieder aus Träumen aufgeschreckt, in denen er zu ertrinken drohte. Lag das am Dauerregen, oder war es eine Metapher für seine Karriere?

Die Fahrt zu dem fast schon an der Elbmündung gelegenen Zwischenlager auf dem Gelände des ehemaligen Atomreaktors Brokdorf nahm laut Navi gut eine Stunde in Anspruch. Graf war um kurz nach zehn aufgebrochen und kam trotzdem zu spät. Teile der Autobahn standen unter Wasser, sodass sie nur im Schritttempo passierbar waren. Auf der Landstraße war der Straßenrand kaum zu erkennen. Und dann hatte er kurz hinter Glückstadt auch noch hinter einem Trecker hertuckern müssen.

Graf spürte, wie verkrampft seine Kiefermuskulatur war. Es gelang ihm nicht, den Griff seiner Hände um das Lenkrad zu lockern.

Der Regen, der Teile des Landes seit fast zwei Wochen weitgehend im Griff hatte, machte keine Pause. Prasselte auf das Dach des Mietwagens, das Häuschen des Wachmanns vor dem Zwischenlager Brokdorf, die tristen Bauten dahinter. Graf konnte sich nicht einmal mehr erinnern, wann er zuletzt die Sonne gesehen hatte.

»Graf, Philip. Schadensgutachter. Ich habe einen Termin mit Herrn Schüttler. Eigentlich schon um zwölf.«

Er reichte dem Wachmann seinen Personalausweis und

eine Visitenkarte durch das Fenster des Mietwagens. Der musterte erst das Ausweisfoto, dann Graf. Der bemühte sich nicht einmal mehr um ein Lächeln. Die Ereignisse der letzten Tage saßen ihm in den Knochen.

Der Wachmann telefonierte. Legte auf, beugte sich vor und reichte Graf Ausweis und Visitenkarte zurück. Das kleine Stück Pappe war bereits lappig geworden. Graf warf die Karte in den Fußraum vor dem Beifahrersitz, steckte den Ausweis zurück in die Geldbörse.

»Es kommt jemand für Sie«, sagte der Wachmann. »Warten Sie bitte hinter dem Tor.«

Das Gitter vor Grafs Wagen schob sich zur Seite und gab eine Art Schleuse für Lieferwagen frei – nach dreißig Metern folgte ein weiteres Gittertor. Graf ließ das Fenster hochsurren. Sein linker Ärmel war feucht geworden, ebenso wie die Innenseite der Tür. Er schnitt eine Grimasse und fuhr durch das erste Tor.

Hinter ihm schloss sich das Gitter wieder. Er wartete. Der Regen fiel. Graf schaltete von einem Radiosender zum nächsten. Schlager, Werbung, Oldies, Pop, noch mehr Werbung. Genervt machte er das Gerät wieder aus.

Das Tor vor ihm ratterte langsam zur Seite. Dahinter stand ein gelber Kleinwagen und blitzte zweimal mit der Lichthupe. Dann wendete er. Graf fuhr ihm hinterher. Sie überquerten den ehemaligen Mitarbeiterparkplatz und umrundeten das Reaktorgebäude. Dahinter befanden sich die Verwaltungsgebäude, von denen der Großteil seit der Stilllegung Ende 2021 verwaist war. Der gelbe Wagen stoppte kurz vor dem Haupteingang und fuhr dann noch eine Wagenlänge vor. Graf verstand das als Signal, dass er – der Besucher – direkt vor die Tür fahren sollte, um möglichst wenig nass zu werden.

Ein junger Mann sprang aus dem gelben Wagen, spannte einen Schirm auf, lief zurück zu Grafs Mietwagen. Der stellte den Motor ab und griff nach seiner Tasche.

»Moin. Ich bring Sie zu Herrn Schüttler«, sagte der junge Mann, ohne Graf die Hand anzubieten oder sich vorzustellen. Er trug eine Monteurshose mit zahllosen Taschen, Arbeitsschuhe mit Stahlkappen, ein kariertes Hemd.

Graf folgte ihm in das Innere des Gebäudes. Es herrschte eine merkwürdige, fast geisterhafte Stille. Früher hatten hier in mehreren Schichten insgesamt gut 1000 Personen gearbeitet, von der Wartung bis zur Verwaltung. Jetzt war nur noch eine Handvoll übrig geblieben, die den ehemaligen Reaktor warteten und das Zwischenlager beaufsichtigten. Schüttler war Geschäftsführer des Betriebs – seine Aufgabe bestand darin, die Sicherheit des Umlandes und der Bevölkerung zu gewährleisten. Und genau deswegen hatte er Graf hinzugezogen.

Etliche Sensoren meldeten eine zunehmende Durchfeuchtung der Wände des ehemaligen Reaktorgebäudes. Das war eigentlich baulich unmöglich – aber Graf hatte gestern im Hotel noch die Auswertung durchgesehen, die Interpretation schien korrekt.

Der Assistent führte Graf durch ein Büro mit drei verwaisten Arbeitsplätzen, öffnete dann die Tür zum Chef. Schüttler schaute auf seine Armbanduhr, bevor er aufstand und Graf über seinen Schreibtisch hinweg die Hand reichte. Der Mann beaufsichtigte ein abgeschaltetes Kernkraftwerk. Wie beschäftigt konnte er sein?

»Haben Sie gut hergefunden?«, fragte Schüttler.

Graf konnte den Mann nicht leiden. Was für eine unnötige Frage. Er war zu spät, aber jetzt war er hier.

Ohne auf eine Antwort zu warten, kam Schüttler zur Sache. »Sie haben die Daten überprüft?«, fragte er.

Graf setzte sich und nickte. »Ja. Die Werte sind alarmierend. Allerdings auch unplausibel. Ich würde mir daher gern die vollständigen Protokolle genauer ansehen. Und ich werde die Sensoren selbst überprüfen.«

Er kam sich vor wie in einer Zeitschleife. Logs durchsehen. Sensoren überprüfen. Die letzten drei Mal war es schiefgegangen. Er dürfte sich keinen Fehler erlauben.

»Selbstverständlich. Dafür sind Sie ja hier«, sagte Schüttler. »Wir wollen nicht nur jedes Sicherheitsrisiko vermeiden«, setzte er dann hinzu, »sondern auch jeden Anschein eines solchen. Sie können sich nicht vorstellen, was die Presse und diese Grünen aus einem möglichen Störfall machen.«

»Grüne« sprach er aus, als hätte das Wort einen unangenehmen Beigeschmack.

Dann drückte er auf den Knopf seiner Gegensprechanlage. »Bitte geben Sie dem Herrn von der Versicherung Zugriff auf die Protokolle der Sensorik. Und drucken Sie die vollständige Liste der Messpunkte aus.«

Er ließ den Knopf los und sah Graf mit einem gekünstelten Lächeln an.

Es klopfte an der Tür, der junge Mann aus dem gelben Auto steckte den Kopf herein. »Wir können«, sagte er.

Erleichtert verließ Graf Schüttlers Büro. Aus Schadensermittlersicht war nichts schlimmer als ein Sesselpupser, der an seinem Platz klebte – solche Typen taten alles, um Untersuchungen zu verhindern, und dabei richteten sie fast immer mehr Schaden als, als ohnehin schon entstanden war. Ihr einziges Ziel bestand darin, die eigenen Hände in Unschuld zu waschen.

Der junge Mann führte Graf durch einen langen Flur in ein nahezu menschenleeres Großraumbüro. Ganz hinten saß eine ältere Dame und starrte reglos auf ihren Monitor.

Der Assistent schob einen zweiten Stuhl vor einen Computer. Er setzte sich, gab sein Passwort ein, rief eine Datenbank auf und rollte ein Stück zur Seite. »Bidde«, sagte er mit breitem norddeutschen Akzent.

Graf nahm Platz und widmete sich dem Protokoll. Das Log verzeichnete alle Eingänge von Messwerten, alle Fehlermeldungen, die Aktualisierung von Software, Firmware und Schnittstellen. Langsam ließ er die Zeilen über den Bildschirm ziehen. Alle Protokolle folgten gewissen Standards, aber für Anlagen dieser Größenordnung wurden die Programme immer in gewissem Umfang individualisiert. Deshalb konnte man vorher nicht wissen, wonach man suchte.

»Tasskaff?«, fragte der junge Mann neben ihm. Graf nickte, ohne den Blick vom Bildschirm zu lösen. »Gerne, danke.« Der Mann ging und kam wenig später mit zwei Bechern schwarzem Kaffee zurück. Keine Milchschaumhaube, keine Kaffeesahne, kein Zucker. Kein Schnickschnack. Graf nahm einen Schluck. Das Getränk schmeckte wie flüssige Autoabgase.

»Ah!«, seufzte der Mann neben ihm.

Graf entdeckte eine erste Ungereimtheit. Die Messwerte eines Nässefühlers sanken vor acht Tagen plötzlich auf knapp über null. Als hätte man eine Tupperschale über das Ding gestellt.

Graf zog sein Clipboard aus der Aktentasche und machte sich eine Notiz.

Er schob weitere Zeilen über den Monitor, schrieb dann und wann etwas auf. Alles Kleinigkeiten, aber man konnte nie wissen, hinter welcher sich eine relevante Erkenntnis verbarg.

Der junge Mann, der Kaffee geholt hatte, schaute ihm noch eine Weile zu, dann rollte er mit seinem Stuhl an den Nachbarschreibtisch und begann dort zu arbeiten.

Graf rief im Internet die Tidestände der Elbe ab, um zu überprüfen, ob es einen Zusammenhang zwischen auffälligen Messwerten und Flutzeiten oder einem durch den Regen erhöhten Pegelstand gab. Konnte der Wasserstand des Flusses Auswirkungen auf den Grundwasserpegel haben? Aber selbst wenn, das Reaktorgebäude sollte für Hunderte von Jahren gegen alle Gefahren sicher sein.

Wo befand sich der Sensor überhaupt, der die völlig überzogenen Werte geliefert hatte? Im Innen- oder im Außenbereich, und in Bodennähe oder höher?

Er rief die entsprechende Übersicht auf. Als Standort des Sensors war das Dach eines Nebengebäudes verzeichnet.

Nach gut einer Stunde erhob Graf sich. Sein Rücken knackste. »Die Messwerte, aufgrund derer ich hier bin, stammen von Sensoren im Unterbau des ehemaligen Reaktors«, sagte er und tippte auf seine Notizen. »Ich muss mir die ansehen. Ob sie verunreinigt sind zum Beispiel. Aber es gibt noch einen weiteren, der eigenartige Werte meldet. Auf dem Dach von R21. Dort muss es in den letzten Wochen eigentlich klatschnass und für die Jahreszeit eher zu kühl gewesen sein. Der Fühler meldet aber Werte wie aus der Sahara. Ich möchte wissen, was dort los ist.«

Vielleicht war das Gerät defekt, vielleicht hatte ein Raucher versehentlich seinen Aschenbecher daraufgestellt. Aus der Ferne unmöglich zu sagen.

Der junge Mann setzte an, sich zu erheben.

»Lassen Sie nur. Ich finde das schon«, sagte Graf. »Und sonst rufe ich an.«

»Geht klar.«

Graf fühlte sich, seit er das Gelände betreten hatte, unter Beobachtung. Er brauchte etwas Abstand, um die Lage in Ruhe auf sich wirken zu lassen.

Der Regen hatte nachgelassen. Graf stellte seine Tasche in den Wagen und steckte nur ein Blatt Papier und einen Stift in die Jackentasche. Dann schlug er den Kragen seiner Wetterjacke hoch, das reichte, um ihn vor dem letzten bisschen Regen zu schützen, den der Wind vor sich hertrieb.

Das Nebengebäude, auf dem sich die Sensoren befanden, die er untersuchen wollte, befand sich auf der Westseite des Reaktors. Am schnellsten würde er dorthin gelangen, wenn er hinter einer flachen Lagerhalle entlangging und dann nach links abbog. Zügig, um die Untersuchung abschließen zu können, bevor es wieder zu regnen anfing, machte Graf sich auf den Weg.

Nach etwa vierhundert Metern erreichte er einen großen viereckigen Kasten, an dessen Wand das Schild »R21« hing. An der Rückseite führte eine Leiter in die Höhe. Graf blieb stehen, holte tief Luft und ließ sie langsam wieder ausströmen. Er wusste, dass er auf das Dach musste. Die Tatsache, dass er an Höhenangst litt, war der Hauptgrund, warum er allein hatte gehen wollen.

Er packte die Leiter mit beiden Händen. Wartete einen Moment, setzte dann den Fuß auf die unterste Sprosse. Und so stieg er, Sprosse für Sprosse, im Zeitlupentempo nach oben. Es dauerte ewig. Aber solange kein Windstoß kam und er nicht nach unten sah und nicht daran dachte, wo er war, ging es.

Schließlich hatte er die Dachkante erreicht. Erleichtert betrat er, na ja, mehr oder weniger festen Boden. Das Dach war gekiest und mit Sonnenkollektoren bestückt. Ironisch für ein ehemaliges Atomkraftwerk, aber natürlich trotzdem sinnvoll. Auch wenn die Ausbeute der Panels in den letzten Monaten sicher nur wenig über null gelegen hatte.

Graf stützte sich an einem der Kollektoren ab. Seine Beine zitterten leicht. Man konnte von hier oben doch verdammt weit sehen … Er riss sich zusammen und machte sich auf die Suche nach den Sensoren.

Auf einmal bemerkte er eine Bewegung zwischen den Panels. Ein Mann in einem dunklen Overall, ein Käppi tief in die Stirn gezogen, kam ihm entgegen. Er hielt einen Werkzeugkasten in der Hand.

Vielleicht waren die verrückten Werte dem Facility Management auch aufgefallen, und jemand hatte den Sensor bereits überprüft.

»Hallo, ich bin Philip Graf, Schadensgutachter. Ich suche den Feuchtigkeitssensor mit der Inventarnummer 45671. Wissen Sie, wo der ist?«

Der Mann ging zügig Richtung Leiter. Er schob sich zwischen zwei anderen Sonnenkollektoren hindurch und sah nicht auf. »Ich weiß nicht«, murmelte er. »Bin nur Handwerker.«

Aus der Nähe bemerkte Graf, dass der Mann ebenfalls einen Besucherausweis trug, wie er selbst.

»Alles klar, danke. Ich finde ihn bestimmt.«

Der Mann nickte nur, trat an die Dachkante, schwang sich auf die Leiter.

Graf machte sich auf die Suche nach dem möglicherweise defekten Sensor.

Er sollte auf der diagonal gegenüberliegenden Dachseite angebracht sein. Doch Graf konnte ihn nicht finden.

Er runzelte die Stirn, sah sich um. Auf dem Boden nur ein – was war denn das eigentlich? Er schaute genauer hin. Ein kleines Gerät, das aussah wie ein USB-Anschluss. Er überprüfte die Inventarnummer auf der Metallklemme, die den Anschluss hielt. 45671. Korrekt.

Hm.

Einen halben Meter weiter lag ein kleiner Gegenstand auf dem Kies. Er griff danach. Das war der Sensor, den er suchte – jemand hatte ihn entfernt und durch eine USB-Buchse ersetzt.

Graf fertigte mit dem Handy einige Fotos an. Betrachtete den USB-Anschluss genauer. War das vielleicht eine neue Konnektoren-Generation, die er noch nicht kannte? Und der Sensor hatte sich nur zufällig gelöst, vielleicht bei einem Sturm?

Aber der Sensor wies keinen USB-Anschluss auf. Sondern zwei Lötpunkte.

Und die Buchse wirkte nagelneu, nicht so, als wäre sie schon seit Wochen oder gar Jahren dem Wetter auf dem Dach ausgesetzt.

Irgendetwas stimmte hier nicht.

Der Regen wurde wieder stärker. Graf beschloss, den Zwischenstand seiner Erkenntnisse mit Schüttler zu besprechen. Er ging zurück zur Leiter, über die er das Dach bestiegen hatte. Je näher er dem Rand kam, desto langsamer wurden seine Schritte. Als er den Einstieg erreicht hatte, packte er die Haltegriffe mit beiden Händen. Sein Atem ging flach und schnell. Gerade wollte er den ersten Fuß auf die Leiter setzen, da flog sein Blick für einen Sekundenbruchteil die Wand hinunter, und er erstarrte. Die Leiter war eingefahren – sie reichte jetzt nur noch die halbe Wand hinunter. Es fehlten mindestens sechs Meter bis zum Boden.

Als hätte er einen elektrischen Schlag bekommen, taumelte Graf vom Dachrand zurück. Der Regen wurde intensiver, lief ihm bereits über das Gesicht. Er tastete nach seinem Handy.

Versuchte, mit feuchten Fingern die Nummer des Kraftwerks im Internet zu suchen. Erhielt jedoch kein Ergebnis. Entgeistert starrte er auf das Display. Kein Empfang.

14:27 Uhr, Bonn

Arian Fischer war bewusst, dass er die direkte Anweisung seines Chefs ignorierte. Aber was hätte er tun sollen? Die Menschen vor die Hunde gehen lassen?

Er hatte eine kleine Präsentation zusammengestellt und war nach Bonn gefahren. Der Firmenname öffnete Türen. Drei Beamte hatten ihn erwartet, einer aus dem Referat I.2, Warnung der Bevölkerung, eine Kollegin aus I.3, Psychosoziales Krisenmanagement, sowie ein älterer Herr im Anzug aus dem Referat II.1, Grundsatzangelegenheiten des Bevölkerungsschutzes. Er trug sogar eine Krawatte. Arian hätte nicht sagen können, wann er das letzte Mal jemandem in so einem förmlichen Aufzug begegnet war. Vielleicht beim Abiball. Und wenn er kein Onlinekonto hätte, vermutlich bei der Bank.

Knapp hatte Fischer seine Annahmen und Schlussfolgerungen dargestellt. »Sicher ist: Wenn es so weitergeht, werden Milliardenschäden entstehen, Hundertausende von Menschen werden obdachlos. Europaweit werden Millionen betroffen sein. Durch die mittelfristigen wirtschaftlichen Einschränkungen und die zu befürchtende Rezession werden vermutlich Millionen von Menschen arbeitslos. Es ist mit Unruhen und Aufständen zu rechnen.«

»Sie prophezeien eine Destabilisierung der Demokratie«, sagte die Psychosoziale Krisenmanagerin.

Arian überlegte kurz, dann nickte er. »Ja, das auch. Nicht nur, aber auch. Stimmt.«

Der Anzugträger, zuständig für Grundsatzangelegenheiten, zog Arians USB-Stick aus dem Beamer. »Vielen Dank! Gut, dass Sie zu uns gekommen sind. Es ist jetzt unsere Aufgabe, die Situation zu überwachen und die Bevölkerung bei Bedarf zu informieren. Wem liegen diese Daten noch vor?«

»Mir. Meiner Firma. Also, meinem Chef. Nicht die neueste Version, aber grundsätzlich.«

»Und haben Sie noch mit jemand anderem darüber gesprochen?«

»Mit zwei Kollegen vom Potsdamer Klimainstitut. Und mit zwei Wissenschaftlern der TU Harburg. Wolkenforscher.«

»Gut. Wir möchten Sie bitten, es dabei zu belassen. Die Informationen unterliegen ab sofort strengster Geheimhaltung. Es obliegt Ihnen, Ihre Gesprächspartner darüber zu informieren. Sie sind verpflichtet, alle Ihre Unterlagen in körperlicher und nicht körperlicher Form an das BBK zu übermitteln und anschließend zu löschen. Wir werden die Berechnungen durch unabhängige Experten gemäß den strengen Kriterien der Peer-Review überprüfen lassen und gegebenenfalls weitere Schritte einleiten.«

Arian starrte sein Gegenüber fassungslos an. »Aber Sie müssen doch … Sie müssen die Menschen jetzt warnen, nicht irgendwann!«, stotterte er verblüfft. »Das ist doch Ihre Aufgabe! Das haben Sie doch eben selbst gesagt. Die Bevölkerung hat ein Recht darauf, informiert zu werden.«

»Diese Entscheidung obliegt uns, nicht Ihnen. Die Aufgabe des BBK besteht darin, die Sicherheit der Bevölkerung zu gewährleisten. Das bedeutet insbesondere auch, unbegründete Panik durch mögliche Falschinformationen zu vermeiden«, erklärte der Anzugträger.

»Ha!« Arian lachte auf. »Wo waren *Sie* denn dann während Corona?«

Alle drei schwiegen.

Er versuchte es noch einmal: »Ich verstehe nicht. Sind Sie der Meinung, ich hätte mich geirrt? Halten Sie mich für einen Spinner?« Seine Stimme war lauter geworden. Konrad winselte verunsichert. Aber Arian ließ sich nicht aufhalten. Er sprang auf, zog die Vorhänge zur Seite. Es regnete. »Sehen Sie doch! Das ist doch nicht normal. Wir haben Frühsommer. In den letzten Monaten hatten wir 28 % mehr Gewitter als im Vorjahr, 37 % mehr als im Vorvorjahr, fast 45 % mehr als im zurückliegenden Zehnjahresdurchschnitt. Und in den letzten Wochen ist es quer durch alle Branchen zu Großschäden in einem Umfang gekommen, den keine Projektion vorhergesagt hat. Die Zahlen sprechen doch für sich! Was muss ich tun, damit Sie …«

»Jetzt hören Sie mir mal gut zu«, unterbrach ihn der Anzugträger. »Wir wissen Ihr Engagement wirklich zu schätzen. Und wir werden Ihre Vermutungen zeitnah überprüfen. Falls weitergehende Maßnahmen geboten sind, werden wir diese sofort einleiten. Bis dahin, ich wiederhole es noch einmal, unterliegen sämtliche Daten, Informationen und Projektionen staatlicher Geheimhaltung. Verstoßen Sie gegen diese Auflage, handelt es sich um ein strafbewehrtes Vergehen. Verstanden?«

Arian schloss für einen Moment die Augen. Alles drehte sich. »Verstanden«, sagte er dann leise. Und zu Konrad: »Komm, wir gehen.«

14:49 Uhr, Brokdorf

Philip Graf war systematisch vorgegangen. An der Südseite des Gebäudes hatte er keinen Handyempfang. An der Nordseite ebenfalls nicht. Er schaltete den Flugmodus ein und wieder aus, um eine erneute Anmeldung bei den Sendemasten zu erzwingen. Nichts. Er sah sich um. Kein Mensch auf dem Gelände. In einem atomaren Zwischenlager war wenig zu tun. Und es war kein Wetter zum Rasenmähen.

Was sollte er tun? Die feuchte Kälte kroch seine Beine hoch. Vor lauter Angst begann ihm nun auch die Höhe zu schaffen zu machen. Er zog sich in die Mitte des Daches zurück. Schaltete das Handy aus und versuchte mit zitternden Fingern, es wieder einzuschalten. Doch es gelang nicht. Er musste sich zur Ruhe zwingen, langsam einatmen, langsam ausatmen, noch einmal: ein, aus … dann drückte er erneut auf den Einschaltknopf. Diesmal startete das Gerät. Er gab seinen Code ein und wartete. Einatmen, ausatmen. Und da, tatsächlich – er hatte wieder Netz. Nur einen Punkt, aber immerhin. Langsam, den Blick auf das Display gerichtet, ging er Richtung Süden. Das Pünktchen verschwand. Er drehte um und ging nach Norden. Das Pünktchen kehrte zurück, dann gesellte sich ein zweites dazu. Graf blieb stehen, zögerte. Sollte er die Polizei verständigen – oder versuchen, die Betreiber der Anlage zu erreichen? Deren Nummer natürlich bei seinen Unterlagen im Auto lag.

Mit feuchten Fingern rief er den Internetbrowser auf, suchte nach »zwischenlager brokdorf«. Tippte auf die angezeigte Nummer und anschließend auf das Lautsprechersymbol. Er landete in der Zentrale und ließ sich zu Schüttler durchstellen.

»Assistenz Herr Dr. Schüttler, was kann ich für Sie tun?«

»Hallo, hier ist Philip Graf. Ich bin der Schadensgutachter. Ich sitze auf dem Dach des …« Er sah sich um. »Von so einem rechteckigen Gebäude fest. Die Leiter hat sich eingezogen. Ich komme hier nicht runter.«

»Entschuldigung, die Verbindung ist ganz schlecht. Wer sind Sie?«

»Graf. Ich hatte einen Termin mit Herrn Schüttler. Ich bin der Gutachter. Und jetzt sitze ich auf dem Dach fest.« Er zermarterte sich das Hirn, wie er ihr klarmachen konnte, wo er sich befand, und dass es eine echte Notlage war. »Gebäude R21!«, fiel ihm auf einmal die Bezeichnung wieder ein. »R21. Auf dem Dach!«

Keine Antwort. Er nahm das Handy vom Ohr und starrte ungläubig auf das Display. Es regnete mittlerweile wieder stetig, und er musste sich vorbeugen, um das Gerät einigermaßen vor der Feuchtigkeit zu schützen. Hatte sie wirklich einfach aufgelegt?

Nein, nun sah er es: Schon wieder hatte das Gerät keinen Empfang. Möglicherweise war durch das Wetter der nächstliegende Sendemast ausgefallen, und allzu viele gab es hier auf dem platten Land sicher nicht. Graf schüttelte den Kopf.

Ruhig bleiben. Ganz ruhig. *Dir kann nichts passieren.*

Der Schwindel setzte wieder ein. Die Angst vor der Höhe. Er stand in der Mitte einer weiten Dachfläche. Ihm konnte nichts passieren. Aber es kam ihm vor, als kröchen die Dachränder auf ihn zu und griffen nach ihm. Er bekam kaum noch Luft.

Ruhig bleiben. Er schloss die Augen. Besser. Atmen. Vorsichtig, langsam. Ein, aus. Ein, aus. Besser.

Er öffnete die Augen wieder. Schaute auf das Display seines

Handys. Immer noch kein Netz. Er steckte das Gerät in die Tasche. Sie würden ihn hier schon nicht vergessen. Spätestens wenn Schüttlers Schicht zu Ende ging, würden sie ihn suchen.

Langsam und vorsichtig ging er zurück in Richtung der Leiter. Dort befanden sich am Dachrand zwei Griffe, an denen er sich festhalten konnte.

Er sah sich um. Durch den Regenschleier gerade noch erkennbar waren der Deich und dahinter die Elbe. Das Wasser schien bleigrau unter einem ebensolchen Himmel.

Er schaute zum Zaun, der das Gelände rückwärtig begrenzte. Behutsam tastete er sich mit dem Blick aus der Ferne immer näher heran, ließ den Winkel immer steiler werden.

Auf einmal spürte er ein Vibrieren in den Händen, ein Rumpeln. Erschrocken ließ er die Haltebügel los und trat einen Schritt zurück.

»Herr Graf! Herr Graf!«, hörte er eine leise Stimme.

»Hallo! Hilfe! Ich bin hier! Ich bin auf dem Dach!«, rief er, so laut er konnte.

»Wir kommen!«

Erleichterung breitete sich mit einem tiefen, langen Seufzer in ihm aus.

Das Brummen und Rumpeln war die Leiter, die wieder ausgefahren wurde. Eine oder zwei Minuten später erschien ein Kopf zwischen den Griffen. Ein Wachmann mit blauer Regenjacke trat auf das Flachdach. »Alles in Ordnung?«

»Ja, schon. Ich war nur … Ich habe etwas Höhenangst. Und irgendwie ist die Leiter eingefahren, und dann hatte ich keinen Handyempfang und …« Er hob verzweifelt die Hände.

»Kommen Sie«, sagte der Wachmann. »Können Sie absteigen?«

Graf wippte einige Male auf und ab, um seine Beinkraft zu testen. »Ja, doch, ich glaube schon.«

»Gut. Meine Kollegen warten unten auf Sie. Ich komme nach Ihnen.«

Langsam, vorsichtig und vollkommen verkrampft drehte Graf den Rücken Richtung Elbe und setzte seine Füße auf die oberste Sprosse. Er klammerte sich an den Holmen fest. Auf keinen Fall durfte er abrutschen oder loslassen. Nicht abrutschen, nicht loslassen. Nicht abrutschen, nicht loslassen.

Steif kraxelte er hinunter. Als er den Erdboden erreichte, traten ihm vor Erleichterung Tränen in die Augen. Ein Glück, dass es regnete. Er wischte sich mit dem Handrücken über das Gesicht.

»Was haben Sie denn so lange auf dem Dach zu tun gehabt?«, herrschte Schüttler ihn an.

Graf holte gerade Luft, um sich zur Wehr zu setzen, da knisterte das Funkgerät der beiden Wachmänner. »Bitte alle verfügbaren Kräfte an die Südseite. Bitte alle verfügbaren Kräfte an die Südseite.«

»Komme«, bestätigte der Wachmann. Die beiden Männer liefen los. Schüttler und Graf folgten ihnen.

Der Zaun an der Deichseite des Geländes war durchtrennt worden. Durch die entstandene Öffnung konnte sich ein Mensch hindurchschieben. Auf der anderen Seite des Zauns befand sich ein einfacher Feldweg. Auf der Landseite des Deichs standen reglos einige Schafe.

17:10 Uhr, Seesen

Mia spielte in ihrem Zimmer mit zwei Puppen. »Komm Püppi, wir müssen den Schatz finden, damit Papa genug Geld hat, um das Seesener Herz zu retten«, erklärte sie. »Dann kann er das Dach heil machen und alle Wände streichen und ganz viel Werbung machen, und dann sind wir bald reich und glücklich. Und dann findet er bestimmt auch wieder eine neue Frau! Und die ist auch zu mir nett, obwohl sie nicht meine richtige Mama ist und niemand jemals so nett sein kann wie meine richtige Mama!«

Jan Baumann klopfte an Mias Türrahmen. Seine Tochter schaute auf. »Wir fahren für ein paar Tage zu Tante Anna«, sagte er.

»Aber ich mag Tante Anna nicht.«

»Ach, sie hat nur keine Übung im Umgang mit Kindern. Kann sie ja auch nicht. Aber eigentlich ist sie ganz nett«, log Baumann. »Ich habe schon unsere Sachen gepackt, möchtest du vielleicht noch eine Puppe mitnehmen?«

»Und wann kommen wir wieder?«, fragte Mia misstrauisch.

»Wir bleiben nur ein paar Tage, bis das Wetter endlich wieder besser wird. Wo Tante Anna wohnt, regnet es nicht so schlimm wie hier, dann können wir vielleicht auch mal rausgehen. Im Wetterbericht hieß es sogar, dass bei ihr die Sonne scheint.« Davon stimmte kaum ein Wort, aber es gab nun einmal nichts Wichtigeres für Jan Baumann als das Glück seiner kleinen Tochter.

»Und was ist, wenn die Schule wieder losgeht?«, fragte Mia auf einmal.

Daran hatte Baumann nicht gedacht. »Ich fürchte, das wird noch eine Weile dauern. Aber wenn es so weit ist, kommen wir sofort zurück. Dann ist es ja auch wieder sicher hier«, sagte er.

»Naaaa guuuut«, seufzte Mia. Sie zog ihre Übernachtungstasche aus dem Schrank und stopfte zwei Puppen, eine Haarbürste, ihr Kopfkissen und eine Packung Filzstifte hinein.

Auch in der Garage stand das Wasser mittlerweile mehrere Zentimeter hoch.

Baumann hatte sich in weiser Voraussicht Gummistiefel angezogen. Er nahm Mia auf den Arm und trug sie zum Mercedes. Dann ging er zurück und holte seine Tasche und Mias Rollkoffer. Im Auto wechselte er die Gummistiefel gegen Sneaker.

Der Wagen röchelte feucht, sprang dann aber doch an. Baumann öffnete das Garagentor. Einen Moment lang schien es, als würden die Reifen auf dem nassen Untergrund durchdrehen, doch dann fanden sie Halt. Er fuhr in die Auffahrt und ließ das Tor hinter ihnen herunterrasseln. Der Regen prasselte auf Motorhaube, Windschutzscheibe und Wagendach. Ein Blitz zuckte durch die Wolken, Sekunden später ließ der Donner die Scheiben zittern.

»Ich mag keine Gewitter«, flüsterte Mia von hinten. Sie hatte sich in der Ecke der Rückbank zusammengekauert.

»Mach dir keine Sorgen, Süße«, sagte Baumann. »Es wird bestimmt bald besser. Und hier im Auto kann dir sowieso nichts passieren. Bei mir bist du in Sicherheit.«

Durch die wasserverschmierte Scheibe des Beifahrersitzes warf er einen letzten Blick auf das von Yvonne handgemalte Schild »Seesener Herz – Bed & Breakfast mit Liebe und Stil« über der Haustür. Es hing schief; eine der Schrauben, die es hielten, hatte sich offenbar aus dem feuchten Mauerwerk gelöst.

Baumann seufzte, atmete dann tief durch und ließ langsam die Kupplung kommen.

»Papa, Papa, warte!«, rief Mia auf einmal von hinten. »Hast du auch meinen Ringelpulli eingepackt? Den ich so gerne mag?«

Baumann schüttelte den Kopf. »Nein, der ist in der Wäsche. Den können wir nicht mitnehmen.«

Mia schniefte und wischte sich mit dem Handrücken über das Gesicht. »Na gut«, sagte sie leise. »Wir kommen ja bald wieder zurück.«

Baumann gab Gas, und der Wagen schlingerte die Straße hinunter.

17:35 Uhr, Frankfurt

Arian Fischer kochte vor Wut. »Sie haben mich einfach weggeschickt«, sagte er zu Fjella. »Und ich denke noch nicht mal, weil sie mir nicht glauben. Sondern im Gegenteil. Sie wissen, dass ich recht habe. Und wollen es geheim halten. Diese … diese … verdammten Schweine!«, brach es aus ihm heraus.

»*Hej*, beruhige dich. Es muss eine andere Möglichkeit geben. Wir müssen bloß …«

»Nein. Eben nicht! Sie haben die ganze Angelegenheit zur Geheimsache erklärt. Und weißt du was, das dürfen sie sogar. Das ist doch völlig verrückt. Die können einem einfach verbieten, die Wahrheit zu sagen.«

»Na ja, zur Wahrheit wird es erst, wenn es eintritt«, wandte Fjella ein.

»Auf wessen Seite bist du denn?« Arian hätte das Handy

am liebsten zum Fenster rausgeworfen. »Aber du hast ja recht. Genau daran liegt es. Meine Prognose ist eben kein Fakt, und Thesenbildung unterliegt jetzt der Geheimhaltung. Ich hätte nicht schlecht Lust …« Er kratzte sich am Kopf.

»Ja?«

»Ich behaupte nicht, dass jemand das Wetter beeinflusst. Aber ich kann sehr sicher sagen, dass die Entwicklung sich in einem Umfang beschleunigt hat, mit dem wir alle nicht rechnen. Die Überflutung der U-Bahn neulich« – für einen Moment stand er wieder auf dem Bahnsteig und sah die Wassermassen auf die Gleise schießen –, »die Flut in Magdeburg und Hamburg, die Schäden in Bayern, es hängt alles zusammen und wird immer mehr. Das ist das Problem, auf das ich versuche aufmerksam zu machen. Was wir gerade erleben, ist erst der Anfang. Tausende werden sterben, Hunderttausende ihr Hab und Gut verlieren. Die Schäden für die Wirtschaft sind unüberschaubar. Deshalb müssen wir *jetzt* handeln. Die Regierung muss den Katastrophenzustand ausrufen. Wir müssen uns *vorbereiten*, und zwar *schnell.*«

»Wie sicher bist du, dass deine Prognose stimmt?«

»Hundert Prozent. Also, neunundneunzig Komma neun. Absolut sicher. Die stimmt. Es wird noch viel schlimmer kommen, und zwar sehr bald. Innerhalb von Tagen. Das Problem ist, dass ich keine *spezifischen* Vorhersagen machen kann, nur statistische. Deswegen habe ich keine Ahnung, wie man die Bevölkerung bestmöglich vor Schaden bewahren kann. Ich glaube …« Arian überlegte, ob er Fjella seinen Plan anvertrauen sollte. Dann entschied er sich dagegen. »Du wirst schon sehen. Je weniger ich dir jetzt verrate, desto weniger Ärger kannst du bekommen.« Er legte auf, bevor Fjella etwas sagen konnte, und machte sich an die Arbeit.

Im Rahmen der zahlreichen Paper-Veröffentlichungen der letzten Jahre (Panama Papers, Paradise Papers, Pandora Papers) war von vielen seriösen Medien die Möglichkeit für anonyme Uploads eingerichtet worden. Er straffte die Präsentation noch ein wenig, übersetzte sie ins Englische, hängte eine Skizze der zugrunde liegenden Vorgehensweise und die aktuelle Version der Projektionssoftware an. Mit einem Texteditor überprüfte er, ob auch im Quelltext sämtliche Verweise auf ihn oder TM Beton getilgt waren.

Noch hatte er sich nicht endgültig entschlossen, die Daten zu *leaken.* Aber er war darauf vorbereitet, es zu tun.

Arian fuhr den Rechner herunter, sah sich in seinem Büro um. Er wusste, wenn sein Vorhaben gelang, würde er lange nicht hierher zurückkehren, vielleicht nie wieder.

18:09 Uhr, Brokdorf

Niemand hatte einen Handwerker bestellt, und laut Eingangskontrolle hatte auch kein Besucher außer Graf das Gelände betreten.

Schüttler rief Fotos der Mitarbeiter auf. Graf konnte bestätigen, dass der Mann auf dem Dach keiner von diesen gewesen war.

Die Polizei ließ einen Zeichner kommen, der gemäß Grafs Beschreibung ein Phantombild anfertigte. Der Mann war eher schlank gewesen, gelenkig. Hatte aber, das wurde im Nachhinein klar, geschickt darauf geachtet, sein Gesicht möglichst wenig zu zeigen.

Das Kinn war spitz gewesen, die Lippen eher normal. Graf meinte sich an einen Leberfleck am Hals zu erinnern, aber links oder rechts? Oder irrte er sich, und es war eher ein Dreitagebart gewesen? Die Nase, er wusste, dass er die Nase gesehen hatte, und für einen Moment auch die Augen, aber wie hatten sie ausgesehen? »Die Augen eher dunkel als hell. Insgesamt kam er mir nicht wie ein Skandinavier vor. Eher wie ein … ich weiß nicht, ein Spanier, ein Rumäne. Ich kann nicht sagen, warum. Obwohl, doch, er hatte einen Akzent, den ich nicht richtig einordnen kann. Es waren auch nur wenige Worte. Vielleicht lag es eher am Satzbau als am Akzent. Und er hatte etwas Akrobatisches an sich.«

Graf, die Polizei und auch Schüttler gingen alle davon aus, dass der Mann sich durch das Loch im Zaun illegal Zugang zum Gelände verschafft hatte. Und wer das tat, musste etwas Kriminelles vorhaben. Nur was? Offensichtlich hatte er nach seinem Abstieg die Leiter eingefahren, damit Graf ihm nicht folgen und seine Flucht verhindern konnte.

Mehrere Polizistinnen und Polizisten befragten alle Mitarbeiterinnen und Mitarbeiter der Tagschicht. Es schien, als hätte niemand außer Graf den Fremden gesehen.

Bombenspürhunde wurden über das Gelände geführt. Keiner von ihnen schlug an.

Hatte der Mann den Sensor gegen die USB-Buchse ausgetauscht? Wenn ja, warum? Was brachte ihm das? Und hatte er vollenden können, wozu er gekommen war? Oder hatte Graf ihn gestört? Schüttler ließ parallel alle Systeme überprüfen. Bislang gab es keinen Hinweis darauf, dass Radioaktivität ausgetreten oder die Sicherheit des Zwischenlagers in irgendeiner Weise kompromittiert war. Hoffentlich ließ der Regen bald nach.

21:45 Uhr, Frankfurt

Arian saß an einem Zweiertisch mit dem Rücken zur Wand, den Eingang im Blick. Er hatte sich ein Bier bestellt. Und einen Schnaps dazu.

Die Informationen mussten an die Öffentlichkeit, sie mussten verifiziert und diskutiert werden. Die Menschen mussten die Chance bekommen, ihre Existenz zu retten. Die Regierung musste sofort Evakuierungen besonders gefährdeter Bereiche einleiten.

Je länger er darüber nachdachte, desto alternativloser erschien ihm die Situation.

Er zog sein Handy heraus. Schaltete es erst ein, dann aus, dann wieder ein. Starrte auf den Bildschirm. Öffnete den Internetbrowser. Dann suchte er die Upload-Adressen der Süddeutschen Zeitung und der britischen BBC heraus. Die Briten waren nicht mehr in der EU, aber das Wetter betraf sie trotzdem. Vielleicht war es für eine Berichterstattung sogar günstig, dass sie politisch nichts mehr abstimmen mussten.

Er legte das Handy auf den Tisch, Display nach unten. Starrte geradeaus. Nahm den letzten Schluck Bier.

»Egal, einer muss es ja machen«, knurrte er schließlich, griff nach dem Handy und lud die Dateien aus seiner Cloud hoch.

Er zahlte und ging. Auf der Bahnfahrt nach Dreieich erstellte er bei drei großen Umweltschutzcommunities Fake-Konten und lud die Dateien in die dortigen Diskussionsforen. »Wir sind in großer Gefahr!«, schrieb er darunter. »Diese Infos will die Regierung uns verheimlichen.«

Konrad legte den Kopf auf Arians Knie. »Ja, du hast ja

recht, mein Junge, einer muss es ja machen«, murmelte Arian, während er mit der rechten Hand den Puli kraulte und mit der linken auf die Schaltfläche »Veröffentlichen« tippte.

Zu Hause schlich er durchs Treppenhaus, um Frau Ott und die übrigen Nachbarn nicht zu stören, dann ließ er sich voll bekleidet vornüber auf sein Bett fallen. Das Handy trudelte über den Teppichboden. Konrad machte es sich in seinem Körbchen im Flur gemütlich.

22:40 Uhr, Hamburg

Philip Graf wählte Schüttlers Handynummer. »Können Sie mir bitte die kompletten Logs von heute schicken lassen?«, bat er. »Absolut alles, was das System hergibt.«

Schüttler stöhnte, aber tat es trotzdem.

Eine gute halbe Stunde lang las Graf Zeile für Zeile eine Logdatei nach der anderen. Aus Erfahrung wusste er, dass es nichts brachte, solche Infos zu überfliegen. Denn es kam auf die Feinheiten an.

Nach einer Weile begann er, beim Lesen leise vor sich hin zu murmeln, um die Aufmerksamkeit aufrechtzuerhalten.

Er wusste nicht, wonach er suchte, aber auf einmal fand er etwas: Am Nachmittag um 17:18 Uhr war die Aktualisierung einer Software von Version 11.3.4 auf 11.3.6 erfolgt. Für eine automatische Aktualisierung ein eigenartiger Sprung, wo war Version 11.3.5? Natürlich konnte es dafür gute Gründe geben, vielleicht hatte der Anbieter keine Version .5 veröffentlicht, vielleicht wurden nur die kritischen Updates automatisch eingespielt.

Graf rief die Webseite des Anbieters auf und navigierte

zum Versionsprotokoll. Dort war als aktuelle Version 11.3.5 genannt. Punkt-fünf, nicht Punkt-sechs.

Möglicherweise eine Individualisierung. Vielleicht waren irgendwelche älteren Teile des Equipments nicht kompatibel.

Er betrachtete die folgenden Zeilen. Die *vor* der Aktualisierung angelegten Einträge wirkten auf den ersten Blick deutlich ausführlicher als die danach. Das musste kein Problem sein, möglicherweise war es sogar ein Feature, um die Übersicht zu erhöhen.

Oder aber …

Protokoll Vorstandssitzung RWE

(…) 3.4 Aufgrund von unvorhersehbaren Schäden durch Starkregen und Hochwasser ist damit zu rechnen, dass es zu Lieferengpässen für unsere Kohlekraftwerke kommt. In einem solchen Fall ist zum Schutz der Anlagen die Kapazität herunterzufahren. Da die Kohlekraftwerke nach wie vor zur kritischen Infrastruktur (KRITIS) mit wichtiger Bedeutung für das staatliche Gemeinwesen gehören, bei deren Ausfall oder Beeinträchtigung nachhaltig wirkende Versorgungsengpässe, erhebliche Störungen der öffentlichen Sicherheit oder andere dramatische Folgen eintreten, ist bei konkreter Kenntnisnahme entsprechender Situationen eine zeitnahe Information des BSI (Bundesamt für Sicherheit und Informationstechnik) unbedingt vorzunehmen.

3.5 Es ist darauf zu achten, dass der offizielle Meldeweg eingehalten wird.

3.6 Die Meldung darf keinesfalls vorfristig aufgrund von Annahmen erfolgen.

3.7 Dem Erhalt der Anlageninvestition ist im Zweifel Priorität über die vollumfängliche Sicherung der Stromversorgung einzuräumen.

3.8 Diese Informationen und Projektionen sind auch intern streng vertraulich zu behandeln. (…)

Aktuelle Meldung auf Umwelt-Erde.de, dem Umweltschutzportal

In mehrere Umweltschutzforen, darunter dem dieser Seite, wurden am späten Abend bislang unbestätigte Informationen über eine bevorstehende Wetterkatastrophe in Europa hochgeladen. Die Projektion besagt, dass es bereits innerhalb der nächsten Tage zu massiven Extremwetterereignissen von einer Dimension kommen wird, von der wir bislang noch verschont waren. Verglichen werden die vorhergesagten Wetterkatastrophen mit der Wucht von Hurrikans, Tornados, Monsunstürmen, Tsunamis und Erdbeben. Die/der Verfasser:in der Studie geht von zahllosen Toten und Milliardenschäden an privatem und öffentlichem Eigentum aus. Hervorzuheben sind die massiven Schäden an Windkrafträdern, sie sollen von den bevorstehenden Unwettern fast sämtlich zerstört werden, sowie die durch Wind und Wasser verursachten Sekundärschäden an Straßen, Trassen, Versorgungsleitungen und Fundamenten. Diese fanden in bisherigen Projektionen laut Expertenaussage stets zu wenig Berücksichtigung.

Fachleute sowie engagierte Laien versuchen seit Veröffentlichung, die Vorgehensweise detailliert nachzuvollziehen und die Belastbarkeit der Aussagen einzuschätzen.

Eintrag auf der Facebookseite der EcoQueers

Hallo! Sicher habt ihr schon den neuesten Katastrophen-Release hier, hier und hier gelesen! Kurz gesagt: Scheiß auf 1,5 Grad, nicht die Hitze wird uns umbringen, und auch nicht erst in 100 Jahren. Sondern schon in den nächsten Wochen werden Unwetter über Europa und vor allem Deutschland hinwegfegen, wie wir es noch nie erlebt haben. Was bleibt uns übrig? Wenn Unrecht zu Recht wird, wird Widerstand zur Pflicht! Kommt alle massenhaft zu unseren Demos! Engagiert euch! Macht kaputt, was euch kaputtmacht! Als letztes Mittel bleibt uns die Gewalt! Sie ist gerechtfertigt, weil es um unser aller Überleben geht! Life before profit! Für den Mietendeckel! Für den Mindestlohn! Gender-Gerechtigkeit jetzt! Für 1,5 Grad! Solidarisiert euch!

Unsere Forderungen an die Regierung:

1) Verbindliches Co_2-Budget
2) Erdgasausstieg bis 2030
3) Kohleausstieg sofort
4) Ende fossiler Subventionen
5) Verbrennerausstieg sofort
6) Mietendeckel sofort
7) Anerkennung der Langzeitschäden des kolonialen Systems und daher Aufnahme sämtlicher Klimaflüchtlinge
8) Umfangreiche Soforthilfen für alle Extremwettergeschädigten der nächsten Wochen

20. Juni

<u>*BILD, Schlagzeile*</u>

Wetter-Wahnsinn

Ganz Deutschland bald unter Wasser?

07:16 Uhr, Hamburg 

»Die unzufriedenstellenden Wetterlagen halten bundesweit bereits so lange an, dass das Bundesinnenministerium einen Krisenstab gebildet hat. Dieser wird ergänzt durch Krisenstäbe der Innenministerien der Länder. Eric, Nina, das seid ihr«, verkündete Dezernatsleiter Michael Döring. »Die Infos kommen per Mail.« Er tippte kurz auf seinem Laptop.

Auf dem Weg ins Büro holte sich Nina Kuhn einen Kaffee. Höhnisch tat sie so, als rieche sie daran. »Ach, dieses Aroma«, ätzte sie.

»Aber du kannst es auch nicht lassen«, kommentierte Schmitz. »Du bist einfach süchtig nach dem Zeug.«

»Nein, ich hab bloß einen guten Geschmack.«

Nina Kuhn ließ sich auf ihren ergonomischen Bürostuhl fallen und rief die weitergeleitete Mail auf. Blablabla, Krisenstab, zentraler Ansprechpartner, berechtigte Sorgen der Bevölkerung, gründliche Untersuchung aller nur denkbaren Zusammenhänge, blablabla, Telefonnummer und E-Mail.

»In der ursprünglichen Empfängerliste stehen auch noch der BND und der Verfassungsschutz«, sagte Schmitz. »Was glauben die? Dass es eine große Wetterverschwörung ist? Wer steckt dahinter, die Russen, die Chinesen? Oder vielleicht diesmal die Afrikaner, weil sie neidisch sind auf unser stabiles kontinentales Klima?« Er schüttelte den Kopf. »Es kann doch keiner was für das Wetter, was soll denn das?«

»Für dich ist das Glas immer halb voll«, entgegnete Kuhn. »Aber vielleicht nutzen irgendwelche radikalen Gruppen die Unzufriedenheit der Menschen aus und beschuldigen die üblichen Sündenböcke – die Juden, die Illuminati, Bill Gates, den IS. Ist doch gut, wenn sie das im Auge behalten.«

Sie griff nach ihrem Kaffeebecher, roch daran, stellte ihn zurück auf den Schreibtisch. Wie hieß noch dieser alte Bond? Stirb an einem anderen Tag. »Aber wonach suchen wir eigentlich?«, fragte sie.

»Wenn wir das wüssten, müssten wir nicht suchen.«

»Was bist du, das Orakel von Alsterdorf?«

Eric grinste. »Ich fürchte, es ist gute alte Polizeiarbeit, die uns eben keine KI abnehmen kann: Zusammenhänge zu vermuten, wo keine sind, und sie so lange auszuschließen, bis doch einer mal besteht.«

Sie machten sich an die Arbeit.

»Ich nehme mir mal diese ganzen Umweltwebseiten vor«, sagte Kuhn.

»Okay, dann nehme ich die News-Seiten.«

Längere Zeit arbeiteten sie schweigend vor sich hin. Ab und zu machten sie Notizen oder strichen diese wieder durch.

»Das hier ist interessant«, sagte Nina Kuhn schließlich. Der Drucker begann zu surren und spuckte eine endlose Seitenflut aus. »Da hat jemand ein Video von diesem Tornado in Schleswig-Holstein hochgeladen. Die Hälfte der Kommentare ist der übliche Schwachsinn, aber die andere Hälfte ist ganz interessant. Auf jeden Fall ist diese Community fachkundiger als die durchschnittlichen Fernsehzuschauer. Vor allem scheint die- oder derjenige, der das veröffentlicht hat, ebenfalls ein echtes Interesse an Aufklärung zu haben.«

Sie suchten weiter. Nach zehn Minuten war es Eric Schmitz, der sich räusperte. »Hier ist eine Meldung aus den Lokalnachrichten in Brokdorf. Ein Versicherungsvertreter aus München hat einen Eindringling auf dem Gelände des Zwischenlagers bemerkt, als er die Unwettersicherheit überprüfte. Das sind ja doch ein bisschen viele Zufälle: Stromerzeuger, Gefahrengut, Einbruch, Versicherung. Dazu muss es ja auch eine Vernehmung geben.«

Er suchte weiter und ließ den Drucker arbeiten.

»Überhaupt hat es in den letzten Wochen viele Ausfälle in der Energieversorgung gegeben, bundesweit. Fast alle Großstädte waren betroffen, aber auch etliche Werke.« Er rieb sich über den Dreitagebart. »Das sind Milliardenobjekte. Was, wenn jemand die absichtlich außer Kraft setzt? Um die Bundesregierung zu erpressen. Oder um die Versicherungssummen zu kassieren.«

»Du hast zu viele Actionthriller geguckt!« Kuhn schüttelte den Kopf, ohne aufzusehen.

»Nein, doch, ehrlich. Warum nicht? Wenn es jemandem gelänge, die Energieversorgung zu sabotieren, natürlich würde die Regierung zahlen. Oder vielleicht stecken auch die Energieversorger selbst dahinter? Stell dir vor, erst bekommst du ein paar hundert Millionen für den Kohleausstieg und dann noch mal ein paar hundert Millionen obendrauf, weil dein schönes Kohlekraftwerk auf einmal absäuft, abbrennt, in die Luft fliegt, was weiß ich.«

»Du redest von Sabotage. Industriekriminalität. Im ganz großen Stil.«

»Oder von Opportunisten. In Köln tritt der Rhein über die Ufer, es entsteht ein Schaden, und die RWE kriegt, Entschuldigung, Kohle. Da denkt sich dann jemand in Brokdorf: Hey, was die können, kann ich schon lange. Und springt auf den Zug auf. Das Erste ist ein echter Unwetterschaden. Das Zweite nicht.« Er zuckte mit den Achseln. »Du hast ja recht, weit hergeholt. Aber nicht unmöglich, das musst du zugeben.«

»Wir können die Überlegung ja im Hinterkopf behalten«, gestand Kuhn zu. »Mal nach zeitlichen oder örtlichen Zusammenhängen suchen. Nach verborgenen Ähnlichkeiten. Wir könnten auch mal mit diesem Versicherungsheini sprechen, der wird ja wissen, warum er da war und wen seine Firma noch so als Kunden hat.« Sie schüttelte irritiert den Kopf.

»Was?«

»Nee, ich dachte einen Augenblick, vielleicht steckt sogar die Versicherung dahinter, aber das wäre ja dumm, die verdienen ja nichts, wenn sie zahlen, sondern im Gegenteil nur dann, wenn alles heil bleibt.«

»Andererseits, wer weiß. Wenn die in den letzten Monaten viele hohe Schäden regulieren mussten, steht ihnen ja auch das Wasser bis zum Hals. Und so klingen ja diese neuen Infos, über die sie heute Morgen im Radio berichtet haben. Dass die Klimaveränderung viel schneller voranschreitet als erwartet oder dass es vielleicht auch zufällig ein verflucht verregneter Sommer ist, aber dass die letzten Wochen erst der Anfang waren.«

Nina Kuhn schüttelte den Kopf. »Solange ich in zwei Wochen auf Mallorca Sonne habe, ist mir alles egal.«

»Du bist so eine Egoistin!«

Sie widmeten sich wieder ihren Bildschirmen.

»Aber du liegst nicht so falsch«, sagte Kuhn nach einer Weile. Sie hob ihren Kaffeebecher an die Lippen, schnupperte daran, stellte ihn unberührt zurück. »Es gibt jede Menge Berichte über Stromausfälle, Internetausfälle, Ausfälle von Radio und Fernsehen. Ein paar Leute beschreiben merkwürdige Phänomene: Manche Leuchten gehen, andere nicht, wieder andere flackern. Die Sicherungen sind alle okay, und nach ein paar Stunden ist der Spuk vorbei. Das ist jetzt an sich nicht sonderlich glaubwürdig, aber ich habe einander ähnelnde Berichte auf ganz unterschiedlichen Plattformen aus allen Großstädten, aber auch aus Husum, Aachen, Bruchsal bei Karlsruhe, Mittenwalde, Querfurt … ich glaube, ich trage die mal in eine Karte ein, vielleicht ergibt sich daraus etwas.«

»Hm«, machte Schmitz. »Ich bin wirklich nicht wild auf deine Sabotagetheorie, aber was war eigentlich neulich mit diesen ganzen beschädigten Wanderwegen? Sind die vielleicht auch versichert?«

Sie suchten wieder eine Weile. Dann sagte Kuhn auf einmal: »Hey, weißt du was? Der User, der das Tornado-Video hochgeladen hat, heißt fje_la. Und im Harz gab es im Zusammenhang mit einem beschädigten Wanderweg eine Anzeige einer ›Fjella Lange‹. Und die – halt dich fest – ist Wolkenforscherin hier in Hamburg. Doktorandin.« Sie zögerte. Dann setzte sie hinzu: »Ich habe da vorhin einen Eintrag von so einer militanten Umweltschutzgruppe gelesen, den Ecogirls oder so, die energischen Widerstand und auch den Einsatz von Gewalt fordern. Vielleicht steckt ja auch das dahinter, dass jemand im großen Stil auf die Gefahren durch den Klimawandel aufmerksam machen will. Und vielleicht hat diese Fjella Lange etwas damit zu tun?«

»Ecogirls finde ich nicht, aber ›EcoQueers‹«, sagte Schmitz. Er las. »Ach du Scheiße«, sagte er dann. »Die sind ja hart drauf.«

10:45 Uhr, Hamburg

Philip Graf versuchte gerade herauszufinden, wie er, wenn schon nicht nach Kreta, wenigstens zurück nach München kam. Der innerdeutsche Flugverkehr war aus Sicherheitsgründen eingestellt worden. Die Bahnen fuhren, aber viele Strecken waren ganz oder teilweise gesperrt. Mit dem Bus zu fahren war ihm zu gefährlich. Bei den großen Stürmen der vergangenen Tage waren mehrere Laster einfach von der Straße geweht worden.

Die Mietwagenfirmen waren komplett ausgebucht.

Inzwischen war er bei einer Mitfahrzentrale angelangt, aber noch nicht sicher, ob er das riskieren wollte. Immerhin wusste man vorher nicht, wie sicher die Person den Wagen unter Kontrolle hatte. Er wollte weder im BMW in fünf Stunden am Ziel sein (oder an einem Brückenpfeiler kleben), noch wollte er mit dem Volvo drei Tage nach München brauchen.

Vielleicht sollte er es lieber mit einem Gebrauchtwagen versuchen.

Zwischendurch setzte immer wieder das WLAN aus, Server brachen zusammen, einmal hatte auch kurz das Licht geflackert. Er hatte mit seiner Assistentin in München telefoniert, dort war die Lage noch dramatischer. Sie riet ihm, besser ein oder zwei Tage in Hamburg zu bleiben, bis sich die Lage beruhigt hatte.

Aber was sollte er hier? Es goss, er war allein, das Zimmer war kalt. In diesem Moment klingelte das Telefon. Eine Hamburger Nummer. Graf meldete sich.

Das LKA wollte ihn sprechen wegen der Sache in Brokdorf. Möglichst heute noch. Weil auch die Taxen entweder nicht fuhren oder belegt waren, würden sie ihn abholen lassen. Um eins? Graf zuckte mit den Schultern. Er hatte nichts zu tun, außer vielleicht später am Tag ins Kino zu gehen. Falls die aufhatten und man hinkam.

11:01 Uhr, Hamburg

Fjella hatte kurz überlegt, ob sie aus dem Homeoffice arbeiten sollte. Genau genommen hatte sie lange überlegt, denn es regnete heftig. Andererseits fiel ihr die Decke auf den Kopf, und sie hatte auch keine Lust, zu überlegen, was sie mittags essen sollte. Aber mit dem Rennrad machte die Strecke bei dem Wetter keinen Spaß, und gefährlich war es auch.

Also fuhr sie S-Bahn. Sie querte gerade die Elbbrücken, und der Sturm rüttelte die alten Waggons kräftig durch, als ihr Handy klingelte.

Sie schaute auf das Display, aber die Nummer war ihr unbekannt. Sie drückte »ablehnen«, um das Gespräch auf die Mailbox zu schicken. Einige Sekunden später piepste es. Sie hatte eine Nachricht. Sie wählte die Mailbox an.

»Hallo, hier ist Nina Kuhn vom LKA Hamburg. Wir würden im Rahmen einer aktuellen Ermittlung gern mit Ihnen sprechen. Es geht um Ihre Expertise. Um Wolken. Das ist doch Ihr Fachgebiet, richtig? Leider eilt es. Wir wären Ihnen dankbar, wenn Sie es heute noch einrichten können. Wir schicken gern einen Wagen, der Sie abholt.«

Fjella schaute zum Fenster hinaus. Vielleicht nahm endlich mal jemand ihre Bedenken ernst. In Wilhelmsburg stieg sie aus, rief die Kriminalbeamtin zurück und verabredete sich für halb eins mit ihr. Sie stieg in die S-Bahn in die entgegengesetzte Richtung, um zurück in die Innenstadt und dann weiter nach Alsterdorf zu fahren. Dann konnte sie hinterher noch in der Mensa am Überseering, wo die Geisteswissenschaften derzeit untergebracht waren, etwas essen.

13:45 Uhr, Hamburg

Protokoll der ergänzenden Aussage von Philip Graf, Schadenssachverständiger, München

Das LKA Hamburg hat Herrn Graf um ein Gespräch gebeten, um weitergehende Fragen in Bezug auf vermutete mögliche Sabotageakte an relevanten Einrichtungen der bundesrepublikanischen Infrastruktur zu klären. Herr Graf war Zeuge eines Einbruchs auf das Gelände des Zwischenlagers Brokdorf. Eine Aussage der Polizei Pinneberg liegt vor.

Kriminaloberkommissarin Kuhn erläuterte Herrn Graf die Theorie, dass es sich bei dem Zwischenfall in Brokdorf um einen möglichen Hinweis auf Beteiligung Dritter handeln könnte. Herr Graf bestätigte diese Möglichkeit grundsätzlich. Er wies darauf hin, dass er als Sachverständiger Unregelmäßigkeiten in den Logeinträgen der Software festgestellt habe.

Ergänzend informierte Graf darüber, dass er in den vergangenen Tagen mehrere ungewöhnliche und sehr unterschiedliche Schadensfälle zu begutachten hatte. Es bestehe kein offensichtlicher Zusammenhang zwischen diesen, außer dem sehr allgemeinen, dass jeweils kritische Institutionen der Infrastruktur betroffen waren. Die Schäden bzw. Störungen selbst verwiesen jedoch nicht aufeinander. In allen drei Fällen hätten die von Graf eingeleiteten Maßnahmen die Problematik nicht grundlegend behoben. Im Gegensatz zu Brokdorf gab es in keinem der drei Fälle Anzeichen für ein physisches Eindringen auf das Gelände.

Graf informierte darüber, dass seine Kolleginnen und Kollegen ebenfalls von ungewöhnlichen und so bislang noch nicht bekannten Schäden berichtet hätten. Nicht alle seien offensichtliche Folgen von Extremwetter.

Die KOK dankte Herrn Graf für seine Bereitschaft, als Experte zur Verfügung zu stehen.

13:45 Uhr, Hamburg

Protokoll der ergänzenden Aussage von Fjella Lange, Doktorandin der Nephologie, Hamburg

Das Gespräch wurde geleitet durch Kriminalkommissar Schmitz.

Fjella Lange bestätigte, dass sie unter dem Usernamen fje_la ein Video des kürzlich in Schleswig-Holstein beobachteten Tornados ins Internet geladen hatte.

Sie bestätigte ebenfalls, auf dem Brocken (Gemeinde Torfhaus) im Harz Opfer eines tätlichen Angriffs geworden zu sein und Anzeige gegen unbekannt erstattet zu haben.

Sie bestritt, Mitglied der militanten Umweltschutzgruppe ›EcoQueers‹ oder irgendeiner anderen derartigen Vereinigung zu sein.

Die Möglichkeit, dass die Schäden der vergangenen Wochen gezielte Sabotageakte seien, keine Folgen der Unwetter, erschien ihr unplausibel. Frau Lange wies darauf hin, dass die möglichen Folgen des menschengemachten Klimawandels in der Wissenschaft schon lange bekannt seien und nicht ernsthaft bezweifelt würden. Sie betonte, dass es sich bei den aktuellen Ereignissen um Situationen handelt, die gemäß Projektionen zwar unwahrscheinlich, aber nicht unerklärlich seien.

Mehrfach betonte Frau Lange, dass es höchste Zeit sei, dass die Menschen endlich aufwachten und sich gegen die Klimakrise starkmachten. Es gäbe derzeit kein wichtigeres Thema, die Zukunft der Menschheit stünde auf dem Spiel.

KK Schmitz hält das Abstreiten jeder Kenntnis von und Sympathie für militante Umweltschutzgruppen für nicht glaubwürdig und empfiehlt eine genauere Überprüfung.

KK Schmitz kehrte thematisch noch einmal zu dem Angriff im Harz zurück. Frau Lange befand sich auf einem beschädigten, abgesperrten Wanderweg, um Wasser- und Bodenproben zu nehmen. Diese sollten untersucht werden, um zu klären, ob besondere Wetterfaktoren vorlagen. Wie von ihr bereits in der Anzeige angegeben, trugen die Angreifer dunkle Kleidung, möglicherweise uniformartig. Sie wiesen sich nicht aus. Rücksprache mit der Wache Torfhaus ergab, dass eine Nachfrage bei den Betreibern der Wetterstation sowie beim Tourismusbüro als zuständiger Instanz für die Erhaltung und Wiederinstandsetzung des Waldweges gestellt worden war. Beide Parteien gaben an, keine Kenntnis von dem Vorfall oder auch nur möglicherweise zu diesem Zeitpunkt tätigen Mitarbeitern zu haben.

Befragt nach ihrer Kenntnis weiterer Beschädigungen von Weganlagen im bundesrepublikanischen Raum, verneinte Frau Lange ein Wissen darüber. Sie zeigte jedoch großes Interesse an den Details und notierte sich die betroffenen Wege.

KK Schmitz dankte Frau Lange für Ihre Kooperationsbereitschaft.

13:58 Uhr, Hamburg

»Nach Ihnen.« Ein bauchlastiger Mann mittleren Alters, der einen spießigen Anzug trug, aber dessen Stachelhaare lustig in alle Richtungen abstanden, hatte den Fahrstuhl gerufen, ließ Fjella aber nun den Vortritt, als die Türen sich öffneten.

Sie drückte auf E.

Der Mann trat ebenfalls in den Fahrstuhl, schaute auf die Tasten, nickte. Die Türen schlossen sich, sie fuhren los.

»Entschuldigung«, sagte der Mann. Er deutete auf Fjellas T-Shirt. »Waren Sie auch wegen der Unwetterschäden beim LKA?«

Auf ihrem T-Shirt stand *EVERYDAY FOR FUTURE*.

Fjella nickte. »Ja, Sie auch?«

»Ja. Und, ehrlich, mein Eindruck war nicht, dass die jetzt was unternehmen werden.«

Fjella lachte, dann nickte sie wieder. »Das stimmt. So sah das für mich auch aus.«

Die Türen öffneten sich. Sie traten aus dem Fahrstuhl, gaben ihre Sicherheitsausweise ab.

»Verstehen Sie mich nicht falsch«, sagte der Mann. »Aber haben Sie noch einen Moment Zeit? Darf ich Sie auf einen Kaffee einladen?«

Fjella lächelte. »Auf der anderen Seite der U-Bahn ist ein Bäcker. Einfach, aber gut.«

Sie eilten durch den Niesel. »Ich bin Philip Graf«, sagte er. »Schadensachverständiger.«

»Fjella Lange. Nephologin. Wolkenkundlerin. Ich schreibe gerade meine Doktorarbeit an der TU Harburg.«

Sie bestellten am Tresen, Graf zahlte und ließ sich einen

Bewirtungsbeleg ausstellen. Am Fenster war ein Tisch frei. Es zog durch die halb offene Tür, die Luft war feucht, die Heizung bullerte.

Graf berichtete, warum das LKA ihn befragt hatte: »Ich bin Fachmann für IT-gesteuerte Gebäudesicherheit. Wir hatten in den letzten Wochen mehrere eigenartige Schadensfälle, deren Ursachen ich noch nicht eindeutig habe klären können. Das, ehrlich gesagt, wurmt mich. Das ist so, als ob immer wieder mal das ›Motor-prüfen‹-Lämpchen angeht, aber kaum ist man in der Werkstatt, läuft die Kiste wie geschmiert. Und gestern war ich in« – er zögerte kurz. Dürfte er einer Fremden von dem Eindringling in Brokdorf erzählen? Andererseits: Niemand hatte ihn um Vertraulichkeit gebeten. Also berichtete er, was er erlebt hatte.

Fjella fand den Mann ganz sympathisch, auf jeden Fall sehr korrekt und nicht bedrohlich. Und er schien aufrichtig daran interessiert zu sein, die möglichen Zusammenhänge auszumachen. Sie erzählte ihrerseits, zu welchen Sachverhalten der Polizist sie befragt hatte. Dann fuhr sie fort: »Mir ging es allerdings auch so, dass ich den Eindruck hatte, dass mein Gesprächspartner den Ernst der Lage nicht begreift. Mein Großvater ist im Heim, und vor ein paar Tagen heulten hier die Sirenen, weil ein Hochwasser bevorstand. Er hat sich im Keller versteckt und seitdem kein Wort mehr gesprochen. Ich fürchte, die Sirenen haben ihn an den Krieg erinnert und retraumatisiert. Das ist doch die Wahrheit, der wir uns alle stellen müssen – die Folgen des Klimawandels treffen uns alle irgendwie, und es ist höchste Zeit, etwas zu unternehmen!« Sie hatte sich in Rage geredet. Nun nahm sie einen Schluck Kaffee, strich sich mit der Hand eine Strähne aus der Stirn und setzte ruhiger hinzu: »Okay, vielleicht kann ich doch nachvollziehen, warum der Typ dachte, ich könnte in so einer Aktivistinnengruppe sein. Ich verstehe nur nicht, warum jetzt auf einmal das Landeskriminalamt ermittelt.«

Graf zog sein Handy heraus und lud eine News-Seite. Er streckte Fjella das Gerät hin. Sie las: »Klimakatastrophe vorgezogen? Eine auf mehreren Umweltschutzseiten hochgeladene aktuelle Simulation besagt, dass mit massiven Schäden und Bedrohungen durch Starkwetter, Stürme, Fluten und auch Hitzewellen nicht erst in zwanzig bis dreißig Jahren oder später zu rechnen ist, sondern möglicherweise bereits in den nächsten Wochen. Das Szenario liest sich beängstigend. Wetterexperten bezeichneten es als ›unwahrscheinlich, aber nicht unmöglich‹. Der Autor der Studie ist bislang unbekannt. Es handelt sich vermutlich um geleakte, also inoffiziell veröffentlichte Dokumente. Gerüchteweise heißt es, dass die Ergebnisse der Simulation geheim gehalten werden sollten. Als mögliche Urheber diskutiert werden mehrere Forschungsinstitutionen wie das PiK oder das Helmholtz-Zentrum für Umweltforschung, aber auch private Think Tanks.

Das Umweltministerium hat eine tatsächliche Gefahr für die Bürger bereits dementiert. Das Bundesamt für Bevölkerungsschutz und Katastrophenhilfe erklärte, es sei in der Sache nicht zuständig.

Umweltschutzorganisationen und Aktivist*innengruppen haben Stellungnahmen angekündigt, die im Laufe des Tages veröffentlicht werden sollen.« Sie ließ das Handy sinken.

»Das sorgt vermutlich für ziemlich großen Ermittlungsdruck«, sagte Graf.

Fjella nickte. »Ja, eine richtige *lokkedue* für die Polizei. Eine Locktaube. Und ich fürchte, ich weiß, wer die Infos geleakt hat. Hatte ich gar nicht erwartet. Vor ein paar Tagen war ein

Typ bei meinem Prof und mir, der hat eine echt wilde Klima-Projektion mitgebracht. Wir haben die durchgesehen und, ganz ehrlich, das Ding war dramatisch, aber wissenschaftlich wasserdicht. Er hat einfach einen Haufen Datenpunkte berücksichtigt, die in der ›reinen Lehre‹ keine Rolle spielen. Das Verrückte war, dass er damals jedenfalls noch erhebliche Zweifel am Verhältnis von Ursache und Wirkung hatte.«

Sie zog ihr Handy heraus und wählte. Sie hatte Arians Eintrag in ihrer Kontaktliste ein Foto aus dem Internet hinzugefügt. Das machte sie immer. Jedenfalls manchmal. Also, eigentlich nie, aber es erleichterte die Organisation, und irgendwann musste man schließlich mit guten Gewohnheiten mal anfangen. Ohne es selbst zu merken, lächelte sie, als sie sein Bild sah.

Fjella tippte auf das Lautsprechersymbol und legte ihr Handy auf den Tisch. Es klingelte.

14:08 Uhr, Hamburg

Für ein, zwei Minuten schaute die Sonne zwischen den Wolken hindurch. Nina Kuhn stellte sich ans Fenster, schloss die Augen und genoss die Helligkeit und Wärme.

Dann verdunkelte sich die Welt wieder, und mit einem Donnerschlag kehrte der Regen zurück.

Sie nahm an ihrem Schreibtisch Platz. Ihr Kaffee war mal wieder kalt geworden. »Graf war nett und freundlich, aber das ist so ein Sesselpupser«, sagte sie zu ihrem Kollegen. »Bloß nichts Falsches sagen, bloß nicht zu weit aus dem Fenster lehnen. Ich glaube, dass er tatsächlich nichts weiß, was uns nützen könnte. Und einen belastbaren Zusammenhang zwischen den von ihm untersuchten Schäden hat er auch nicht gefunden.«

Schmitz drehte sich langsam auf seinem Bürostuhl im Kreis. »Fjella Lange fand ich interessanter als deinen Graf. Die hat etwas Widerständiges. Ich glaube, die sollten wir mal näher unter die Lupe nehmen. Zu der passt es vom Typ her schon, militant vorzugehen.«

14:09 Uhr, Stuttgart

Mia kramte hektisch in ihrem Koffer. »Wo ist Johnny?«, rief sie aufgeregt. »Wo ist Johnny?« Socken, Unterhosen und T-Shirts flogen im hohen Bogen durch das Zimmer, ein rosa Regen. Mia beugte sich so tief in den Koffer, dass sie beinahe darin verschwand.

Dann schoss sie hoch und rannte auf ihren Vater zu, der auf dem Bett lag und auf dem Handy die neuesten Nachrichten überflog. »Wo ist Johnny? Hast du vergessen, ihn einzupacken?« Mia begann zu weinen.

»Beruhige dich«, sagte Jan Baumann und legte das Handy beiseite. »Er wird schon irgendwo sein. Ich vergesse doch nicht …« Mit einem tiefen Seufzer erhob er sich und untersuchte Mias Sachen, die durch das halbe Zimmer verstreut lagen. »Ach, komm, der Boden ist hier wirklich nicht so sauber«, sagte Baumann und schaufelte die Kleidungsstücke aufs Bett. Er schaute in Mias Koffer, dann in seinen. Hob seine T-Shirts und Hosen heraus.

»Vielleicht ist er im Auto?«, sagte er schließlich.

»Nein! Hast du schon vergessen, dass ich dich nach ihm gefragt habe? Und du hast gesagt, du hast alles eingepackt!«

Mia schrie und weinte gleichzeitig.

»Nun beruhig dich doch«, sagte Baumann erneut. »Es ist doch nur ein Stofftier.«

Kaum hatte er den Satz ausgesprochen, schämte er sich bereits dafür. Mia begann noch lauter zu jaulen. Ihr Zimmernachbar in dieser schäbigen Absteige hämmerte mit der Faust gegen die Wand und brüllte: »Ruhe! Ruhe, verdammt noch mal!«

Über das mobile Internet waren keine Buchungen möglich gewesen, die Transaktion brach regelmäßig ab. So hatte ihnen schließlich ein Tankstellenbetreiber diese heruntergekommene Herberge empfohlen. Immerhin ein Bett für die Nacht, und sie mussten nicht im Auto schlafen.

Erschöpft hatten sie die Augen geschlossen. Spät am Vormittag waren sie durch den Regen zu einem Bäcker an der Ecke getrottet. Baumann hatte sein Croissant und einen schwarzen Kaffee kaum angerührt. Mia hatte eine große Portion Nudelauflauf in sich hineingestopft.

Und nun stellte sich heraus, dass ihr Vater Johnny vergessen hatte, die Stoffkatze, Mias Lieblingskuscheltier, ohne das sie nirgendwohin ging.

»Ich sehe trotzdem noch mal im Auto nach«, sagte er.

Mia hatte begonnen, einen engen Kreis zwischen Bett, Fenster und Flachbildschirm zu laufen. Sie schaute auf den Boden, die Tränen liefen ihr weiter über das Gesicht.

»Bin gleich wieder da.«

Sie würdigte ihn keines Blickes.

Baumann lief durch den Regen um die Ecke, wo sein alter Mercedes stand. Er zog sich die Jacke über den Kopf, aber es half nichts. Der Regen war so dicht, dass er innerhalb weniger Meter bis auf seine Kopfhaut drang. Er schloss den Wagen auf, suchte auf dem Rücksitz, unter den Vordersitzen, in den Seitenfächern. Kein Johnny.

Sein Rücken war nass, sein Hintern auch, Wasser lief in seine Schuhe. Was war er nur für ein Vater? Wie hatte er ausgerechnet Johnny vergessen können?

Mia hatte schon so viel verloren, nun riss er sie aus der angestammten Umgebung und schaffte es nicht einmal, ihr wichtigstes Kuscheltier einzupacken. Es wäre so viel besser für sie, wenn er anstelle ihrer Mutter gestorben wäre.

Er ließ sich auf den Beifahrersitz sinken. Starrte durch die Windschutzscheibe auf den Wagen vor seinem. Er zog sein Handy heraus, wählte die Nummer seiner Schwester. Sie ging nicht ran.

»Hi Anna, Jan hier. Wir sind jetzt in Stuttgart. Du musst uns helfen, bitte. Wir sind in einem Hotel untergekommen, aber das ist ein schlimmes, dreckiges Loch. Irgendjemand hat doch bestimmt einen Schlüssel zu deiner Wohnung. Zum Blumengießen oder so. Du musst uns bei dir wohnen lassen, bitte. Wo sollen wir denn sonst hin? Bitte. Wenn nicht mir zuliebe, dann für Mia. Ruf mich zurück, okay?«

Er legte auf. Spürte seinen Herzschlag unter der nassen Kleidung. Ein hektisches, unregelmäßiges Pochen, das ihm Angst einflößte.

Als er wieder ausstieg, bemerkte er auf der gegenüberliegenden Straßenseite einen Spielwarenladen. Er schloss das Auto ab und überquerte die Straße.

Zehn Minuten später betrat er das Hotelzimmer. Mia saß mit verschränkten Armen auf dem Bett und schaute KiKA. Sie rührte sich nicht, als er hereinkam, sah ihn nicht an. Er setzte sich auf die Bettkante, zog seinen Einkauf aus der Tüte. »Hier«, sagte er leise. »Johnny habe ich offenbar wirklich zu

Hause vergessen. Es tut mir leid. Aber vielleicht kann der hier dich trösten.«

Er streckte Mia einen Filz-Oktopus hin.

Die presste die Lippen zusammen und wandte sich ab. Baumann setzte Mia den leider wirklich etwas gewöhnungsbedürftigen Oktopus auf den Schoß. Sie packte das Tier und schleuderte es quer durchs Zimmer.

Jan Baumann formte die Lippen zu einem kleinen O und stieß leise die Luft aus. Sein Handy vibrierte. Eine Nachricht seiner Schwester: »Eure Situation tut mir leid. Aber es hat wirklich niemand einen Schlüssel. Alles Gute und viel Glück! Anna«

Typisch Anna, dachte Baumann enttäuscht, aber nicht wirklich überrascht.

15:30 Uhr, Hamburg

Fjella und Philip Graf hatten eine Regenpause abgewartet und waren dann in die Räume der Uni im Überseering umgezogen. Dort hatte Fjella Zugriff auf die schnelle Eduroam-Verbindung, außerdem saßen sie nicht so auf dem Präsentierteller.

Sie stellte ihren Laptop auf den Tisch und startete den Videocall mit Arian. »*Hej*, das ist Herr Graf. Er ist Schadensgutachter einer großen Versicherung. Ich habe ihn gerade beim LKA kennengelernt. Die haben uns beide zur aktuellen Wetterlage befragt. Mich, weil ich ein Video gepostet habe. Und wegen einer Anzeige, weil man mich im Harz niedergeschlagen hat, als ich eine Bodenprobe nehmen wollte.«

Arian runzelte die Stirn. Auf einmal schaute er irritiert in seinen Schoß und sagte: »Ja, Konrad, die kennst du, genau, das ist Fjella, die haben wir in Hamburg getroffen.«

Er veränderte die Kameraposition, sodass Graf und Fjella den zotteligen Hund sehen konnten. Fjella winkte.

Arian drehte die Kamera wieder zurück auf sich. »Und was wollten sie von Herrn Graf wissen?«, fragte er.

»Ich war für ein Gutachten im Zwischenlager Brokdorf, als ich durch Zufall jemand begegnet bin, der sich illegal Zugang zum Gelände verschafft hatte.«

»Geht ja ganz gut ab bei euch im Norden«, sagte Arian.

»Bei dir auch – oder ist die geleakte Studie, über die jetzt alle diskutieren, nicht deine?«

Arian zögerte, sein Blick huschte von Fjella zu Graf und wieder zurück.

»Schon gut«, sagte Fjella. »Ist auch egal für den Vorschlag, den ich habe. Ich glaube nämlich, wir könnten mit vereinten Kräften herausfinden, ob du recht hast mit der These, dass da aktuell eine Sache läuft, die viel größer ist, als wir alle glauben. Und für die es eben noch keine nachvollziehbare Erklärung gibt.«

Arian legte den Kopf zur Seite. »Aber ich kann auf keinen Fall etwas im Auftrag der Polizei unternehmen. Staatliche Aufsicht und Baubetrieb – das ist wie Feuer und Wasser.«

Graf schnaubte amüsiert. »Ein Mann mit Prinzipien. Wie Hinterradantrieb bei BMW.«

»Also, pass auf, du hast mir doch erzählt, du seist der Ansicht, es würden seit Kurzem deutlich mehr Schäden eintreten als erwartet, und dafür gäbe es keine erkennbaren Gründe? Aber das wäre die Datenbasis für die Annahme des dramatischen exponentiellen Wachstums?«

Arian nickte abwartend. »Das Bundesamt für Bevölkerungsschutz wäre nicht sonderlich begeistert, zu erfahren, dass wir darüber sprechen.«

Fjella zuckte mit den Achseln. »Aber die hören ja auch nicht mit. Also, ich dachte mir, der Kollege Graf hier könnte sich mal deine Sachen ansehen. Er ist wohl sehr gut darin, Wahrheit und Fiktion zu unterscheiden – Versicherungsfall von Versicherungsbetrug. Und im Gegenzug könntest du mal seine Unterlagen überprüfen. Er hat nämlich das Gefühl, die ihm gemeldeten Schäden folgten einem Muster, das er nicht erkennen kann – das ist doch deine Baustelle, korrekt? Also win-win, eine Hand wäscht die andere, Vier-Augen-Prinzip, weißt du? Ganz *smuk*, finde ich.« Sie grinste zufrieden.

Arian zögerte. Dann sagte er: »Ich hab dir doch erzählt, dass ich beim BBK war. Die haben mir einen Knebel verpasst. Ich darf offiziell mit niemandem über meine Befürchtungen sprechen.«

»Aber erstens sind wir nicht irgendwer«, wandte Fjella ein.

»Und zweitens«, ergänzte Arian, »wäre es sicher ebenso interessant, die Unterlagen zu überprüfen, über die seit heute Nacht alle Medien berichten.«

»Ich wusste es!« Sie schlug mit der flachen Hand auf den Tisch.

Graf beugte sich vor. »Ich kann Ihnen die Unterlagen später zukommen lassen. Wir haben ein ähnliches Problem, sie sind natürlich streng vertraulich. Ich gehe davon aus …«

Arian grinste. »Ich werden demnächst schon genug Ärger kriegen. Da brauch ich nicht noch extra welchen. Aber es wäre gut, wenn Sie die Daten verschlüsseln.«

Graf nickte. »Kein Problem. Und noch etwas.« Er hatte mittlerweile Vertrauen zu dieser Fjella und ihrem komischen Freund gefasst. Vielleicht würde es ihnen gemeinsam gelingen, der Sache auf die Spur zu kommen. Denn dass *irgendetwas* faul war, davon war Graf seit Tagen überzeugt.

»Ich habe in Brokdorf in den Logs eine unerwartete Versionsnummer einer Software gefunden. 11.3.6 statt 11.3.5. Für sich genommen muss das noch nichts bedeuten. Aber dann wollte ich mir die Mess-Sensoren ansehen, und einer davon war gegen eine USB-Buchse ausgetauscht worden. Das wäre zumindest definitiv eine Möglichkeit, *on site* Software einzuspielen. Obwohl es natürlich so eigentlich nicht gehen sollte.«

Arian nickte. »Damit ich jetzt nichts missverstehe. Jemand hat versucht, unautorisiert aufs Gelände zu gelangen – und dies wahrscheinlich sogar geschafft. Sie sind dieser Person vermutlich begegnet. An der Anlage selbst wurde eine bauliche Veränderung vorgenommen und eine unautorisierte Schnittstelle geschaffen. Und in den Logs findet sich eine Unregelmäßigkeit die Versionsnummern betreffend. Korrekt?«

Graf nickte.

»Da kann man aber schon ziemlich sicher sein, dass irgendetwas Kriminelles im Gange ist«, sagte Arian.

Graf nickte wieder. »Das schon«, sagte er. »Und in ein paar anderen Fällen habe ich diesen Verdacht ebenfalls. Ich kann ihn nur nicht belegen. Was ich aber nicht herausfinden kann, ist, ob ein Zusammenhang zwischen den möglichen Sabotageakten besteht. Vielleicht ist es auch Zufall – oder Opportunismus. Möglicherweise sind das eine militante Umweltschützer, das andere Industriespione, das dritte Anlagenbetreiber, die ihre Versicherung abkassieren wollen. Alle springen auf die anhaltende schlechte Wetterlage auf. Oder vielleicht gibt es eben doch einen Zusammenhang.«

»Verstanden«, nickte Arian. »Dazu sollte ich tatsächlich

etwas Konstruktives beisteuern können. Mustererkennung in Big Data, das ist genau mein Ding.«

»Ich wusste es!« Fjella klatschte fröhlich in die Hände.

16:45 Uhr, Hamburg

Philip Graf sah auf die Uhr. »Ich wollte jetzt eigentlich mit meiner Familie auf Kreta im Urlaub sein. Stattdessen sitze ich im verregneten Deutschland.«

»Echt blöd«, sagte Fjella, während sie ihren Laptop einpackte.

»Dort ist das Wetter auch nicht toll, aber ich wäre trotzdem lieber bei ihnen, als mich hier um diesen Mist zu kümmern.« Er wechselte auf das Handy. Überprüfte den Wetterbericht und die Verkehrslage. Schüttelte den Kopf. »Es fahren immer noch keine Züge durch, und der Flugverkehr wird weiter ausgesetzt. Verrückt. Ich *arbeite* bei einer Versicherung, und nicht mal wir sind solche Schisser wie die Leute dort draußen, die wirklich für gar nichts mehr Verantwortung übernehmen wollen.«

»Dann muss ich mich wohl auch langsam mal darum kümmern, wie ich nach München komme«, sagte Fjella.

»Was wollen Sie … sollen wir eigentlich Du sagen, wo wir schon alle gemeinsam versuchen, die große Wetterverschwörung aufzudecken?«

»Klar, gerne. Fjella.«

»Philip. Warum willst du denn nach München? Und wann?«

»In drei Tagen ist dort Europas größter Klimakongress. Klima 3000, bisschen ambitionierter Name, aber okay. Es geht um die Kooperation zwischen Wissenschaft und Wirtschaft am Vorabend der Europawahl. Die ja bekanntlich eine Klimawahl werden wird. Falls es nicht sowieso schon zu spät dafür ist …«

»Interessant. Lass uns in Kontakt bleiben.«

Er zog eine Visitenkarte heraus und reichte sie Fjella.

Die tippte seine Nummer in ihr Handy und schickte ihm ihren Kontakt.

18:12 Uhr, Hamburg

Philip Graf hatte ein Bahnticket samt Reservierung für den kommenden Tag gebucht. Er sah zum Fenster hinaus. Nach einer Pause am Nachmittag hatte der Regen nun wieder eingesetzt. Er warf einen Blick in die Flyer, die auf dem Schreibtisch lagen, und bestellte eine Pizza vom Italiener nebenan, die der Zimmerservice bringen würde.

Sein Handy klingelte: Katrin. Er hatte ihr über den Tag hinweg bereits mehrere Nachrichten geschickt, aber noch keine erhalten. Erleichtert nahm er den Videocall an. Es dauerte einige Zeit, bis das Bild sich stabilisierte. Doch kaum wollte seine Frau etwas sagen, riss der Ton ab, und das Bild stockte. »Schlechte Verbindung« wurde angezeigt, dann verschwand die Schrift, der Bildschirm wurde schwarz, ein Besetztzeichen ertönte.

Besorgt beendete er den Videochat und versuchte, Katrin erneut anzurufen. Es klingelte und klingelte, aber sie ging nicht ran.

Er wählte eine andere App und versuchte es dort. Wieder nichts.

Ein ganz normaler Anruf führte ebenfalls zu einem Besetztzeichen. Es war wie einen Fiat reparieren zu wollen.

Graf setzte sich an den Schreibtisch und klappte seinen Laptop auf. »Kreta News«: nichts Aktuelles. Er wechselte zu Facebook, dann zu Instagram, schließlich zu Twitter. Aus bruchstückhaften Posts, einigen Fotos und verwackelten Videos konnte er sich zusammenreimen, dass auf der Insel offenbar zeitweise die Stromversorgung und damit auch Internet und Telefonie zusammengebrochen waren. Manche Hotels und einige Privatleute verfügten wohl über Notaggregate.

Ein längeres Video zeigte ein Flüchtlingslager auf der Insel, in dem offenbar ein Feuer ausgebrochen war. Verdreckte Menschen rannten um ihr Leben. Etliche von ihnen erkennbar verletzt. Manche stapften blindlings in die Dunkelheit, andere blieben stehen und starrten in das Feuer.

Eine hektische Stimme kommentierte das Geschehen auf Griechisch. Bei einigen besonders schnellen Schwenks wurde ihm beinahe schwindelig.

Er bekam Atemnot. Seine Frau und seine Kinder saßen auf einer Insel fest, auf der zahlreiche Flüchtlinge gerade ihr allerletztes Hab und Gut verloren hatten, die unwürdige Zeltplane, die sie vor Regen und Sonne schützte. Und die Einwohner selbst zählten ebenfalls nicht zu den Gutsituierten.

Er musste etwas tun. Seine Frau und seine Kinder mussten zurück nach Hause, aber wie?

Ein weiterer Clip startete automatisch. Diesmal ein seriöser Nachrichtenbeitrag. In Griechenland und auf den Inseln war es in den vergangenen Tagen zu massiven Problemen durch unerwartet viel Regen und einige Gewitter gekommen. Aber mittlerweile hatte sich das Wetter wieder normalisiert, die

Versorgung mit Strom und Wasser war wiederhergestellt worden. Zu sehen war ein wolkiger, aber doch vor allem blauer Himmel. Auf den Straßen patrouillierten Polizei und Militär.

Dann vibrierte sein Handy. Zwei Nachrichten von Katrin. Eine offenbar von gestern: »Heute stundenlang Stromausfall und die ganze Zeit Regen. Einer der anderen Gäste hat erzählt, im Flüchtlingslager sei ein Feuer ausgebrochen. Die armen Menschen! Aber ich mache mir auch Sorgen um uns!« Die zweite von heute: »Es ist wie ein Wunder, der Strom ist wieder da, die Regenwolken sind verschwunden. Es ist warm und sonnig, die Klimaanlage funktioniert. Vor dem Hotel und am Strand stehen Soldaten. Das finde ich nicht schön, aber jedenfalls sind wir sicher! Eine Frau hat mir erzählt, in Deutschland wäre die Lage auch schwierig. Ich hoffe, dir geht es gut! Ich liebe dich!«

Es klopfte an der Tür, doch der Appetit auf Pizza war ihm vergangen.

Süddeutsche Zeitung, online

Die zahlreichen Medien (darunter auch dieser Zeitung) anonym zugespielte Wetter-Projektion sorgte im Laufe des heutigen Tages für weitreichende Diskussionen. Aus Regierungskreisen verlautete, dass die aufgestellten Szenarien nicht so unplausibel seien, wie man es gern hätte. Die Grünen forderten eine zeitnahe Begutachtung des Papers durch anerkannte Wissenschaftler. Die Umweltschutzorganisation Extinction Rebellion forderte die sofortige Erklärung des Klimanotstandes sowie die europaweite Abschaltung aller Kohlekraftwerke binnen 12 Monaten.

Die AfD bezeichnete die Veröffentlichung in einer Stellungnahme als »reine Panikmache«. Die Fraktionsvorsitzende veröffentlichte ein Foto, auf dem sie eine Tasse mit der Aufschrift *Ich glaube an Gott, nicht an den Klimawandel* zeigt. Die FDP forderte eine größere finanzielle Unterstützung für technische Entwicklungen, die dem Klimawandel Einhalt gebieten sollen.

Prof. Günter Schenk, Leiter des Klimafolgenforschungszentrums in Potsdam, betonte, dass technische Lösungen allein nicht ausreichten, um das Problem zu bewältigen. Ebenso wenig seien allein politische Maßnahmen zielführend. »Wir brauchen beides: neue Techniken und neue Gesetze. Egal wie viel erfunden werden wird, ohne strikte politische Vorgabe kommen wir nicht weit, und Vorschriften allein werden die Emissionen ebenfalls nicht auf null bringen.«

Dr. Helene Moritz, deutsche Sprecherin des umstrittenen, kürzlich gegründeten europäischen Thinktanks ›Fronte della Tempesta‹ des kanadischstämmigen Multimillionärs Timothy »Flack« Ruinam, wies in einem Statement darauf hin: »Es hat im Laufe der Menschheit immer wieder wärmere und kältere Phasen gegeben. Die Menschheit befindet sich auf dem bisherigen Höhepunkt ihrer Entwicklung, somit steht fest, dass Temperaturschwankungen kein bedeutendes Problem für die Menschheit darstellen.« Ruinam gilt als entschiedener Gegner von Klimaschutzmaßnahmen. Er verdiente einen Teil seines Vermögens als Berater milliardenschwerer Ölfirmen, in deren Auftrag er immer wieder Zweifel an der wissenschaftlichen Glaubwürdigkeit der Klimaforschung verlauten ließ.

Bernd Lauer, Vorsitzender der Deutschen Landwirtschaftskammer, betonte, die Versorgung Deutschlands mit Grundnahrungsmitteln sei weiterhin sichergestellt. »Es war ein sehr niederschlagsreiches Frühjahr, was einige Ernteausfälle zur Folge hat. Wir hoffen alle auf einen warmen Sommer. Aber so oder so ist dank intensiver Bewirtschaftung und internationaler Kooperationen die Versorgung der Bürger mit Grundnahrungsmitteln dauerhaft sichergestellt.«

Zahlreiche Umweltschutzverbände, Umweltschutzgruppen und alternative Medien riefen über das Internet und soziale Medien zu aktivem Widerstand auf. »Wir dürfen keine Ruhe geben, bis die Regierung die notwendigen Maßnahmen ergreift«, erklärte Joachim Bartsch, Vorsitzender der Umweltunion, eines Zusammenschlusses zahlreicher Umweltschutzorganisationen.

Die Aktivistinnengruppe »EcoQueers« rief auf ihrer Facebookseite zu gewaltsamem Widerstand auf. Die militante Gruppierung ist ausdrücklich bereit, Sach- und Personenschäden in Kauf zu nehmen, »wenn es der Sache dient«. Laut einer Forsa-Umfrage nahm die Zahl der Bundesbürger, die Gewalt im Kampf gegen den Klimawandel als »akzeptabel oder sogar notwendig« ansehen, von letzter Woche zu dieser um acht Prozentpunkte von drei auf elf Prozent zu.

Tagesschau, Das Erste

Starkwetterereignisse sorgten auch heute wieder für zahlreiche Sachschäden. Der Wasserstand von Rhein, Main, Leine und Donau ist so stark erhöht, dass für etliche Anrainerflächen die Evakuierung angeordnet wurde. In der Nähe von Ingolstadt riss die Donau mehrere Hektar Ackerland mit sich. Im Schwarzwald trat der Titisee über die Ufer. Das folgende Sturzwasser durch das Untere Seebachtal zerstörte den nahe gelegenen Ort Bärental nahezu vollständig. Nach derzeitigem Stand kamen mindestens drei Personen ums Leben.

In vielen Städten erzielen Baumaterialen, mit denen Menschen Haus und Hof vor den anhaltenden Unwettern schützen wollen, Höchstpreise oder sind nur noch auf dem Schwarzmarkt erhältlich.

CNN online, US Edition

Geht Europa unter?

Slideshow:

1) An der Donau wird ein Acker weggerissen
2) In den Niederlanden tritt Meerwasser über den Deich und flutet eine Graslandschaft
3) In Spanien tragen illegale Arbeiter einen Mann aus einem Gewächshaus. Er hat einen Hitzschlag
4) Italien: Die Innenstadt Roms steht unter Wasser. Touristen schlendern in Gummistiefeln umher wie sonst in Venedig
5) Kroatien: Overlay von nächtlichen Satellitenaufnahmen, die das Ausmaß des Stromausfalls dokumentieren
6) Dänemark: Kurz nach dem Auslaufen aus dem Hafen Kopenhagens schlägt ein Frachter Leck und havariert
7) Finnland: Tausende Hektar Wald verdorren, Rentiere irren durstig zwischen den vertrockneten Bäumen umher. Permafrostboden taut – eingeklinkte Grafik mit zugehörigem CO_2-Ausstoß
8) Polen: In der mittelpolnischen Stadt Włocławek wurde das Klärwerk überflutet, tagelang lief Abwasser ungeklärt in die Weichsel. Umweltschützer beklagen ein ökologisches Desaster

In weiten Teilen der EU klagen Bürger über schwere Belastungen durch Extremwetterereignisse. Seit Wochen wird die EU, mit wenigen Ausnahmen, von Unwettern und anhaltenden Niederschlägen heimgesucht, die unerwartet große Schäden verursachen. Und auch dort, wo es nicht regnet, herrscht nicht eitel Sonnenschein – stattdessen werden Teile Europas von Hitzewellen heimgesucht, die Tiere, Pflanzen und Menschen in Gefahr bringen. Zudem steigt durch die übergroße Hitze der Kohlendioxid-Ausstoß. Extremistische Parteien machen sich die Unruhe und Unzufriedenheit der Bevölkerung zunutze. Sie werben mit einfachen Parolen und Schuldzuweisungen um Stimmen in der in wenigen Wochen bevorstehenden Wahl zum Europaparlament.

Bislang ist es der EU nicht gelungen, den unerwarteten Wetterereignissen eine einheitliche politische Reaktion entgegenzusetzen. Stattdessen breiten sich Sorgen und Gerüchte aus.

21. Juni

07:54 Uhr, Magdeburg 

Auf dem Domplatz hatte sich eine größere Menschenmenge versammelt. Sarah Vogel saß am Steuer eines Einsatzleitwagens, dem ein LKW mit mehreren Paletten Wasserflaschen folgte. Seitlich wurden sie begleitet von Polizeimotorrädern.

Seit gestern warnte die Landesregierung Sachsen-Anhalt aufgrund von möglichen Verunreinigungen und Verkeimungen vor dem Konsum von Leitungswasser. Sollte dies doch unumgänglich sein, müsse es unbedingt abgekocht werden.

In mehreren weiteren Bundesländern, darunter Bayern, Mecklenburg-Vorpommern, Bremen und Hessen, waren ähnliche Vorsichtsmaßnahmen getroffen worden.

Über die offizielle Internetseite der Stadt sowie über das Lokalradio war darüber informiert worden, dass am Morgen Wasserflaschen an die Bürger ausgegeben würden.

Weil die Menschen dicht an dicht standen, kam Sarah nur im Schritttempo voran. Sie hupte, einer der Polizisten ließ seine Sirene aufjaulen, aber es half kaum etwas. Schließlich schaltete sie den Lautsprecher auf dem Dach ein und griff zum Mikrofon: »Bitte treten Sie zur Seite. Wenn wir nicht weiterfahren können, muss die Wasserverteilung ausfallen. Bitte treten Sie zur Seite. Sonst kann die Wasserverteilung nicht durchgeführt werden.«

Langsam begannen die Menschen, eine Gasse frei zu machen. Auf einmal kam es wenige Meter vor ihrem Fahrzeug zu einem Gerangel. Sie hatten nicht mitbekommen, wie es begonnen hatte, und nach wenigen Sekunden war es schon wieder vorbei, und sie konnte endlich weiterfahren.

Schließlich erreichten Sarah, ihr Trupp und der Lkw die Platzmitte. »Bitte bilden Sie zwei Schlangen rechts und links des Lkws!«, sagte sie über den Lautsprecher. »Bitte stellen Sie sich sowohl von rechts als auch von links seitlich des Fahrzeugs zur Wasserempfangnahme an!«

Die Menschenmasse wogte, sie schwappte hin und her, aber es kehrte keine Ordnung ein. Stattdessen drängten immer mehr Menschen auf den Laster und das Löschfahrzeug zu.

Sarah und ihre Kolleginnen und Kollegen stiegen aus, schoben sich am Löschfahrzeug entlang nach hinten zu dem Lkw mit der kostbaren Fracht. Der Fahrer hatte bereits begonnen, die seitlichen Planen aufzurollen. Als die zahllosen Halbliterflaschen sichtbar wurden, ging ein Aufschrei durch die Menge, und die Leute drängten noch aggressiver nach vorn. Sie grabschten nach Sarah und ihrem Trupp, schrien, stießen. Panik machte ihr das Atmen unmöglich. Im letzten Augenblick konnte sie sich auf die Plattform des Lasters hochstemmen.

»Zwei Flaschen für jeden«, rief sie. Doch es war hoffnungslos, über den Lärm hinweg konnte niemand sie hören. Sie nahm zwei Flaschen von einer Palette und hielt sie der erstbesten Person auf dem Domplatz vor die Nase. Gierig griff der Mann danach, stopfte sie in seinen Rucksack, streckte die Hände erneut zu ihr aus. »Zwei Flaschen pro Person!«, rief Vogel, so laut sie konnte.

»Ich habe Frau und Kinder!«, schrie der Mann zurück.

»Zwei Flaschen pro Person!« Sie gab einer jungen Frau, die direkt neben dem Mann stand, ebenfalls zwei Flaschen. Er versuchte, danach zu greifen. Die Frau schlang die Arme um die Flaschen, kreischte und trat nach dem Mann.

»Zwei Flaschen, verdammt noch mal!«, rief Sarah verzweifelt. »Zwei Flaschen pro Person!«

Der Lkw begann zu schaukeln, weil die Menschen ringsum ungeduldig wurden und an ihm rüttelten.

Der Mann schlug der Frau, der Sarah eben das Wasser gegeben hatte, mit der Faust ins Gesicht. Sie stieß einen Schrei aus, ließ die Flaschen fallen. Blut schoss ihr aus der Nase.

Der Mann beugte sich auf den Boden, versuchte die Flaschen zu packen, doch auch andere Personen stürzten sich auf diese. Im Nu war eine massive Schlägerei entbrannt.

Weiter hinten krakeelten die Menschen: »Wir wollen Wasser! Wir sind das Volk! Wir wollen Wasser! Wir sind das Volk!«

Von der anderen Seite des Lasters hörte sie ein lautes Krachen. Erschrocken fuhr sie herum. Zwischen den Paletten hindurch konnte sie sehen, dass dort ein ganzer Palettenturm fehlte. Kaum hatte sie der Menschenmenge auf ihrer Seite den Rücken zugewandt, packte jemand ihren Knöchel und riss daran. Sarah verlor das Gleichgewicht, wurde von der Ladefläche gerissen, schlug erst mit dem Ellenbogen, dann mit dem Kopf gegen die Metallkante. Schützend schlang sie die Arme über den Kopf, kroch dann zwischen den Rädern hindurch unter das Fahrzeug, um von der johlenden Meute, die sich auf das Wasser stürzte, nicht zertrampelt zu werden. Auch auf ihrer Seite krachte wenige Sekunden später erst eine Palette mit Wasser herunter, dann eine zweite, eine dritte.

Menschen schrien, jemand ging zu Boden, Sarah schloss die Augen, die schrecklichen Geräusche vermischten sich zu einem Rauschen, und als sie die Augen wieder aufschlug, war es ruhig geworden.

Sie kroch hervor. Die Menschenmenge hatte sich verloren. Um den Laster herum war der Boden nass. Hunderte von aufgeplatzten Plastikflaschen lagen zwischen zerbrochenen Holzpaletten. Ein junger Mann und eine ältere Frau saßen auf dem Boden. Der Mann hielt sich das Bein und stöhnte, die Frau starrte einfach geradeaus. Sarah vermutete, dass sie unter Schock stand. Offenbar hatte der Mob einfach die Paletten mit den Wasserflaschen vom Laster gewuchtet. Ein Wunder, dass dabei nur zwei Menschen verletzt worden waren.

Sarah tat ein paar Schritte, dann wurden ihr die Knie weich. Sie lehnte sich an das Löschfahrzeug, in dem sie hergekommen war. Sie war entsetzt darüber, wozu Menschen fähig waren.

09:31 Uhr, Hannover

Der kommerzielle Passagierflugverkehr war weiterhin auf behördliche Anordnung untersagt. Doch die Bahn hatte den Betrieb wieder aufgenommen. Philip Graf saß im Ruhebereich eines Großraumwagens in der ersten Klasse und versuchte, zu arbeiten.

Doch erstens brach die WLAN-Verbindung alle paar Minuten ab, sodass er es seit Hamburg gerade einmal geschafft hatte, seine Mails herunterzuladen und die Arbeitsdateien zu aktualisieren.

Zweitens trafen immer wieder wuchtige, unerwartete

Sturmböen den Zug und versetzten Graf jedes Mal einen Schreck. Meist waren die Windstöße begleitet von einem lautstarken Rumms, und der Zug tat einen kräftigen Ruck zur Seite.

Zuerst hatte er in die Suchmaschine eingegeben: »Seitenwind Zug entgleist«, aber die Internetverbindung war zu schlecht. Er erhielt eine Fehlermeldung statt Informationen.

Dann hatte er die Zugbegleiterin bei der Fahrkartenkontrolle gefragt: »Sagen Sie, diese Sturmböen, können die den Zug eigentlich auch aus dem Gleis tragen?«

Sie hatte den Kopf geschüttelt. »Erschrecken Sie dann auch immer? Aber – nein, machen Sie sich keine Sorgen. Wir haben das mal auf einem Lehrgang erklärt bekommen. Es fährt genug Wind unter dem Zug hindurch, sodass keine Gefahr besteht.«

Wieder traf ein Stoß den Zug, und sie griff nach einer Sitzlehne, um nicht das Gleichgewicht zu verlieren. »Aber Spaß macht es nicht«, setzte sie hinzu.

Graf nickte. »Danke. Ich hatte überlegt, sonst in Hannover auszusteigen. Aber wenn Sie sagen, dass wir eine Straßenlage haben wie ein Mazda6, dann fahre ich weiter.«

Die Zugbegleiterin nickte. »Die nächsten Tage soll es eher noch schlimmer werden. Fahren Sie nach Hause?«

»Ja.«

»Dann bleiben Sie an Bord. Je schneller Sie ans Ziel kommen desto besser.«

Das WLAN-Signal verschwand. Graf zog sein Handy aus der Tasche, doch auch das hatte keinen Empfang.

Er schaute zum Fenster hinaus und bemerkte, dass es zum ersten Mal seit Tagen nicht regnete. Felder, Wälder, Strommasten huschten vorbei. Der Himmel war deprimierend grau bis zum Horizont. Graf entdeckte auf einer Landstraße zwei Autos, die Mühe hatten, gegen den unregelmäßigen Starkwind anzukommen. Immer wieder wurden sie aus der Spur geschoben.

Ein Trecker ratterte schnurgerade über ein Feld. Der war schwer genug. Seine Reifen versanken tief im feuchten Boden.

Hinter Harburg hatten sie das erste Mal eine halbe Stunde auf die Weiterfahrt warten müssen, kurz vor Hannover noch mal zwanzig Minuten. Graf ging davon aus, dass er froh sein konnte, wenn er heute noch München erreichte.

Nach dem Anruf seiner Frau hatte er die halbe Nacht vergeblich versucht, sie zu erreichen. Er hatte ihre Nummer angerufen, ihr Nachrichten geschickt, aber nichts gehört. In den Nachrichten am Morgen war kurz von »wetterbedingten Unruhen in ganz Südeuropa« die Rede gewesen.

Letztlich hatte er sich voller Unsicherheit entschlossen, in den Zug zu steigen. Er hatte schon damit gerechnet, dann selbst nicht sonderlich gut erreichbar zu sein. Aber aus München konnte er Katrin und die Jungs besser unterstützen, wenn er den Kontakt erst mal wiederhergestellt hatte. Alle paar Minuten glaubte er, sein Handy hätte vibriert, und schaute auf das Display. Nichts.

Nun starrte er durch das Fenster hinaus. Die Welt verschwamm zu grau-grün-braunen Schwaden. Krasse Fantasien fluteten sein Hirn – ein wütender Mob, der das Hotel stürmte, Menschen, die um Nahrungsmittel oder Wasser kämpften. Verdreckte Wesen, die mit wildem Blick in Lumpen durch den Regen stapften. Katrin und die Jungs, die sich in eine Ecke des Hotelzimmers kauerten, unter dem Bett versteckten, im Bad, sich eine Decke über ihre Köpfe zogen.

Er holte tief Luft und riss sich zusammen. Sich der Angst zu überlassen half jetzt auch nichts. Irgendwie musste er sich ablenken.

Diese Fjella, die er gestern beim LKA getroffen hatte, hatte ihm das Programm der Klimatagung in München gemailt. Er öffnete die Datei:

Klima 3000
Zweitägige Konferenz im Nationaltheater München
Zeitgleich zum Treffen der Klimakommission in Brüssel
Thema: »Wirtschaft + Klima«, miteinander statt gegeneinander
Gästeliste (Auswahl):

- Dan Richter, Werksleiter Tesla Deutschland
- Dr. Melanie Born, Staatssekretärin Umweltministerium
- Dipl.-Kfm. Paul Meißner, Sprecher des BDI (Bundesverband der Deutschen Industrie)
- Christina Lippert, Vorsitzende des Industrieverband Agrar
- Elias Apel, Extinction Rebellion
- Timothy »Flack« Ruinam & Eowyn Sandel, Fronte della Tempesta (internationaler Thinktank)
- Robert Bertram, Professor für Nachhaltigkeit und Transformation, Jena
- Dr. Andreas Kopp, Forschungsleiter FS »Polarstern«

Freitag würden vor allem Vorträge stattfinden, Samstag waren Workshops und informelle Get-togethers geplant. Das fand Graf spannend. Den veganen Lunch nicht so, aber er würde es überleben.

Der Wind hatte nachgelassen, der ICE hatte Tempo aufgenommen. Das WLAN funktionierte wieder.

Graf buchte sich eine Karte für die ›Klima 3000‹ und schrieb dann Fjella: »Ich gehe auch auf die Klimakonferenz. Wollen wir zusammen hin? Und hast du schon eine Unterkunft? Wir haben sonst ein Gästezimmer.«

13:01 Uhr, Stuttgart

Jan Baumann schreckte auf. Das schnurgebundene Telefon auf dem Nachttisch klingelte. Offenbar war er eingedöst. Im Fernsehen lief eine Cartoonserie. Mia spielte auf dem iPad.

Der Filz-Oktopus saß neben ihr. Immerhin.

Benommen angelte Baumann nach dem Hörer. Wer würde, wer könnte? Es wusste doch niemand, dass sie hier waren. Und Festnetz? »Bman«, nuschelte er.

»Hallo, Herr Baumann, ich habe leider eine schlechte Nachricht für Sie«, tönte eine junge Frauenstimme. Sie klang so dynamisch, als wäre er versehentlich in einen Werbespot geraten.

»Was'n?«, fragte Baumann.

»Herr Baumann, sind Sie es?«, fragte die Stimme.

»Ja, ich …« Er setzte sich auf, räusperte sich. »Ja, ich bin hier. War nur eingeschlafen.«

»Bitte entschuldigen Sie die Störung. Hier ist die Rezeption. Ich habe leider eine schlechte Nachricht für Sie. Aufgrund behördlicher Anordnung müssen alle Hotels heute noch schließen. Es sind keinerlei Ausnahmen zugelassen. Die Maßnahme dient der Sicherheit der Bevölkerung. Wir müssen Sie daher bitten, innerhalb der nächsten Stunde – also, innerhalb der knappen nächsten Stunde, bis vierzehn Uhr – auszuchecken und das Zimmer zu räumen. Uns ist bewusst …«

»Aber wo sollen wir denn hin?«, unterbrach Baumann die Rezeptionistin.

Mia hob alarmiert durch seinen Tonfall den Kopf und sah ihn besorgt an.

»Es tut uns sehr leid, wenn die Maßnahme Ihnen Unannehmlichkeiten bereitet«, flötete das Mädchen am Telefon. »Uns sind leider die Hände gebunden. Es handelt sich um eine kurzfristige behördliche Anordnung. Herzlichen Dank für Ihr Verständnis. Bitte vergessen Sie nicht, beim Auschecken Ihre Zugangskarte an der Rezeption abzugeben.«

Klick. Aufgelegt.

Baumann schüttelte benommen den Kopf. Hatte sich da jemand einen Scherz erlaubt?

Er griff nach der Fernbedienung, wechselte auf einen Regionalsender. »… Beherbergungsverbot in ganz Baden-Württemberg. Experten mutmaßen, dass es sich um eine Maßnahme handelt, die den unkontrollierbaren Fluchtbewegungen der Bevölkerung Einhalt gebieten soll. Die Regierung betont, die Vorgabe habe vor allem ordnungsrechtliche Gründe und diene zudem auch der Einhaltung notwendiger Hygieneregeln. Derzeit ist in vielen Bundesländern die Sicherheit der Versorgung mit Trinkwasser, aber auch mit Grundgütern wie Strom und Kommunikationsmitteln nicht gewährleistet. Zahlreiche Krankenhäuser befinden sich nach offizieller Aussage bereits kurz vor der Überlastungsgrenze.«

Baumann schaltete das Gerät aus. Der Bildschirm wurde mit einem leisen Zischen schwarz. »Mia, pack bitte deine Sachen. Wir müssen aus dem Hotel raus.«

»Und wo schlafen wir dann?«, fragte Mia. Er konnte die Sorge in ihrer Stimme hören.

»Wir finden schon was, du und ich«, sagte er gespielt munter.

Schweigend packten sie ihre Koffer. Zwanzig Minuten später schob Jan Baumann seine Keycard über den Tresen. Weitere fünf Minuten später saßen sie im Auto.

Es regnete.

Natürlich. Es regnete immer. Am liebsten wäre er Richtung Süden aufgebrochen und gefahren, bis sie in Sicherheit wären. Doch in Südeuropa war die Lage noch schlimmer, dort grassierten teilweise furchtbare Waldbrände, die sich nicht unter Kontrolle bringen ließen. In anderen Gegenden regnete es ebenfalls ohne Unterlass, aber Infrastruktur und Bausubstanz waren deutlich maroder als im hoch industriellen Deutschland.

Diese Option, so romantisch sie war, fiel also aus.

Sollten sie zurück nach Seesen fahren?

Nein, dort verfügten sie auch nicht über die Ressourcen, diese Wetterlage noch Wochen oder Monate durchzustehen.

Er starrte geradeaus, dann drehte er den Zündschlüssel. Es gab nur eine sinnvolle Option.

Um zu Annas Wohnung zu gelangen, mussten sie den Stuttgarter Kessel durchqueren. Einige Ampelanlagen waren ausgefallen, nur noch die gelben Leuchten blinkten. Fußgänger waren selten zu sehen. Eine einsame Straßenbahn stand auf der Mörikestraße im Regen, die Türen offen, menschenleer. Am Marienplatz schließlich sammelte sich das Wasser aus allen Himmelsrichtungen. Baumann zögerte, bevor er hineinfuhr. Er hoffte nur, dass die Unterbodenversiegelung hielt. Der Wasserwiderstand überraschte ihn dann doch, er verriss das Steuer, geriet ins Schlingern, fing sich, ohne dabei vom Gas zu gehen. Ganz kurz hatte er das Gefühl, die Kontrolle über den Wagen zu verlieren, er schien zu schweben, die Räder drehten durch, aber dann spürte er wieder festen Boden unter den Reifen, schaltete vorsichtig runter, um den Wagen nicht an der Steigung abzuwürgen, gab Gas, gab noch mehr Gas, und dann hatten sie es geschafft. Sie hatten den sich stetig füllenden See durchquert und hinter sich gelassen, gerade noch rechtzeitig, ein Zentimeter, zwei Zentimeter mehr, und der Wagen wäre gnadenlos abgesoffen, und ob er ihn dann wieder in Gang bekommen hätte, wer weiß.

Schließlich hatten sie die Heinestraße erreicht, Annas Wohnung belegte Erdgeschoss und ersten Stock mit Blick über den Sonnenberg. Baumann stellte den Wagen ab und wies Mia an: »Warte hier!«

Er stieg aus, schlug den Kragen seiner Jacke hoch, auch wenn es nicht das Geringste half, stiefelte um das Haus herum. Nirgendwo ein Mensch zu sehen, aber bestimmt lugten viele hinter ihren Gardinen hervor und fragten sich, was der fremde Mann da trieb.

Auf der Terrasse standen ein Gartentisch und zwei Gartenstühle aus weißem Plastik. Ein schmaler Plattenpfad führte an der Hausseite entlang. Zwei Gehwegplatten lehnten schräg an der Wand.

Baumann packte eine davon mit beiden Händen, wackelte zurück auf die Terrasse, holte weit aus und ließ die Platte in die Terrassentür krachen. Er kniff die Augen zu, um sich vor Splittern zu schützen. Mit einem lauten Knall barst die Scheibe.

Er griff nach einem Rechen, der in der Ecke lehnte, und stieß mit dessen Holzstiel weitere Glasstücke aus dem Rahmen, bis er gefahrlos hindurchfassen und den Riegel lösen konnte. Er öffnete die Tür, schob mit dem Rechen den Großteil der Scherben beiseite und trat mit einem großen Schritt in die Wohnung.

Blieb stehen, lauschte, sah sich um. Anna schien die Wahrheit gesagt zu haben, er hatte nicht den Eindruck, dass jemand zu Hause war.

Ein leises Geräusch ließ ihn herumfahren. Draußen im Garten stand Mia und starrte ihn an. Er konnte nicht sagen, ob sie weinte oder ob ihr Gesicht bloß regennass war.

13:56 Uhr, Dreieich bei Frankfurt

Arian hatte seinen Laptop auf den Esstisch gestellt und las seit Stunden Meldungen, Kommentare und Diskussionsbeiträge zur Klimaproblematik. Die bevorstehende Europawahl galt als »Klimawahl«, darin waren sich alle einig – nur was das konkret bedeutete, darüber gingen die Meinungen massiv und lautstark auseinander.

Vor einer Stunde hatte er sich in der Mikrowelle eine Tütensuppe erhitzt. Sie stand unberührt in einem Becher neben ihm.

Draußen regnete es gemütlich vor sich hin. Ein schöner Spätnovembertag, an dem man sich mit einem Punsch und ein paar Keksen aufs Sofa kuscheln konnte. Bloß war nicht November, sondern Ende Juni.

Ein paar Fakten schienen Arian mittlerweile unbestreitbar:

– Der Ausstoß an Treibhausgasen (v. a. Kohlendioxid, Ozon, Methan) leistete einen Beitrag zur Erwärmung der Erdatmosphäre.

- Auch natürliche Vorgänge setzten diese Gase frei, und Temperaturschwankungen hatte es schon immer gegeben. Aber der menschliche Beitrag war groß genug, um eine Erderwärmung um mehrere Grad Celsius gegenüber der vorindustriellen Zeit zu verursachen.
- Pro Grad Celsius Erderwärmung stieg der Meeresspiegel um etwa 50 Zentimeter. Weil die Auswirkungen der Treibhausgase sich nicht einfach stoppen ließen, sondern noch Jahrhunderte (ja, Plural!) weiterwirkten, war klar, dass zahlreiche Inseln und zigtausende von Küstenkilometern betroffen sein würden. Dass ufernahe Städte und kleinere Inseln untergingen, war keine These mehr, sondern konnte als gesichert angesehen werden bzw. war bereits Realität (u. a. Tuvalu, Kiribati, Bandos).
- Darüber hinaus nahm wärmere Luft mehr Feuchtigkeit auf, die irgendwann wieder abregnen musste.
- Und feuchtere, wärmere Luft verhielt sich grundsätzlich anders als trockenere, kühlere. Das hieß, die Luftströmungen und damit auch lokalen Wetterphänomene würden sich verändern. Man wusste nur noch nicht, wie.
- An manchen Orten würde es mehr oder heftiger regnen, an anderen stürmen, wieder andere würden unter zu intensiver Hitze leiden. Es war auch möglich, drei Hauptgewinne zu ziehen.

Klimawandel-Leugner waren entweder Geschäftsleute oder Lobbyisten, die bestimmte finanzielle oder politische Ziele verfolgten. Oder Dummköpfe, die glauben wollten, alles liefe super. Dafür gab es sicher eine psychologische Erklärung, aber für seine Zwecke reichte die Erkenntnis, dass es schlicht keine ernst zu nehmenden Gründe gab, zu glauben, der Klimawandel würde nicht oder nur in geringem, unproblematischem Ausmaß stattfinden.

Manche Optimisten behaupteten und glaubten vielleicht sogar wirklich – wieder: im Regelfall aus politischen oder finanziellen Gründen –, dass sich die bevorstehenden Probleme durch technische Tricks lösen ließen. Unterirdische Städte, kilometerhohe Deiche, Umsiedlung auf den Mars, Geoengineering des Wetters, Anarchismus, Sozialismus: Alle möglichen mehr oder weniger fundierten Hoffnungen und Theorien wurden hier auf einen Haufen geworfen.

Arian erschienen diese Optionen grundsätzlich möglich, aber leider unwahrscheinlich.

Dann gab es die Depressiven, die schlicht fürchteten, dass sowieso nichts mehr half. Sie stiegen irgendwann aus den Diskussionen aus und zogen sich in ihre Selbstversorger-Gärten zurück oder lebten im Fernreise-Luxus, weil es »jetzt sowieso nicht mehr darauf ankommt und der Einzelne ohnehin nichts ändern kann«. Letzteres war nicht ganz falsch, von Ersterem war Arian noch nicht überzeugt. Er konnte aber nachvollziehen, wie der Frust zustande kam.

Wichtige Treiber der Diskussionen waren jedoch, neben den Wissenschaftlern, die immer öfter zu Wort kamen, die mehr oder weniger aggressiven bis militanten Umweltschützer und Klimaaktivisten. Eine Szene, mit der er vor Jahren ein paarmal in Berührung gekommen war. Er hatte das Feuer und Engagement der Leute bewundert, sie aber letztlich doch zu anstrengend gefunden, und ihre Mittel waren ihm schon damals nicht immer gerechtfertigt erschienen.

Ihm schwirrte der Kopf vor Daten, Zahlen, Fakten, Projektionen, Hypothesen, Forderungen, Konsequenzen, Widersprüchen. Klar war, es musste etwas geschehen, und zwar schnell. (Es sei denn, man stellte sich wortwörtlich auf den Standpunkt: Nach mir die Sintflut. Was zahlreiche Kinderlose ungerührt taten. Arian hätte nicht sagen können, warum es ihm schäbig vorkam, nur an sich zu denken, nicht an zukünftige Generationen. Er wusste nicht, ob er irgendwann Kinder haben würde. Aktuell stand es jedenfalls nicht zur Debatte. Aber trotzdem war es doch eine Schweinerei, die Erde brutal auszubeuten auf Kosten der Natur, der Umwelt, der Tiere, der Menschen in anderen Teilen der Welt und eben auch auf Kosten noch ungeborener Menschen.) Klar war aber leider auch, dass keineswegs klar war, *was* geschehen musste.

In zahllosen Artikeln, Beiträgen, Kommentaren und Posts behaupteten zwar alle, zu wissen, dass ausgerechnet ihre favorisierte Lösung die einzig richtige sei und ganz sicher Menschheit und Erdball retten würde. Arian jedenfalls hätte nicht sagen können, wer von all diesen Schreihälsen recht hatte.

Unter dem Vorwand, noch genauer recherchieren zu wollen, klickte er sich immer tiefer in bestenfalls halb legale und nicht ganz einfach auffindbare Foren hinein. Er wusste natürlich, wonach er in Wahrheit Ausschau hielt, hätte es aber niemals zugegeben.

Während Arian also insgeheim nach etwas suchte, wovon er hoffte, es nicht zu finden, stolperte er über Beiträge, die ihn auf die Palme brachten. Seiner Ansicht nach verbarg sich hinter aggressiven Provokationen auf etlichen Webseiten und in mehreren Foren derselbe User. Er (oder sie, aber darauf ließ der Tonfall nicht schließen) wählte als Usernamen stets düstere Varianten des Begriffs »Regenwolke«: darkcloud_2000, blackcloud3000, drkcld, blackrain, forever_rain. Und er (oder, okay, vielleicht auch sie) wollte offenbar aufwiegeln: »Wartet nicht, bis eure Regierungen euch schützen! Wacht auf, und ergreift die nötigen Maßnahmen! Jede und jeder kämpft für sich allein!«, »Wo seid ihr sicherer als daheim? Schützt euer Land und euer Volk!«, »Unsere Ehre heißt Treue!«

Arian stieß auf mehrere erbitterte Streitgespräche zwischen diesem User und Mitgliedern einer weitgehend verdeckt agierenden Aktivistinnengruppe namens EcoQueers. Die EQs standen dem Wolkendecken-Fan in nichts nach: »Halt's Maul, du alter Panikmacher!«, »Alter weißer Mann, weg mit dir!«, »Hört nicht auf ihn, nur GEMEINSAM können wir in die Zukunft gehen!«

Er klickte sich durch zur Facebookseite der EcoQueers. Und erkannte sie sofort. Auf einem der Fotos war Deb, seine Exfreundin. Unverkennbar. Scheiße. Sie war also nicht ausgestiegen, wie er gehofft hatte, sondern tiefer in die Szene gerutscht.

Die EcoQueers riefen zum »militanten Widerstand gegen den Nationalismus, gegen die Klimadiktatur und für die Emanzipation« anlässlich einer Klimakonferenz in München auf. Er überprüfte die Daten. Nur noch zwei Tage.

14:30 Uhr, Hamburg

Eric Schmitz stellte seiner Kollegin Nina Kuhn einen Kaffeebecher mit dem Logo der Bäckerei an der U-Bahn-Station Alsterdorf auf den Schreibtisch. Ihre Augen begannen zu strahlen. »Echt? Ein trinkbarer Latte macchiato?«

Er nickte. Sie sprang auf und umarmte ihn. »Mein Freund und Helfer!«

Eric schüttelte grinsend den Kopf. »Mein Name ist Nina, und ich bin koffeinsüchtig.«

Nach dem Mittagessen ging er gern noch mal ein paar Schritte. In unmittelbarer Nähe befanden sich zwar fast nur weitere Bürobauten, aber die frische Luft tat ihm gut.

Dem anhaltenden Dauerregen versuchte er mit Humor und einer guten Tat zu begegnen.

»Das Überwachungsvideo ist gekommen«, sagte Nina, deutete auf ihren Bildschirm und nahm einen Schluck Kaffee.

»Aaah! Du bist mein Held!«

Sie startete die schwarz-weißen Aufnahmen aus Brokdorf. Auf einem Splitscreen sahen sie nahezu den gesamten Zaun an der Elbseite. Einige Zeit passierte nichts, nur Büsche und Gräser zuckten hektisch im Zeitraffer. Auf einmal tauchte ein schlanker Mann in einem dunklen Overall auf. Kuhn verlangsamte die Abspielgeschwindigkeit.

Der Mann klemmte irgendein Gerät an den Maschendrahtzaun, dann machte er sich mit einem Bolzenschneider daran zu schaffen.

»Das Ding schließt offenbar die Alarmfunktion kurz. Profis«, murmelte Schmitz.

Der Mann quetschte sich durch das Loch im Zaun, verschwand.

Kuhn erhöhte die Geschwindigkeit des Videos wieder, bis der Mann zurückkehrte. Er schob sich erneut durch den Zaun, entfernte das Gerät, das er anfangs angebracht hatte. Ein Auto erschien am Bildrand, hielt. Der Mann sah sich um, stieg ein.

Kuhn spulte zurück, fertigte einen Screenshot an. Das Käppi saß zwar tief, aber glücklicherweise hatte der Mann einmal genau in Richtung der Kamera geschaut.

Ecris, das Europäische Strafregisterinformationssystem, kannte ihn: Samir Ismailov.

Straffällig geworden in mehreren Ländern der EU in unterschiedlichen Zusammenhängen. Ein bezahlter Söldner.

Kuhn ließ den Moment, als der Fluchtwagen hielt, in Zeitlupe laufen. Auf der Frontscheibe lag ein Lichtreflex, der nur einmal kurz verschwand. Die Person am Steuer war trotzdem nur grob zu erahnen. Es schien eher eine Frau als ein Mann zu sein.

Sie erstellte einen weiteren Screenshot.

Schmitz las in der Zwischenzeit die neu eingegangenen E-Mails. »Hey«, sagte er, »das Bundesamt für Bevölkerungsschutz und Katastrophenhilfe stellt Anzeige gegen einen Arian Fischer wegen Geheimnisverrats. Angeblich ist er derjenige, der die Katastrophenvorhersage auf die Webseiten hochgeladen und an die Medien gegeben hat. Keine Ahnung, was das BBK damit zu tun hat. ›Verraten‹ haben kann er die ja nur, wenn es deren eigene Vorhersage war. Und dann wäre es doch wohl deren Aufgabe gewesen, die Bevölkerung zu warnen. Weißt du noch, während Corona haben die auch nichts unternommen, da gab es eine Story über Deutschlands unnützeste Behörde. Aber egal, den Namen sollten wir uns merken. Arian Fischer. Vielleicht hängt er auch irgendwie in der Sache drin.«

15:37 Uhr, Hamburg

Fjella zögerte. Beim letzten Gespräch war Arian ihr trotz allem eigenartig distanziert vorgekommen. Schließlich wählte sie einen Mittelweg. Statt ihn anzurufen, schickte sie eine Textnachricht. »*Hej*, übermorgen beginnt eine Klimakonferenz in München. Graf und ich wollen hin. Kommst du mit?«

Sie wartete auf eine Antwort. Starrte auf ihr Handy. Legte

es weg und setzte sich an ihren Computer. Öffnete die vorläufige Gliederung ihrer Doktorarbeit, an der sie schon viel zu lange nicht gearbeitet hatte.

Kochte sich einen Tee. Es war kühl für Sommer. Schaute zum Fenster hinaus auf die Elbe, die wieder auf Normalpegel gefallen war.

Sie rief ihre Mails ab, löschte den Spam, beantwortete die Anfragen der Kolleginnen und Kollegen, der Studentinnen und Studenten. Erstaunlich, wie selbstständig manche von ihnen waren, wie unselbstständig andere.

Sie überprüfte das Handy. Schaltete den Klingelton aus und wieder ein. Ging in den Flugmodus und wieder heraus. Legte es erneut beiseite.

Von dem Stapel Bücher neben ihrem Laptop nahm sie das oberste, schlug es auf, überflog das Inhaltsverzeichnis. Wichtige Informationen, die sie aber heute nicht aufnehmen konnte, weil sie im Geiste woanders war.

Sie freute sich auf die Konferenz in München. Freute sich auf die Begegnungen mit den Wissenschaftlerinnen und Wissenschaftlern dort, mit Kolleginnen und Kollegen aus der ganzen Welt. Das Programm war leider ein bisschen auf Krawall gebürstet, ein paar Klimawandelzweifler und beinharte Neoliberale kamen zu Wort, aber anderseits erhöhte eine gute Kontroverse auch das Interesse und die Reichweite. Echte wissenschaftliche Kongresse verliefen sehr einvernehmlich und verdammt langweilig.

Das Handy piepste. Sie griff so hastig danach, dass sie es versehentlich vom Tisch stieß.

Doch es war nur eine befreundete Doktorandin: »Bist du morgen auf dem Campus? Lunch? Es gibt Tacos!«

»Weiß noch nicht. Melde mich«, tippte Fjella zurück.

Da schob sich von oben schon die nächste Nachricht auf den Bildschirm. Arian! Albern, dass ihr Herz schneller schlug, aber was sollte sie machen?

»Gute Idee! Ist sowieso nur eine Frage der Zeit, bis BBK oder mein Boss mir auf die Schliche kommen.«

»Cool. Bahn zu unzuverlässig, nehme wohl Car Sharing. Soll ich dich mitnehmen?« Ihr Finger schwebte über dem Absende-Button. Bloß nicht zu eifrig wirken. Anderseits war das doch albern. Sie tippte auf »Senden«.

»Nett. Danke. Willst du bei mir Station machen?«

»Ich kann auch ins Hotel«

»Ich hab eine Ausziehcouch«

»OK. Bin nicht vor 21 Uhr da«

»OK. Freu mich«

Sie legte das Handy weg, griff dann wieder danach, schrieb ihrer Freundin: »Fahre heute schon Richtung München zur Klima 3000«

Schaute zum Fenster hinaus, seufzte tief und bemerkte, dass sie sich zum ersten Mal seit langer Zeit wirklich auf etwas freute.

17:34 Uhr, Dreieich

Arian klingelte bei seiner Nachbarin, Frau Ott. »Ich werde ein paar Tage verreisen, brauchen Sie vorher noch etwas?«

»Das ist aber sehr nett von Ihnen, vielen Dank«, sagte Frau Ott.

Konrad schnupperte wie immer erst an den Rädern ihres Rollators, dann an ihren Hausschuhen. »Ja, du bist ein ganz Feiner«, sagte sie zu dem Puli. »Ein ganz Feiner.«

Dann wandte sie sich wieder Arian zu. »Wo fahren Sie denn hin, bei diesem Wetter? Ich dachte, Flugreisen wären untersagt?«

Arian schüttelte den Kopf. »Nur beruflich. Auf eine Konferenz.«

»Ach ja, die Arbeit«, seufzte Frau Ott. »Die Arbeit.« Sie wackelte ein wenig mit dem Kopf hin und her. Aus dem Wohnzimmer konnte Arian das Flackern des Fernsehers ahnen. Sie ließ ihn meist ohne Ton laufen, damit die Wohnung nicht so unbelebt wirkte.

»Brauchen Sie denn für die nächsten Tage noch etwas?«, fragte Arian erneut.

»Gehen Sie denn sowieso noch mal einkaufen?«

Er schüttelte den Kopf. »Für mich nicht. Aber ich muss mit Konrad sowieso noch mal raus, und es ist ja nicht weit.«

»Dann gerne. Milch hätte ich gern und Butter, die gleiche wie immer, Sie wissen ja, welche ich mag. Eine rote Paprika. Zwei feste Bananen. Und eine Packung Graubrot. Ist das zu viel?«

Arian schüttelte mit einem Lächeln den Kopf. »Nein. Das ist kein Problem. So viel esse ich ja am Tag«, scherzte er.

»Warten Sie, ich hole Geld.«

»Nein, lassen Sie, ich lege Ihnen den Bon in die Tüte. Wir rechnen das hinterher ab.«

»Auf gar keinen Fall. Sie sollen das nicht auch noch auslegen müssen. Momentchen nur.«

Frau Ott ging drei Schritte rückwärts, griff nach ihrer Handtasche, die auf der Kommode im Flur stand, zog die Geldbörse heraus, entnahm ihr einen Fünfziger, kam zurück zur Tür. »Reicht das?«, fragte sie.

»Ja, mehr als das«, sagte Arian. »In Ordnung, dann bis später.«

Für den Weg zum Supermarkt zog er eine Regenjacke an und nahm einen Schirm mit. Der Regen fiel sanft, aber anhaltend.

Er kaufte die Lebensmittel für Frau Ott, legte dann noch eine Flasche Wein, eine Packung Eiscreme, Espresso, Früchtetee, Nudeln, eine Tomatensauce und Parmesan in den Wagen. Kurz vor der Kasse kehrte er noch einmal um, nahm die Tomatensauce, die er sonst immer kaufte, aus dem Wagen und entschied sich stattdessen für die teurere Manufaktur-Variante, die ganz oben im Regal stand. Als Alternative kam auch noch ein Glas Pesto dazu.

Schließlich ging er noch mal in die Obst- und Gemüseabteilung und griff nach einer Schale Salat und einem Dressing. Vielleicht hatte Fjella Hunger, wenn sie nach der langen Fahrt ankam.

*

Zu Hause rubbelte er den Puli trocken, dann brachte er Frau Ott Einkäufe und Wechselgeld. »Sie sind so gut gelaunt heute«, bemerkte die alte Dame. »Wie schön. Die Menschen sind alle so deprimiert« – sie deutete in Richtung ihres Wohnzimmers, offenbar meinte sie die Menschen, die im Fernsehen gezeigt wurden – »wegen des vielen Regens. Das ist auch wirklich nicht schön. Umso mehr freue ich mich, dass Sie sich offenbar auf Ihre Reise freuen. Genießen Sie sie. Sie sind wirklich ein sehr lieber junger Mann. Vielen Dank, ich wüsste nicht, was ich ohne Sie täte. Hier, bitte, für Sie, für die Reise!«

Sie hielt ihm einen Zehneuroschein hin.

»Nein, auf keinen Fall, ich helfe Ihnen wirklich gern. Und ich muss ja sowieso mit dem Hund raus, wie gesagt.«

»Doch, ich bestehe darauf! Trinken Sie unterwegs einen Kaffee oder besser noch ein Glas Sekt auf mein Wohl.«

Mit einem Lächeln und einem Kopfschütteln nahm Arian den Schein. »Vielen Dank.«

Er kehrte zurück in seine Wohnung. Bezog sein Bett für Fjella, die Ausziehcouch für sich. Räumte im Bad etwas Platz frei für ihre Waschtasche. Setzte sich an den Schreibtisch, las und beantwortete die Mails des Tages aus dem Büro. Sollte er offiziell eine Dienstreise beantragen, um nach München zu fahren? Aber er hatte gerade keine Lust auf Formulare, und morgen würde auch noch reichen. Seinen Job konnte er ohnehin von überall erledigen.

Er überprüfte die Berichterstattung über die anonym veröffentlichte Projektion einer unmittelbar bevorstehenden Wetterkatastrophe in Deutschland. Sowohl die klassischen wie die sozialen Medien beschäftigten sich ausführlich damit. Manche sahen die Apokalypse kommen, andere glaubten kein Wort, aber immerhin war die Diskussion in Gang gekommen. Mehrere Redaktionen hatten externe Experten gebeten, Arians Annahmen und Berechnungen zu überprüfen. Diese verwiesen darauf, dass das einige Tage in Anspruch nehmen würde.

Vielleicht war es nicht schlecht, mal rauszukommen. In München unterzutauchen. Sonst sah ihm vielleicht doch noch irgendein Kollege sein schlechtes Gewissen an, wenn das Kantinengespräch auf die Wetterprognose kam. Und wo er schon dort war, konnte er versuchen, mit Debbie zu sprechen, bevor die etwas tat, was sie später bereuen würde.

Er sah auf die Uhr. Fjella brauchte aber wirklich lange.

Draußen waren die Laternen bereits angesprungen, ihr Licht spiegelte sich auf der nassen Straße.

Gerade als er überlegte, ob er sie anrufen sollte, hielt ein Wagen vor dem Haus. Sie stieg aus, klingelte bei ihm.

»Schön, dass du da bist«, sagte er. »Ich kann uns was zu essen machen. Nudeln. Und Salat. Möchtest du einen Wein? Ich hab auch Eis gekauft, zum Nachtisch.«

»Ich freu mich auch, dich zu sehen«, sagte Fjella mit einem Lächeln.

Aktuelle Verordnung der Bundesregierung (Ad-hoc-Veröffentlichung) zur Gewährleistung der öffentlichen Sicherheit

Mit sofortiger Wirkung (21. Juni, 16:30 Uhr MEZ) ist die Nutzung aller deutschen Gewässer aus jedwedem Grund (ausgenommen berufliche Gründe) untersagt. Dies betrifft Flüsse, Seen und Teiche sowie die Bereiche der Nord- und Ostsee unter deutscher Hoheit.

Dabei spielt es keine Rolle, ob die Nutzung mit oder ohne zusätzliche Hilfsmittel (Boot, Surfboard, Paddleboard o. Ä.) erfolgt. Eine Nutzung ist ausschließlich zulässig im Rahmen gewerblicher Tätigkeiten (Berufsschifffahrt, Fischfang o. Ä.), nicht aber im Rahmen gewerblicher Freizeitgestaltung (Bootsverleih, Wasserski o. Ä.). Auch der Personentransport (Fähren o. Ä.) ist untersagt. Ebenso hat die gewerbliche Nutzung bei Dunkelheit, schlechter Sicht, Unwettern und aufziehenden Unwettern zu unterbleiben.

Grund für die Verordnung ist die Häufung von Todesfällen und schweren Verletzungen aufgrund schnell und unerwartet aufziehender Unwetter- und Extremwetterlagen. Die Maßnahme dient somit dem Bevölkerungsschutz und ist gerechtfertigt durch die Verpflichtung der Regierung, die Sicherheit der Bundesbürger zu gewährleisten. Die Maßnahme ist vorerst befristet auf 14 Tage.

Zuwiderhandlungen werden als strafbewehrte Ordnungswidrigkeit angesehen.

ntv, Meldung

Auf dem Sukkertoppen, am Rande des Orts Longyearbyen auf Spitzbergen, hat sich am Nachmittag eine Lawine gelöst. Sie hat eine nahe gelegene Siedlung komplett unter sich begraben. Zahlreiche Häuser wurden vollständig zerstört. Viele von ihnen wurden vom Fundament gerissen und umhergewirbelt. Weitere Schäden entstanden durch das Aufeinanderprallen von Häusern und ebenfalls von der Lawine mitgerissenen Fahrzeugen.

Zwölf Bewohnerinnen und Bewohner konnten bislang geborgen werden, die meisten unverletzt. Zwei der Geretteten mussten ins Krankenhaus transportiert werden. Ein Mann und ein zweijähriges Mädchen starben. Die Bergungsarbeiten dauern noch an.

Auf der zu Norwegen gehörenden Inselgruppe Spitzbergen schreitet der Klimawandel nach aktuellen Erkenntnissen besonders schnell voran. Zugleich tragen die Einwohnerinnen und Einwohner entscheidend dazu bei. Ihr CO_2-Ausstoß beträgt 75 Tonnen pro Jahr. Der eines Durchschnittsnorwegers nur 8,4 Tonnen. Der Hauptgrund: Ein Kohlekraftwerk ist die einzige Energiequelle vor Ort.

22. Juni

11:06 Uhr, Pforzheim

Jan Baumann hatte auf dem Fernseher die ganze Nacht einen Nachrichtensender laufen lassen. Manchmal war das Signal gestört, manchmal dämmerte er ein, aber insgesamt hatte er sich ein recht umfassendes Bild der Lage in Deutschland machen können.

Bundesweit waren an vielen Stellen die Gleisbetten der Deutschen Bahn unterspült, sodass der Bahnverkehr erneut ausgesetzt werden musste. Flughäfen waren nach wie vor geschlossen. Ganz Deutschland befand sich unter einem Wolkenteppich – mit einer Ausnahme. Um Trier herum herrschte beständig gutes Wetter.

Baumann hatte Mia in Annas Bett gesteckt und selbst die Nacht auf dem Sofa verbracht. Eigentlich hatte er erst einmal ein paar Tage hierbleiben und zur Ruhe kommen wollen. Doch als Mia hungrig aufwachte, entdeckten sie, dass Anna alle Lebensmittel und Vorräte mitgenommen hatte. Das Wasser war ebenfalls abgestellt, ob für die ganze Stadt oder nur für die Wohnung konnte er nicht herausfinden.

Sie luden daher ihre Koffer in den Mercedes, doch der sprang nicht mehr an. Verzweifelt trotteten Baumann und seine Tochter zum Busbahnhof. In der Nacht hatte er einen Bericht über einige junge Leute gesehen, die mit Charterbussen nach Trier fuhren. Sie tranken Bier und johlten. Was sie dort unternehmen und wo sie unterkommen würden, hatte sie keiner gefragt. Dennoch beschloss Baumann, es ihnen gleichzutun. Sie stiegen in den ersten Bus Richtung Frankfurt. Dort mussten sie mit einer halben Stunde Aufenthalt umsteigen und wären am späten Nachmittag am Ziel.

Mia hielt Okki fest im Arm und schaute zum Fenster hinaus. Seit sie ihren Vater gestern Abend dabei beobachtet hatte, wie er in die Wohnung seiner Schwester einbrach, hatte sie kaum ein Wort mit ihm gesprochen.

Baumann überlegte, wie er wieder in Kontakt zu seiner Tochter treten könnte. Es war nachvollziehbar, dass sie Angst hatte und zutiefst verunsichert war. Sie hatte ihn auf eine Weise erlebt, die ihr bestimmt kein Vertrauen einflößte. Er hatte sie entwurzelt, Johnny vergessen, war bei seiner eigenen Schwester eingebrochen. Seit Tagen erzählt er ihr, bald würde es besser, aber es wurde immer nur schlechter.

Der Bus tuckerte gemächlich durch den Regen. Aufgrund der anhaltenden Schlechtwetterlage war auf den Straßen wenig los. Die Menschen blieben, wo sie waren.

Langsam lehnte sich der Reisebus in eine Kurve.

Baumann stand auf. »Bin gleich wieder da«, sagte er zu Mia. Die sah ihn nicht einmal an.

Er ging nach hinten zur Bordtoilette. Das winzige Abteil stank. Angewidert zog er den Reißverschluss seiner Jeans herunter und pinkelte.

Auf einmal geriet der Bus ins Schlingern. Sein Urinstrahl schoss kreuz und quer. Hastig zog Baumann sich an, öffnete die Tür, er musste zu Mia.

Einen Moment lang schien der Bus sich zu fangen, doch dann steuerte der Fahrer zu heftig gegen und das Fahrzeug brach aus. Im Gang stehend konnte Baumann durch die Windschutzscheibe sehen, wie sie auf den Randstreifen zuschossen, über den Straßenrand hinweg. Ruckartig verringerte sich die Geschwindigkeit, er griff nach einer Rückenlehne, verlor aber dennoch den Halt, stürzte und rollte durch den Mittelgang. Er stieß sich erst die Schulter, dann den Kopf.

Durch den Boden konnte er das Jaulen des Motors spüren. Holpernd kamen sie zum Stehen. Er war froh, dass der Bus nicht umgekippt war. Vorsichtig richtete er sich auf. Der Fahrer versuchte offenbar, nachdem er den Schreck überwunden hatte, den Bus wieder freizuschaukeln. Aber die Räder drehten durch und gruben sich nur immer tiefer in den feuchten Untergrund. Der Bus neigte sich zur Seite. Durch das Fenster konnte Baumann sehen, dass sie an einem sanften Abhang standen.

Nach drei, vier Versuchen gab der Mann auf. »Wir sind von der Straße abgekommen«, sagte er überflüssigerweise über den Lautsprecher durch. Baumann tastete sich nach vorn zu seinem Platz. Kaum saß er, schlang Mia ihre Ärmchen um ihn. Er konnte spüren, wie sie zitterte.

Er hörte ein Zischen, dann noch mal, ein drittes Mal.

Der Fahrer stand auf, machte sich an der Vordertür zu schaffen. Dann ging er zur hinteren Tür, hantierte dort herum. Kehrte zurück auf den Fahrersitz. »Mist«, sagte er dann, wieder über Lautsprecher. »Die elektronische Türöffnung ist defekt und die mechanische ebenfalls. Ich bitte euch, Ruhe zu bewahren. Ich werde die Straßenwacht verständigen. Die holen uns hier raus.«

Baumann griff in seinen Rucksack, holte eine Wasserflasche heraus, hielt sie Mia hin. »Hier, trink mal einen Schluck.«

In diesem Moment sackte der Boden unter dem rechten

Vorderrad weg, und langsam, aber unaufhaltsam kippte der Bus zur Seite. Passagiere kreischten. Baumann ließ die Wasserflasche fallen und umklammerte Mia schützend. Mit einem schmatzenden Knirschen neigte sich der Bus immer weiter nach rechts, kippte, schien einen Moment zu schweben, krachte schließlich mit der Seite auf den Boden. Die Scheiben barsten, Scherben flogen, Wasser spritzte, Baumann und Mia stürzten aus ihren Sitzen auf die andere Seite, Baumann bekam eine Sitzlehne in den unteren Rücken, ihm wurde schwarz vor Augen, er ließ Mia los.

11:47 Uhr, Hamburg

»Hallo, wie ist bei Ihnen das Wetter?«, fragte Nina Kuhn. Mehr denn je war diese Frage geeignet, um Rapport – eine vertrauensvolle Gesprächsgrundlage – zu etablieren. Weil sie alle im selben Boot saßen. Wenn es so weiterging, bald wortwörtlich.

»Es regnet seit Wochen«, entgegnete ihr Gesprächspartner, Dr. Ulrich Zeller, geschäftsführender Direktor des Wassersperrwerks Oberrhein. Er bemühte sich um ein Lächeln. »Langsam wären wir hier bereit für den Sommer.«

Kuhn justierte ihre Webcam nach, denn ihr Kollege Eric Schmitz war bisher nur halb zu sehen. »Mein Kollege, Kriminalkommissar Eric Schmitz«, stellte sie vor.

Eine weitere Teilnehmerin betrat den Videochat: Lisa Wilke, die Leiterin der Öffentlichkeitsarbeit der Stadtverwaltung Offenburg. Während Zeller offenbar in seinem Büro saß, befand sich Wilke erkennbar im Homeoffice. Im Regal hinter ihr standen eine Topfpflanze, einige Bücher, ein paar Bastelarbeiten von Kindern. »Hallo«, sagte Wilke, »schön, dass die Technik mitspielt. Wir hatten hier in den letzten Wochen massive Ausfälle. Wie ist das Wetter bei Ihnen?«

Eric neben ihr lachte leise auf. »Es schüttet. Hamburg von seiner besten Seite.«

»Danke, dass Sie sich Zeit nehmen konnten«, kam Kuhn zur Sache. »Um Ihnen kurz die Sachlage zu schildern. Mein Kollege und ich betreuen hier im LKA Hamburg federführend eine Ermittlung wegen möglicher Sabotageakte an Einrichtungen der öffentlichen Infrastruktur. Es bestehen bislang nur erste Verdachtsmomente. Wir haben daher die Kolleginnen und Kollegen in den übrigen Bundesländern gebeten, uns alle Fälle zu melden, die auch nur entfernt mit der öffentlichen Sicherheit zu tun haben könnten. Deshalb haben wir den Kontakt zu Ihnen aufgenommen. Die Kollegen aus Stuttgart haben drei Akten mit uns geteilt. Eine davon betrifft den Tod eines ihrer Mitarbeiter, Herr Dr. Zeller.« Kuhn warf einen Blick auf den Ausdruck, der neben ihrer Tastatur lag. »Frau Hager wurde vor sechs Tagen im Stadtpark Offenburg tot aufgefunden. Die Todesursache waren zwei Messerstiche in den Oberkörper, die …« Sie unterbrach sich, warf einen Blick auf die Videokachel mit Hagers Dienstherrn. »Die Kollegen gehen von einem Raubmord aus. Handtasche und Handy des Opfers fehlen. Eine Hand weist streifenförmige Striemen auf, vielleicht wurde versucht, Frau Hager die Handtasche zu entreißen, und sie hat diese festgehalten.«

Kuhn rückte einige Zentimeter zur Seite und ließ Eric übernehmen. »Es ist natürlich möglich, dass es sich tatsächlich schlicht um einen Raub handelt, der vielleicht aufgrund einer gewalttätigen Täterdisposition eskalierte.«

»Oder möglicherweise auch, weil momentan wirklich ein

großes Aggressionspotenzial in der Luft liegt«, warf Wilke ein. Klar, ihr Job bestand darin, ihre Stadt nicht als kriminellen Hotspot erscheinen zu lassen, sondern die Tat als Ausnahme zu framen.

»Was wir uns nun aber fragten«, fuhr Schmitz ungerührt fort, »ist, ob die Tat etwas mit dem Arbeitsplatz der Toten zu tun gehabt haben könnte.«

Zeller beugte sich vor. »Wie kommen Sie darauf?«

»In mindestens einem anderen Fall gibt es Hinweise darauf, dass jemand mithilfe einer gestohlenen Zugangsberechtigungskarte auf ein an sich streng gesichertes Gelände gelangt sein könnte.«

Zeller sagte: »Warten Sie, ich kann mir die erfolgten Zugänge anzeigen lassen.« Er tippte einige Befehle auf der Tastatur. Sein Bild wurde weiterhin übertragen, aber man konnte erkennen, dass er auf dem Monitor angezeigte Informationen überflog. »Hm.« Er kniff die Augen zusammen. »Moment.«

Zeller gab weitere Befehle ein, las noch einige Dokumente. Neben Lisa Wilke tauchte ein Kind auf. Wilke schaltete kurz ihr Mikro stumm, sagte etwas zu dem Kind, das daraufhin davontrottete. Sie schaltete das Mikro wieder ein.

Zeller klickte sich zurück zum Videocall. »Frau Hager wurde zuletzt zwei Tage vor der schrecklichen Tat hier im Haus registriert. Das korrespondiert auch mit der vorgesehenen Arbeitszeit. Ihre Zugangskarte wurde sofort nach Bekanntwerden des Verbrechens deaktiviert, das war knapp 36 Stunden nach der Tat, und kann seitdem nicht mehr genutzt werden. Ich kann Ihnen nicht sagen, ob es versucht wurde – Log-in-Versuche mit ungültigen Karten werden nicht protokolliert. Aber mir ist im Log noch etwas anderes aufgefallen. Ein Mitarbeiter aus dem Facility-Management hat vor 14 Tagen seine Karte als verloren gemeldet – aber am Tag darauf mit ebendieser Karte das Gelände betreten. Ab dem nächsten Tag hat er ausschließlich die neu ausgestellte Karte genutzt. Und an dem Tag, als er die verloren gemeldete Karte nutzte, hatte er offiziell keinen Dienst. Dafür kann es viele Gründe geben, vielleicht hatte er etwas im Büro vergessen, vielleicht haben zwei Kolleg:innen die Schicht getauscht, aber es ist jedenfalls auffällig.«

»Wurde die verloren gemeldete Karte denn nicht sofort gesperrt?«, fragte Schmitz.

»Offenbar nicht. Wenn ich es richtig sehe, erfolgte die Meldung an einem Samstag und die Neuausstellung und Sperrung erst am Montag. Wir sind auch nie davon ausgegangen …« Er schüttelte den Kopf. »Unsere Zugangskarten sind einfache weiße Keycards ohne Aufdruck. Man müsste schon wissen, wozu die gut sind. Um sich bei uns unberechtigt Zugang zu verschaffen, ist eine beträchtliche kriminelle Energie nötig. Und wozu? Was hätte jemand davon?«

»Sie haben also keine Unregelmäßigkeiten oder Fehlfunktionen in den letzten Tagen oder Wochen bemerkt?«, fragte Nina Kuhn.

Zeller schüttelte den Kopf. »Nein. Alles läuft, wie es soll. Ehrlich gesagt habe ich gestern noch gedacht, dass ich ganz froh bin, kein sensibles Angriffsziel zu leiten, ein ehemaliges Atomkraftwerk, ein Stromwerk, einen Telekom-Verteilerknoten, da läuft im Moment ja viel schief, und ich beneide die Kolleg:innen nicht.«

»Und Sie sind sicher, dass es keine Probleme gab?«, hakte Schmitz nach. »Wir sind unter uns. Niemand will Ihnen etwas Böses.«

»Wollen Sie meinem geschätzten Kollegen etwa unterstellen, dass er die Unwahrheit sagt?«, fuhr die Stadtmarketingverantwortliche dazwischen.

»Nein«, schoss Nina Kuhn zurück. Zicke konnte sie schon lange. »Wir unterstellen ihm bestenfalls, dass er Kleinigkeiten selbst regelt und nicht jedes Problem für wahnsinnig wichtig hält. Wenn überhaupt, hat mein Kollege Ihnen beiden also Kompetenz unterstellt.«

Wilke schwieg beleidigt.

Zeller dachte nach. »Nein«, sagte er schließlich. »Ich kann mich wirklich an keinerlei Unregelmäßigkeiten erinnern. Tut mir leid.«

»Kein Problem. Danke, dass Sie sich die Zeit genommen haben. Wir haben noch eine Frage. Ich möchte Ihnen gern zwei Fotos zeigen. Moment, ich stelle sie in den Chat.«

Nina Kuhn zog die Screenshots der Aufnahmen aus Brokdorf in die Randspalte.

Zeller klickte erst auf die eine, dann auf die zweite Datei. Er presste die Lippen aufeinander. »Den Mann habe ich noch nie gesehen. Ich kann gerne die Kolleg:innen fragen. Aber die Frau … die Frau …« Er schloss die Augen. »Das Bild ist schon sehr unscharf. Aber vor ein paar Wochen hatte mein Assistent eine Magenverstimmung. Zwei Tage lang kam jemand von der Zeitarbeit. Ich bin mir nicht sicher, aber es kann schon sein, dass es diese Frau war. Das war … das muss zwei, drei Wochen nach dem Beginn der Unwetterlage gewesen sein. Also vor … vor vier Wochen vielleicht.«

Er beugte sich vor, drückte auf den Knopf der Telefonanlage. »Herr Stöhr, wann waren Sie krank?«

Er nannte ihm die Daten, die Zeller für seine Gesprächspartner wiederholte. Schmitz notierte sie.

»Und Sie sind ganz sicher, dass die Anlage fehlerlos funktioniert?«, fragte Nina Kuhn noch einmal.

Zeller schaute kurz über die Kamera hinweg, offenbar befand sich an der Wand gegenüber seinem Schreibtisch ein Monitor mit aktuellen Informationen. Dann nickte er. »Ja, ich bin sicher. Langsam machen Sie mich nervös, aber es war nichts in den letzten Wochen. Gar nichts.«

»Okay. Gut, danke. Vielleicht ist es ja auch falscher Alarm. Eine zufällige Ähnlichkeit. Falls Ihnen doch noch etwas einfällt oder falls in den nächsten Tagen Störungen auftreten, melden Sie sich bitte bei uns. Die Kontaktdaten stehen ja in der Mail.« Kuhn beendete die Verbindung. Sie blies die Backen auf und stieß langsam die Luft aus. »Dann lass uns mal mit den Kolleg:innen in die Kantine gehen«, ahmte sie das politisch korrekte Gegendere des Geschäftsführers nach.

13:23 Uhr, A3 Höhe Würzburg

Etwa ein Drittel der Strecke lag hinter ihnen. Es hatte geregnet, gestürmt, dann hatte aber auch wieder für ein paar Kilometer die Sonne geschienen.

»Als hätte jemand das Wetter auf ›Shuffle‹ gestellt«, grummelte Fjella.

Arian hatte sein Handy mit dem Autoradio verbunden und spielte eine unverfängliche Pophits-Playlist.

Seit zwanzig Minuten standen sie im Stau , weil eine Windböe einen Laster quer auf zwei Fahrspuren gekippt hatte. Das Blaulicht von Polizei und Rettungswagen zuckte durch das Grau des Regens.

»Mein Opa hat aufgehört zu sprechen«, sagte Fjella auf einmal. »Neulich war in Hamburg Hochwasseralarm, und die Sirenen haben ihn wohl retraumatisiert.« Sie schüttelte den Kopf. »Ich musste nur gerade wegen der Polizeiwagen daran denken.«

»Das tut mir leid«, entgegnete Arian. »Wird das denn wieder? Weiß man das?«

Fjella zuckte mit den Schultern. »Er ist mein einziger Opa, ich habe keine Ahnung. Die Betreuer aus dem Heim sagen, die Kommunikationsfähigkeit alter Leute sei ›volatil‹. Also mal besser, mal schlechter. Wechselhaft.«

»Es besteht also Hoffnung, immerhin.«

Ein Schlepper hatte den Laster auf den Randstreifen gezogen. Der Verkehr setzte sich langsam wieder in Bewegung. Sie schwiegen, aber es war kein unangenehmes Schweigen, sondern es erschien zumindest Arian angenehm. Als müssten sie nicht jeden Moment mit Geplapper füllen.

50 Kilometer später nahm der Regen ab, dafür blies ein stetiger Wind aus Süden. Zugleich fuhren sie auf eine massive dunkle Wolkenwand zu, die ganz am unteren Ende durch schwarze Streifen mit dem Horizont verbunden war. »Schon wieder Regen«, sagte Fjella und deutete geradeaus. Ab und zu flackerte ein helles Leuchten durch den Wolkenberg. »Blitze. Gewitter.«

»Sollen wir mal tauschen?«, fragte Arian. »Oder wenigstens Pause machen?«

Sein Handy klingelte. Er schaute auf das Display: seine Nachbarin, Frau Ott.

»Hallo? Frau Ott?«

»Herr Fischer! Ich wollte Sie nur informieren, dass eben die Polizei bei mir geklingelt hat. Sie wollten wissen, ob ich weiß, wo Sie sind. Wann Sie wiederkommen. Ich habe gesagt,

Sie seien ein sehr netter junger Mann, es müsse sich um ein Missverständnis handeln. Und dass Sie auf Reisen sind. Ich hoffe, das war in Ordnung.«

Die Polizei? Arian schüttelte benommen den Kopf. Fjella sah ihn besorgt von der Seite an. Sie verlangsamte, blinkte und bog auf die Spur für die nächste Raststätte.

»Ja, natürlich«, sagte Arian. »Danke. Kein Problem. Ich habe keine Geheimnisse.« In diesem Moment fiel bei ihm der Groschen. Das Bundesamt für Bevölkerungsschutz und Katastrophenhilfe musste dahinterstecken. Wer sonst?

»Ich habe gesagt, ich könnte Sie anrufen und informieren, aber die Beamten meinten, das solle ich nicht. Das fand ich merkwürdig, deswegen rufe ich Sie jetzt trotzdem an. Sind Sie in Schwierigkeiten? Sie wissen, dass Sie auf mich zählen können. Ich habe nur eine kleine Rente, aber noch etwas Erspartes. Wenn Sie Geld brauchen …«

»Nein, nein, Frau Ott«, unterbrach Arian. »Es ist alles in Ordnung. Das ist sicher nur ein Missverständnis. Machen Sie sich keine Sorgen. Ich bin nur ein paar Tage weg, bis dahin wird sich das bestimmt schon geklärt haben.«

»Na gut. Ich hoffe es«, sagte Frau Ott. »Dann noch eine gute Reise.« Und mit einem verschwörerischen Unterton in der Stimme setzte sie hinzu: »Wohin auch immer. Besser, Sie sagen es mir nicht, dann kann ich mich auch nicht verplappern.«

Arian legte auf. Sie standen vor einem Rasthof, in dem etliche bekannte Fast-Food-Ketten Hamburger, Fischgerichte und Kaffee anboten. Arian überkam eine leichte Übelkeit.

Fjella sah ihn fragend an, überließ die Entscheidung aber ihm, zu erzählen, worum es in dem Telefonat gegangen war.

Noch bevor er das tun konnte, klingelte sein Handy erneut.

Isabell Sauer-Kaya, Thomas Müllers Assistentin. »Mein Boss. Da muss ich ran.«

»Arian, die Polizei war eben hier. Sie wollten nicht sagen, worum es geht, eine ›Geheimsache‹. Sie haben eine Karte dagelassen und bitten um zeitnahen Rückruf. Ich habe dir ein Foto davon gemailt. Weißt du, was es damit auf sich hat?«

Arian stellte sich dumm. »Keine Ahnung. Sehr merkwürdig. Das muss eine Verwechslung sein. Ich kümmere mich darum.«

»Gut. Du hast Glück, Müller war nicht da.«

»Okay, danke. Vergiss es einfach, ich kläre das.«

Er beendete das Gespräch. Hätte das Handy am liebsten wütend in irgendeine Ecke gepfeffert, aber in einem Kleinwagen ging das schlecht.

Konrad, der im Fußraum vor der Rückbank gedöst hatte, schob besorgt seinen Kopf zwischen den Sitzen hindurch nach vorn.

»Ja, ist ja gut, mein Junge«, sagte Arian und kraulte den Puli. »Ist ja schon gut.«

Konrad legte sich beruhigt wieder hin.

»Das muss mit diesem bescheuerten Amt zu tun haben«, sagte Arian. »Die haben meine Erkenntnisse doch zur Geheimsache erklärt. Und jetzt glauben sie vermutlich, dass ich hinter den Leaks stecke.«

»Tust du doch auch«, sagte Fjella.

Arian hob einen Finger vor die Lippen. »Das kann niemand beweisen«, sagte er. »Aber trotzdem habe ich keine Lust, verhaftet oder auch nur fünf Stunden lang verhört zu werden. Diese Schweine. Langsam werde ich *salty.*«

Fjella sah ihn fragend an.

»Gamersprech. Das ist, wenn das unfaire Verhalten der Gegner nervt.«

Ein Donnerschlag ließ den Wagen zittern. Konrad wimmerte leise. Das Rasthaus war durch den dichten Regen kaum mehr zu sehen.

Fjella schaltete das Radio ein. »… sagen unsere Anrufer? Ist das noch Wetter oder schon Klima? Schickt uns eure Sprachnachricht unter …« Sie schaltete das Radio wieder aus.

Wenige Minuten später klarte es auf. Bis Ingolstadt hatten sie schließlich freie Fahrt, danach wichen sie auf Umgehungsstraßen aus, weil die Autobahn aufgrund einer Kollision von über 20 Fahrzeugen gesperrt war.

Arian schrieb eine Mail an seinen Boss, mit Kopie an Isabell Sauer-Kaya: »Habe mit der Polizei gesprochen. Ein Missverständnis. Bin die nächsten Tage im Homeoffice. Auf dem Handy gut erreichbar.«

So würde es zumindest ein paar Tage dauern, bis ihn überhaupt jemand vermisste.

In den Dörfern, durch die sie fuhren, war das Leid, das der anhaltende Regen verursachte, deutlich zu sehen. Viele Dächer und Fenster waren mit Planen verhängt. Satellitenschüsseln hingen schief an ihren Kabeln. Sandsäcke sicherten Türschwellen. Einige Fenster waren mit Spanplatten vernagelt. Entweder hatte der Sturm die Scheiben beschädigt, oder die Platten sollten genau das verhindern.

Kaum ein Mensch war zu sehen. Wer konnte, blieb drinnen.

Auf dem Radweg neben der Landstraße, im Niemandsland zwischen zwei Käffern, versuchte ein Teenager in klatschnassen Klamotten, seine Fahrradkette wieder einzuhängen.

Den Großteil der Fahrt schwiegen sie, aber es war kein friedliches Schweigen mehr wie am Vormittag, sondern geprägt von Machtlosigkeit, Empörung und Wut.

Als sie die Münchner Stadtgrenze erreichten, schlug Fjella vor: »Du kannst bestimmt auch bei Philip übernachten. Jedenfalls können wir fragen.«

Doch Arian schüttelte den Kopf. »Nee, lass mal. Mehr als ein Gästezimmer hat keiner, und überhaupt – wenn ihr nicht wisst, wo ich bin, könnt ihr's auch keinem sagen.«

»Misstraust du jetzt mir oder der Polizei?«, fragte Fjella.

Arian strich sich die Locken aus der Stirn. »Weiß ich auch nicht, ehrlich gesagt. Mehr denen als dir. Aber man kann nicht vorsichtig genug sein.«

13:12 Uhr, Karlsruhe

Bereits etliche Jahre vor der deutschen Wiedervereinigung, nämlich 1979, hatten Karlsruhe und Magdeburg eine Städtepartnerschaft begründet. Im Rahmen des Wiederaufbaus Ost waren zahlreiche Kooperationen erfolgreich umgesetzt worden, darunter der Bau eines Industrieparks im Norden Magdeburgs sowie ein kritischer Audit der Kinderbetreuungs- und Gleichstellungsmaßnahmen in der Fächerstadt Karlsruhe, der drittgrößten Ansiedlung in Baden-Württemberg.

Da bundesweit zahlreiche Angriffe auf Organe der öffentlichen Sicherheit erfolgten, die zu einer massiven Entfremdung zwischen der eigentlich zu schützenden Bevölkerung und den Mitarbeitern von Polizei, Feuerwehr und Sanitätsdienst führten – und damit das Aggressionspotenzial weiter erhöhten –, hatten in den vergangenen Tagen mehrere Kommunen zu Notmaßnahmen gegriffen. Eine davon war der nahezu vollständige Austausch der Belegschaften mit den Partnerstädten. Wer bei einem Einsatz in einer fremden Stadt beschimpft oder angegriffen wurde, nahm das nicht so persönlich wie in der eigenen Heimat.

In der Nacht waren daher viele Feuerwehrleute, Polizisten, Sanitäter und Notärzte mit Bussen aus Magdeburg nach Karlsruhe und aus Karlsruhe nach Magdeburg verfrachtet worden. Zugleich nutzten die Einsatzleiter die Maßnahme, um die Mitarbeiterzahlen in von Unwettern besonders akut betroffenen Regionen wie dem mittleren Oberrhein zu erhöhen.

Sarah Vogel war es recht, aus Magdeburg wegzukommen. Albträume von Franziskas Tod ließen sie nachts hochschrecken, und dann war das Bett leer, weil Jonas sich verpisst hatte, als sie ihn am nötigsten brauchte. Eine willkommene Ablenkung, stattdessen mit ihren Kolleginnen und Kollegen, die sie kannte und denen sie vertraute, dort zu helfen, wo es wirklich gebraucht wurde.

Die halbe Fahrt hatte sie aus dem Fenster ins Dunkle gestarrt, dann war sie irgendwann doch eingeschlafen. Einige Stunden nach Mitternacht hatte der Bus vor einer Behelfsunterkunft gehalten. Benommen hatten alle ihre Taschen an sich gerafft und waren im Dunkeln zehn, zwanzig Meter durch den Regen getapst, um dann auf irgendeinem Feldbett direkt weiterzuschlafen.

Am frühen Morgen hatte Sarah bereits ihren ersten Einsatz absolviert und geholfen, den Keller eines Gymnasiums leer zu pumpen. Die dort untergebrachten Computer und Netzwerkgeräte hatten sie direkt in einen kurzfristig bereitgestellten Container auf dem Schulhof entsorgt. Der Schulleiter, ein dünnes Männchen in einem karierten Hemd, hatte hektisch im Weg gestanden und ständig gefragt: »Kann man da nicht noch etwas retten?«

Danach hatten Sarah und ihre Kumpane einen durch langsam einsickernde Feuchtigkeit verursachten Schwelbrand in einem Mehrfamilienhaus freigelegt und gelöscht. Anschließend war es ihre Aufgabe gewesen, einen umgestürzten Strommast zu zerkleinern, um eine Hauptstraße wieder passierbar zu machen. Dafür musste im gesamten Quartier der Strom abgestellt und der Mast von sämtlichen Leitungsverbindungen befreit werden, während Sarah und zwei Kollegen bereits am unteren Ende mit ihren Kettensägen zu Werke gingen.

Mittags drückte ihr jemand einen Wrap mit Hühnchenstücken in Currysauce in die Hand, den sie nach zwei Bissen in den Abfalleimer entsorgte. Dazu erhielt sie eine Flasche Wasser, die sie zügig leer trank. Erstaunlich, dass man trotz des Dauerregens einen solchen Durst bekam. Außerdem gab es einen Proteinriegel, von dem sie ebenfalls nur einen Bissen nahm, bevor sie ihn wegwarf.

Auf einmal brach Hektik aus. Jemand sprach von einem Busunfall, »von der Autobahn abgekommen«, »Passagiere an Bord«, »Abbruchkante«. Sarah und drei weitere Kumpane sprangen in einen Feuerwehrkranwagen und brausten los. Durlach, Grünwettersbach, Palmbach, Mutschelbach, Darmsbach tauchten auf den Wegweisern auf. Kurz vor Pforzheim erreichten sie die Unfallstelle. Die Autobahnpolizei hatte die Fahrbahnen in Richtung Karlsruhe bereits gesperrt. Sarah steuerte den Kranwagen vorsichtig über den Grünstreifen in der Mitte auf die Gegenfahrbahn.

Langsam setzte sie hinter den Bus, der auf einem durchfeuchteten Abhang aus dem Gleichgewicht geraten und auf die Seite gekippt war. Sie stoppte den Kranwagen. Der Kran wäre später hilfreich, um den Bus aufzurichten, aber zur

Evakuierung der Passagiere wäre ein Leiterwagen besser gewesen.

Verärgert über die mangelhafte Information sprang sie aus dem Wagen. Sie umrundete den Bus einmal, um sicherzustellen, dass keine weitere Gefahr bestand. Der Tank war unbeschädigt, die Position des Fahrzeugs stabil.

Sie stellte sich vor die Windschutzscheibe und klopfte dagegen. Der Busfahrer hob unsicher die Hand.

Sarah zog einen Abbruchhammer aus der Schlaufe ihrer Uniformhose und bedeutete dem Fahrer, zurückzutreten. Der krabbelte über ein paar Sitze und duckte sich.

Sarah klappte ihr Visier herunter, um die Augen vor Splittern zu schützen, und zertrümmerte mit wenigen gezielten Schlägen die Windschutzscheibe. Sie steckte den Hammer weg, trat einen Schritt näher. »Kommen Sie vorsichtig nach vorne, einer nach dem anderen. Gibt es Verletzte?«, rief sie.

Der Fahrer schüttelte den Kopf. »Ich glaube nicht.«

Er half einer Frau, die von hinten über die quer liegenden Sitzreihen geklettert kam. Sie zerrte einen Rollkoffer hinter sich her.

»Bitte lassen Sie Ihr Gepäck im Bus!«, rief Sarah. »Sie bekommen es später, nach der Bergung!«

Die Frau ließ sich nicht beirren. Sarahs Kollege Alexander breitete eine Brandschutzdecke über die Splitterreste an der Scheibenkante.

Sarah half der Frau beim Aussteigen, dann folgten nach und nach weitere Passagiere. Die Polizei Pforzheim hatte zwei Minibusse organisiert, in denen die Busreisenden abtransportiert werden sollten.

Als Letzte kamen ein Mann mittleren Alters, dessen Stirn eine kräftige rote Schramme zierte, und ein kleines Mädchen mit ängstlichem Blick. Das Mädchen drückte eine Kugel an sich, aus der irgendwelche Strippen hingen.

Der Mann half dem Mädchen – wahrscheinlich seiner Tochter – dabei, mit einem großen Schritt aus dem Bus zu steigen. Dann ließ er dem Fahrer den Vortritt, bevor er selbst als Letzter ins Freie trat.

Sarah trat einen Schritt auf ihn zu, begutachtete die Verletzung an der Stirn. »Darf ich mir das einmal ansehen?«, fragte sie.

»Ja, natürlich. Aber es ist nicht schlimm«, sagte der Mann.

»Das lassen Sie mal mich entscheiden. Kommen Sie. Und du auch«, sagte sie zu dem Mädchen.

Sie führte den Mann zum Feuerwehrwagen und bat ihn, auf dem Beifahrersitz Platz zu nehmen. »Und du kannst dich da auf die Rückbank setzen, wenn du magst, dann bleibst du trocken.«

Das Mädchen krabbelte hoch auf die Sitzbank.

»Ich bin übrigens Sarah«, sagte Sarah.

»Mia«, sagte das Mädchen mit leiser Stimme. Der Mann sagte: »Jan. Jan Baumann.«

»Hallo Mia, hallo Jan.« Sarah Vogel zog das Erste-Hilfe-Kit aus der Tür des Wagens und öffnete den Klettverschluss. Sie desinfizierte die Schürfwunde, trug eine antibakterielle Salbe auf und befestigte schließlich noch mit zwei Klebestreifen einen schmalen Mullstreifen.

Das Mädchen schaute interessiert zu. Der Mann hatte zu zittern begonnen. Vielleicht die Feuchtigkeit, oder möglicherweise stand er unter Schock. Mit der Tochter in einen derartigen Unfall zu geraten und dabei die Ruhe zu bewahren, das war sicher nicht leicht.

Sarah faltete eine Aludecke auseinander und legte sie dem Mann über die Schultern.

Immer wieder blieb sie an seinem Blick hängen. Er hatte grünblaue Augen, tief wie ein See. Und dichtes, dunkles Haar.

»Können wir bald?«, fragte einer der Polizisten von hinten.

»Ja, Moment noch, bin gleich fertig«, sagte Sarah.

»Haben Sie ein Handy?«, fragte sie Baumann.

Der nickte.

»Darf ich mal?«

Er zog es aus der Tasche und reichte es ihr.

Sie tippte ihre Nummer ein und speicherte sie unter ihrem Vornamen. »Ich habe keine Ahnung, wo Sie untergebracht werden und wie es dann weitergeht. Aber falls Sie Fragen haben oder Hilfe brauchen, rufen Sie mich an, okay?«

Der Mann nickte.

Das Mädchen lächelte und sagte leise: »Danke!«

14:37 Uhr, Pforzheim

Die zwei Polizeibusse verfrachteten Baumann, Mia und die übrigen Fahrgäste in das regionale Auffanglager. Ein ehemaliges Flüchtlingsheim war über Nacht wieder in Betrieb genommen worden, um die zahlreichen Bundesbürger unterzubringen, die in der Not ihr Zuhause verlassen hatten. Die Hotels waren geschlossen, private Vermietungen untersagt, die Politik versuchte die Menschen zu motivieren – wohl eher zu zwingen –, an ihrem Wohnort zu bleiben. Doch die Leute hielten sich nicht an die Vorgaben, sie fuhren oder gingen einfach los in der irrigen Hoffnung, dass es anderswo besser wäre. Trockener, sicherer.

Die Räume im Untergeschoss der Containeranlage waren

unbenutzbar, in ihnen stand zentimeterhoch eine braune Brühe – Regen, Schlamm, Dreck. Matratzen und Vorhänge hatten bereits zu schimmeln begonnen.

Die Geflüchteten wurden daher im ersten Stock untergebracht. Noch gab es genug Betten. Das Gepäck sollte von den Feuerwehrleuten aus dem Bus geborgen und nachgeliefert werden.

Baumann und Mia bekamen ein Viererzimmer mit zwei Stockbetten zur vorläufigen Alleinnutzung. »Herzlich willkommen«, sagte die Leiterin der Anlage, als sie ihnen das Zimmer zuwies und den Schlüssel überreichte. »Bitte achten Sie darauf, keine Lebensmittel im Zimmer zu verzehren oder aufzubewahren, wegen der Ratten.«

15:59 Uhr, Hamburg

Am frühen Nachmittag hatte das Berliner LKA eine weitere mögliche Spur nach Hamburg gemeldet: der stellvertretende Direktor der Berliner Verkehrsbetriebe war schwer verletzt aufgefunden worden. Man hatte ihn in ein künstliches Koma versetzt. Seine Ex-Frau, zu der laut Aussage von Kollegen das engste persönliche Verhältnis bestand, war zu einer Befragung per Video bereit.

»Vielen Dank, dass Sie sich die Zeit nehmen, Frau Keßler«, sagte Nina Kuhn.

»Dr. Keßler. Selbstverständlich. Hauptsache, diesen Verbrechern kann das Handwerk gelegt werden!« Julia Keßler saß an einem Schreibtisch in einem dunkel getäfelten Arbeitszimmer. Durch das Fenster waren Tannen im Regen zu sehen. Die Perspektive der Laptopkamera betonte die schlaffe Haut ihrer Halspartie. Um diesen Effekt zu verringern, reckte sie den Kopf angestrengt vor, wie eine hungrige Schildkröte.

»Können Sie uns sagen, wann Sie Ihren Mann …«

»Ex-Mann!«

»… Ihren Ex-Mann zuletzt gesehen haben?«

»Wir haben am Abend vor diesem schrecklichen Anschlag auf sein Leben zusammen gegessen. Ich hatte sein Lieblingsessen gekocht, Königsberger Klopse. Wissen Sie, seit der Scheidung verstehen wir uns wieder viel besser. Es ist …«

Auf einmal war das herrische Auftreten wie weggeblasen, und Keßler hatte Tränen in den Augen. Sie zupfte ein Taschentuch aus einer Box, putzte sich die Nase, tupfte die Augen trocken.

»Wir hatten gerade wieder angefangen …« Sie vollführte eine fahrige Handbewegung. »Es gab eine Annäherung. Es war … Er ist über Nacht geblieben. Und am nächsten Tag war er … wurde er … hat jemand …«

»Ich schicke Ihnen zwei Bilder im Chat«, sagte Kuhn. »Aufnahmen einer Überwachungskamera. Können Sie uns sagen, ob Sie diese Personen schon einmal gesehen haben?«

»Wo sind die Bilder?«

»Im Chat. Sie sollten Ihnen eigentlich automatisch angezeigt werden.«

Keßler schaute ratlos, klickte dann hektisch mit der Maus. »Ach. Hier. Also. Nein. Wer? Nein. Auch nicht. Nein. Ich habe beide noch nie gesehen. Obwohl. Den Mann vielleicht schon. Ich bin nicht sicher. Gestern Morgen, als Jürgen ging, habe ich ihm aus der Küche hinterhergesehen. Er hat sich noch einmal umgedreht zu mir und … und ich … und jetzt …« Sie begann wieder zu weinen.

Eric Schmitz seufzte leise. Überemotionale Frauen machten ihn nervös.

»Lassen Sie sich Zeit«, sagte Nina Kuhn.

Keßler fing sich. »Da war ein Mann an der Ecke. Er sah so ähnlich aus wie der auf diesem Foto. Möglicherweise jedenfalls. Ich habe nicht auf ihn geachtet. Habe ihn nur aus dem Augenwinkel gesehen. Es ist … Wissen Sie, es ist, ich meine, es könnte der Bruder von dem Mann auf dem Foto sein, verstehen Sie, was ich meine? Oder sein Cousin. Er war ihm ähnlich, aber ich glaube nicht, dass es derselbe Mann war. Aber vielleicht doch. Wäre das gut? Könnten Sie dann herausfinden, wer Jürgen angegriffen hat? Wenn er es war? Wissen Sie, wie es ihm geht?«

Kuhn schüttelte den Kopf. »Ich weiß nicht mehr als Sie. Und wir wissen nicht, ob und wie diese beiden Personen mit dem Angriff auf Ihren M … Ex-Mann zusammenhängen. Es ist eine laufende Ermittlung, wir gehen jeder möglichen Spur nach. Vielen Dank, dass Sie sich die Zeit genommen haben. Ich wünsche Ihnen und Herrn Keßler alles Gute.«

Sie beendete die Verbindung. Nippte an ihrem Kaffeebecher, schnitt eine Grimasse. Stellte den Becher beiseite. Schaute nachdenklich an ihrem Kollegen vorbei an die Wand.

»Ein atomares Zwischenlager. Ein Wassersperrwerk. Vielleicht noch ein Umspannwerk, ein Wasserkraftwerk, die Berliner Verkehrsbetriebe«, sagte Schmitz. »Der gemeinsame Nenner ist kritische Infrastruktur. Aber die Störungen sind nicht in den Betrieben aufgetreten, wo die verdächtigen Personen gesichtet wurden.«

Kuhn nickte. »Entweder wir sind einer Sache auf der Spur, die so verdammt groß ist, dass wir es noch nicht im Ansatz kapiert haben. Oder wir verschwenden einfach bloß unsere Zeit.«

16:58 Uhr, Karlsruhe

Sarah Vogel schloss für einen Moment die Augen. Es war der letzte Einsatz des Tages. Auf dem Zwölftonner hatten sie zehn Paletten mit insgesamt 900 gefüllten Sandsäcken der Größe 30 x 60. Damit war die Nutzlast des Fahrzeugs eigentlich überreizt. Diese betrug sechs Tonnen, die Paletten wogen gut sieben. Langsam und vorsichtig schuckelten sie durch die Dämmerung in Richtung Rheinhafen-Dampfkraftwerk. Dort würden die Sandsäcke morgen vom THW zum Schutz der Anlage am Ufer verteilt werden.

Eine abrupte Bremsung ließ sie aufschrecken. Von rechts und links waren aus Nebenstraßen zwei SUVs geschossen und blockierten die regennasse Straße vor ihnen. Der Fahrer konnte den Lkw gerade noch rechtzeitig zum Stehen bringen. Das Begleitfahrzeug hinter ihnen hupte. Vogel konnte im Außenspiegel sehen, wie es im letzten Moment ausscherte und rechts neben dem Laster zum Stehen kam.

Zwei weitere SUVs brausten von hinten heran. Aus den vorderen sprangen je zwei junge Männer in schwarzer Kleidung mit Sturmhauben und Maschinenpistolen.

»Glauben die, wir haben Gold an Bord?«, fragte Sarah ungläubig. Die Szene war derart verrückt, dass sie erst mit einiger Verzögerung die Gefahr realisierte.

Einer der Männer gab einige Schüsse in die Luft ab.

Sarah zuckte zusammen. Der Fahrer griff nach dem Funkgerät und drückte auf den »Sende«-Knopf. »Hilfe, Hilfe, wir werden überfallen! Hilfe!«, rief er. Doch als er losließ, war nur ein leises Rauschen zu hören. Offenbar führten die Gangster Störsender bei sich.

Einer der Männer bedeutete Sarah und dem Fahrer, aus dem Wagen zu steigen. Sie sahen einander ratlos an, dann leisteten sie dem Befehl Folge.

»Moment, ich habe meine Jacke vergessen«, sagte Sarah und wollte noch mal zurück in die Kabine steigen, doch jemand sprang von hinten auf sie zu und stieß sie zur Seite.

»Haut ab! Los, weg mit euch! Lauft!«, herrschte der Mann sie an.

Sie konnte nur seinen irrlichternden Blick durch den schmalen Schlitz der Sturmhaube sehen. Und blasse Lippen. Angst erfasste unwillkürlich ihren Körper, sie begann zu zittern. Der Fahrer kam um den Wagen herum, blieb stehen, schaute zurück. Es knallte laut. Sarah schrie, doch offenbar war es nur ein weiterer Warnschuss gewesen.

Der Fahrer setzte sich wieder in Bewegung, begann zu laufen, lief an ihr vorbei, »komm, komm!«, rief er, »komm, Sarah«, und auf einmal lief auch sie, rannte durch den Regen, weg, nur weg, und hinter sich hörte sie den Motor des Lkws zum Leben erwachen, er dröhnte, hustete, denn knarrte der Motor, als der Laster sich langsam wieder in Bewegung setzte.

Was war mit den Kollegen im Begleitfahrzeug? Waren sie in Sicherheit? Hatte man sie ausgeschaltet? Konnte sie es wagen, sich umzudrehen?

Sie lief weiter, folgte dem Fahrer, bog ab, lief, bog noch einmal ab, verlangsamte, ihre Lungen brannten, der Regen lief in ihre Augen, der Laster war nicht mehr zu hören.

Sie stoppten, sahen einander an, umarmten sich zitternd, sanken auf den Bürgersteig mitten in einem menschenleeren, regennassen Industriegebiet.

Sarah hatte gewusst, dass die Lage angespannt war, aber sie

hätte niemals damit gerechnet, dass ein Lkw mit Sandsäcken entführt werden würde. Und dass sie vielleicht eben gerade nur knapp mit dem Leben davongekommen war.

18:00 Uhr, Berlin

»Meine Damen, meine Herren, vielen Dank, dass Sie diesen Termin so kurzfristig möglich machen konnten«, begrüßte die Bundesinnenministerin die Innenministerinnen und Innenminister der Länder zur IMK – der Ständigen Konferenz der Innenminister und -senatoren der Länder, kurz Innenministerkonferenz.

An jedem Platz lag eine Mappe mit der Beschlussvorlage, welche die Innenministerin hatte vorbereiten lassen.

»Wie Sie wissen, befindet sich unser schönes Land in einer Notlage. Die Menschen sind zutiefst beunruhigt, ihre verlässliche Versorgung und ihre umfassende Sicherheit sind gefährdet. Unerwartete Extremwetterereignisse und hartnäckige Unwetterlagen verursachen massive Schäden. Sie stören Logistik und Lieferketten, beschädigen die Infrastruktur. Ausfälle im öffentlichen Verkehr, bei der Telekommunikation, Störungen von Radio, TV und Internet sowie im Einzelfall sogar der Austritt gefährlicher Chemikalien sorgen für Unruhe und Widerstand. Es kommt mittlerweile in manchen Bundesländern zu Plünderungen und zu Angriffen auf die Organe der öffentlichen Ordnung. Nach Informationen vom heutigen Tage kann in einigen Fällen Sabotage bzw. die bewusste oder in Kauf genommene Herbeiführung oder Vergrößerung von Schäden nicht ausgeschlossen werden.

In Anbetracht des Umfangs der Problematik und der zweifellos länderübergreifenden Notwendigkeit von Hilfsangeboten schlage ich die Koordination sämtlicher Einsätze während der Gefährdungslage durch das Bundesinnenministerium vor sowie die Übernahme sämtlicher Ermittlungen durch das BKA. Eine entsprechende Beschlussvorlage finden Sie in der Mappe vor Ihnen. Ich danke Ihnen.«

Die Bundesinnenministerin setzte sich. Sie war ständiger Gast der IMK und besaß, wie alle Mitglieder des Gremiums, ein Rede- und Antragsrecht, verfügte jedoch über kein eigenes Stimmrecht.

»Gibt es Gründe für Ihre Implikation, die federführend durch das LKA Hamburg angestellten Ermittlungen ließen qualitativ oder quantitativ zu wünschen übrig?«, meldete sich der Hamburger Innensenator zu Wort.

Noch bevor die Innenministerin antworten konnte, grätschte der Bayerische Innenminister dazwischen: »Aus unserer Sicht gibt es keinen Anlass dafür, das in der Geschichte der Bundesrepublik bewährte föderale Prinzip der Subsidiarität zum gegebenen Zeitpunkt außer Kraft zu setzen. Die Kräfte vor Ort sind kompetent und können am besten einschätzen, welche Hilfe zu leisten ist.«

»Es ist so kurz vor der Wahl – und auch gerade mit Blick auf Ihre eigene Kandidatur für das Europaparlament – menschlich verständlich, aber politisch pikant, eine derartige Forderung aufzustellen«, mahnte die Innenministerin des Saarlands mit schneidender Stimme. Die Partei der Bundesinnenministerin hatte im Wahlkampf jegliche Koalitionsmöglichkeit mit der Partei der Saarländerin ausgeschlossen.

»In der Geschichte der Bundesrepublik hat es schon öfter Unwetter gegeben. Wir sollten aufhören, diese als menschengemacht anzusehen, und stattdessen lieber das Schicksal annehmen und mit dem Wiederaufbau beginnen, der auch finanziell das größte Potenzial für die Bevölkerung birgt«, trötete der sächsische Innenminister.

Hessens Innenminister, welchen die Bundesinnenministerin, soweit das unter Politikern überhaupt denkbar war, zu ihren Freunden zählte, versuchte die Wogen zu glätten: »Wir von unserer Seite haben keine Einwände gegen eine engere Zusammenarbeit von Ländern und Bund. Ich schlage die unmittelbare, kurzfristige Einrichtung einer Koordinierungsstelle vor. Gern erklären wir uns bereit, diese in unserer schönen Landeshauptstadt Wiesbaden einzurichten.«

Und so ging es weiter. Jeder gab den anderen die Schuld und versuchte, sich ins beste Licht zu rücken. Bei der abschließenden Abstimmung sprachen sich die Länderchefs nahezu einstimmig dafür aus, Nothilfemaßnahmen sowie Ermittlungen weiterhin auf Länderebene zu belassen.

»Ich danke Ihnen sehr, meine verehrten Damen und Herren, liebe Kolleginnen und Kollegen«, verabschiedete sich die Bundesinnenministerin. Sie verließ den Saal, ging auf die Toilette gegenüber, zog einen Flachmann aus der Tasche und nahm einen kräftigen Schluck.

Natürlich war ihr Antrag auch eine wahlkampftaktische Maßnahme gewesen. Aber nicht nur. Die zunehmende Not der Bürger bereitete ihr tatsächlich Sorgen, und zum ersten Mal, seit sie vor drei Jahren das Amt angetreten hatte, fürchtete sie um die Sicherheit großer Teile der Bevölkerung.

Kleine Anfrage der Grünen-Europagruppe im EU-Parlament:
In welchem Umfang erkennt die EU an, dass es sich bei den derzeitigen Unwetterlagen über den meisten Ländern der EU um Folgen des menschengemachten Klimawandels handelt?

In welchem Umfang werden daher die Hauptverursacher dieses Klimawandels, die Industriefirmen mit dem größten Kohlendioxid-Ausstoß der vergangenen Jahrzehnte, für die notwendigen Entschädigungen in Anspruch genommen?

Antwort: Ob es sich bei konkreten Wetterereignissen um Folgen des unbestritten auch durch menschliches Verhalten mitverursachten Klimawandels handelt, ist wissenschaftlich nicht festzustellen. Da ein direkter Kausalzusammenhang zwischen den aktuellen Schadensereignissen und einem juristisch einwandfreien Ressourcenverbrauch in der Vergangenheit nicht sicher nachzuweisen ist, werden keine Forderungen auf Schadensersatz oder auf pauschale Strafzahlungen an Unternehmen gestellt werden.

NDR, Tagesthemen (Auszug)

»Experten gehen mittlerweile davon aus, dass viele der Schäden, die die Bevölkerung in den vergangenen Tagen und Wochen getroffen haben, teilweise auf bislang unbemerkte Sabotageakte zurückzuführen sind. So sagt beispielsweise Geografielehrer Horst Albrecht aus Wolmirstedt in der Nähe von Magdeburg: ›Es ist vollkommen undenkbar, dass allein der Wasserdruck die Deiche hat brechen lassen. Ich habe das Maximalvolumen berechnet, und die entstandene Katastrophe lässt sich nur erklären durch einen hinterhältigen Akt der Sachbeschädigung. Jemand muss heimlich Sulfate in die Deiche eingebracht haben. Diese greifen die Festigkeit des Deichs an, lassen sich jedoch schon nach wenigen Tagen nicht mehr nachweisen. Und genauso ist es: Ich habe Proben genommen, in denen keine Sulfate zu finden sind.‹

Mehrere Großunternehmen melden Schäden durch den wiederholten Umkehrbetrieb von computergesteuerten Luftentfeuchtungsanlagen: Sie beförderten Wasser in das Gebäude, statt es von Luftfeuchtigkeit zu befreien.

Das Wassersperrwerk Oberrhein bestätigte heute auf Nachfrage die nur knappe Verhinderung eines großen Unglücks, das viele Tausend Menschen hätte betreffen können. Aus bislang unbekannten Gründen begannen die Schleusentore, sich unerwartet zu öffnen. Nur das unmittelbare beherzte Eingreifen des Sicherheitspersonals konnte eine Katastrophe verhindern.

Viele Deutsche klagen seit Tagen über den anhaltenden Ausfall von Internet, Telefonie oder Handynetzen. In vielen Bereichen kommt es zudem zu Stromausfällen. Die Verkehrsverbände München, Berlin sowie im Großraum Rhein-Main klagten über Ausfälle im Ticketingsystem: Die Fahrkartenautomaten versagten entweder völlig oder gaben andere als die gewählten Fahrscheine aus. Ein Sprecher sagte: ›Wir können uns diese Ausfälle nicht erklären. Das nahezu zeitgleiche Auftreten in drei deutschen Ballungsgebieten spricht jedoch für einen gezielten Angriff durch Dritte, möglicherweise über das IT-Netzwerk.‹

Ob der Einsturz eines rund acht Jahre alten Bürogebäudes in Bremen mit den Vorfällen in Zusammenhang steht, ist noch offen. Verletzt wurde bei dem Unglück niemand.

Mehrere Einsatzfahrzeuge von Erst- und Katastrophenhelfern wurden Opfer von Überfällen, bei denen Materialladungen entwendet wurden. Es besteht die Vermutung, dass diese auf dem Schwarzmarkt, möglicherweise auch außerhalb des Landes, enden.

Die Bundesinnenministerin erklärte: ›Es gibt tatsächlich vereinzelte Hinweise auf mögliche Straftaten. Ein größerer krimineller Zusammenhang lässt sich jedoch derzeit nicht erkennen. Alle Strafverfolgungsbehörden ermitteln mit Hochdruck. Ich muss Ihnen allerdings ehrlich sagen: Für mich sieht das momentan eher nach Spekulationen aus, denn ich wüsste nicht, wer davon profitieren sollte, die deutsche Infrastruktur zu schwächen.‹«

23. Juni

09:34 Uhr, München

Arian starrte an die Decke seines Hotelzimmers. Um der Kripo erst mal zu entgehen, hatte er sich im Bahnhofsviertel eine Absteige gesucht, in der er bar zahlen und sich als Mario Kart ins Register eintragen konnte. Konrad döste vor der Heizung.

Er nahm sein Handy vom Nachttisch, tippte »Widerstand Klimakonferenz München« sowie das aktuelle Jahr in die Suchmaschine. Drei Einträge erschienen interessant. Einer beschrieb eine soziale Einrichtung im Osten der Stadt, die offenbar mit alternativen und radikalen Gruppierungen sympathisierte und diesen eine Basis bot. Der zweite war ein Kommentar, der behauptete, aufgrund der Etatkürzungen bei der Polizei im vergangenen Jahr sei die Sicherheit der internationalen Gäste der Klimakonferenz nicht zu gewährleisten – »wir werden ein Blutbad erleben wie Hamburg bei G20«, schrieb der Autor, wobei Blutbad, wenn Arian sich recht erinnerte, bestenfalls als übertriebene Metapher zu verstehen war. In Wahrheit ging es auch eher um die Attraktivität der Stadt als Reisedestination: »Wer wird im Herbst zum Oktoberfest kommen, wenn im Sommer die Straßen brennen?«, lautete die Abschlussfrage.

Arian schloss die Seite. Es gab dringendere Probleme als die Besucherzahl des Oktoberfests.

Der dritte Treffer war das Forum einer Münchner Aktivist*innenseite. Die Beiträge waren ganz nach seinem Geschmack, Vorwürfe gegen den Überwachungsstaat, Tipps für Selbstversorger, Weltregierungs-Kinderpornoring-Geschwurbel. Und mittendrin ein paar Sätze, die ihn Witterung aufnehmen ließen: »Der Kongress Klima 3000 ist eine Alibiveranstaltung. Lasst euch nicht verarschen! Alle, die dort hingehen, gehören zu den Tätern! Sie sind die Mörder der nächsten Generation! Zeigt, dass diese euch nicht egal ist! Kommt massenhaft zur Gegendemonstration!« Es folgten Zeit und Ort.

Im Impressum des Forums stand eine Adresse am Ostpark in Echarding. Sollte es so einfach sein, Debbie zu finden?

Es war inzwischen kurz nach zehn. Fjella hatte ihm eine Nachricht geschickt: »Hej, was machst du gerade?«

»Muss noch kurz was erledigen«, schrieb er zurück. »Wir sehen uns im Nationaltheater.« Die Konferenz begann um 16 Uhr.

Nach gut einer halben Stunde hatte er den Ostpark erreicht. Auf den ersten Blick war klar, in welchem Haus die Initiative ihren Sitz hatte. Es sah genauso aus wie jedes andere besetzte Haus, das er kannte. Anarchie-A an der Wand, Regenbogenfahnen in den Fenstern, oben hing ein Banner: »Kapitalistenschweine enteignen!« Zwischen die beiden Wörter hatte jemand, der kein großes Talent hatte, versucht, ein Schwein zu malen.

Erst klingelte er, dann klopfte er. Wartete. Der Puli schnupperte am Hauseingang, setzte sich dann ein wenig widerwillig auf den feuchten Bürgersteig.

Schließlich ging die Tür auf, und obwohl er seit Tagen an sie gedacht hatte, verschlug es ihm den Atem.

»…« Stumm öffnete und schloss er den Mund.

Es dauerte einen Moment, dann erkannte sie ihn auch. »Arian«, sagte sie. Es klang höhnisch, abschätzig, herausfordernd, altbekannt, alles auf einmal. Debbie war eine Weile seine Freundin gewesen, vor allem aber hatte er sie bewundert. Er saß bloß vor dem Computer, sie sah die Welt kritisch und wollte sie besser machen. Später, als ihre Mittel grenzwertig wurden, hatte er sich erst zurückgezogen, eher aus Angst als aus Feigheit, sie dann ganz aus den Augen verloren.

Seit Jahren hatten sie nichts voneinander gehört.

»Was willst denn du?«, fragte sie aggressiv. Sie hielt einen Lappen in der einen Hand, eine leere Flasche in der anderen.

»Deb, ich …« Er bemühte sich um ein Lächeln.

»Bo«, sagte sie.

»Was?«

»Ich heiße jetzt Bo.«

Arian begriff. Deborah: erst Debbie, jetzt Bo.

»Ich dachte bloß …«

»Lass mich in Ruhe.«

Sie wollte die Tür schließen, aber er streckte die Hand aus. »Warte!«

»Ja?« Hinter ihr im Flur tauchten zwei weitere Frauen auf. Alle trugen schwarze Cargohosen, schwarze Sweatshirts, schwarze Kampfstiefel.

»Ich wollte dir nur sagen …« Seine Stimme verlor sich.

»Du weißt, dass ich queer bin, oder?« Debbie – Bo – starrte ihn herausfordernd an. »Lesbisch.«

»Ja, nein. Deswegen bin ich nicht hier. Ich wollte nur …«

»Was denn?«

Er holte tief Luft, seufzte dann, hob den Blick, sah ihr in die Augen. Sie nervte und faszinierte ihn immer noch. Warum war er hergekommen? Was ging es ihn an?

Wenn ganz Deutschland über nichts anderes mehr redete als das Klima und in München eine Konferenz dazu stattfand, war klar, dass Debbie irgendwie in die Sache verstrickt war. Und nicht im Guten. Einerseits machte ihm das Sorgen, und vor allem wollte er Schlimmeres verhindern. Andererseits war er in ihrer Beziehung schon immer die Stimme der Vernunft gewesen und hatte sie beschützen und vor Risiken bewahren wollen.

Um wen machte er sich Sorgen? Um sich, um sie? Um diejenigen, die Debbie und ihre Mitstreiterinnen vielleicht in Gefahr brachten? Oder darum, dass sie dem Thema, für das sie kämpfte, in Wahrheit einen Bärendienst leistete? Die meisten Menschen fanden militante Aktionen nicht überzeugend, sondern abstoßend.

Und jetzt? Mit hängenden Schultern stand er vor ihr. Debbies Aggression nahm ihm den Atem.

»Ach, egal.« Frustriert winkte er ab, drehte sich um und ging.

Konrad schaute verunsichert zwischen den drei Frauen und seinem Herrchen hin und her. Arian klopfte zweimal auf seinen Oberschenkel und stieß einen leisen Pfiff aus, woraufhin der Puli sich in Bewegung setzte.

Die drei EcoQueers sahen ihnen hinterher, bis sie die Straßenecke erreicht hatten.

Auf der Fahrt zurück ins Hotel zerbrach er sich den Kopf, was er Debbie eigentlich hatte sagen wollen. »Hey, mach mal nicht immer so gefährliche Sachen.« »Irgendwas ist faul an den ganzen Wetterproblemen, pass auf dich auf.« »Jemand nutzt die Unwetterlage, um Sabotageakte zu verüben und Unsicherheit zu schüren – steckt ihr dahinter, ist das eure Aktion?«

Hatte er sie retten oder anklagen wollen oder beides?

15:47 Uhr, München

Vor dem Münchner Nationaltheater hatte sich ein Meer aus Regenjacken gebildet. Zahllose Demonstranten reckten ihre von der Feuchtigkeit bereits weitgehend ruinierten Protestplakate in die Höhe:

Dieses Plakat ist so erbärmlich wie die Klimapolitik!
Lieber Wärme im Herzen als im Klima!
Euch gehen die Ausreden aus, uns die Zeit!

Ein Mann hielt einen Regenschirm über eine Frau mit Megafon. Sie rief: »Auch wir jungen Menschen haben ein Recht auf Leben! Daher verlangen wir Klimagerechtigkeit! Die herrschende Klasse darf uns nicht die Zukunft stehlen! Wir fordern die sofortige Klimaneutralität Deutschlands, der EU sowie aller Industriestaaten.«

Arian schüttelte den Kopf. »Ich bin ja kein Experte, aber ginge das überhaupt?«

Fjella zuckte mit den Achseln. »Wenn wir alle Kraftwerke abschalten und ohne Licht, Internet, Handys und Fabriken als Selbstversorger leben – klar.« Dann wurde sie ernst. »Aus Sicht der Erde wäre es wahrscheinlich kein großer Verlust, wenn die Menschen aussterben.«

Sie entdeckte Graf in der Einlassschlange und winkte ihm.

»Wir sehen uns später«, murmelte Arian, zog seine Kapuze tiefer ins Gesicht und duckte sich in die Menschenmenge. Er hatte kurz überlegt, den auffälligen Puli im Hotel zu lassen. Aber die Konferenz ging bis in die Abendstunden, das wollte er Konrad nicht zumuten.

»Aber du wolltest doch auch …«, begann Fjella, doch Arian war schon weg. Sie schüttelte den Kopf. Der war doch irre!

»Wo ist denn nun dieser junge Mann, von dem du immer erzählst?«, fragte Graf, als Fjella neben ihn trat.

»Ha, ha«, machte sie. »Untergetaucht. Der hat sie echt nicht mehr alle. Er glaubt, der Staatsschutz sei hinter ihm her, oder so.«

»Nur weil du paranoid bist, heißt das nicht, dass sie nicht hinter dir her sind«, sagte Graf gelassen.

Die Schlange setzte sich in Bewegung. Am Einlass zeigten sie ihre Eintrittskarten, ihre Taschen wurden überprüft, und sie mussten einen Metalldetektor passieren. Dann waren sie drin.

Ein junges Mädchen in einer bayerisch-ökologischen Fantasieuniform kam ihnen mit einem Tablett voll Sektgläser entgegen. Fjella und Graf nahmen je eines. Fjella sah sich um. Das Gebäude war klassizistisch, das Foyer plüschig. Immer dichter wurde das Gedränge. Intellektuelle mit Seidenschals standen neben Industriellen in Brioni-Anzügen und Umweltlovern in Jeans und Holzfällerhemd. Gerade als sie anstoßen wollten, sagte eine Stimme: »So sieht man sich wieder!«

Die Polizistin aus Hamburg war neben Graf und Fjella getreten. Und ihr Kollege.

»Was führt Sie denn hierher?«, fragte Graf geschmeidig. »Ich weiß, manche Menschen fassen die Klimaschädigung als Verbrechen auf« – er nickte in Richtung der Demonstranten auf dem Vorplatz –, »aber wären dafür nicht eher die Blauhelme zuständig?«

Respekt, dachte Fjella, da hatte er viel Wissen und viel Wertung in einen trotz allem leichtfüßigen Satz gepackt.

»Wir folgen der Ermittlung, wohin auch immer sie führt«, sagte die Polizistin. »Und heute war das hierher.«

»Sie sind also auch der Ansicht, die Schäden der letzten Wochen seien etwas zu viel des Guten?«, fragte Fjella.

Die Polizistin kniff die Augen zusammen und musterte sie kritisch.

»Das war ungeschickt formuliert«, wehrte Fjella ab. »Ich meinte: Es handelt sich nicht nur um Wetterschäden, sondern – zumindest teilweise – auch um Sabotage?«

Die Polizistin zögerte einen Augenblick, dann sah sie ihren Kollegen an, zuckte mit den Achseln, nickte schließlich. »Ja, wir halten das jedenfalls nicht für unmöglich. Deshalb möchten wir einerseits mal hören, wer aktuell welche Position vertritt. Die relevanten Persönlichkeiten in der Debatte erleben. Herausfinden, wer von Unwetterschäden profitieren könnte.«

»Versicherungen jedenfalls schon mal nicht«, warf Graf trocken ein.

Ungerührt fuhr die Polizistin fort: »Und wir würden auch gern mal mit einem gewissen Arian Fischer aus Frankfurt sprechen, aber der ist gerade nicht erreichbar.«

Fjella bemühte sich, keine Reaktion zu zeigen. Ein Muskel in ihrer Wange zuckte, aber sonst war es ihr, glaubte sie, gelungen. »Ich habe keine Ahnung, von wem Sie sprechen«, brachte sie schließlich heraus.

»Schade«, erwiderte die Polizistin bloß.

Ihr Kollege meldete sich nun auch zu Wort: »Dann noch viel Vergnügen mit den Vorträgen.«

Die beiden wandten sich ab und verschwanden zwischen den übrigen Besuchern.

Fjella streckte sich in die Höhe und versuchte, Arian irgendwo zu erspähen. Aber es war zu voll, zu unübersichtlich.

Die Klingel ertönte. Sie stieß mit Graf an, obwohl ihr gar nicht mehr nach Sekt zumute war, trank das Glas leer. »Dann wollen wir mal«, sagte sie.

*

Nach einer Begrüßung durch die Münchner Bürgermeisterin wurde eine erste kurze Diskussionsrunde abgehalten. Ein TV-Moderator mit Schwerpunkt Wissensvermittlung befragte eine Klimatologin der Uni Kiel, den Vorsitzenden des Verbands Mittelstand Deutschland sowie eine Anwohnerin aus Cuxhaven, der die Umsiedlung nahegelegt wurde.

Ein per Video zugeschalteter Hydrologe beklagte: »Kein Wasser bedeutet Dürre. Zu viel Wasser bedeutet Schäden. Beides führt zu Ernteausfällen und Hunger. Hunger bedeutet Migration. Migration bedeutet Kriege. Das Gleichgewicht der Erde ist fragil. Eine Million Arten sind bedroht. Es kann auch sein, dass wir bald weg sind. Die Welt, die wir unseren Kindern hinterlassen, macht keinen Spaß. Ich liebe meine Arbeit, aber das Ergebnis ist fast immer traurig. Ich hoffe, dass die Menschen das endlich hören und verstehen. Und entsprechend handeln.«

Die Staatssekretärin aus dem Umweltministerium stellte die in Europa zu erwartenden Klimaänderungen bis 2100 vor: Mittlerer Temperaturanstieg zwischen einem und 5,5 Grad, der in Ost- und Nordeuropa im Winter und in Südwesteuropa sowie im Mittelmeerraum im Sommer am stärksten ausfällt. Die jährliche Niederschlagsmenge nimmt in Nordeuropa zu und in Südeuropa ab. Die Winter werden feuchter, die Sommer trockener. Hitzewellen kommen häufiger, intensiver, und dauern länger. Starkniederschlagsereignisse nehmen in ganz Europa weiterhin zu.

»Und es gibt schlicht Grenzen der Finanzierbarkeit«, ergänzte die Klimapolitikerin. »Nur ein Beispiel: Deutschland hat rund 1200 Kilometer Küste an Nord- und Ostsee. In Cuxhaven ist der Meeresspiegel in den vergangenen 150 Jahren um 42 Zentimeter gestiegen. Das ließ sich durch den Bau höherer und stärkerer Deiche bewältigen. Doch wir können nicht jedes Jahr Milliarden ausgeben, um die Folgen der Klimakrise zu bezahlen. Wir müssen einerseits lernen, mit den Folgen zu leben, die sich nicht mehr verhindern lassen, und andererseits müssen wir die weitere Verschlimmerung der Lage so gut wie möglich verhindern.«

Es folgte ein Impulsvortrag von Christina Lippert, der Vorsitzenden des Industrieverbands Agrar, zur Gefahr der Verödung ganzer Landstriche. Sie erklärte: »Wer Wildfeuer verhindern will, muss den ländlichen Raum gezielt und nachhaltig bewirtschaften. Durch die Landflucht liegen vielerorts – gerade im Süden Europas – Felder brach. Auf denen wuchsen Büsche und Bäume. Jeder Euro Subvention in diesem Bereich kann zehn Euro Feuerfolgeschäden sparen. Durch eine stärkere Industrialisierung landwirtschaftlicher Betriebe und den Einsatz modernster Technik lässt sich zudem die Bewirtschaftung optimieren und erleichtern.«

Paul Meißner vom Bundesverband der Deutschen Industrie schloss sich ihr an: »Handeln wir nicht jetzt, könnten wir bald gefährliche Kipppunkte erreichen. Das sind keine neuen Erkenntnisse. Ohne Klimaschutzmaßnahmen besteht das Risiko, dass die globale Wirtschaftsleistung bis 2050 um etwa 18 Prozent sinkt. Das darf die Politik nicht zulassen. Daher muss sie die Versäumnisse der vergangenen Jahrzehnte unverzüglich aufholen. Die rechtlichen Risiken für Unternehmen steigen, dem muss ein Ende bereitet werden.«

»Vor allem steigen auch die Risiken für Versicherer«, raunte Graf Fjella zu. »Die Kalkulationen bei einem Rückversicherer – wo wir unsererseits Großschäden absichern – möchte ich momentan nicht machen müssen.«

Nach einer kurzen Pause zeigte Elias Apel von Extinction Rebellion ein Video von Al Gore, der erklärte: »Wir kippen Millionen von Tonnen menschengemachter Verschmutzung in die Atmosphäre, als wäre sie ein offener Abwasserkanal. Der Großteil davon sind Emissionen aus fossilen Brennstoffen, die das Wärmeäquivalent von 600 000 täglich explodierenden Hiroshima-Atombomben binden.«

Er ergänzte: »Ich und viele meiner Freunde haben Klimaangst. So schrecklich es gerade im Land aussieht – vielleicht ist das der beste Sommer, den wir je erleben werden. Alle Prognosen gehen *straight* hoch. Es ist so krass. Jugendliche gehen jeden Freitag auf die Straßen, Aktivist_innen machen mit kreativen Aktionen auf die Lage aufmerksam, aber das bringt so wenig, was wir machen. Wenn ich mit dreißig ein Kind bekäme, was soll ich dem dann später sagen?« Er hob die Stimme, schaute kämpferisch ins Publikum: »Es bringt ja nichts, wenn wir nur Angst haben. Was soll man denn machen, wenn die Welt untergeht? Wir haben diesen Kampf nicht begonnen, aber wir sind diejenigen, die ihn gewinnen müssen.«

Tesla-Manager Dan Richter verkündete: »Heute gibt es erneuerbare Energien, die *billiger* sind als fossile Brennstoffe. Es gibt neue Materialien, neues Geld, neue Leute, neue Politik und vor allem auch eine Technologie, die einen Systemwandel möglich macht! Klimaschädlicher Verkehr muss teurer werden. Anders wird es nicht gehen, da ist sich die Wissenschaft einig, und das wissen auch alle Parteien.«

»Profiteure!«, rief jemand aus dem Publikum.

Andere schlossen sich an und riefen: »Bahn! Bahn! Bahn!«

»Was haben die denn gegen E-Autos?«, fragte Graf leise. »Ich dachte, die sind so toll?«

»Besser als Benziner, ja. Aber selbst im E-Auto blieb der Individualverkehr ineffizient«, erklärte Fjella.

»Ach so. Okay, verstehe.«

Als provokativer Höhepunkt am ersten Abend des Kongresses war schließlich der Auftritt der Gründer und Leiter des europäischen Thinktanks »Fronte della Tempesta« mit Hauptsitz in Italien eingeplant. Eowyn Sandel, groß, blond, schmallippig, und ihr Geschäfts- und Ehepartner Timothy »Flack« Ruinam – struppig, massig, der typische alte weiße Mann –, sollten mit Olivia Dubois, der Europa-Pressesprecherin von Fridays for Future diskutieren.

Die wollte wissen, welche Vorschläge sie den von ihnen beratenen Politikern machten: »Das Wesen von Katastrophen ist doch, dass sie nicht vorhergesagt werden können«, begann Ruinam. Er sprach Englisch mit deutlichem amerikanischem Akzent. Der Vortrag wurde live übersetzt. »Das Wesen von Naturkatastrophen ist, dass sie erst recht nicht vorhergesagt werden können. Wir müssen lernen, wieder im Einklang mit der Natur zu leben. Die Welt zu akzeptieren, wie sie dort ist, wo wir leben. Deshalb ist es absurd, Europa als Gemeinschaft denken zu wollen. Denn im Norden, im Osten, im Süden und im Westen sind die Verhältnisse komplett unterschiedlich. Die Menschen wollen endlich wieder regiert werden von Politikern, die die Situation vor Ort kennen und sich darum kümmern!«

Sandel schaltete sich ein: »Es kann doch nicht angehen, den Menschen Freiheit und Spaß zu verbieten! Jeder soll das Leben und die Mobilität ausleben, wie er mag. Wir schreiben ja auch nicht die Wohnungsgröße vor. Die Menschen sind bereit, dafür einen fairen Preis zu zahlen. So betreiben wir Klimaschutz, um uns und den kommenden Generationen Freiheit und Mobilität zu sichern. Dieser Weg bedeutet zugleich eine Abkehr vom sozialistischen Euro-Regime und eine Belohnung persönlicher Verantwortung und Leistung.«

Sie beugte sich vor und tippte den goldenen Anhänger an ihrer langen Kette gegen den gleichfarbigen Armreif ihres Mannes. Damit schaltete sie den Zugriff auf ihren Laptop frei und startete eine Diashow auf der Leinwand hinter ihnen: eine nagelneue Windkraftanlage, die Ernte eines sonnengelben Weizenfeldes, Dämmarbeiten an einem Wohnhaus, Südfrüchte auf einem Wochenmarkt, die riesige Werkhalle eines E-Auto-Herstellers.

Routiniert spulten Sandel und Ruinam einen kurzen Vortrag ab, in dem sie die Gefahren durch den Klimawandel herunterspielten und vor allem als Chancen uminterpretierten. Dabei betonten sie insbesondere die individuelle Freiheit, Verantwortung zu übernehmen, welche durch möglichst wenig Gesetze beschränkt werden sollte.

»Hätte Edison die Glühbirne erfunden, wären die Gebrüder Wright mit dem Flugzeug geflogen, wenn es Vorschriften gegeben hätte, die das untersagen?«, donnerte Ruinam. »Nein, sicher nicht!«

Dubois kam kaum zu Wort, und wenn es ihr doch gelang, ignorierten Sandel und Ruinam sie meist.

»Der IPCC-Bericht«, gelang es ihr schließlich, sich Gehör zu verschaffen, »legt einen Schwerpunkt auf regionale klimatische Entwicklungen. Wie können Sie da …«

»Eben!«, unterbrach Sandel. »Eben! *Regional.* Sogar die Wissenschaft weiß, was die politische Kaste nicht wahrhaben will. Die Zeit der europäischen Planspiele ist abgelaufen. Es muss wieder vor Ort entschieden werden.«

Ruinam fiel ein: »In jedem guten Krimi gibt es eine falsche Spur. Im Fall der aktuellen Unwetterlage ist das die Vermutung, es läge am Klimawandel. Erstens dokumentieren Niederschlagsmessungen, dass es insgesamt nicht mehr, sondern weniger regnet. Es gibt sogar eine Tendenz zum Ausgleich – trockene Gebiete werden feuchter, feuchte trockener. Wichtiger noch: Ist von einer angeblichen Blockade des Jetstreams auszugehen? Keineswegs. Auch angebliche arktische Klimaverstärkungen tragen bislang nicht nachweislich zu Veränderungen der Jetstream-Bewegungen bei. Europaweit verbreiten immer dieselben Experten denselben Unfug. Es ist Zeit, der unausgewogenen Klima-Oligarchie den Kampf anzusagen! Sie werden sehen, bald ist es so weit!«

Sandel schloss sich an: »Die Symptome allein zu behandeln wird nicht reichen. Worin liegen die Ursachen der Probleme?« Jetzt war sie nicht mehr aufzuhalten. »Wir beuten Menschen, Tiere und die Umwelt aus. Zu Recht beginnt die Erde sich zu reinigen – was sich in Naturkatastrophen wie Bränden, Überschwemmungen oder auch Vulkanausbrüchen zeigt. Unsere einzige Chance auf ein Überleben besteht darin, selbst in die Kraft zu kommen und die unverbrüchliche Beziehung zu unserem Planeten wieder aufzunehmen.«

Zum Abschluss kam der Veranstalter auf die Bühne. »Wir bedanken uns bei allen Teilnehmerinnen und Teilnehmern sowie natürlich bei Ihnen, sehr verehrtes Publikum – was wäre eine derartige Veranstaltung ohne Sie?« Höfliches Gelächter im Saal. »Wir hoffen, unser Programm hat Sie interessiert und inspiriert. Denjenigen von Ihnen, die auch Tickets für morgen haben, wünsche ich gute Erholung und freue mich auf das Wiedersehen. Allen anderen empfehle ich dringend, noch schnell Tickets für morgen zu erwerben.« Noch mehr höfliches Gelächter. »Meine Kolleginnen und Kollegen werden Ihnen an den Verkaufsstellen im Foyer gern behilflich sein. Einen schönen Abend Ihnen allen!«

Das Licht ging aus, der Vorhang schloss sich. Hunderte von Menschen rieben sich die Augen, stemmten sich aus ihren Sitzen, trotteten die Gänge entlang Richtung Freiheit.

»Da! Da ist er! Stehen bleiben! Arian Fischer, bleiben Sie stehen!«, rief plötzlich eine Stimme. Fjella und Graf sahen sich um. Kuhn und Schmitz, die beiden Hamburger LKA-Beamten, drängten sich durch die Menge. Da sie keine Uniform trugen, hielten die übrigen Gäste sie für unhöfliche Querulanten und stoppten eher, als ihnen Platz zu machen. Tief in der Menschenmenge meinte Fjella tatsächlich für eine Sekunde, Arian ausmachen zu können, in einem Augenblick war er da, im nächsten verschwunden.

Fjella hatte keine Lust, sich von diesen beiden Pappnasen schon wieder in ein Möchtegernverhör verwickeln zu lassen. Die sollten ihren Job machen, sie wollte jetzt ihre Ruhe.

Was hatte Ruinam gemeint, als er sagte, bald sei es so weit?

Und wie stellte Sandel es sich vor, dass die Erde sich »reinigte«? Was führten diese Verrückten im Schilde, und wer finanzierte eigentlich einen derartigen Unsinn? Irgendwoher mussten sie ja die Gelder für den Unterhalt ihres Thinktanks bekommen, für Gehälter und Öffentlichkeitsarbeit.

Langsam ging es vorwärts, Schritt für Schritt erreichten sie die Ausgangstüren. Fjella schob sich hinaus in die Abendluft, Graf kam direkt hinter ihr her.

Der Mob skandierte: »Mörder! Mörder! Klimakiller!« und »Geld kann man nicht atmen!«

In einiger Entfernung brannten zwei Bengalos und ließen Funken auf die Menge regnen.

Fjella erhaschte einen Blick auf die Ehrengäste des Abends, Ruinam und seine Frau, die am Rande der breiten Treppe standen. Ruinam hob die linke Hand, ließ sie einen Moment in der Luft hängen, kratzte sich dann am Hinterkopf. Sein Blick ging über die Menschen hinweg an den linken Rand der Menge. Sein Äußeres täuschte über den bösartigen Charakter hinweg; er sah beinahe aus wie ein *bamse*, ein Teddybär.

Vielleicht war es Zufall, vielleicht auch nicht, jedenfalls erhoben sich jetzt genau von der Stelle, zu der Ruinam gerade geblickt hatte, drei hell strahlende Lichtkugeln, sie zogen ihre Bahn über die Demonstranten hinweg, leuchteten immer greller, trafen auf die Fassade des Nationaltheaters und explodierten in einem Feuerschwall. Molotowcocktails! Die Menschen kreischten, wichen zurück, schoben, drückten, Fjella verlor Graf aus den Augen, alle rannten, während die Flammen züngelten.

Sie warf über die Schulter einen letzten Blick zurück und hatte den Eindruck, Ruinam und Sandel im Schatten lächeln zu sehen, aber vielleicht täuschte sie sich auch. Im ausbrechenden Tumult war es unmöglich, sicher zu sein.

22:03 Uhr, München

Im Durcheinander nach dem Anschlag auf das Nationaltheater hatte Philip Graf zwar Fjella verloren, dafür aber Arian entdeckt. Der stand auf der Motorhaube eines Wagens und sah sich hektisch um, als suchte er nach jemandem. Dann sprang er herunter und lief davon.

»Warten Sie! Arian, warten Sie, bitte!«, rief Graf.

Arian schaute über die Schulter, aber lief weiter. Er zerrte einen Hund hinter sich her, der aussah wie ein explodierter Wischmop.

Graf war 50 und außer Form, aber es war wichtig.

Arian bog nach rechts in die Falkenturmstraße, folgte der sich gabelnden Straße nach links, rannte vorbei an einem Italiener, einer Bar, einer Apotheke, kurvte dann wieder nach rechts in Richtung Platzl.

»Nun warten Sie doch! Ich will nur mit Ihnen reden!«, rief Graf.

Arian verlangsamte, er schien zu zögern. Graf beschleunigte, erreichte den jungen Mann, kam keuchend zum Stehen. Sie standen im Dunkel, am Ende der Straße leuchteten die Werbetafeln von Hofbräuhaus und Hard Rock Café.

Arian sah sich misstrauisch um. Der Hund legte sich hechelnd auf den Boden. »Ist ja gut«, murmelte Arian. »Ist ja gut.«

Graf rang nach Luft. »Das war … das war … kein Zufall«, keuchte er. Seine Lunge brannte. »Ich … wir … Moment.«

Er zwang sich, tiefer und langsamer zu atmen. Schließlich konnte er fortfahren. »Niemand kann eine Unwetterlage erzeugen. Aber ich bin mittlerweile überzeugt, dass sich jemand die miese Gesamtwetterlage zunutze macht. Dafür braucht man Geld, Technik, einen Plan. Und ein Ziel. Und man hinterlässt Spuren.«

Nun war er es, der sich nach Mithörern umsah. Menschen strömten weg von der Demo, Sirenen näherten sich dem Veranstaltungsort. Niemand achtete auf sie.

»Es ist entweder Sabotage. Oder Climate-Engineering. Oder beides zusammen. Wir müssen jetzt rausfinden, wer dahintersteckt und was der Zweck ist.«

»Verschaffen Sie mir Daten, und ich finde die Muster«, versprach Arian. Sein Blick huschte unruhig umher. Auf einmal schien er etwas entdeckt zu haben. Oder jemanden. »Ich muss weiter. Wir sprechen.«

22:17 Uhr, München

Arian glaubte, eine der Frauen entdeckt zu haben, die am Vormittag hinter Debbie im Hausflur gestanden hatten. Sie versuchte, unbemerkt in der Menschenmenge davonzuschwimmen. Er folgte ihr.

Am Isartor blieb sie stehen, wartete. Aus der Dämmerung schälten sich nach wenigen Minuten eine zweite, dann eine dritte Gestalt. Debbie. Er hatte recht gehabt.

Arian trat auf die drei Frauen zu. »Bist du komplett verrückt geworden?«, herrschte er Debbie an.

Die zuckte zusammen. Sie hatten ihn nicht kommen hören.

»Was willst du von mir?«, schnauzte sie. »Verschwinde! Niemand hat dich gerufen!«

»Ihr habt gerade Menschenleben gefährdet. Massiv.«

Debbie lachte auf. »Ach, Hasi. Wenn das all deine Probleme sind, dann ist es ja gut.« Sie wurde ernst. »Die Klimakatastrophe muss aufgehalten werden. Mit allen Mitteln. Friedlicher Widerstand hat nichts gebracht. Diskussionen, Debatten, Demos. Rührt keinen. Die Reichen sitzen in ihren dicken Villen. Denen ist es doch egal, wenn wir verrecken. Oder wenn eine Insel untergeht. Dann kaufen sie sich halt eine neue. Und wenn es ganz schlimm kommt, ziehen sie um auf den Mars. Wir müssen diese Arschlöcher stoppen, und dafür ist jedes Mittel recht und billig.« Die beiden anderen nickten.

Arian schüttelte den Kopf. Er hatte damals recht gehabt, sie war ein *Griefer* – jemand, der anderen Kummer bereitete. Aber dennoch konnte er noch nicht aufgeben. »Nein. Den Weg darfst du nicht gehen. Weißt du nicht mehr, wie wir … wovon du geträumt hast? Von einer friedlichen Revolution!«

Er hob flehend die Hände.

»Verdammter Dummkopf«, entgegnete Debbie. »Werd endlich erwachsen.« Sie machte ihren Freundinnen ein Zeichen, und alle drei verschwanden in der Dunkelheit.

Arian stand im Regen wie ein begossener Pudel.

Radio Arabella, Nachrichten

»Eine vorher friedliche Demonstration vor dem Münchner Nationaltheater eskalierte in den frühen Abendstunden, als Brandsätze auf den Veranstaltungsort der internationalen Klimakonferenz geworfen wurden. Nach ersten Angaben öffentlicher Stellen kam es zu erheblichem Sachschaden sowie durch die ausbrechende Panik zu mehreren leichten Verletzungen. Ob die Konferenz morgen fortgesetzt werden kann, ist noch unklar. Veranstalter, zahlreiche Teilnehmer sowie die Stadt München haben den Anschlag scharf verurteilt. ›Gewalt ist niemals eine Lösung‹, sagte die Bürgermeisterin.

Ein Bekennerschreiben, das diesem Sender vorliegt, bezeichnet die Konferenz als ›Augenwischerei‹, die Teilnehmerinnen und Teilnehmer als ›verlogen und dumm‹, die Gewalt als ›alternativlos, um auf die Dringlichkeit der Situation aufmerksam zu machen‹. Unterzeichnet wurde das Manifest von den EcoQueers, einer bekannten Aktivistinnengruppe, die sich für Umweltschutz und Gendergerechtigkeit einsetzt. Ob das Bekennerschreiben authentisch ist, ist zu diesem Zeitpunkt noch nicht bekannt.«

The European, Kommentar

Die in etlichen europäischen Ländern erstarkende Rechte bereitet Politikern der Mitte Kopfschmerzen. Sollen sie den Wahlkampf auf Sympathisanten der Rechten ausrichten – und damit Gefahr laufen, ihre Stammwähler zu verprellen? Oder wäre es klüger, die Nationalparteien zu ignorieren, um deren möglichen Wählern zu signalisieren, dass ihre Positionen inakzeptabel sind?

Unklar bleibt vorerst, was zu dem kurzfristigen massiven Anstieg der Prognosen nationalistischer Parteien geführt hat. Experten mutmaßen, die Bürger könnten aufgrund der aktuellen Unsicherheit durch die anhaltende Unwetterlage befürchten, von der Politik nicht ausreichend unterstützt zu werden.

»Es ist bekannt, dass die Menschen sich zuerst einmal um sich selbst sorgen, dann um ihre nahen Verwandten und Bekannten – ihren *tribe*. Toleranz und Solidarität sind noch verhältnismäßig junge soziale Errungenschaften«, erläuterte Prof. Charlie Davies, Leiter des Studiengangs Politikwissenschaft in Oxford.

Die Börse reagierte mit einem Anstieg von fast acht Prozentpunkten deutlich positiv auf die Umfrageergebnisse.

24. Juni

9:34 Uhr, Pforzheim

Um sieben Uhr war Baumann aufgeschreckt, weil die Tür gegen den Bettpfosten geknallt war. Er hatte einen Moment gebraucht, bis er begriff, wo er war. Er war liegen geblieben und starrte seitdem von unten auf das obere Stockbett.

Die anderen erwachten, gingen auf die Toilette, in den Frühstücksraum. Mia verschwand im Flur, zerrte zuerst seine, dann ihre Tasche ins Zimmer. Offenbar war das Gepäck aus dem havarierten Bus geborgen und in die Notunterkunft gebracht worden.

Mia verschwand wieder, kam mit zwei Bechern zurück. Im einen war Kakao, im anderen schwarzer Tee. Baumann setzte sich auf, bemühte sich um ein Lächeln. »Danke«, krächzte er.

Nippte am Tee, verbrannte sich die Zunge, wärmte sich aber immerhin am Becher die Hände.

Mia setzte sich ans Fußende und trank ihren Kakao. »Es wird bestimmt bald wieder besser, du wirst schon sehen«, sagte sie und tätschelte einen Fuß ihres Vaters.

Baumann schaute zum Fenster hinaus. Eine graue Wasserwand rauschte vom Himmel. Der Regen prasselte auf das Metalldach der Unterkunft, erfüllte den Raum mit einem dumpfen Dröhnen. Die Luft war feucht, die Decken waren feucht, der Boden war verschmutzt.

Eine Frau in einer dunkelblauen Uniform kam ins Zimmer. »Sie müssen die Räume verlassen«, befahl sie. »Gleich wird gereinigt.«

Baumann rührte sich nicht. Mia sah erst ihn an, dann die Frau vom Sicherheitsdienst, dann wieder ihren Vater. »Er kann nicht«, sagte sie dann leise. »Er muss im Bett bleiben.«

Die Frau zeigte den Hauch eines Lächelns. »Ihr seid neu, oder?«

Mia nickte. »Gestern ist unser Bus umgekippt.«

Die Frau trat näher, ging in die Hocke. »Da hast du dich bestimmt sehr erschrocken.«

Mia nickte wieder. »Ganz doll. Und meinen Oktopus habe ich verloren. Aber dann habe ich ihn wiedergefunden. Und unser Koffer ist jetzt auch da.« Sie deutete auf das Gepäck.

»Und das ist dein Papa?«, fragte die Aufseherin.

Mia nickte wieder.

»Ist deine Mama auch hier?«

»Nein. Die ist tot.«

Baumann spürte einen Stich in der Herzgegend. Er wusste, er musste jetzt funktionieren, er musste Mia Halt bieten. Aber es ging nicht. Er schloss die Augen.

»Dein Papa hat sich bestimmt auch sehr erschrocken, als der Bus den Unfall hatte«, sagte die Frau.

»Mh-hm«, machte Mia.

»Wo wolltet ihr denn eigentlich hin?«

»Ich weiß nicht.«

»Und wo kommt ihr her?«

»Wir wohnen in Seesen im Harz. Dort haben wir ein Bett und Breakfast, das heißt ›Seesener Herz‹ und ist das schönste Hotel, das ich kenne. Aber jetzt mussten wir da weg, weil die Menschen im Dorf alle ganz gemein zueinander wurden.

Und dann waren wir in, ich weiß nicht mehr, wie das heißt, einer großen Stadt. Erst im Hotel und dann in einer Wohnung. Aber da konnten wir auch nicht bleiben. Ich weiß nicht, warum. Papa hat gesagt, wir fahren irgendwohin, wo es weniger regnet und die Menschen genug zu essen haben. Ich finde es hier okay. Vorhin gab es Brötchen, aber ich habe mir keins genommen, weil ich noch keinen Hunger hatte. Weißt du, ob es nachher Mittagessen gibt?«

»Ja, das gibt es. Mach dir keine Sorgen, es wird bestimmt bald wieder besser. Es kann ja nicht ewig regnen. Bald muss die Sonne mal wieder hervorkommen. Und dann bekommen die Menschen auch wieder gute Laune.« Die Aufseherin zögerte. Dann setzte sie hinzu: »Hey, weißt du was? Bleibt doch einfach hier sitzen. Ihr stört ja nicht bei der Reinigung. Und dann kann dein Papa sich noch ein wenig ausruhen, okay?«

*

Eine Stunde später wurde Baumann wieder wach. Er war allein. Der Boden glänzte sauber.

Jemand hatte seine Schuhe mit den Sohlen nach oben, damit sie den Bezug nicht verdreckten, ans Fußende des Bettes gelegt. Er schlüpfte hinein, zog seine Regenjacke über, verließ das Zimmer.

Am einen Ende des Ganges befand sich ein Aufenthaltsraum. Die Tür stand offen, er konnte Stimmen hören. Am anderen Ende führte eine Tür nach draußen. Sie stand ebenfalls offen. Es regnete noch immer.

Symbole zeigten an, dass sich rechts und links vor der Ausgangstür die Waschräume und Toiletten befanden.

Baumann musste mal. Er drückte die Tür zum Herrenklo

auf. Ein Mann stand am Waschbecken, einer am Pissoir. Baumann nickte zum Gruß und trat an das zweite Pinkelbecken.

Kaum hatte er seine Hose geöffnet, trat der Mann vom Waschbecken hinter ihn. »Gib mir deine Jacke!«, sagte er mit leiser, tiefer und drohender Stimme.

»Ich … was?« Baumann war verwirrt.

»Die Regenjacke. Gib sie mir«, wiederholte der Mann und zerrte bereits an der Kapuze von Baumanns Jacke.

Der versuchte, seinen Reißverschluss wieder zu schließen, geriet aber aus dem Gleichgewicht. Der Mann neben ihm starrte ihn mittlerweile ebenfalls drohend an.

»Die Jacke«, sagte er und hob dabei die offene Hand locker auf Brusthöhe, als würde er Baumann gleich eine Ohrfeige verpassen.

»Ich, ja, äh«, stammelte Baumann. Er versuchte hektisch, die Jacke auszuziehen, verhedderte sich.

»Mach schon«, sagte der Mann mit der tiefen Stimme.

»Hier, hier«, sagte Baumann. Endlich hatte er es geschafft, streckte dem Ganoven die Jacke entgegen.

Der nahm sie, strich sie in aller Seelenruhe glatt, rollte sie zusammen.

Er wandte sich ab und ging. Der zweite Mann sah Baumann kurz in die Augen, nickte dann abrupt und folgte seinem Boss.

Mit wackeligen Beinen stakste Baumann in eine Toilettenkabine, verriegelte die Tür hinter sich und sank auf den Sitz. Schloss die Augen und versuchte, sich zu beruhigen.

Er hätte nicht sagen können, ob er fünf oder zehn Minuten dort saß. Auf einmal durchschoss ihn der Gedanken: Mia! Wo war Mia? War sie in Gefahr?

Er entriegelte die Tür, zog seinen Reißverschluss hoch –

pinkeln konnte er vor lauter Aufregung jetzt nicht –, lief hinaus in den Gang. Schaute nach draußen. Matschiger Boden erstreckte sich zwischen dem Container, in dem er sich befand, und zwei weiteren in einiger Entfernung. Vor einem davon sah er die beiden Männer stehen, die ihm eben seine Jacke abgenommen hatten. Der, der ihm die Ohrfeige angedroht hatte, nahm von einer Frau mittleren Alters einen Geldschein entgegen, betrachtete ihn gründlich, nickte dann. Der andere, der mit der tiefen Stimme, reichte der Frau Baumanns Jacke. Sie schlüpfte hinein.

Baumann wandte sich um und lief durch den Gang. Mia saß im Aufenthaltsraum und spielte mit zwei anderen Kindern ein Brettspiel. Zwei Mütter saßen in einiger Entfernung an einem anderen Tisch und unterhielten sich leise.

Den Diebstahl der Regenjacke würde er verschmerzen können. Hauptsache, Mia war nichts passiert. Die strahlte, als sie Baumann entdeckte. »Papa, da bist du ja endlich!«, rief sie, sprang von ihrem Stuhl herunter, lief auf ihn zu und umarmte ihn. »Ich hab dich so vermisst! Spielst du mit uns mit?«

Baumann war nicht nach spielen, aber Mia zuliebe gab er sich einen Ruck. Er setzte sich zu den Kindern, ließ sich die Regeln erklären, spielte eine Runde mit. Ab 12 Uhr gab es im Haupthaus Mittagessen. Sie liefen durch den Regen hin und zurück. Danach ging Baumann kurz ins Zimmer, um sein Buch zu holen.

Doch ihr Gepäck war verschwunden. Er schaute unter die Betten, hinter die Tür, in den Schränken, fragte das Sicherheitspersonal. »Hatten Sie die Koffer nicht eingeschlossen?«, fragte ein Mann mit Dreitagebart und müdem Blick.

Baumann schüttelte den Kopf.

»Es ist leider nicht das erste Mal, dass so etwas passiert.«

Das war der Moment, in dem ihm klar wurde, dass sie wegmussten aus diesem Lager. Sie mussten fliehen vor einer Gesellschaft, die immer krimineller wurde, selbst den Schwächsten gegenüber.

10:08 Uhr, Starnberg

Völlig überraschend schien die Sonne. Die Feuchtigkeit der letzten Wochen stieg vom Boden auf und bildete Nebelschwaden.

Verwundert traten die Menschen vor die Häuser und schauten sich um. Manche trugen Sonnenbrillen. Schnell wurde es sommerlich warm, tropische Schwüle breitete sich aus.

Kinder spielten in den Gärten, auf den Straßen.

Familienväter beluden eilig die PKWs, um noch schnell einen Ausflug machen zu können.

Arian hatte nach der aufwühlenden zweiten Begegnung mit Debbie gestern Nacht tausend Euro aus einem Geldautomaten gezogen, sein Smartphone in einem Gulli verschwinden lassen, war dann mit der letzten S-Bahn aus München nach Starnberg gefahren und hatte sich mit Konrad eine abgelegene Ecke des kleinen Bahnhofs gesucht, wo er ein paar Stunden döste. Es war feucht, aber nicht kalt.

Er sammelte seine Sachen ein, nahm den Puli an die Leine und ging Richtung See. Beim Bäcker kaufte Arian ein belegtes Brötchen und einen Kaffee für sich sowie eine Flasche Wasser für Konrad, dem er beim Metzger ein paar Häuser weiter außerdem Abschnitte und Fleischreste besorgte.

Anschließend betrat er einen Handyshop. »Eine Prepaid-SIM-Karte bitte, mit einer Datenflatrate.«

»Selbstverständlich. Ihr Personalausweis?«

Arian stutzte. »Wozu das denn? Ist doch Prepaid.«

»Ja, aber seit 2017 muss die Identität geprüft werden. Um die Kriminalität einzudämmen.«

»Ach so. Ich hab meinen leider nicht mit. Muss ich morgen wiederkommen.«

Er verließ das Geschäft, sah sich um. Ging zurück Richtung Bahnhof. Auf der Rückseite saßen drei Punks in einem Halbkreis um einen Schäferhund herum.

»Hat einer von euch einen Ausweis?«, fragte Arian.

Die drei musterten ihn misstrauisch.

»200 Euro, wenn mir einer von euch eine Prepaid-SIM-Karte mit Datenflatrate kaufen geht. 100 vorher, 100 hinterher.«

Die drei starrten ihn weiter an. Dann öffnete einer von ihnen eine Sporttasche, die hinter ihm stand, und zog ein Handy heraus. »Du hast was vor und willst uns ins Messer laufen lassen«, knurrte er. »Aber wir sind ja nicht doof. Die hier kannst du haben, die ist auf niemand registriert. 400 Mäuse.«

»300«, sagte Arian.

»Deal.«

Der Punk entnahm dem Gerät die SIM-Karte.

»Was willst du für das Handy dazu?«, fragte Arian, dem klar wurde, dass die Karte allein für seine Zwecke nicht ausreichte.

»Das ist nicht zu verkaufen. Das hat mir meine Mutter geschenkt.«

Die Stimme wellte sich vor Emotion. Da gab es nichts zu verhandeln.

Arian drückte dem Punk drei Hunderter in die Hand.

»Gibt's hier auch einen Secondhandladen?«, fragte er. Die Punks beschrieben ihm den Weg.

Dort verkauften sie ihm ein altes, verkratztes Smartphone für 50 Euro.

Danach suchte er sich mit Konrad eine Bank am südlichen Ende der Seepromenade. Die Sonne tat gut. Konrad schmatzte und schlabberte, Arian aß langsam, nippte an seinem mittlerweile nur noch lauwarmen Kaffee, dachte nach. Obwohl er vom Wasser aktuell nun wirklich die Nase gestrichen voll hatte, beruhigte ihn der Blick auf den See. Ab und zu tuckerte eine Fähre vorbei.

Er schickte seine neue Nummer an Fjella. Die rief wenig später zurück. »Warum hast du eine neue Nummer?«, fragte sie.

Arian berichtete ihr von seinem Wiedersehen mit Debbie und dass sie und ihre Freundinnen hinter dem Anschlag steckten. »Ich weiß nicht, was ich machen soll. Sie hört nicht auf mich. Und ich werde ganz sicher nicht bei der Polizei anrufen – die würden ja sowieso denken, ich will nur von mir ablenken. Also bin ich erst mal abgehauen und untergetaucht.«

»Okay …«

Arian schaute über das Wasser. »Ich muss jetzt erst mal in Ruhe nachdenken«, sagte er.

»Das klingt nicht falsch«, bestätigte Fjella. Sie legten auf.

Arian misstraute Behörden und staatlichen Ermittlern nach der Anzeige durch das Bundesamt für Bevölkerungsschutz und Katastrophenhilfe noch mehr als vorher schon. In seiner Jugend – als Hacker, Gamer, Cheater und im Dunstkreis der Umweltschutz-Aktivisten, bei denen Debbie sich engagierte –, waren die Bullen der Feind gewesen, der Zoll eine verdammte Bande von Handlangern und die gesamte politische Kaste eine Verbrecherbande. Mittlerweile sah er die Welt nicht mehr so radikal schwarz-weiß. Er löste Fahrscheine für den öffentlichen Nahverkehr und zahlte Steuern. Die Bauvorhaben seiner Firma waren auf stabile gesetzliche Rahmenbedingungen angewiesen. Andererseits nervte der Zoll noch immer und die Steuerfahndung nicht viel weniger. Auf dem Bau musste man manchmal Abkürzungen nehmen, sonst wurde man nie fertig. Es wäre die Aufgabe der Politik, sinnvoll anwendbare Gesetze zu erlassen, statt absurde Wahlgeschenke zu machen.

Trotzdem war er erstaunt, in welche Situation er geraten war. Er versuchte, sich die Ereignisse der letzten Tage noch einmal zu vergegenwärtigen.

Vor zwei Wochen war seine Welt noch vollkommen in Ordnung gewesen. Er kaufte ab und zu für Frau Ott ein, traf sich manchmal mit ein paar Freunden, arbeitete, ging mit Konrad spazieren. Vielleicht nicht das abenteuerlichste Leben, aber ihm gefiel es. Dann war er mit der S-Bahn stecken geblieben, und der überraschend heftige Wasserschaden hatte ihn darauf gebracht, eine Gefahrenanalyse um bislang unbeachtet gebliebene Wetterrisiken zu erweitern. Das wiederum hatte zu einer Vorhersage geführt, die dermaßen gravierende Konsequenzen mit sich brächte, dass sein Boss angeordnet hatte, die Projektion durch Fachleute überprüfen zu lassen. Sowohl am Potsdamer Institut für Klimafolgenforschung als auch an der TU Harburg hatten sie seine Vorgehensweise bestätigt und die Vorhersagen tendenziell eher noch dramatischer ausfallen lassen.

Fjella hatte von ihm gefordert, mit diesen Informationen unverzüglich an die Öffentlichkeit zu gehen, und ihm Vorwürfe gemacht, als er das verweigerte. Sein Chef hingegen wollte das Wissen für sich behalten und Mitbewerber wie Bevölkerung in die Katastrophe hineinlaufen lassen.

Weil Arian das nicht mittragen konnte, hatte er sich zuerst an das BBK gewandt und nachdem man ihm dort einen weiteren Maulkorb verpasst hatte, seine Berechnungen öffentlich gemacht. Seitdem gab es in den Medien und Talkshows kaum mehr ein anderes Thema, auch der Wahlkampf wurde von den möglichen kurzfristigen Maßnahmen gegen den Klimawandel und zum Schutz der Bevölkerung beherrscht.

Viele Bürger, auch das wurde deutlich, trauten den Politikern und staatlichen Stellen ebenso wenig wie Arian – sie nahmen ihr Schicksal selbst in die Hand, bunkerten, flohen, kämpften. Der soziale Frieden war in Gefahr.

Die ganze Zeit schon hatte er insgeheim befürchtet, aber irgendwie auch ein kleines bisschen gehofft, dass Debbie in der Geschichte mit drinsteckte. Wobei er nicht hätte sagen können, was er mit ›Geschichte‹ überhaupt meinte. Einerseits war ja klar, dass Umweltschützer gegen die vollkommen unzureichenden Maßnahmen der Regierung protestieren würden, ja, mussten. Andererseits hatte Arian schon früh den bislang unerklärlichen Eindruck gehabt, dass irgendetwas nicht mit natürlichen Dingen zuging. Dass jemand nachhalf, vielleicht bei den Schäden, die Graf untersuchte, vielleicht aber auch – das war jedenfalls sein Gefühl – beim Wetter selbst. Aber wie sollte das gehen? Und wie wäre es herauszufinden? Und was hätte Debbie damit zu tun?

Dass sie auf jeden Fall zu denen gehörte, die den Konflikt eskalieren lassen wollten, hatte er gestern mit eigenen Augen gesehen. Er kannte ihre Motivation: Je größer der Skandal, desto weiter verbreitete sich die Botschaft.

Doch obwohl er ihre Haltung an sich teilte – das Land und der Kontinent steckten in einer Notsituation, die sich in den kommenden Jahren noch dramatisch verschlimmern würde –, fand er ihre Mittel noch immer nicht akzeptabel. Der gute Zweck heiligte eben nicht alle Mittel und ganz sicher nicht Gewalt.

Weil er Verantwortung gezeigt und die Vorhersagen samt Begründung öffentlich gemacht hatte, war vom Bundesamt für Bevölkerungsschutz und Katastrophenhilfe Anzeige wegen Geheimnisverrats gegen ihn erstattet worden. Nach wie vor leuchtete Arian nicht ein, welches Interesse eine staatliche Stelle daran hatte, die Bürger vor einer nahezu sicher eintretenden Gefahr nicht zu warnen. Ein weiterer Vorgang, bei dem irgendetwas nicht ganz logisch erschien.

Jedenfalls saß er nun deshalb hier. Auf der Flucht, polizeilich gesucht. Wenn er sein altes Leben zurückhaben wollte, blieb ihm nichts anderes übrig, als zu beweisen, dass er von Anfang an recht gehabt hatte. Dass er Menschenleben gerettet und nicht, wie ihm vorgeworfen wurde, in Gefahr gebracht hatte.

So wie sich der morgendliche Nebel auf dem Wasser verzogen hatte, klärte sich auch Arians Geist. Er wusste, was nun zu tun war, wie die nächsten Schritte aussahen.

Er erhob sich von der Bank, reckte und streckte sich. Die Sonne tat wirklich gut. »Komm, wir müssen weiter«, sagte er zu Konrad.

Der Puli trottete neben ihm her zur Ausfallstraße, der B2. Kurz vor dem Schild am Ortsende bezog Arian Position und streckte den Daumen in die Luft.

11:21 Uhr, München

Fjella war immer noch verwirrt. Warum hatte Arian ihr nicht schon vor der Ankunft in München von dieser Debbie erzählt? Welche Verbindung bestand zwischen den beiden? »Wir hatten mal was« war alles, was er dazu gesagt hatte, und das konnte nun wirklich alles bedeuten, vom ersten Kuss bis zu immer noch heimlich verliebt.

Und wohin war er gestern Abend nach dem Anschlag auf das Nationaltheater verschwunden? Das hatte er am Telefon für sich behalten.

Langsam hatte sie die Nase voll von diesem Affen. Walzte in ihr Leben mit seinen blöden Industrie-Theorien, die nur darauf abzielten, die Bottom-Line zu retten – genau das Businessmodell also, das sich grundlegend ändern musste, wenn die Menschheit auch nur den Hauch einer Chance haben sollte. Und er guckte sie an mit seinen Schokocreme-Augen und ließ sie davon fantasieren, mit den Fingern durch seine Wuschellocken zu fahren – nur um dann abzuhauen, kaum dass diese Debbie wieder ins Spiel kam.

Sie wusste, sie musste sich diesen Kerl aus dem Kopf schlagen. Das Problem daran war, dass sie ihn brauchte. Nicht unbedingt menschlich, aber fachlich. Er war derjenige, der eine unmittelbar bevorstehende Gefahr für Deutschland vorhergesagt hatte. Und er hatte recht gehabt. In Unterfranken herrschten seit heute Nacht massive Unwetter, bei denen bislang mindestens 63 Personen ums Leben gekommen waren. Weitere 21 wurden vermisst. Zwei Ortschaften waren nahezu vollständig der Flut zum Opfer gefallen, 60 Häuser waren vollständig, weitere 90 teilweise mitgerissen worden. Betroffen waren nicht nur Privatgebäude, sondern auch zwei der größten Logistikzentren der Region. Hundertausende von Sendungen waren verloren, Waren im Wert von mehreren Millionen Euro waren zerstört.

Wenn Arian seiner blöden Ex hinterherlaufen wollte, bitte schön. Aber vorher sollte er wenigstens noch mal ausrechnen, wo die nächste Sturmfront aufziehen würde!

Sie hielt schon ihr Handy in der Hand, um ihm eine gepfefferte SMS an seine neue Nummer zu schicken, da klopfte es an der Tür des Gästezimmers.

Graf steckte den Kopf herein. »Mir lässt diese merkwürdige Erhöhung der Versionsnummer, die ich in Brokdorf entdeckt habe, keine Ruhe. Der Hersteller antwortet nicht, die Programmierer sitzen vermutlich auch in Indien oder sonst wo. Deshalb treffe ich mich nachher mit einem Bekannten. Willst du mit?«

Fjella zuckte mit den Achseln. Warum nicht? Nach dem Anschlag war der Rest der Konferenz ohnehin abgesagt worden. »Klar.«

In Grafs Minivan verließen sie über den Ring die Stadt.

Fjella warf einen Blick auf den Rücksitz, im Fußraum dort lagen ein paar McDonald's-Einwickelpapiere. »Hast du etwas von deiner Familie gehört?«, fragte sie.

Graf schnitt eine Grimasse, konzentrierte sich weiter aufs Fahren. »Irgendwann heute Nacht kam eine Nachricht. Sie schreibt, die Lage hätte sich beruhigt. Soldaten sichern das Hotel, es gibt ausreichend Wasser. Gestern hat es sogar eine Stunde lang nicht geregnet.« Die Scheibenwischer schafften es kaum, den Regen zu verdrängen. »Heute Morgen habe ich versucht, sie anzurufen, aber wieder nur besetzt. Die Netze sind überlastet oder zusammengebrochen. Ich habe ihr geschrieben, sie soll trotzdem versuchen, da wegzukommen, bevor die Lage sich wieder verschlimmert. Inseln sind eigentlich immer schlecht in Notsituationen.«

Fjella schüttelte den Kopf. »Es tut mir wirklich leid«, sagte sie.

»Wir versuchen jetzt einfach rauszukriegen, ob mehr hinter der Sache steckt. Und dann sehen wir weiter«, gab sich Graf zweckoptimistisch.

Er bog auf den XL-Parkplatz eines XL-Gebäudes in XL-Grau. »Heizkraftwerk Süd«, stand auf einem XL-Schild. Fjella hatte sich nie Gedanken gemacht, wie groß Kraftwerke waren.

Ein Mann im Anzug, aber mit Schutzhelm und Stahlkappenschuhen, wartete am Eingang auf sie. Er führte sie direkt in ein Büro im zweiten Stock, von dem aus man die gesamte Anlage überblicken konnte. Er hängte den Helm an einen Haken und ließ sich in einen Sessel hinter dem Schreibtisch plumpsen. »Dieser verdammte Regen«, fluchte er. »Wenn die Isar noch ein paar Zentimeter steigt, säuft uns die ganze Anlage ab, und ich habe keine Ahnung, was dann passiert. Wir sind nicht auslegt auf eine solche Situation. Vielleicht reißt es uns dann alles aus der Verankerung.« Er seufzte, zuckte mit den Achseln, wandte sich Graf zu. »Schön, dich zu sehen. Wenn auch unter wirklich unerfreulichen Umständen.«

»Gleichfalls. Das ist Fjella Lange. Nephologin aus Hamburg. Wolkenkunde. Fjella, Gernot Siebert. Wir waren zusammen an der Uni.«

»Und in den umliegenden Kneipen«, sagte Siebert grinsend. Er richtete den Blick auf Fjella. »Willkommen. Können Sie was gegen die Wolken unternehmen?«

Fjella lachte auf. »Schön wär's. Ich kann Ihnen sagen, wie

die Wolken auf Lateinisch heißen, wie hoch sie reichen und wie viel Wasser sie vermutlich enthalten.«

Sie unterbrach sich. Kratzte sich am Kopf.

»Was?«, fragte Graf.

»Vielleicht … ich dachte gerade, vielleicht gäbe es Möglichkeiten, die Aufnahmekapazität von Wolken zu beeinflussen. Grob gesagt, je wärmer die Luft, desto mehr Feuchtigkeit kann sie speichern. Aber es gibt natürlich auch noch andere Faktoren, und vielleicht lassen die sich manipulieren …«

Graf wandte sich an den Leiter des Kohlekraftwerks. »Ich habe dir ja schon gesagt, ich werde den Verdacht nicht los, dass mit dieser ganzen Wetterlage etwas nicht stimmt. Ja, klar, niemand kann es regnen lassen. Das haben wir schon selbst verbockt. Weiß man ja auch seit den Achtzigern. Wir kriegen mehr Hitze, mehr Regen, mehr starke Umschwünge. Dieses Jahr ist es eben mehr Regen. Aber trotzdem ist da irgendwo der Wurm drin. Ich krieg ihn nur nicht zu fassen.«

»Den Wurm«, kommentierte Siebert.

Graf schaute irritiert auf, dann lachte er. »Ja, genau. Ich krieg ihn nicht zu fassen, den Wurm. Gedanklich.«

»Wie kann ich helfen?«

»In einem anderen Energiebetrieb ist mir eine mögliche Unregelmäßigkeit bei der Software aufgefallen. Ich konnte leider immer noch nicht klären, ob das wirklich ein Problem ist und wenn ja, was es damit auf sich hat. Meine Befürchtung ist« – er senkte die Stimme, obwohl sie nur zu dritt waren –, »dass jemand sämtliche kritische Infrastruktur gezielt aufs Korn genommen hat. Wasserkraftwerke, Umspannwerke, Heizkraftwerke, Atomkraftlager … vielleicht nicht immer erfolgreich, aber wo gehobelt wird, da fallen Späne. Selbst wenn bei dir alles okay ist, finden wir vielleicht eine Spur.«

Fjella zögerte. Sie war auf Arian immer noch nicht gut zu sprechen. Andererseits war er vermutlich versierter in IT-Fragen als Graf. »Sollten wir vielleicht Arian fragen, ob er die Software ebenfalls überprüft?«

Graf nickte. »Das habe ich auch schon gedacht. Aber ich konnte ihn vorhin nicht erreichen. Habe ihm eine Nachricht hinterlassen und warte auf den Rückruf.«

»Er hat eine neue Nummer«, sagte Fjella. Sie zog ihr Handy heraus. »Gestern Abend nach dem Anschlag ist er abgetaucht. Der Junge hat echt einen Verfolgungswahn.«

Graf zuckte mit den Achseln. »Mal sehen, wer am Ende recht behält.«

Fjella wählte Arians Nummer und schaltete das Gespräch auf den Lautsprecher.

»Ja?« Arians Stimme.

»Fjella. Du bist auf Lautsprecher. Ich bin mit Philip Graf in einem Münchner Heizkraftwerk. Wo bist du?«

»In …« Er unterbrach sich. »Jedenfalls nicht mehr in München. Vielleicht ist es besser, wenn ihr nicht wisst, wo ich bin. Mittlerweile bin ich offenbar sogar zur Fahndung ausgeschrieben, wegen Geheimnisverrats. Die BBK spinnt echt. Schließlich war ich zuerst bei ihnen. Die hätten mich nur ernst nehmen müssen. Egal. Jetzt suchen sie mich, und darauf habe ich echt keinen Bock. Ich habe nichts falsch gemacht!«

»Schon gut, wir sind auf deiner Seite. Kannst du dir, von wo auch immer du bist, eine Software angucken?«

»Natürlich. Ich brauche bloß einen Zugang. Am besten einen VPN-Tunnel. Für meine Seite habe ich eine Verschlüsselung der Einwahl. Aber ich brauche Root-Zugriff, sonst findet man die wirklich guten Hacks nicht.«

»Auf keinen Fall«, wehrte Siebert ab.

Graf warf Fjella einen Blick zu, dann trat er neben seinen Freund und flüsterte ihm zu: »Ich verbürge mich für diesen jungen Mann.«

Siebert atmete durch. »Na gut. Für eine Stunde. Heute Nacht, ab Mitternacht.« Er sah Graf an. »Deine Verantwortung.«

Graf nickte. Nach einem kurzen Schweigen sagte Arian: »Okay. Das wird knapp, aber besser als nichts.«

»Gut. Ich schicke Ihnen die Log-in-Daten kommentarlos als Grafiken auf Ihre Nummer«, sagte Siebert.

Graf atmete tief durch. »Danke«, sagte er.

13:54 Uhr, Hamburg

»Da. Endlich.« Eric Schmitz drehte seinen Monitor zufrieden in Richtung seiner Kollegin Nina Kuhn.

Auf dem Bildschirm war die körnige Aufnahme eines hassverzerrten Gesichts zu sehen. Es hatte mehrere Stunden gedauert, bis die Kolleginnen und Kollegen in der Technik es geschafft hatten, den Kontrast der dunkelgrauen Matschepampe der Überwachungskameras an der Maximilianstraße zu erhöhen. Die drei Molotowcocktails waren von weit hinten gekommen. Kaum hatten sie die Fassade in hellen Schein getaucht, war die Menge schier ausgerastet. Die Demonstranten schrien, schlugen, drängelten. Manche wollten weg, andere versuchten, die Stufen das Nationaltheaters zu erklimmen. Einige kletterten auf die Statue des Königs Max Joseph und schwenkten Fahnen. Andere warfen mit allem, was sie in die Hände bekamen, auf Polizei und Sicherheitspersonal: Flaschen, Bananen, belegte Brote, Pflastersteine. Es war eine völlig verrückte Situation gewesen, die sich erst durch den verspäteten Einsatz zweier Wasserwerfer unter Kontrolle bekommen ließ.

Schmitz spulte zurück. Am linken Rand der Menge, zur Maximilianstraße hin, waren deutlich drei junge Frauen in schwarzer Montur zu sehen. Sie hielten Abstand zur Masse und schienen jeweils etwas in der Hand zu halten – eine Flasche voll Benzin und Phosphor, aus der ein Lappen herausragte, wie sie jetzt wussten.

Und nun hatten sie endlich Gesichter, die sie zwar ohne Gerichtsbeschluss wegen der Datenschutzscheiße nicht durch eine anständige Gesichtserkennungssoftware jagen durften – aber sie mit öffentlich zugänglichen Quellen abzugleichen war erlaubt. Sekunden später hatten sie den ersten und dann aber auch einzigen Treffer.

Die Frau in der Mitte, die mit den schärfsten Gesichtszügen, hieß Deborah Bittner. Sie setzte sich offenbar engagiert für den Umweltschutz sowie für Frauenrechte und gegen die Diskriminierung von LGBTQI*-Personen ein.

Zudem hatte sie, wie eine kurze Abfrage ergab, etliche Vorstrafen wegen Sachbeschädigung, tätlicher Gewalt und Widerstand gegen Vollstreckungsbeamte. Sie wurde als mögliche Sympathisantin einer möglicherweise radikalen Umweltschutzgruppe namens EcoQueers gelistet.

»Die kennen wir doch, diese EcoQueers«, murmelte Schmitz und tippte mit dem Finger auf den Bildschirm. »Das waren doch diese knallharten Umweltaktivistinnen. Knallt alle ab, die gegen Mutter Erde sind, irgend so was.«

Die beiden anderen Frauen waren öffentlich jedenfalls noch nicht in Erscheinung getreten.

Mit einem nachdenklichen Seufzen lehnte er sich zurück.

Nina Kuhn ließ den Rest ihres Latte macchiato kreisen, trank, dann sagte sie: »Ich hab mal die Infos über die EcoQueers aufgerufen. Die haben ein großes Maul, aber wenig dahinter. Sie veröffentlichen gern markige Statements, aber ob sie überhaupt schon mal irgendetwas anderes auf die Beine gestellt haben, ist unklar. Auf jeden Fall ist die Gruppe vielleicht aggressiv, aber nicht groß genug, um hinter all den möglichen Sabotageakten zu stecken – wenn es überhaupt welche waren. Philip Graf hält das bei den Schäden an den öffentlichen Versorgungseinrichtungen jedenfalls für möglich.«

Schmitz rieb sich die Augen. »Einerseits wissen wir zu viel«, grummelte er, »und andererseits zu wenig. Deborah Bittner und die EcoQueers werfen Molotows und lassen den Protest in München eskalieren. Und sie schreiben Manifeste im Namen geknechteter Minderheiten, der armen Erde und so weiter …«

Kuhn nahm ein paar Zettel von ihrem Schreibtisch. »Die Kollegen in Berlin haben übrigens einen Schlagstock sichergestellt, bei dem es sich aller Wahrscheinlichkeit nach um die Tatwaffe handelt, mit der Keßler niedergeschlagen wurde. Keine Fingerabdrücke, aber das Ding hat einen ungewöhnlichen Durchmesser. Der wurde nur in einem einzigen weiteren Fall dokumentiert, bei einer schweren Körperverletzung in Köln. Damals waren die Besitzer eines asiatischen Restaurants betroffen, zwei Brüder. Sah nach organisiertem Verbrechen aus.«

»Vielleicht ist das Ding einfach weiterverkauft worden. Ist im Grunde ja die beste Art, Ermittlungen zu behindern – wenn lauter unterschiedliche Leute aus unterschiedlichen Motiven mit einer Waffe arbeiten.« Missmutig schüttelte Schmitz den Kopf. »Ich weiß nicht, ob ich dieser Sabotage-Vermutung von Graf glaube. Vielleicht sieht der auch einfach

Gespenster, weil er nicht rauskriegt, woran es liegt. Wer hätte denn was davon, wenn die Versorgung zusammenbricht? Langfristig die Mafia, aber kurzfristig?«

»Vielleicht eine Partei? Immerhin ist Wahlkampf. Vielleicht behauptet irgendwer, die Leitungen seien marode, und will dann als großer Sanierer gewählt werden?«

»Keine schlechte Idee, aber nicht dass ich wüsste. Ich glaube, unsere Infrastruktur ist ganz einfach nicht für diese ständige Feuchtigkeit gemacht. Das reicht vielleicht als Fehlerquelle. Stell dir mal vor, du lässt dein Auto mit offenen Türen und offener Motorhaube im Regen stehen. Und zwei Tage später fährst du in die Werkstatt. Und die so: Tja, wissen wir auch nicht, vielleicht ein Fertigungsfehler, am besten verschrotten und einen neuen kaufen. Dabei ist einfach nur die Elektrik im Arsch durch das viele Wasser.«

»Kann sein, kann nicht sein«, sagte Nina Kuhn. »Dieser Arian Fischer, der vom BBK wegen Geheimnisverrats angezeigt wurde, ist ähnlicher Ansicht. Er hat irgendwie berechnet, dass in naher Zukunft viel mehr Unwetter stattfinden werden, als man bisher dachte.«

»Moment mal«, sagte Schmitz und rollte wieder zurück an seinen Schreibtisch, gab Arians Namen in eine Suchmaske ein, dazu das Stichwort »Umwelt*«. Las. Klickte. Las.

»Ach. Das ist ja interessant«, sagte er schließlich. »Unser feiner Herr Fischer war früher nicht nur Mitglied in Hackergruppen, die illegale Spiele-Downloads und -Patches anboten, sondern es gibt auch eine Anzeige gegen ihn wegen Hausfriedensbruch im Zusammenhang mit einer Umweltschutzorganisation. Da sind ein paar Kids in ein Tierlabor eingestiegen. Und weißt du, wer auf der gleichen Anzeige steht?«

Triumphierend sah er Nina Kuhn an. »Mach's nicht so spannend, Mann«, sagte die.

»Deborah Bittner von den EcoQueers.«

16:24 Uhr, Oberstdorf

Ein Familienvater mit Frau, zwei Kindern und einem Bobtail hatte sie auf den Ausklappsitzen im Kofferraum mitgenommen.

Die Skisprunganlage auf der Ostseite des Dorfes, am Fuße des Nebelhorns, war in der Sonne deutlich zu sehen. Arian, der in seinem ganzen Leben noch nie in den Bergen gewesen war, bemerkte überrascht, dass er tief und ruhig atmete. In der Luft lag Tannenduft.

Langsam und erstaunlich gelassen schlenderte er durch die Gassen. Eigentlich waren es Einkaufsstraßen: Supermärkte, Touristenramsch, Sportausstattung, Leihfahrräder, Restaurants, Buchhandlungen, Konditoreien, Hotels. Und trotz der dicht gedrängten Kommerzialität hatte der Ort etwas total Entspannendes.

Er betrat die Touristeninformation. »Entschuldigung, können Sie mir ein Hotel empfehlen?«

Die junge Frau hinter dem Tresen trug natürlich ein Dirndl. Sie schüttelte bedauernd den Kopf. »Leider alle geschlossen. Behördliche Anordnung.«

»Nicht einmal geschäftlich?«

»Nein, alle zu, jetzt auch in Bayern. Ab heute schon, kam vorhin im Radio.«

Arian schüttelte ungläubig den Kopf.

»Sie können mir glauben, am ersten Sonnentag seit Monaten sind die Hoteliers darüber sicher noch unglücklicher als Sie. Und zugleich beschweren sich alle über die Wetterflüchtlinge. Die werden jetzt in den Notunterkünften festgehalten, damit die Regierung sich erst mal einen Überblick verschaffen kann.«

*

Im Supermarkt füllte Arian eine Tüte mit Snacks, Obst, Energydrinks und Hundefutter. Kurz vor sieben huschte er in die Bibliothek, verzog sich mit Konrad zusammen auf die Besucher-Toilette, verriegelte die Tür, löschte das Licht. Wartete.

Neunzehn Uhr, neunzehn Uhr dreißig, zwanzig Uhr. Leise öffnete er die Tür. Sein Plan schien aufgegangen zu sein. Niemand zu hören. Er hielt sich von den Fenstern fern, schlich vorsichtig durch die Räume in den kleinen Lesesaal. Zog die Vorhänge zu, baute auf einem Tisch Laptop, Handy und seine Vorräte auf. Machte sich an die Arbeit.

Die Log-in-Daten für das Kraftwerk-Netzwerk hatte er erhalten, aber sie funktionierten erst um Mitternacht. Deshalb widmete er sich zuerst seiner aktuellen Überlegung, ob es jemandem gelungen war, Einfluss auf das Wetter zu nehmen. Auf welche Weise auch immer. Da natürliche Ereignisse immer zufällig erfolgten, künstlich herbeigeführte Ereignisse aber per Definition nicht zufällig waren und daher auch kein zufälliges Muster ergeben konnten, müssten sich die natürlichen und die menschengemachten Unwetter – wenn es diesen Unterschied denn gab – eigentlich durch einen geeigneten Filter voneinander trennen lassen.

Er loggte sich in das kostenlose WLAN der Bibliothek ein, startete das Verschlüsselungsprogramm, machte sich an die

Arbeit. Er begann damit, die Aufzeichnungen von Starkwetterereignissen der letzten hundert Jahre analysieren zu lassen. Er entwarf ein kleines Programm, das im Anschluss daran die aktuellen Angaben – die letzten Tage, Wochen, Monate, Jahre – damit verglich und mögliche Unterschiede visualisierte. Die Überlegung war einfach, doch die Datenmengen waren riesig. Deshalb loggte sich Arian mit seinen Firmendaten auf dem Großrechner des Deutschen Bauverbandes ein, gab die Zugriffspfade auf die Wetterdaten an und startete die Auswertung. In einer oder zwei Stunden würde er das Ergebnis abrufen können.

21:59 Uhr, München

Philip Graf hatte sich ein Glas Rotwein eingeschenkt. Sein Handy summte. Er schaute auf das Display. Katrin!

Hektisch versuchte er, den Anruf anzunehmen, und hätte ihn dabei fast weggedrückt.

»Ja? Wie geht es euch?«

»Wir sind gerade in Belgrad notgelandet.«

»Was? Warum? In Belgrad?«

»Weil eine Unwetterfront den Weiterflug nach Wien unmöglich gemacht hat. Ich bin schon froh, dass uns nicht mitten im Flug der Blitz getroffen hat. Aber ich habe langsam echt die Schnauze voll. Die Jungs hatten richtig Angst, und ich … ich will wirklich nur noch nach Hause.«

Graf klemmte das Handy zwischen Schulter und Ohr, griff nach dem Tablet, öffnete die Wetter-App, zoomte heraus. Katrin hatte recht, zwischen Serbien und Österreich war am Himmel der Teufel los. Flackernde Blitze, leuchtende Wolken, dichter Regen und jede Menge weitere Warnzeichen machten klar, dass die beste Lösung darin bestand, sich fernzuhalten.

»Gibt's dort ein Flughafenhotel?«, fragte Graf. »Nehmt euch ein Zimmer!«

»Gibt es, aber sämtliche Kommunikationssysteme sind ausgefallen – sie fürchten, uns bei einem Weiterflug nicht erreichen zu können. Und dann säßen wir statt auf Kreta hier fest, das ist nicht besser. Wir bleiben im Terminal!«

Graf sprang auf, stieß sein Weinglas um. »Mist!«, rief er.

»Das kannst du echt laut sagen. Ich hab's so satt. Regen, Regen, Regen. Auf dem Weg zum Flughafen haben wir noch einige der entstandenen Schäden gesehen. Ein paar Villen sind einfach komplett ins Meer gerutscht. Weg, einfach weg. Einige Straßenabschnitte waren nur noch einspurig passierbar. Das Militär musste den Flughafen sichern. Sie haben den Bus kontrolliert, so was habe ich noch nie erlebt. Damit sich ja keiner reinschleicht. Und währenddessen schaust du zum Busfenster raus, und da draußen im Regen stehen Familien mit Babys im Arm. Ich konnte den Jungs das gar nicht erklären. Ich fürchte, sie sind jetzt traumatisiert.«

Graf hatte ein Trockentuch aus der Küche geholt und den Wein aufgetupft. Das Handy fiel ihm herunter, trudelte über den Teppich. Er griff danach, glücklicherweise war die Verbindung noch da.

»Kann ich von hier aus etwas für euch tun?«, fragte er.

»Nein, ist schon gut. Ich wollte nur so gerne deine Stimme hören. Wien … da hätte ich vielleicht noch gesagt, hol uns ab, wenn es keinen Weiterflug gibt. Aber Belgrad, da müssen wir warten.«

Sie schwieg einen Moment. Graf kannte seine Frau gut genug, um zu ahnen, was sie als Nächstes sagen würde.

»Vielleicht frage ich mal, ob es hier irgendwo einen Mietwagen gibt.«

»Bitte, Schatz, mach das nicht. Ich habe mir die Wetterkarte angeguckt. Das sieht wirklich heftig aus. Das ist gefährlich. Nehmt euch ein Zimmer oder schlaft, wenn es sein muss, im Terminal. Aber bleibt in Sicherheit, okay?«

»Ich will nach Hause! Ist das Papa? Sag ihm, ich will nach Hause!«, jaulte einer der Jungs dazwischen.

»Ja, das ist Papa. Ich sag's ihm. Und wir sind ja auch schon auf dem Weg«, sagte Katrin. Dann wandte sie sich wieder Graf zu: »Du hast ja recht. Aber mir geht's wie den Jungs, ich hab's wirklich einfach satt.«

»Den größten Teil der Strecke habt ihr schon geschafft«, versuchte Graf sie zu beruhigen.

»Ja, ja ja. Trotzdem.«

»Wenn das alles vorbei ist, machen wir erst mal einen schönen Urlaub«, sagte Graf, ohne nachzudenken.

Katrin lachte auf. »Nee, wenn das alles vorbei ist, bleiben wir erst mal schön zu Hause«, sagte sie.

22:49 Uhr, Oberstdorf

Der Wind riss an den Rollläden, fauchte über die Dachziegel, rüttelte am Gebälk. Manche Böen schienen das gesamte Gebäude zu erschüttern, in dem die Bibliothek untergebracht war. Regen trommelte auf den Boden, ein weißes Rauschen in der Ferne.

Konrad hatte sich ein paarmal unter dem Tisch im Kreis gedreht und schließlich eine Ruheposition gefunden. Er schnaubte leise und ließ sich, nachdem er eingeschlafen war, vom Unwetter nicht aus der Ruhe bringen. Manchmal zuckten seine Beine im Schlaf, und er japste ein paarmal leise. Vielleicht, dachte Arian, träumte er von weiten Weiden, auf denen er Schafe bewachte und zusammentrieb.

Er startete das Verschlüsselungsprogramm erneut und rief das Ergebnis seiner Berechnungen vom Großrechner ab.

Kaum hatte sich die Datei geöffnet, spielte sein Rechner einen Klingelton ab – ein Videocall von Fjella. Er nahm das Gespräch an. Wegen der Verschlüsselung dauerte es einen Moment, bis das Bild sich aufgebaut hatte. Die Übertragung blieb niedrig aufgelöst und ruckelig. Trotzdem konnte er erkennen, dass sie lächelte.

»*Hej*«, sagte sie mit warmer Stimme. An ihren leichten nordischen Akzent könnte er sich gewöhnen.

Arian lächelte ebenfalls. »Wie geht's dir?«, fragte er.

»Na ja, ich war schon ganz schön sauer, dass du dich einfach aus dem Staub gemacht hast«, gab sie zu. »Und anfangs dachte ich auch, du steckst mit diesen EcoQueers unter einer Decke. Gibt doch so ein Sprichwort: Alte Liebe rostet nicht.«

»Ha!« Konrad zuckte zusammen, als Arian auflachte. »Nee, danke. Du hast recht, ich habe mir Sorgen gemacht um Debbie. Ich dachte, sie wäre da vielleicht in etwas hineingeraten, was sie nicht überblickt. Aber da habe ich mich wohl geirrt. Sie weiß, was sie tut, und findet es goldrichtig. Und ich find's grundfalsch.« Er schnitt eine Grimasse. »Jetzt wissen alle, woran sie sind.«

»War sie wirklich eine von denen, die die Molotows geworfen haben?«

Er nickte.

»*Vildt.*«

»Wie geht's deinem Opa?«

»Ich hab die Hotline für das Heim angerufen. Er spricht immer noch nicht. Ansonsten ist alles okay mit ihm. Er ist gesund und in Sicherheit. Mehr ist aktuell nicht drin, fürchte ich.«

Arian schüttelte den Kopf. »Mist.« Er bewegte den Mauszeiger, um sich die Uhrzeit anzeigen zu lassen. »Ich darf jetzt hier noch eine gute Stunde warten. Aber gerade sind die Ergebnisse einer neuen Analyse fertig, die können wir uns *adl* zusammen angucken. *After Download*, nach dem Herunterladen. Wenn die Leitung das hergibt. Moment.« Er klickte auf »Bildschirm teilen« und wählte die inzwischen heruntergeladene Datei. »Kannst du das sehen?«

»Ja, aber ich versteh nix«, sagte Fjella.

»Ich weiß auch noch nicht, ob es etwas zu verstehen gibt«, sagte Arian. Er überflog die Angaben. »Oh, das ist interessant«, murmelte er dann. »Warte mal …«

Er las weiter, wechselte die Seite. »Okay, hier«, mit der Maus umkreiste er einen Bereich in der Mitte des Bildschirms. »Das ist spannend. Wenn Menschen zufällig Zahlen angeben sollen, was meinst du, sind die dann zufällig?«

Fjella zuckte mit den Achseln. »Keine Ahnung.«

»Sind sie nicht. Wir bevorzugen manche Zahlen. Die Sieben zum Beispiel und die Zwei. Daran kann das Finanzamt gefälschte Abrechnungen erkennen. Da kommen bestimmte Zahlen oder Zahlenkombinationen ungewöhnlich häufig vor. Und so, dachte ich mir, könnte es auch mit den Wetterschäden sein – *falls* es einen menschlichen Faktor gibt. Bei echtem Zufall gibt es auch immer sogenannte ›Ausreißer‹, also sehr unwahrscheinliche Ergebnisse oder Häufungen. Wenn du zum Beispiel bei einem Brettspiel nicht nur zwei Sechsen würfelst, sondern, sagen wir mal, zehn Sechsen nacheinander. Sehr unwahrscheinlich, aber nicht unmöglich. Zu glauben, dass das eine Ursache hätte, nennt man dann eine ›Clustering-Illusion‹. Weil wir glauben, dass die Häufung, der Cluster, kein Zufall sein kann. Unglaubwürdig würde der Spielbericht aber, wenn ein anderer Spieler parallel zu dir dann auch noch ungewöhnlich viele ungerade Zahlen würfelt. Die erscheinen uns Menschen irgendwie ›wahrscheinlicher‹. Wenn wir also ›an eine Zahl denken‹ sollen, nehmen wir eher eine ungerade als eine gerade. Das Entscheidende ist, man braucht sehr, sehr viele Datenpunkte, um eine belastbare Auswertung vornehmen zu können.«

»Das ist der Unterschied zwischen deiner Arbeit und der von Graf, richtig?«, fragte Fjella. »Für ihn sind die einzelnen Angaben wichtig, bei dir geht es immer um Datenberge?«

»Super, genau richtig. Deswegen ergänzen sich unsere Annahmen und Ergebnisse im Idealfall. Der Witz an meinem Vorgehen ist, dass man künstliche Intelligenz auch noch alle möglichen – öffentlich verfügbaren – Faktoren abgleichen lassen kann. Dabei kommt dann vielleicht Quark heraus, also Dinge, die zufällig in einem scheinbaren Zusammenhang stehen. Sagen wir mal die Inflationsrate von Mexiko im Jahr 2000 und die Anzahl der Hochzeiten in Polen von Januar bis März 1979. Wenn man genug Daten vergleicht, bekommt man solche zufälligen Ähnlichkeiten.«

»Wie wenn eine Wolke aussieht wie ein Herz oder wie eine Giraffe.«

»Exakt. Aber manchmal treten auf diese Weise auch interessante Zusammenhänge zutage. Und das ist, soweit ich sehe, hier passiert. Ein Großteil der Wetterdaten und damit auch der entstandenen Schäden ist tatsächlich erkennbar zufällig – beziehungsweise: passt zu den Erwartungen. Auf der Westseite des Harzes regnet es mehr als auf der Ostseite. Am Meer ist es kühler als im Binnenland. Und so weiter. Aber dann gibt es Auffälligkeiten, und wenn wir die plotten lassen« – er deutete mit dem Mauszeiger auf eine Grafik –, »dann scheinen die Extremwetterlagen stets im Abstand von zwei Tagen zueinander in maximal 50 Kilometer Abstand zu kleinen Flugplätzen aufzutreten. Die wiederum jeweils nicht mehr als 200 Kilometer voneinander entfernt sind. Und so ›wandert‹ dieses merkwürdige Wetterphänomen von Ost nach Nord nach Süd durch die Bundesrepublik.« Er kratzte sich am Kopf. »Mein Problem ist: Die Daten sagen, jemand manipuliert das Wetter. Aber wer, außer Gott oder vielleicht einem Schamanen, könnte es regnen lassen?«

»Kannst du mich sehen?«, fragte Fjella.

»Moment«, sagte Arian und beendete das Teilen seines Bildschirms. »Jetzt.«

»Okay. Vielleicht habe ich die Antwort auf deine Frage. Wir reden jetzt nicht über menschengemachten Klimawandel. Wir wissen, der Mensch kann das Klima beeinflussen, aber eben nur sehr langfristig und nicht sehr gezielt. Es gibt aber tausend Thesen, dass wir auch das *Wetter* beeinflussen könnten. Mit Sonnensegeln, mit Chemikalien, mit Alufolie. Man nennt das Geoengineering. Das ist nicht legal, und niemand weiß, ob es klappt. Aber *in der Theorie* könnte man genau das tun, was du beschreibst: es regnen lassen. Der einfachste Weg dazu wäre, Natrium-, Magnesium- und Calciumchlorid in die Luft zu pusten. Am besten direkt in die Wolke, mithilfe eines Ballons oder aus einem kleinen Flugzeug. Das heißt nicht, dass es *in der Praxis* funktioniert. Aber die Theorie passt jedenfalls zu deinen Berechnungen.«

Arian blies die Luft aus. »Na toll«, sagte er. »Aber selbst wenn – wer sollte das machen und warum?«

»Oder man kann auch Silberiodid auf die Wolken sprühen. Das machen wir in Deutschland sogar manchmal, um intensive Hagelschauer zu verhindern. Aber du legst den Finger in die Wunde. Bisher gilt ein solches Vorgehen ethisch als fragwürdig. Denn das Wetter zieht weiter, eine solche Manipulation hätte Konsequenzen zumindest auch für die Nachbarstaaten. Man befürchtet politische Destabilisierung. Deshalb gibt es seit 1978 ein *forbudt* von Geoengineering von der UN.«

23:50 Uhr, Pforzheim

»Wach auf«, flüsterte Jan Baumann und schüttelte Mia sanft an der Schulter.

Seine Tochter stöhnte nur im Schlaf und versuchte, seine Hand abzustreifen und sich von ihm wegzudrehen.

Momentan waren fünf der sechs Betten belegt. Die übrigen drei Männer schliefen, einer von ihnen schnarchte. Der sechste Zimmerbewohner saß vermutlich noch im Aufenthaltsraum.

»Wach auf!«, drängte Baumann Mia und drückte ihren Arm fester.

Sie murmelte etwas und öffnete für einen Moment die Augen. Baumann legte sofort den Finger vor seine Lippen, um ihr zu bedeuten, dass sie leise sein musste.

Mia zwinkerte einige Male, rieb sich dann den Schlaf aus den Augen. »Was ist?«, flüsterte sie.

»Komm, wir hauen ab«, entgegnete Baumann.

Mia zögerte kurz, dann schwang sie ihre Beine über die Bettkante. Sie hatten sich beide in der Kleidung hingelegt, die sie auch den Tag über getragen hatten – alles andere war ihnen entwendet worden. Nur Okki hatte Mia noch, weil er im Bett gelegen hatte.

Sie schnappte sich den treuen Oktopus und schlich vorsichtig hinter ihrem Vater her zur Tür. Er lugte in den Flur. Licht und Stimmen drangen unter der Tür zum Aufenthaltsraum hervor. Er ging hinaus, Mia folgte. Baumann zog die Tür leise hinter ihr zu.

»Warum schleichen wir?«, fragte Mia.

»Weil sie uns nicht erwischen dürfen. Wir müssen hierbleiben, sagt die Polizei. Aber ich will nicht.«

Entschlossen schüttelte Mia den Kopf, dass ihre Zöpfe flogen. »Ich auch nicht!«, flüsterte sie zurück.

Unbemerkt erreichten sie die Ausgangstür der Wohneinheit. Baumann drückte die Tür auf. Glücklicherweise war sie nicht abgeschlossen und quietschte auch nicht.

Die Luft draußen war ekelhaft, feucht und warm und erdig.

Er schaute nach rechts und links, konnte niemanden entdecken. Er hatte keine Ahnung, ob die Unterkunft bewacht wurde oder nicht. Einerseits war den Bürgern mittlerweile das Reisen absolut untersagt worden, andererseits war es ja unmöglich, alle überall zugleich zu kontrollieren. Aber er wollte auf keinen Fall sich und erst recht nicht Mia in Gefahr bringen.

Der Boden war feucht, und sie mussten langsam gehen, damit ihre Schritte nicht zu laut wurden. Glücklicherweise war der Mond von Wolken verdeckt. Es regnete sanft, aber das war man mittlerweile schon fast gewöhnt.

Baumann erreichte das nächste Gebäude, schaute um die Ecke. Er hatte den Entschluss zur Flucht bereits am Nachmittag gefasst und das Gelände ausgekundschaftet. Es war umzäunt. Ursprünglich vielleicht einmal, um die ehemaligen Bewohner – Geflüchtete – zu schützen. Um keinen Verdacht zu erwecken, hatte er nicht fragen wollen, ob das Tor nachts verriegelt wurde. Falls ja, müssten sie zurückkehren und es morgen tagsüber versuchen.

Der direkte Weg zum Ausgang war von fast überall einsehbar. Daher schlugen sie einen weiten Bogen, sodass sie meist im Schatten verschiedener Gebäudetrakte bleiben konnten.

»Warte hier«, flüsterte Baumann schließlich.

Er huschte, so schnell es auf dem Matsch möglich war, Richtung Eingangstor. Drückte die Klinke. Zog. Schob. Nichts.

Doch das Tor hing schief in den Angeln. Bei gedrückter Klinke zog er es in die Höhe – daraufhin schwang es mühelos auf. Baumann schaute sich um. Er hatte die Befürchtung, in eine Falle zu laufen. So weit war es innerhalb weniger Tage gekommen – er und viele andere Bürger fürchteten jetzt den Staat, dem sie bislang vertraut hatten.

Niemand zu sehen. Er winkte Mia zu sich heran. Sie verließen das Gelände, er schloss das Tor.

Als sie am Straßenrand standen, wurde ihm bewusst, dass er in seiner Angst und seinem Zorn nicht weiter als bis hierher geplant hatte. Nach rechts oder nach links? Wohin führte die Straße überhaupt – und wohin wollten sie?

Aber Mia gegenüber dürfte er keine Unsicherheit zeigen. Sie hatte es verdient, dass er wenigstens den Anschein von Hoffnung aufrechterhielt. »Das hätten wir geschafft«, flüsterte er. »Weiter geht's.«

Er wandte sich nach rechts, Richtung Westen. Stumm marschierten sie durch die Nacht. Nach einiger Zeit begann Mia ein Lied zu summen, etwas später stimmte Baumann ein. Sie sangen leise weiter und setzten im Takt dazu einen Fuß vor den anderen.

Irgendwann verstummte Mia und sagte wenig später mit müder Stimme: »Papa, ich kann nicht mehr. Und ich habe Durst.«

Er verfluchte sich dafür, keine Getränke aus dem Aufenthaltsraum mitgenommen zu haben.

Baumann sah sich um. Die Landstraße führte zwischen zwei landwirtschaftlichen Flächen hindurch. Auf der einen war von Sturm und Regen niedergedrücktes Getreide zu sehen, auf der anderen wuchsen irgendwelche flachen grünen Büschlein. Hinter diesem Acker war gerade eben eine Reihe Bäume auszumachen.

Er deutete dorthin. »Wir suchen uns ein Plätzchen unter einem Baum und ruhen uns aus«, sagte er und versuchte ganz ruhig und besonnen zu klingen, als sei es völlig normal und ungefährlich, mitten in der Nacht ohne Vorbereitung oder Vorräte aus einer Notunterkunft abzuhauen.

»Okay«, sagte Mia so leise, dass er sie kaum hören konnte, und nahm seine Hand.

23:59 Uhr, Oberstdorf

Eine Stunde Zugriff auf ein umfassendes IT-System war nicht viel. Eigentlich war es sogar lächerlich wenig. Aber es half nicht, zu jammern, Arian musste Gas geben.

Eine Minute vor Mitternacht hatte er bereits alles am Start: verschlüsselter Internetzugriff, Log-in-Screen, Username und Passwort. Er beobachtete die atomgenaue Uhr seines Laptops und drückte um exakt 00:00:00 Uhr auf ENTER.

Zack. Eine umfangreiche Dateistruktur erschien auf seinem Bildschirm. Er war drin.

Nun gab es zwei Möglichkeiten. Er konnte versuchen, so viele Dateien wie möglich auf seinen Laptop zu ziehen und diese dann später genauer unter die Lupe nehmen. Oder er nutzte die Zeit, das System auf der Suche nach Auffälligkeiten so tief und weit wie möglich zu durchkämmen. Arian hatte sich bereits im Vorfeld für eine Mischung aus beiden Methoden entschieden. Er startete ein vorbereitetes Skript, das automatisch nach den Logfiles der unterschiedlichen Module suchte und die jeweils aktuellste Datei herunterlud.

Parallel dazu überprüfte er die Systemarchitektur. Das hatte ihm bei Games auch immer am meisten Spaß gemacht. Jedes Computerprogramm, ob Spiel oder Steuersoftware, bestand aus vielen Einzelteilen. Diese mussten irgendwie koordiniert werden. Bei einem Spiel konnte das bedeuten, dass ein Modul die Hintergründe lieferte, eines die Charaktere, eines die Fähigkeiten. Oder ein Modul konnte eine »Welt« umfassen, ein weiteres eine andere. Bei einer Office-Software waren vielleicht die unterschiedlichen Formatierungen je nach Menüzuordnung einzeln abgelegt, oder sie wurden jeweils bis zu einer bestimmten Gesamtdatenmenge den Inhalten direkt zugeordnet. Im Grunde war jede umfangreiche Programmierung Frankensteins Monster: zusammengefügt aus einzeln unnützen Teilen. Hatte man erkannt, wo die Nahtstellen waren und wie die Zusammenarbeit initiiert wurde, konnte man nach Belieben Cheat-Codes einspeisen, die zu übergebende Infos veränderten oder neue Möglichkeiten hinzufügten.

Eine Schadsoftware konnte auf zwei Wegen in die Systeme gelangen. Remote, also über das Internet oder einen anderen Fernzugriff, oder vor Ort. Gegen das Einspielen von Viren oder manipulierter Software waren moderne Systeme gesichert durch Firewalls und sogenannte Demilitarisierte Zonen (DMZ). Es war nach wie vor nicht unmöglich, sich in ein solches System zu hacken, aber es wurde immer schwieriger. Erfolg versprechender war der Umweg über an das System angebundene Rechner. So schickten Hacker beispielsweise manipulierte Mails an Mitarbeiter in der Hoffnung, dass diese auf einen offiziell erscheinenden Link klickten oder einen als Dokument getarnten Anhang öffneten.

Da diese Masche mittlerweile bekannt war, hatten die meisten Betreiber sensibler Hardware – wie eben Kraftwerke oder andere Objekte der notwendigen Infrastruktur – begonnen, ihr internes System so weit wie irgend möglich von der Außenwelt abzuschirmen. Das verkomplizierte manche Abläufe, sorgte aber auch für eine größere Sicherheit.

Die USB-Buchse, die Graf in Brokdorf entdeckt hatte, sprach dafür, dass jemand möglicherweise einen sogenannten Exploit in der Sensorik oder deren Umfeld ausnutzte. Wie ein spezielles *item* in einem Computerspiel. Jedenfalls hatte Arian bisher mit dieser Theorie gearbeitet. Sie war auch nicht ganz unplausibel, weil die Systeme einerseits föderal, also von Bundesland zu Bundesland unterschiedlich aufgesetzt waren und sich anderseits auch von Branche zu Branche substanziell unterschieden.

Jetzt, etwas spät vielleicht, kam ihm der Gedanke, dass die USB-Buchse auch die reguläre Schnittstelle und Stromversorgung eines Sensors darstellen konnte. Wenn beispielsweise ein Dachdecker oder eine Möwe versehentlich den Sensor aus der Halterung gerissen hatte und dieser vom Dach gekullert war, dann bliebe möglicherweise eine freie Buchse, die aber nichts weiter zu bedeuten hatte.

Mist. Darauf hätte er mal früher kommen sollen. Jetzt lief die Zeit, und es brachte nichts, neue Theorien aufzustellen oder alte anzuzweifeln. Er beschloss, sich an seinen Plan zu halten.

Das bedeutete zugleich auch, vollkommen ziellos in einem digitalen Heuhaufen nach einer Nadel oder etwas Nadelähnlichem oder jedenfalls etwas anderem als Heu zu suchen.

Arian begann damit, sich einen Überblick über die unterschiedlichen Bereiche und Ebenen des Systems zu verschaffen. Kundendaten: uninteressant. Mitarbeiterakten: uninteressant. Kernel-Prozesse: interessant, aber zu tief im System, um eine direkte Angriffsfläche zu bieten. Sensorik: sehr interessant. Hier gingen die Messdaten aus dem Betrieb ein, Wasserstand, Temperatur, Druck, Wetterdaten. Wenn er vorhätte, über einen Außenanschluss – der sich mit etwas Glück sogar anders als in Brokdorf außerhalb des gesicherten und überwachten Geländes befand – in das System einzudringen, würde er es hier versuchen. Er überprüfte Schnittstellen, Protokolle, Softwareversionen.

Bingo. Verrückt, so einfach konnte das doch gar nicht sein. Er fand dieselbe unbekannte Versionsnummer eines kleinen Programms, das nur für die formale Korrektheit der übergebenen Daten zuständig war. Wenn beispielsweise eine neue Sensorgeneration die Temperatur auf zwei Nachkommastellen genau ermittelte, schnitt das Programm eine davon ab. Wenn es keine gab, wurde »,0« angefügt. Dasselbe galt für alle anderen Werte.

Arian lud den Programmcode auf seinen Rechner, um ihn nötigenfalls auch später noch untersuchen zu können.

Obwohl ihm die Zeit davonlief, überprüfte er noch einmal Grafs Angabe, dass die Version 11.3.6 nicht offiziell existierte.

Laut Herstellerwebseite war das korrekt. Dass ein Wasserwerk in Bayern und ein atomares Zwischenlager in Schleswig-Holstein dieselbe Sonderprogrammierung nutzten, war nicht auszuschließen, aber auch nicht sonderlich wahrscheinlich.

Der Download dauerte überraschend lange.

Arian ließ sich im Originalsystem die Dateiinfos anzeigen. Das Programm war nicht groß.

Irgendetwas stimmte hier nicht.

Er suchte nach einem kleinen, aber mächtigen Diagnosetool, das viele System-Admins gern einsetzten. Treffer. Als er darin dieselbe Datei untersuchte, war sie auf einmal erheblich größer. Ein Teil des Programms wurde also auf irgendeine Weise unsichtbar gemacht, um nicht aufzufallen.

Interessant.

Er öffnete den Quellcode. Das erste Drittel sah aus wie erwartet, dann folgte ein längerer Teil, der inhaltlich und optisch nicht hier hinpasste, dann kam der reguläre Schluss. Gewitzt: Überflog man den Code nur, sah man am Anfang und am Ende genau das, was man erwartete.

Er sah auf die Uhr. Noch knapp 20 Minuten.

Der vermutliche Viruscode enthielt mehrere Verweise auf Kernel-Prozesse, also Abläufe tief im Kern der Systemarchitektur und teilweise sogar auf Chip-Ebene. Zudem gab es damit verbunden einen Schreibbefehl im Root-Verzeichnis, also auf der obersten Systemebene.

Das würde erklären, warum die Neustarts, von denen Graf berichtet hatte, die Probleme nicht behoben. Weil sie sozusagen in die Hardware eingraviert worden waren.

Arians Finger flogen über die Tastatur. Der Code selbst schien, soweit er das auf die Schnelle ausmachen konnte, keine eigenständigen Anweisungen zu enthalten. Das sprach dafür, dass er eine Art Hintertür herstellte, durch die Angreifer bei Bedarf Zugriff auf die Steuersoftware erlangen konnten.

Dann blieb er an einigen Zeilen hängen. Die Worte »open«, »close«, »reverse« und unterschiedliche Daten aus der jüngsten Vergangenheit und der nahen Zukunft sprangen ihn geradezu an. Manche Kommentarzeilen trugen am Schluss das Kürzel »dc«, andere »eq«.

Ohne nachzudenken, erteilte er einen Druckbefehl.

Kaum hatten seine Finger die Tastenkombination gedrückt, zuckte er zusammen. Wenn er Pech hatte, fiel jetzt im Wasserwerk eine von niemandem beauftragte Seite mit dem Code einer Schadsoftware aus einem Drucker. Hektisch suchte er nach der Druckerwarteschlange und öffnete sie. Nichts. Er überprüfte die bearbeiteten Jobs. Eine lange Liste erschien, der letzte Druck war Stunden her.

Er stieß erleichtert die Luft aus. Öffnete die Druckerwarteschlange auf seinem Laptop. »Warte auf Daten«, stand dort.

Auf einmal schloss sich das Fenster, in dem der Schadcode angezeigt worden war.

Das konnte doch nicht … Arians Blick zuckte zur Laptopuhr. Doch. 01:00:00 Uhr. Sein Zugriff war automatisch beendet worden.

Er atmete tief durch, stand auf, streckte sich, ließ den Atem langsam ausströmen. Er musste die Details noch einmal überprüfen und sauber zusammenstellen, aber er war sich fast sicher, dass im Werk von Grafs Freund dieselbe Schadsoftware ihr Unwesen trieb wie in Brokdorf. Und wie vielleicht auch in Frankfurt, Berlin und Hohenwarte.

Klar war damit: Jemand mit erheblicher krimineller Energie sabotierte die Infrastruktur der Bundesrepublik.

Aber warum?

Und hatte der Angriff etwas mit dem aktuellen Wetter zu tun, oder war das zeitliche Zusammentreffen bloß Zufall?

Stuttgarter Nachrichten, online

Der Tübinger Stadtrat hat heute ein sofortiges Verbot von Schottergärten und der Landschaftsversiegelung im öffentlichen und im privaten Raum ausgesprochen. Geplante Vorhaben müssen unmittelbar abgebrochen werden. Vorhandene Schottergärten und Versiegelungen sind innerhalb einer Woche zu entfernen.

Das erklärte Ziel besteht darin, binnen 14 Tagen zu Deutschlands erster »Schwammstadt« zu werden – einer Stadt, deren Boden auch ungewöhnlich große Niederschlagsmengen schnell aufnehmen und langsam wieder abgeben kann.

Der Verband der Landschaftsgärtner begrüßte die Maßnahme, warnte aber vor Engpässen bei der Beauftragung der Arbeiten.

Der Verband der Hauseigentümer drohte eine Musterklage gegen den »Angriff auf die Gestaltungsfreiheit der Eigentümer« an.

Naturschutzverbände fordern schon seit Jahren eine Rückkehr zu mehr urbanem Grün. Schottergärten und vollständig versiegelte Flächen sind teuer und energieaufwendig, sie heizen sich im Sommer schneller auf, und sie sind ökologisch wertlos, weil die meist eingesetzten Pflanzen Insekten keine Nahrung, Vögeln keinen Brutplatz und Kleinsäugern keinen Unterschlupf bieten. Derart verdichteter oder versiegelter Boden nimmt bei Starkregen pro Quadratmeter bis zu 200 Liter Wasser weniger auf. Dieses flutet Keller oder die Kanalisation.

Die überraschende Maßnahme erfolgt im Kontext des

aktuellen Wahlkampfs: Der Tübinger Bürgermeister strebt bei der EU-Wahl in wenigen Wochen ein Mandat im Europaparlament an.

Treffen der Fraktionsführer sämtlicher im Bundestag vertretenen Parteien (vertrauliches Memo nur zur internen Verwendung)

Die Fraktionsführerinnen und -führer der im Bundestag vertretenen Parteien sind sich darin einig, dass zum Schutz der Bevölkerung noch intensivere Maßnahmen zu ergreifen sind.

Dies unbeschadet der Tatsache, dass über die Ursache des Notstands Uneinigkeit herrscht. Ob der menschengemachte Klimawandel zur derzeitigen Unwetterlage geführt oder beigetragen hat, lässt sich derzeit nicht abschließend beantworten. Da die Notlage vieler Bürger jedoch faktisch besteht, sind auch die Oppositionsparteien, ein entsprechendes Wording vorausgesetzt, bereit, kostenintensive oder ggf. restriktive Schutzmaßnahmen mitzutragen. Ein wichtiges Ziel bleibt zudem die korrekte Durchführung der EU-Wahl, um einebelastbare demokratische Legitimation der europäischen Gremien zu ermöglichen.

25. Juni

05:31 Berlin

Die Bundesinnenministerin und Vizekanzlerin griff zum Handy und überprüfte den Wetterbericht erst für Berlin, dann für ganz Deutschland. Sie schrieb ihrem Redenschreiber, der zugleich ihr engster Vertrauter war, eine Nachricht: »Wetter beständig schlecht. Wie können wir das noch besser nutzen?«

Wenige Sekunden später änderte sich der Status des Empfängers in »schreibt«.

Wer in der Politik Karriere machen will, darf kein Langschläfer sein.

»Vorauseilende Ablehnung von bundesweiten Schulschließungen, verbunden mit der Ankündigung von Prüfungserleichterungen und einer Erweiterung von Bildungsangeboten, falls diese doch nötig würden«, schrieb er. »Freizeitbonus für alle Kinder unter 16, der ausschließlich für digitale Angebote *made in Germany* eingelöst werden kann. Zwei Fliegen mit einer Klappe, fördert zugleich die Digitalisierung. Könnte man auch für Singles auflegen, die sitzen schließlich allein zu Haus.«

»Weiter so!«, schrieb die Vizekanzlerin.

Sie legte ihr Handy beiseite und seufzte. In den nächsten Wochen stand für sie so viel auf dem Spiel. Jahre hatte sie auf diesen Moment hingearbeitet und alles getan, um ihren Wahlsieg zu garantieren. Aber würde ihr Plan letztendlich aufgehen?

»Unverzügliche und unbürokratische Ausstattung sämtlicher Polizist*innen mit Regenkleidung, um eine stärkere Präsenz auf den Straßen zu ermöglichen.«

»Sehr gut. Damit die Bürger*innen sich sicher fühlen können!«

Es würde schon klappen. Wie sie vermutet hatte, nützten die dunklen Wolken über Deutschland ihrer Kampagne. Je besorgter die Menschen waren, desto mehr erwarteten sie vom Innenministerium und der Regierung. Solange es weiter regnete und sie sich weiter als starke Frau positionieren konnte, würde es schon klappen.

Ping, noch eine Nachricht: »Ideal wäre, wenn wir dafür sorgen könnten, dass es noch ein paar Wochen weiterregnet.«

Allerdings, dachte die Vizekanzlerin, allerdings …

07:30 Uhr, Hamburg

»Frau Innenministerin.«

»Herr Senator.«

Der Hamburger Innensenator begrüßte die per Video zugeschaltete Bundesinnenministerin mit distanzierter Höflichkeit.

»Wer solche Freunde hat, braucht keine Feinde«, flüsterte Nina Kuhn ihrem Kollegen Eric Schmitz zu.

Eine Assistentin servierte ihr den bestellten Cappuccino. Mit Schokostaub auf der Milchhaube. Im Rathaus ging es nobel zu.

Schmitz bekam eine Cola. Fehlten nur noch Pommes und eine Currywurst. Kuhn schüttelte sich innerlich.

Zwei weitere Kacheln poppten auf dem großen Bildschirm an der Wand auf: Joachim Fuchs vom BKA, Felix Pfeifer vom Verfassungsschutz sowie Vanessa Hildebrandt vom Bundesnachrichtendienst.

»Meine Damen. Meine Herren«, sagte der Innensenator. »Es ist unsere Aufgabe, die aktuelle Gefahrenlage korrekt und angemessen einzuschätzen und die richtigen und notwendigen Maßnahmen zu ergreifen. Frau Kriminaloberkommissarin Kuhn?«

»Danke. Wir gehen derzeit von der Annahme aus, dass es sich bei den aktuellen Schadensereignissen zumindest teilweise um Sabotageakte handeln könnte. Wir wissen noch nicht, wie das möglich ist. Aber sowohl die Häufigkeit wie auch der Umfang der eingetretenen Schäden werfen Fragen auf. Unklar ist die mögliche Motivation des Täters oder der Täter. Danke.«

»Aha. Herr Fuchs?«

»Das BKA steht jederzeit bereit, die Ermittlungen zu übernehmen, sollte dies seitens des LKA gewünscht sein.«

Arschloch, dachte Kuhn. Sie presste die Lippen aufeinander.

»Danke. Können Sie darüber hinaus Erkenntnisse zu den Ermittlungen beitragen?«, kartete der Innensenator zurück. Er würde alles daransetzen, die Federführung bei dem von ihm geleiteten LKA zu belassen.

Fuchs schüttelte den Kopf. »Nein, uns liegen keine weiteren Informationen …« Die Videokachel wurde schwarz, die Verbindung war unterbrochen.

Ein kräftiger Windstoß ließ die Scheiben im Rathaus vibrieren und die Tassen auf dem Tisch klirren.

Sie warteten einen Augenblick, aber Fuchs kehrte nicht auf den Schirm zurück.

»Herr Pfeifer?«, fragte der Innensenator.

»Bei allem Respekt vor der Arbeit der Kollegin und des Kollegen vom LKA Hamburg geht der Verfassungsschutz derzeit nicht von einem gezielten Angriff auf die Bundesrepublik aus. Dies begründet sich vor allem im Fehlen eines Bekennerschreibens. Terrorakte sind nur zielführend, wenn sie als solche erkennbar werden. Dies wird im Regelfall durch die Struktur der Tat selbst befördert und durch ein Bekennerschreiben sichergestellt. Sollte es sich überhaupt um Sabotageakte handeln, so ist davon auszugehen, dass diese einen direkten Nutzen für die Täter beinhalten. Es wäre zu fragen, wer mittelbar oder unmittelbar von den entstandenen Schäden oder Störungen profitiert. Selbstverständlich stehen wir bei weiteren Fragen mit unserer umfassenden Expertise zur Verfügung.«

Mit einem lauten Knacken, das alle Anwesenden und Zugeschalteten zusammenfahren ließ, erschien Fuchs vom BKA wieder auf dem Bildschirm. »Entschuldigen Sie.«

Der Innensenator nickte bloß und sagte: »Frau Hildebrandt?«

»Der BND verfügt über keinerlei nachrichtendienstliche, ermittlungsrelevante Informationen oder Erkenntnisse.«

»Dann sehen Sie zu, dass sich das ändert!«, schnauzte die Innenministerin, in deren Verantwortungsbereich der BND fiel.

Der Innensenator sagte: »Herr Fuchs, Herr Pfeifer, Frau Hildebrandt, ich danke Ihnen.«

BKA, Verfassungsschutz und BND verließen das Meeting. Der Kopf der Innenministerin füllte nun überlebensgroß den Bildschirm.

»Führen Sie die Ermittlungen mit aller Entschlossenheit

und Dringlichkeit fort«, befahl sie. »Wenn Sie Unterstützung benötigen, gleich welcher Art, technisch, personell, wenden Sie sich jederzeit an mich. Wir brauchen Ergebnisse, Frau Kuhn, Herr Schmitz. Ergebnisse. Habe ich mich klar ausgedrückt? Wir sprechen uns morgen.«

Auch sie beendete die Verbindung. Ihr Gesicht wurde kurz zur Fratze verzerrt, dann war der Bildschirm schwarz.

Der Innensenator erhob sich. »Ich kann mich meiner Kollegin nur anschließen. Klären Sie den Fall, und wenn es wirklich Sabotage ist, finden Sie die Täter, und stellen Sie sie kalt.«

Schmitz nickte. »Selbstverständlich.«

Der Innensenator verließ den Saal. Kuhn trank ihren erkalteten Cappuccino aus, stellte die Tasse ab. »*Selbstverständlich*«, wiederholte sie höhnisch. »Alter Streber.«

09:59 Uhr, Kleinsteinbach

Als Jan Baumann benommen zu sich kam, war es bereits hell. Er lag auf dem Bauch und hatte etwas im Mund, was dort nicht hingehörte. Baumann stemmte sich hoch, drehte sich in den Sitz, streckte die Zunge aus. Mit den Fingern zupfte er einige Tannennadeln und Blattreste herunter.

Er stöhnte und rieb sich die Augen.

Mia saß in einigen Metern Entfernung am Rand des Feldes. Sie hatte den Kopf in den Nacken gelehnt und den Mund weit geöffnet.

Baumann begriff: Sie war durstig und trank den Regen, der sanft vom Himmel perlte.

Es war nicht kalt, aber Baumann kam es so vor. Seine Kleidung war feucht, er zitterte vor Müdigkeit und Erschöpfung. Auch er verspürte großen Durst.

Wenige Minuten später brachen sie auf. Mia drückte Okki an sich und trottete wortlos hinter ihrem Vater her. Die Zeit verlor jede Bedeutung. Mal gingen sie am Rand der Straße, dann wieder folgten sie Feldwegen, die eine kürzere Strecke verhießen. Im Großen und Ganzen hielten sie sich nach Nordwesten, in Richtung Eifel. Dort, hatte Baumann wenigstens vor zwei Tagen gelesen – oder waren es drei gewesen? –, regnete es nicht so stark.

Die Eifel lag 200 Kilometer hinter Karlsruhe, und Karlsruhe lag 15 Kilometer vor ihnen.

Ab und zu schaute er die Route auf dem Handy nach, dann schaltete er es wieder aus, um Akku zu sparen. Das Handy war ihm geblieben, das Ladegerät mit den Koffern geklaut worden.

Sie durchquerten ein größeres Dorf, dann ein kleineres. Sehnsüchtig starrte Mia die Bäckereien, Kioske und Supermärkte an.

Baumann zögerte kurz, als ein Bahnhof in Sicht kam. Vielleicht sollten sie trotz allem versuchen, einen Zug zu nehmen – falls welche fuhren?

Es klarte auf, dann zog es wieder zu, begann erneut zu regnen. Klarte wieder auf, zog wieder zu. Die Temperatur stieg. Zusätzlich zum Regen schwitzten sie.

Irgendwann sah er sich nach Mia um, aber sie war verschwunden. Baumann blieb stehen. Kniff die Augen zusammen. Ging den Weg zurück, den er gekommen war. Zweihundert, dreihundert Meter hinter ihm fand er seine Tochter. Sie hatte sich auf eine einfach zusammengezimmerte Bank in einem Unterstand für Wanderer gelegt und die Augen geschlossen.

»Mia!«, rief Baumann.

Mia rührte sich nicht.

»Mia!« Er rüttelte sie.

Mia schlug die Augen auf, starrte ihn an. »Ich hab … ich hab Durst«, brachte sie schließlich heiser hervor.

»Mia, wir müssen weiter.«

»Ich … ich kann nicht mehr.«

»Wir müssen aber.«

Mia schloss die Augen. »Geh du«, sagte sie. »Ich kann nicht mehr.«

Baumann ließ sich neben der Bank auf den Boden sinken. Er wusste nicht, wie es möglich war, immerhin hatte auch er seit gestern Abend nichts mehr getrunken, aber Tränen schossen in seine Augen.

10:35 Uhr, München

Philip Graf war finster entschlossen, der Sache auf den Grund zu gehen. Dafür musste er noch einmal alle scheinbaren Gewissheiten über Bord werfen und ganz von vorne anfangen. Er hatte Fjella Lange, die Hamburger Nephologie-Studentin, gebeten, ihn dabei zu unterstützen. Ihr vertraute er mehr als diesem Arian, den er erstens nur einmal aus der Ferne zu Gesicht bekommen hatte und der zweitens für die Bauindustrie arbeitete – ein mächtiger Player, den man nie unterschätzen sollte.

Es war Sonntag, sie wären im Büro also ungestört. Zu Hause würde er doch nur immer darüber nachdenken, wie es Katrin und den Jungs ging. Graf hatte Fjella in einen der kleinen Meetingräume geführt. Dort gab es Whiteboards, Laptops,

Kaffee, Mineralwasser, ein paar Süßigkeiten. Das Fenster ging zur Innenstadt, und über der gesamten City, mit den Türmen der Frauenkirche in der Mitte, spannte sich ein Regenbogen. Die Hälfte des Himmels war mit dunklen Regenwolken bedeckt, zugleich strahlte von der anderen Seite die Sonne.

»Möge uns der Himmel nicht auf den Kopf fallen«, scherzte Fjella und deutete in Richtung der Wolkendecke.

Graf zuckte mit den Achseln.

»Wolken sind schwer«, schob sie nach.

Er sah auf. »Schwer?«

»Wolken bestehen aus Wasserdampf. Ein Liter Wasser wiegt ein Kilo. Eine ganz normale Cumuluswolke – die hübschen weißen Wattebäusche – enthält etwa ein halbes Gramm Wasser pro Kubikmeter. Aber so eine Wolke ist ungefähr einen Kilometer lang, breit und hoch. 1000 mal 1000 mal 1000 Meter, das macht eine Milliarde Kubikmeter. Mal 0,5 Gramm ergibt das immer noch 500 Millionen Gramm. 1000 Gramm sind ein Kilo, also wiegt eine Schönwetterwolke ungefähr 500 000 Kilo. So viel wie 100 Elefanten.«

Graf starrte Fjella an, dann schaute er zum Fenster hinaus. »Die Gewitterfront wiegt also …«

»… so viel wie eine ganze Herde Elefanten, ja«, bestätigte Fjella.

»Aber …«

»… wieso fallen Wolken dann nicht vom Himmel?« Fjella grinste.

Graf nickte stumm.

»Das fragen die Erstis auch immer. Das Wasser ist ja Wasserdampf. Ein bisschen wie Nebel. Man braucht eine Million solcher winziger Wasserteilchen für einen einzigen Regentropfen. Feuchte Luft hat außerdem eine geringere Dichte als trockene Luft, ›schwimmt‹ also sozusagen oben. Wie ein Korken auf dem Wasser. Und aufsteigende warme Luft hilft auch, die Wolken am Himmel zu halten.«

Graf seufzte und griff nach einem Marker. »Okay. Du hast recht. Möge uns der Himmel nicht auf den Kopf fallen.« Er trat ans Whiteboard. »Was wissen wir?«

»Es regnet zu viel. Das mögen die Menschen nicht.«

Graf schrieb auf: »Regen.«

»Das war eigentlich ein Scherz.«

»Aber es stimmt doch. Es regnet mehr als sonst. Viel mehr. Statt einer Jahrhundertdürre mitsamt Waldbränden und Ernteausfällen haben wir Jahrhundertregen.«

Fjella nickte. »Das passt grundsätzlich auch zu den Vorhersagen der Experten: Extremwetterereignisse werden zunehmen – Hitze, Kälte, Regen, Stürme.«

»Aber sollte es nicht in der Tendenz eher heißer und trockener werden?«, fragte Graf. Das jedenfalls las er seit Jahren in den Einschätzungen der Rückversicherer.

»Das stimmt. Mitteleuropa wird durch die Verlangsamung des Golfstroms zunehmend kontinentalen Einflüssen unterliegen. Aber das ist eben nur der langjährige Durchschnitt.« Fjella versuchte, die einander überschneidenden Entwicklungen mit den Händen darzustellen. Mit der linken zeichnete sie eine nach rechts immer steiler aufsteigende Linie in die Luft. Mit dem rechten Zeigefinger vollführte sie anschließend an derselben Stelle enge Auf- und Abbewegungen, die grundsätzlich der vorigen Linie folgten, diese aber immer wieder über- oder unterschritten. »Die Verlangsamung des Jetstreams – des Luftkreislaufs in der Arktis – führt dazu, dass sich immer wieder einmal Hochdruck- oder Tiefdruckgebiete sozusagen festsetzen. Daher kann es gerade in den

Sommermonaten längere Zeit zu heiß sein – es bildet sich ein Hitzedom –, aber es kann eben auch nass und kühl werden. Oder sogar extrem nass.«

»Hm.« Graf kratzte sich am Kopf. Er schrieb »Niederschlagsmenge« auf das Whiteboard. Dann ergänzte er: »plausibel?«

Fjella nickte langsam. Dann sagte sie: »Werden wir kaum klären können, weil es keine Vergleichsdaten gibt.«

»Ja, aber möglicherweise sind die Werte derart hoch, dass sie trotz allem unplausibel erscheinen. Vielleicht auch nicht. Wir werden sehen.«

Graf trat einen Schritt zurück. Starrte das Whiteboard an. Ging dann wieder darauf zu und schrieb: »Schäden: Materialien, Branchen«. »Einerseits sind von dem Dauerregen, den Unruhen, den Unwettern, den Großschadensereignissen und auch den Lieferengpässen alle Bürgerinnen und Bürger gleichermaßen betroffen. Dazu kommen aber die Schäden, die meine Kollegen und ich begutachtet haben. Schäden an Industriebauten und an Einrichtungen der kritischen Infrastruktur. Das kann natürlich auch Zufall sein. Wenn ein Ort überflutet wird, dann säuft natürlich auch das E-Werk ab. Aber es könnte beispielsweise auch Versicherungsbetrug sein. Oder Sabotage.«

»Danach sucht Arian doch schon.«

»Ja, in der IT. Ich meine gute alte Sachbeschädigung.«

Er setzte sich an einen der Laptops, loggte sich ein. Überprüfte einige Datensätze. »Erstens, alle bei uns versicherten Industriebauten, an denen strukturelle Schäden mit einer Schadenssumme von voraussichtlich über 500 000 Euro entstanden sind, bestehen aus Beton. Das war zu erwarten. Aber zweitens, bis auf eines wurden sie alle nach 2003 errichtet. Drittens: Bis auf zwei wurden alle von denselben zwei Großunternehmen verantwortet. Die allermeisten von TM Beton – der Firma, bei der unser Freund Arian arbeitet. Ich frage mich, ob wir mit ihm nicht den Bock zum Gärtner gemacht haben.«

»Was soll das denn heißen?«

»Wenn er in der Sache drinsteckt – wenn es überhaupt eine *Sache* gibt, in der er drinstecken könnte –, dann hat er vielleicht mithilfe des Root-Zugangs heute Nacht alle Spuren im System der Wasserwerke gelöscht.«

Fjella verdrehte die Augen. »Das klingt jetzt echt nach einer Verschwörungstheorie. Arian ist auch so.«

»Vielleicht aus gutem Grund.«

»Aber was soll das heißen? Warum sollte eine Betonbaufirma IT-Systeme zusammenbrechen lassen?«

»Das weiß ich auch noch nicht. Und wenn, dann wäre die Sache ja von sehr, sehr langer Hand geplant.«

Jetzt erst fiel bei Fjella der Groschen. »Das ist doch irre. Du meinst, TM Beton und noch mindestens eine andere Firma hätten *absichtlich* schlechtes Baumaterial verwendet, um dann … was?«

Graf zuckte mit den Schultern. Er setzte zur Antwort an, doch Fjella war noch nicht fertig.

»Und dann soll das auch noch *unbemerkt* geblieben sein? Gibt es nicht eine Bauprüfung oder so?«

»Na ja, wenn sie beispielsweise ein instabiles Fundament gegossen haben, ist der Beton ein ganz klein wenig poröser, aber das würde man nicht sehen können.«

»Ach so, und dann bauen sie also 2005 einen Wolkenkratzer in Frankfurt und hoffen, dass es fünfzehn Jahre später mal so richtig gewittert, damit der endlich einstürzt? Und selbst *wenn*, was hätte die Firma dann davon?«

Graf trommelte mit den Fingern auf den Tisch. »Das ist natürlich richtig. Man würde ja im Zweifel nicht dasselbe Unternehmen mit dem Wiederaufbau beauftragen. Wem nach wenigen Jahren ein Sandero oder Logan kaputtgeht, kauft ja hinterher auch keinen Dacia mehr.«

Fjella schüttelte frustriert den Kopf. »Verschwörungstheorien! Was *wissen* wir?«

Graf schwieg, schaute zum Fenster hinaus. Dann sagte er auf einmal: »Die Sandverkäufer. Vielleicht stecken die dahinter.«

»Was? Sandverkäufer? Meinst du Baumärkte oder was?«

»Nein, nein. Die Chinesen und die Saudis meine ich. Für Beton braucht man Sand. In einer ganz bestimmten Körnung und Beschaffenheit. Sand ist nicht gleich Sand. Die größten Sandhändler sind Chinesen und Saudis, und auch die Russen mischen mit.«

Jemand öffnete die Tür. »Da seid ihr ja«, sagte ein Mann in Grafs Alter, aber mit akkurat gestutztem Vollbart und einer schimmernden Glatze. Er trug ein pastellgrünes Polohemd, Jeans und Lederschuhe. »Hallo, ich bin Butz Klinger«, sagte er und lächelte Fjella an. »Darf ich kurz stören?«

Graf nickte. »Was machst du denn hier?«, fragte er. »Am Sonntag?«

»Musste zu Hause mal raus. Und dann habe ich im System gesehen, dass du auch hier bist. Janzen hat letzte Woche erzählt, du bist an irgendwelchen Wettertheorien dran. Deswegen wollte ich dir sagen, dass wir gerade erfahren haben, dass irgendwer vor ein paar Wochen versucht hat, Tourismusverbänden und Stadtbüros ›Wetterversicherungen‹ anzudrehen. Hat, soweit ich gehört habe, keiner abgeschlossen. Die Mitbewerber wissen von nichts, Mühlbauer telefoniert die alle ab.

Das Ganze hört sich fast wie eine Schutzgelderpressung an, so Marke: Wäre doch schade, wenn Ihrer schönen Fensterscheibe was passiert. Nur eben mit Regen. Wäre doch schade, wenn Ihre Terrassenausstattung wegschwimmt. Völlig abstrus, weil das ja niemand verhindern oder verursachen kann. Wie auch immer. Wollte ich dir nur sagen.«

Klinger verschwand. Graf sah ihm nachdenklich hinterher, dann fragte er Fjella: »Wo waren wir gerade?«

»Sandverkäufer. Russen, Chinesen, Saudis. Du wolltest darauf hinaus, dass die zielgerichtet über Jahre hinweg Bauprojekte mit … was? … schlechtem Sand beliefert hätten, damit die dann irgendwann zusammenkrachen und mit noch mehr Sand wieder aufgebaut werden müssen? Das ist jetzt doch ganz schön weit hergeholt, finde ich.«

»Na ja, es geht um Milliarden. Für jeden einzelnen Händler.«

»Ich verstehe die Motivation. Das sind die Summen, aus denen Kriminalfälle werden. Klar. Aber die Ausführung scheint mir so unsicher, einerseits wahnsinnig riskant, andererseits so ein langer Zeithorizont, und niemand könnte sicher sein, selbst zu profitieren …«

Graf vollführte mit der rechten Hand eine Geste irgendwo zwischen »was weiß denn ich« und »mir egal«. Er wischte das Wort »Materialien« wieder ab. Betrachtete das Whiteboard nachdenklich. Wischte dann »Branchen« ebenfalls ab.

»Damit wären wir zurück beim Wetter. Das gezielt zu beeinflussen wird zwar beforscht, ist aber international geächtet. Zu große, unbekannte Risiken. Gibt es noch andere Möglichkeiten, das Wetter selbst zu sabotieren? Und falls ja, wer könnte das – und wer hätte etwas davon?«

Fjella schaute zum Fenster hinaus. Der Regenbogen war

verschwunden, die Sonne ebenfalls. Es goss. »Wer dazu in der Lage wäre, könnte jedenfalls gut Geld mit Wetterversicherungen abgreifen«, sagte sie nachdenklich.

11:50 Uhr, Hamburg

Eric Schmitz schlug mit der flachen Hand auf den Tisch. Nina Kuhn zuckte zusammen. »Verdammt, ich kapier's einfach nicht«, grummelte ihr Kollege.

»Was denn? Frag mich doch lieber, statt mich zu erschrecken.«

»Rund um den Flughafen Leipzig hat es in den letzten Wochen deutlich mehr geregnet als sonst. Nun haben die Kollegen dort eine Reihe Plastikplanen aufgefunden, die offenbar vom Flughafengelände geweht wurden. Jemand hat Anzeige wegen einer wilden Müllkippe erstattet. Sie sind nur darauf aufmerksam geworden, weil die Planen einseitig mit einer dünnen Schicht einer kristallinen Substanz überzogen waren. Die Kollegen haben daher Chemiker dazugerufen, um sicherzustellen, dass keine Gefahr besteht. Die haben Proben genommen und erhebliche Reste von drei Salzen festgestellt: Natriumchlorid, Magnesiumchlorid und Calciumchlorid. Natriumchlorid, das weiß ich noch, ist NaCl – Speisesalz. Die beiden anderen sagen mir nichts. Aber findest du das nicht auch merkwürdig?«

Nina Kuhn hatte bereits in die Suchmaschine eingegeben: $NaCl$, $MgCl_2$, $CaCl_2$. Und richtig: »Verdammt«, sagte sie. »Wir haben recht. Diese drei Salze sind eine Möglichkeit des sogenannten Geoengineerings. Man besprüht Wolken damit, und dann bildet sich Regen.«

Kuhn starrte Schmitz an. Dann sagte sie: »Weißt du noch, warum diese Wolkenforscherin im Harz war, als sie angegriffen wurde?«

Schmitz zog eine Mappe hervor, blätterte. »Sie wollte Proben nehmen. Weil ein Wanderweg ungewöhnlich stark beschädigt worden war.«

»Und hat sie?«

»Was?«

»Proben genommen?«

Schmitz las. »Nein. Sie war dabei, dann wurde sie angegriffen, und alle ihre Proben wurden entwendet. Und danach ist sie einfach nur abgehauen, so schnell sie konnte.«

»Hm«, machte Kuhn. »Nach saurem Regen jetzt salziger Regen. Man lernt doch nie aus.«

12:08 Uhr, nach Kleinsteinbach

Mia war vor Erschöpfung wieder eingeschlafen. Baumann betrachtete besorgt ihr Gesicht. Ihre Lippen waren spröde und begannen aufzuplatzen. Er machte sich Vorwürfe. Wären sie doch in Seesen geblieben oder in Stuttgart. Aber nein, er hatte ja wieder mal nach den Sternen greifen müssen. Er hatte immer nur das Beste für Mia gewollt – und trotzdem saßen sie nun hier, und seine Tochter würde aus Flüssigkeitsmangel bald ins Koma fallen.

Er zog sein Handy heraus, zögerte, suchte dann die Nummer der netten Feuerwehrfrau und drückte auf das Anrufsymbol. Sein Akkustand betrug noch acht Prozent.

16:14 Uhr, Hamburg

Memo (vertraulich; nur zur internen Verwendung)
Von: LKA Hamburg, KOK N. Kuhn, KK E. Schmitz
An: BKA, AG »Wetter«
Zur Kenntnis: BND AG »Wetter«, Verfassungsschutz AG »Wetter«

Hinweise aus der Bevölkerung führten zu einer erneuten und gerichteten Suche nach Spuren möglicher Wetter-Manipulationen. Diese sind u. a. möglich durch Einbringen bestimmter Chemikalien in Wolken. Die Einbringung kann aus der Luft (bspw. aus einem Flugzeug) sowie vom Boden aus erfolgen. Zum Einsatz kommen können u. a. die Chemikalien Natriumchlorid, Magnesiumchlorid und Calciumchlorid sowie auch Silberiodid. Spuren von Natriumchlorid, Magnesiumchlorid und Calciumchlorid konnten nachgewiesen werden auf Folien bislang unbekannter Herkunft, die in der Nähe des Flughafens Leipzig sichergestellt wurden. Spuren derselben Chemikalien konnten, wenn auch in weit geringerer Konzentration, ebenfalls auf dem Brocken sichergestellt werden. Hierbei ist zu berücksichtigen, dass es dort zeitnah zu einem tätlichen Angriff auf eine interessierte Klimawissenschaftlerin kam.

Wir haben die Kolleginnen und Kollegen der jeweiligen LKA-Dienststellen gebeten, entsprechende Untersuchungen in der Nähe aller geeigneten (Sport-)Flugplätze sowie Erhebungen vornehmen zu lassen. Erste Ergebnisse werden nicht vor dem Ablauf von 24h erwartet.

Vorläufig gehen wir daher davon aus, dass die Wetterphänomene der vergangenen Wochen möglicherweise mindestens in Teilen direkt durch menschliches Eingreifen ausgelöst worden sind. Unklar bleibt weiterhin, wer diese Aktion mit welchem Zweck initiiert haben könnte.

16:47 Uhr, Oberstdorf

Über eine Couchsurfing-Plattform hatte Arian in den frühen Morgenstunden eine Unterkunft für Konrad und sich klargemacht. Mithilfe der vor allem bei Gamern beliebten App Discord hatte er Kontakt zu einem möglichen Gastgeber aufgenommen, der auch um kurz nach vier Uhr nachts noch online war. Klar, sie könnten auch jetzt gleich kommen und bei ihm im Wohnzimmer crashen.

Arian ließ sich den Weg anzeigen, dann sammelte er seine Sachen ein, weckte Konrad, nahm den Puli an die Leine und verließ die Bibliothek durch den Notausgang. Der Sturm hatte nachgelassen, es regnete nur noch.

Das Fiepen des Alarms, den das Öffnen der Tür auslöste, verhallte hinter ihnen in der Dunkelheit. Zügig entfernte Arian sich, damit sie nicht dem Wachdienst oder der Polizei in die Arme liefen.

Ben hatte einen Kopfhörer mit seitlichem Mikro auf und hielt einen Energydrink in der Hand, als er ihnen öffnete. Er begrüßte Arian mit einem sanften Faustcheck, ging dann vor Konrad in die Knie. »Darf ich?«

Arian nickte. Ben streichelte den Puli erst, dann begann er ihn zu kraulen. Konrad schloss die Augen und gab zufriedene Winsellaute von sich.

»Kommt rein«, sagte Ben schließlich. »Willst du auch einen?« Er hob die Dose mit dem Energydrink in Arians Richtung.

»Nee, aber danke.«

»NP.« Das Gamerkürzel für: null Problem.

Arian haute sich auf die Couch, Konrad davor, zack, Licht aus.

Um halb elf war er wieder zu sich gekommen. Seitdem saß er, den Laptop auf dem Schoß, auf dem Sofa. Am frühen Nachmittag war Ben aufgestanden, in die Küche geschlurft, und hatte zwei Pizzen aufgewärmt. Eine hatte er neben Arian aufs Sofa gestellt. Sie war längst kalt geworden.

Arian klebte an seinem Bildschirm. Er konnte nicht glauben, was er entdeckte. Aber wenn man erst einmal auf der richtigen Fährte war, fanden sich immer mehr Beweise.

Er rieb sich die Augen und versuchte zuerst im Geiste, die Rechercheergebnisse des Tages zusammenzufassen. Als er merkte, dass es ihm nicht gelang, weil die Erkenntnisse zu verwirrend, widersprüchlich und umfassend waren, öffnete er ein Textdokument und begann zu schreiben:

(1) Softwarehacks gegen krit. Infrastruktur aufwendig – Finanzierung und Implementierung durch wen?
(2) EcoQueers eskalierten Protest gegen »Klima 3000«-Konferenz. Gießen auch online vielfach Öl ins Feuer. Zusammenhang? Finanzierung?
(3) Zwei Social-Media-Präsenzen der EcoQueers mit Exploit leicht hackable
(4) Dort mehrere Dokumente mit div. Post-Entwürfen + bislang unbekannte Mailadresse als Admin
(5) Überprüfung Hoster Mail – Zugriff über Webmailinterface möglich
(6) Überprüfung Cloudspeicher Google, Microsoft, Dropbox, Box, iCloud. Google + Dropbox existieren unter Admin-Mailadresse

(7) Anforderung neues Passwort, Abfrage über Webmail
(8) Download Dateien
(9) Überprüfung Mailverkehr auf Admin-Konto. Archivordner mit Darknet-Aufträgen, darunter Programmierarbeiten, Waffenbestellungen
(10) Dateiordner mit Entwürfen für Statements, Manifeste, Bekennerschreiben, Argumentationen. Argumentationskern:
   a. Militanter Umweltschutz ist besser als keiner
   b. (Zeitweilige) Abschaffung der Demokratie notwendig, um Umweltschutz und Gendergerechtigkeit durchzusetzen
   c. Destabilisierung demokratischer Systeme soll Putsch/Machtübernahme erlauben.

   Unklar: Wer soll die Macht wie übernehmen?
(11) Archivordner mit Kontoauszügen bei Ökobank + Bitcoin-Wallet. Gesamtsaldo: 2,4 Mio. Euro! Regelmäßige und unregelmäßige Zahlungen von Username strmfrnt
(12) Mehrere Arbeitsversionen von kollaborativen Dokument-Entwürfen enthalten Kommentare der User*innen ylv_ecoq sowie sturmf
(13) Suche nach Usern »strmfrnt« und »sturmf« zugeordneten IP-Adressen. Häufig Einwahl über Internet-Knoten Bologna, seltener in München
(14) Nachverfolgung weiterer Aktivitäten der jeweiligen IP-Adresse. U.a. aktive Suche nach »Handlangern« und »Söldnern« in internationalen Foren. Regelmäßiger Zugriff auf Onlinebanking der Bank of America, der Banca d'Italia sowie auf mehrere Bitcoin-Wallets
(15) Exploit des Zugriffs auf Kundendaten der Bank of America mittels CIA-Hack Vault 7

(16) Kontoinhaber (Geschäftskonto): Fronte della Tempesta. Kontostand: 6,5 Mio USD

(17) Fronte della Tempesta ist ein vor 16 Monaten von Timothy »Flack« Ruinam, seiner zweiten Frau Eowyn Sandel sowie dem südamerikanischen Multimilliardär Hector Lopez gegründeter ultrakonservativer Thinktank

(18) WHOIS-Suche nach von »Fronte della Tempesta« betriebenen Webseiten. Ergebnis u. a. »deutsches-unwetter.de«, »schweizer-unwetter.ch«, »widerstand-jetzt.de«, »oesterreich-den-oesterreichern.at«, »sturmfront.de«, »sturmfront-sachsen.de«, »sturmfront-schweiz.ch«, »strmfrnt.at«, sowie 17 weitere Domains, sämtlich derzeit inaktiv

(19) Über Kontakt-Tel. in WHOIS-Daten Zugriff auf Cloudspeicher des »Fronte della Tempesta«. Download div. Dateien und Ordner. Darunter Entwürfe für Ansprache zur Regierungsübernahme, Mind-Maps nationalistischer Netzwerke in der EU und über ihre Grenzen hinaus, zusätzlich passwortgeschütztes Dokument »Masterplan«. Div. Videos, auf denen z. T. Personen des öff. Lebens in kompromitt. Situationen zu sehen sind. Weitere Personen unbekannt, aber aus Zusammenhang ist auf Erpressung bzw. Erpressungspotenzial zu schließen

(20) Spendenquittungen über zahlreiche Zuwendungen in Mio.-Höhe durch EU- und internationale Unternehmen und Privatpersonen, darunter zahlreiche aus dem primären und sekundären Sektor (Produktion, Industrie). TM Beton nicht darunter

(21) Verschlüsselte Chatnachrichten u. a. zwischen »Fronte della Tempesta«-Handy und deutscher Handynummer

mit häufigem Log-in in München (möglw. EcoQueers?). Zunahme der Nachrichtenfrequenz am Tag vor Anschlag; keine Nachrichten während Auftritt »Fronte-della-Tempesta«-Gründer

Was hatte das zu bedeuten? Für Arian sah es so aus, als würden die EcoQueers zumindest teilweise durch den italienischen Thinktank finanziert. Er hatte Ruinam in München nicht besonders sympathisch gefunden, aber auch nicht für gefährlich gehalten. Vielleicht waren er und seine Frau das aber doch. Vielleicht sammelten sie heimlich Geld und Verbündete, um die Macht an sich zu reißen. Vielleicht wollten sie die Demokratie destabilisieren, um … um was?

War er wirklich einem Terror-Plan auf die Spur gekommen? Oder sah er Gespenster? Hatte Graf recht, und jemand nutzte die aktuelle Schlechtwetterlage, um im großen Stil unbemerkt Sabotageakte zu begehen und die BRD zu *steamrollen,* plattzumachen?

In zwei Wochen war Europawahl. Wenn die Menschen sich bis dahin genug von ihren Regierungen im Stich gelassen fühlten, würden sie massenweise die nationalistischen Alternativen wählen. Weil sie glaubten, die Welt würde sicherer, wenn sich die Politiker immer nur um die Interessen ihres eigenen Volkes sorgten. Kooperation war ein komplexes Konstrukt, Egoismus leicht begreifbar. Und in der Not dachten alle erst mal an sich selbst. Ein richtiger *dot, damage over time*: ein Schaden, der sich im Lauf der Zeit summierte.

Was hätte Ruinam davon? Und warum machten Debbie und die EcoQueers gemeinsame Sache mit ihm? Starke Nationalstaaten würden doch erst recht keine Umweltschutzmaßnahmen ergreifen.

Vielleicht dachte er aber auch viel zu kompliziert. Ruinam und der Fronte della Tempesta profitierten von innerstaatlichen Unruhen, von sozialer Instabilität.

Debbie und die EcoQueers brauchten Geld, um Anschläge auszuführen, die auf ihr Herzensthema hinwiesen.

Vielleicht hatten da zwei unter dem Motto »der Feind meines Feindes ist mein Freund« eine unheilige Allianz geschlossen in der Hoffnung, das jeweils eigene Ziel zu erreichen und den Partner im Staub zurückzulassen …

Er stutzte. Scrollte zurück durch seine Notizen, öffnete dann ein Dokument, das er vorhin nur mit vielen anderen gespeichert hatte. »Rede1« im Ordner »Übernahme«.

Es lief ihm kalt über den Rücken, als er las:

»Manche von Ihnen werden diese Regierung als ›Öko-Diktatur‹ bezeichnen. Manche von Ihnen werden behaupten, es gäbe Wichtigeres als die Umwelt. Wir sagen Ihnen: Nein! Es gibt nichts Wichtigeres als die Umwelt. Ohne Umwelt keine Menschheit. Und wenn wir Menschen zu dumm sind, das allein zu erkennen, dann brauchen wir vielleicht eine ›Öko-Diktatur‹, zumindest bis das Schlimmste abgewendet ist.

Wir haben im Vorfeld der Machtübernahme bereits eine enge Zusammenarbeit mit unseren neuen europäischen Kolleg_innen vereinbart. Wie Sie wissen, hat der Umweltschutz nicht überall einen so hohen Stellenwert wie in Deutschland. Darum ist es umso wichtiger, dass unser Projekt gelingt. Es wird der Welt zeigen, was zu tun ist und wie zufrieden und glücklich die Menschen sein werden, wenn sie das erst einmal erkannt haben.«

Debbie wollte eine Öko-Diktatur aufbauen. Und dann sollte, wieder einmal, am deutschen Wesen die Welt genesen.

16:51 Uhr, Berlin

Aktuelle Pressemitteilung auf der Webseite der Bundesregierung

Die Vizekanzlerin und Bundesinnenministerin hat soeben ihre Kandidatur für das Amt der Hohen Vertreterin der Europäischen Union für Außen- und Sicherheitspolitik bestätigt. Sie legt daher mit sofortiger Wirkung alle nationalen Regierungsämter und -aufgaben nieder.

Die Vizekanzlerin war u. a. Leiterin der Sonderkommission zur Vermeidung wetterbedingter Härten im Rahmen der akuten Extremwetterlage.

16:52 Uhr, Berlin

Aktuelle Pressemitteilung auf der Webseite der Bundesregierung

FEHLER 404: File not found

16:54 Uhr, Berlin

Aktuelle Pressemitteilung auf der Webseite der Bundesregierung

Die Bundesinnenministerin gab soeben bekannt, dass die Hilfsleistungen des von ihr geleiteten Hilfsfonds für Extremwettergeschädigte um weitere 3 Milliarden Euro aufgestockt werden.

Tagesspiegel, Tickermeldung auf der Webseite

Fehler in Pressemeldung über Bundesinnenministerin: Versehen oder Absicht?

Nur für wenige Minuten war soeben der Entwurf einer Pressemitteilung auf der Webseite der Bundesregierung zu sehen, in dem bekannt gegeben wurde, dass die Vizekanzlerin für das Amt der EU-Außenministerin kandidiert. Die Vizekanzlerin, die zugleich das Amt der Bundesinnenministerin bekleidet, gilt als politisch extrem ehrgeizig. Insider-Gerüchte besagen, dass sie die Schlechtwetterlage der letzten Woche begrüßte, um politisch »gut Wetter« für die eigene Sache zu machen und sich als bürgernah zu profilieren. Die Opposition kritisierte, es sei »perfide, Wahlkampf mit der Not der Menschen zu machen«.

Die Pressemitteilung wurde nach wenigen Minuten gelöscht. Kurzzeitig wurde eine Fehlermeldung angezeigt. Mittlerweile wurde ein neuer Text eingestellt, in dem die Vizekanzlerin eine Erhöhung der Hilfszahlungen für Wettergeschädigte in Aussicht stellt.

Die Kandidatur der Vizekanzlerin für das begehrte EU-Amt bestätigte der Regierungssprecher auf Nachfrage nicht.

Blick CH

Die Schweiz, Österreich sowie das deutsche Bundesland Bayern haben sich in einem gemeinsamen Statement gegen eine Verpflichtung zur Aufnahme von Unwetterflüchtlingen ausgesprochen. Die bergigen Regionen sind bei Personen, die aus gänzlich bzw. weitgehend überfluteten oder durch Extremwetter stark betroffenen Bereichen Deutschlands und der EU flüchten, besonders beliebt, weil sie eine höhere Sicherheit gegen Schäden durch das Aufstauen von Wasser versprechen.

»Dieser Wunsch ist nachvollziehbar«, heißt es in dem

Papier, das der österreichische sowie der schweizer Außenminister und der bayerische Ministerpräsident unterzeichnet haben, »aber die Aufnahmekapazitäten sind bereits überschritten. Wir bitten alle Betroffenen um Verständnis, dass eine weitere Aufnahme nicht erfolgen kann.«

Die Regelung trat am heutigen Mittag mit sofortiger Wirkung in Kraft. An den Länder- und Bundesgrenzen kam es daraufhin bereits zu ersten Zwischenfällen. Am Grenzübergang Füssen wurde bei einem Einsatz eine Person tödlich, eine zweite schwer verletzt.

Viele sogenannte »Regenflüchtlinge« irren seit Wochen durch verschiedene Bereiche der EU und sind auf der Suche nach einem sicheren Ort. Von den anhaltenden Unwettern besonders betroffen sind Spanien und Portugal, Deutschland und die Beneluxländer, Österreich, Polen, Serbien sowie Finnland. Europaweit haben in den letzten vier Wochen laut Angaben der WHO geschätzt bis zu 1,2 Mio. Bürger ihre Behausung verlassen müssen.

Tagesschau, Das Erste

»Die dänische Regierung hat heute den nationalen Notstand sowie den Katastrophenfall ausgerufen. Das ermöglicht unbürokratische Hilfsmaßnahmen sowie die vereinfachte Durchsetzung behördlicher Vorgaben. Die Maßnahmen sind stark umstritten. Auch innerhalb der Regierung haben sich einzelne Politikerinnen und Politiker dagegen ausgesprochen. Insbesondere die dänische Vizekanzlerin galt als aggressive Gegnerin. Sie appelliert an die Eigenverantwortung der Bürger.

Sogenannte ›Querdenker‹ haben Proteste gegen die Einschränkungen der persönlichen Freiheit angekündigt.«

City Radio Kopenhagen

»… live vom Rathausplatz in Kopenhagen. Mehrere Tausend Protestierende haben sich in den Straßen der Stadt zu einer nicht genehmigten Demonstration zusammengefunden. Sie wenden sich einerseits gegen die behördlichen Anordnungen der letzten Wochen, andererseits fordern sie ›besseres Wetter‹. Vor einer halben Stunde ist die Lage eskaliert. Mehrere Personen wurden verletzt. Die Polizei gab etliche Warnschüsse ab und schoss auch gezielt auf einzelne Randalierer, die wiederum mit Feuerwerkskörpern auf Polizisten schossen. Die Pressestelle der Polizei bezeichnet die Situation in einer Ad-hoc-Mitteilung auf dem Kurznachrichtendienst Twitter als ›Orgie der Gewalt‹. Der Minister für Justiz und Sicherheit bezeichnete das Verhalten der Demonstranten als ›verabscheuungswürdig‹ und ›kriminell‹.

Timothy Ruinam, Gründer und Vorsitzender des in Italien beheimateten Thinktanks ›Fronte della Tempesta‹ hatte sich den Demonstranten nach einem informellen Treffen mit der Nationalen Fraktion angeschlossen. Er sagte: ›Schon in naher Zukunft werden wir sehen, dass die für das Überleben der Zivilisation nötigen Schritte nur auf nationaler Ebene initiiert und umgesetzt werden können.‹ Ruinam gilt als nationalistisch und ultrakonservativ, lag aber in den vergangenen Jahrzehnten mit seinen politischen Prognosen mehrfach richtig. Unter anderem sagte er den Sieg des republikanischen Präsidenten in Kanada sowie das radikale Erstarken neoliberaler Parteien in China und Indien hervor.

In Kopenhagen wurde der Ausnahmezustand verhängt sowie ein Ausgangsverbot ausgesprochen. Bars, Restaurants, Veranstaltungsorte und Hotels haben mit sofortiger Wirkung zu schließen. Über 600 Polizisten sind im Einsatz. Zwei Polizeiautos wurden in Brand gesteckt. Mehrere Supermärkte wurden geplündert. Die Feuerwehr wurde behindert, als sie versuchte, einen Brand zu löschen. Ein Journalist wurde angegriffen. Ein Polizeipsychologe wies darauf hin, dass nach den zahlreichen Spielabsagen der letzten Monate möglicherweise auch ›unausgelastete Fußball-Hooligans‹ an den Ausschreitungen beteiligt sein könnten.

Da es sich um einen spontanen Protest handelte, waren viele Teilnehmerinnen und Teilnehmer nicht vermummt. Der Polizeipräsident kündigte bereits eine zeitnahe und vollständige Auswertung sämtlicher Aufnahmen aller städtischen Sicherheitskameras an. ›Wir werden niemanden, der eine Straftat begangen hat, straffrei davonkommen lassen.‹ Der Leiter der nationalen Polizei äußerte sich besorgt über die Eskalation der Aggression. Die Gesellschaft verhärte sich und werde immer intoleranter.

Die Protestierenden forderten einerseits eine sofortige Aufhebung sämtlicher im Zusammenhang mit den anhaltenden Unwetterlagen ausgesprochenen Einschränkungen, andererseits einen verbesserten Schutz Dänemarks vor den Gefahren durch den Klimawandel, insbesondere vor durch Regen oder einen steigenden Meeresspiegel verursachte Hochwasser.«

26. Juni

6:30 Uhr, Koblenz

Jan Baumann frühstückte mit Sarah Vogel, bevor deren Arbeitstag begann. Vogel und ihr Zug waren zwei Abende zuvor in eine von der Bundeswehr nur teilgenutzte Kaserne in Koblenz verlegt worden. Im Grunde war Vogel egal, wo man sie einsetzte. Über diese Stationierung jedoch freute sie sich, weil ihre Schwester in der Nähe wohnte. Und sie wusste, egal wie schlimm die Lage war, sie musste irgendwann einmal Pause machen, sonst würde sie auch nur zusammenklappen. Und das half niemandem etwas. Vogel hatte ein Mettbrötchen, ein Käsebrötchen, zwei Eier und einen Apfel auf ihrem Teller liegen. Dazu trank sie Orangensaft und einen Früchtetee.

Vor Baumann stand ein Becher Tee mit Milch und Zucker. Er hatte sich ein halbes Brötchen und Erdbeermarmelade genommen, damit es nicht so unhöflich aussah.

»Danke noch mal«, sagte er. »Ich habe Mia schlafen lassen.«

»Natürlich.« Sarah Vogel lächelte. »Das tut ihr sicher gut.« Es berührte sie, wie besorgt und liebevoll, wenn auch etwas ungelenk, sich Baumann um seine Tochter kümmerte.

Vogel hatte nach Baumanns Anruf unmittelbar die Bergung von Mia und ihrem Vater organisiert. Sie hatte sich von

Baumann dessen Standort schicken lassen und einige Feuerwehrleute aus einem benachbarten Ort zu ihnen geschickt.

Die Kollegen hatten Baumann etwas zu trinken gegeben und Mia eine Infusion legen lassen. Beide erholten sich schnell.

Nach Feierabend hatte sie sich von einem Kollegen das Auto geliehen, um Vater und Tochter abzuholen. Die Trakte der Koblenzer Kaserne waren groß genug, es gab noch etliche unbelegte Betten. Sie hoffte, dass die beiden so endlich zur Ruhe kommen könnten.

Auf der Rückfahrt hatte Baumann Sarah die Geschichte seiner Flucht erzählt: Bed & Breakfast, Frau verstorben, Seesen unter Wasser, die Aggressivität der Anwohner, die Reise nach Stuttgart, der Egoismus seiner Schwester, die Hoffnung auf mehr Sicherheit für Mia und sich in der Eifel, wo das Wetter in den letzten Wochen tatsächlich deutlich besser und stabiler war. Der Busunfall, die Diebstähle im Auffanglager, das Gefühl der Machtlosigkeit und Hoffnungslosigkeit. Der nächtliche Ausbruch, der lange Fußmarsch.

Sarah Vogel fragte sich, wie vielen Menschen es momentan so ging wie Baumann und seiner Tochter. Wie viele eine Not erlebten, die es in der Geschichte der Bundesrepublik noch nicht gegeben hatte. Wie viele erfahren mussten, dass auf ihr soziales Umfeld nur in guten Zeiten Verlass war. Dass die Menschen sich bei Gefahr schnell und brutal gegeneinander wandten.

Sie fragte sich, wofür sie und ihre Kumpane Tag und Nacht kämpften. Ob sie sich nicht vielleicht ein System aufrechterhielten, das in großen Teilen stark beschädigt war.

Sie beschloss, sich den Tag freizunehmen. Sie waren gut besetzt, die Wettermeldungen für die Region waren nicht so schlimm wie in den letzten Tagen. »Nur als Angebot: Meine Schwester wohnt hier in der Nähe auf dem Dorf. Die hat zwei Kinder so ganz grob in Mias Alter. Ich kann euch gerne mitnehmen.«

10:09 Uhr, Hamburg

Es war, als herrschte das Jüngste Gericht. Nina Kuhn und Eric Schmitz beobachteten mit wachsender Besorgnis die Wetterveränderung vor den Fenstern der sternförmigen Polizeidirektion Hamburg, in der auch das LKA untergebracht war. Die Wolkendecke zog immer dichter zu, die Luft schien nur mehr aus Regen zu bestehen. Eric trat dichter an das Fenster heran. »Als würde man in ein Aquarium schauen«, sagte er und schüttelte den Kopf.

»Fehlen nur die Fische«, bemerkte Nina Kuhn.

»Wenn es so weitergeht, nicht mehr lange.«

Es blitzte, ein Donnerschlag ließ das Haus erbeben. Die Leuchten und die Computerbildschirme flackerten. In den Regen vor dem Fenster mischten sich kleine weiße Flecken: Schneegraupel. Der Sturm fegte sie quer an der Scheibe vorbei, presste sie Sekunden später dagegen, wirbelte sie schließlich wild durcheinander. Mit einem quälenden Knirschen löste sich langsam, ganz langsam, die metallene Außenverkleidung des Fenstersimses. Schließlich flog sie mit einem Ruck davon.

Schmitz startete auf seinem Computer den Livefeed von NDR Regional. »… noch ein Dach über dem Kopf hat, traut sich nicht mehr vor die Tür. Supermärkte haben die Belieferung eingestellt, Restaurants ebenso. Pakete werden bereits seit einigen Tagen nicht mehr zugestellt. Immer mehr Bürger fordern mittels Petitionen im Internet, dass die Politik ›etwas unternehmen‹ solle. Doch wie die Bundesregierung das Wetter besser machen könnte, bleibt offen. Sämtliche Genehmigungen für angemeldete Protestaktionen wurden widerrufen.«

Schmitz schaltete den Sender stumm. Frustriert ließ er sich auf seinen Stuhl fallen. »Nehmen wir mal an, irgendwer – außer Gott – ist für dieses Dreckswetter verantwortlich. So wie es Graf und Lange, aber auch die Innenminister sagen. Dann bleibt doch die Frage: warum? Wer könnte etwas davon haben, wenn es regnet? Wenn die Sonne scheint, kaufen die Leute Eis und Limo. Aber wenn es regnet, dann bleiben sie zu Hause. Davon hat keiner was.«

»Vielleicht Baustoffhändler und Bauunternehmen?«, schlug Kuhn vor. »Weil hinterher viel repariert, ausgebessert und aufgebaut werden muss?«

Nachdenklich stapelte sie zahlreiche To-Go-Becher ineinander und warf sie in den Mülleimer. Dann stellte sie ihre Kaffeetassen und -becher auf das Tablett neben der Tür.

Schmitz zuckte die Achseln. »Okay, okay, mag sein, dass die davon profitieren, aber die Baumarktketten schaffen es ja noch nicht mal, die Preise abzusprechen, die kriegen nie im Leben eine konzertierte Wettersabotage hin.«

»Oder Ökoterroristen?«

»Du meinst, um auf die schleichende Klimaveränderung aufmerksam zu machen, würden sie kurzfristig aktiv das Klima verändern? Das ist doch *crazy*.«

»Das war die Entführung der ›Landshut‹ auch.«

Schweigen. Das Rauschen und Prasseln des Regens. Sturmgeheul. Ein weiterer Donnerschlag, aber nicht mehr so nah.

»Die machen das nicht, um die Einzelpersonen zu erwischen. Sondern sie wollen die Bevölkerung verunsichern, damit die Menschen klein beigeben. Oder anfangen, ihre eigene Meinung für falsch zu halten.«

Kuhn drehte sich auf ihrem Stuhl langsam im Kreis.

Auf einmal setzte sie die Füße auf den Boden und stoppte. »Diese machtgeile Schlange konnte ich noch nie leiden«, sagte sie und deutete auf Erics Bildschirm.

»Das ist unsere Vizekanzlerin.«

Kuhn nickte.

»Die ehemalige Hamburger Bürgermeisterin.«

Sie nickte wieder.

»Also im Grunde unsere ehemalige Chefin.«

Sie nickte ein drittes Mal.

»Und das heißt …?«, fragte Schmitz.

»Vielleicht lässt sie von irgendwelchen Geheimagenten das Wetter beeinflussen, um sich ganz an die Spitze zu putschen.«

»Was? Sind wir hier im Kino? Spinnst du jetzt komplett?«

Kuhn starrte mit gerunzelter Stirn auf den Bildschirm, wo die Vizekanzlerin erst der Landwirtschaftsministerin, dann dem Bundesarbeitsminister bei irgendeinem Treffen die Hände schüttelte. Im Hintergrund sang ein Kinderchor. Die Kinder standen im Freien und trugen Regencapes. Wo auch immer die Politiker sich befanden – dort war das Wetter nicht besser als in Hamburg.

»Eröffnung der Bundesgartenschau in Kassel«, wurde eingeblendet.

»Hier geht die Welt unter, und das ziehen die eiskalt durch. Verrückt«, grummelte Kuhn. »Aber die will hoch hinaus, und dafür ist ihr jedes Mittel recht.«

»Selbst wenn«, wandte Schmitz ein. »So was ließe sich unter keinen Umständen geheim halten. Das wäre eine viel zu große Nummer.«

Kuhn nickte langsam. »Ja, das ist das Problem mit Demokratien. Die Leute können einfach nicht den Mund halten. Da hast du recht.« Sie stand auf. »Ich geh mir einen Kaffee holen. Willst du auch einen?«

»Hattest du nicht schon drei?«

»Willst du Ärger?« Kuhn verließ das Büro. Als sie mit einem Pappbecher voll schwarzer Brühe zurückkehrte, den sie zu den anderen ungetrunkenen Kaffees am Rande ihres Schreibtischs stellte, sagte sie: »Doch, ich fühl's voll. Ein Geheimlabor entwickelt im Auftrag des BND eine Regenwaffe gegen Russland. Die Vizekanzlerin bekommt Wind davon und reißt sich den Prototyp der Regenkanone unter den Nagel. Schnell erhöhen sie und ihr Lebensgefährte noch die Versicherungssumme der Eigentumsvilla und kaufen ein paar Rohstoffaktien. Und dann geht sie ab, die Wilde Luzie!«

Sie ließ den Kopf auf die Tischplatte sinken und schloss die Augen. »Du hast ja recht«, murmelte sie dann leise, obwohl Schmitz gar nichts gesagt hatte. »Du hast ja recht.«

Der saß mittlerweile an seinem Schreibtisch und hatte den TV-Feed abgeschaltet. »Ich habe mir mal die Termine und Aufenthaltsorte deiner Intimfeindin anzeigen lassen. Über deren Charakter kann ich nichts sagen, aber ihre Auftritte korrespondieren jedenfalls nicht mit den Unwetterschäden. Hier.« Er deutete auf ein Dokument auf seinem Bildschirm. »Müssten sie aber natürlich auch nicht. Für viel relevanter halte ich die Realitätsferne einer Regenkanone.«

»Ach, lass mich doch in Ruhe!« Aber Kuhn klang schon nicht mehr ganz so frustriert wie vor einer halben Stunde. Es hatte ihr gutgetan, Dampf abzulassen.

10:30 Uhr, Berlin

Zwei Häuser neben der berühmten Polit-Kneipe »Ständige Vertretung« befand sich ein Geschäftshotel mit Tagungsraum. Dort hatten sich an diesem Vormittag auf persönliche Einladung des Thinktanks »Fronte della Tempesta« handverlesene Politiker, Lobbyisten, Journalisten und Agitatoren unterschiedlicher Couleur versammelt. Sie einte wenig außer einem unbedingten Willen zur Macht.

»Herzlich willkommen«, begrüßte Eowyn Sandel, CFO der FdT, die Anwesenden. Arbeitssprache des Treffens war Englisch. Um den Laptop zu entsperren, tippte sie, wie auch bei der Klima 3000, das Medaillon ihrer goldenen Kette gegen den zugehörigen Armreif ihres Mannes Timothy Ruinam. Zwei Near-Frequenz-Chips sicherten ihren Computer gegen unerlaubten Zugriff. An der Wand erschien die erste Folie ihrer Präsentation.

Auf einer massiven, dunkelgrauen Regenwolke stand in weißen Buchstaben: »Operation DARK CLOUD«.

»Wir alle«, fuhr Sandel fort, »kämpfen für den Wandel. Wir fordern eine starke Regierung für ein starkes Volk. Wie Sie sicher wissen, ist der Fronte della Tempesta als intellektuelle Sturmfront in allen Staaten Europas aktiv. Wo es uns möglich ist, fördern wir eine Rückkehr zu Nationalregierungen. Europa, das wissen wir alle, verwässert die Unterschiede zwischen Völkern, Nationen, zwischen den Menschen. Europa macht alle gleich, obwohl sie nicht gleich sind und nicht gleich sein wollen!«

Sie ließ den Satz im Saal nachklingen. Einige Gäste klatschten.

Sie wechselte die Folie. Ein Foto zeigte Demonstranten, gegen die von der Polizei mit Gewalt vorgegangen wurde.

»Diejenigen, die sich uns entgegenstellen – die sich gegen die Macht der Vernunft stellen! –, müssen wissen oder werden lernen, dass sie keine Chance haben. Das Volk will nicht mehr regiert *werden*, es will wieder selbst bestimmen!« Sie ließ ihren Blick über die Gesichter der Anwesenden wandern. »Sie vertreten unterschiedliche Positionen, und nicht alle von Ihnen werden bei den bevorstehenden Wahlen gewinnen können. Und dennoch eint alle, die heute hier sind, das Wissen, dass der Wandel zum Greifen nah ist! Unser aller Ziel besteht darin, die aktuelle Regierung vom Thron zu stoßen! Wenn es gelingt, einen derartigen Paradigmenwechsel einzuläuten, dann profitieren nicht nur die Bürger, sondern auch viele von uns. Diejenigen unter uns, die nach politischen Ämtern streben, ganz direkt. Diejenigen, die Ihnen zu- oder eng mit Ihnen zusammenarbeiten, indirekt.«

An der Wand hinter ihr erschien eine apokalyptische Unwetterszene: verzweifelte Menschen, die in Lumpen durch Schlamm und Dreck wateten.

»Sie alle haben auf unterschiedliche Weise die Möglichkeit, zur Unzufriedenheit der Bevölkerung mit der gegenwärtigen Situation beizutragen. Sie können Lieferungen verzögern, Services einstellen, ein gewaltiges Chaos auf den Straßen verursachen und damit zugleich friedliche Demonstranten abschrecken. Unser Ziel muss darin bestehen, die Stimmung in einem noch nie da gewesenen Maße anzuheizen, sodass sie kippt und ein für uns alle wünschenswertes Wahlergebnis provoziert.«

Das nächste Bild zeigte die Aufräumarbeiten nach einem Extremunwetter – Bagger rissen zerstörte Häuser ein.

»Bei aller Unterschiedlichkeit der Positionen, meine Damen und Herren«, schloss Sandel, »sollten Sie in den nächsten Monaten nicht vergessen, wer an Ihrer Seite gekämpft und wer wie Sie einen wichtigen Beitrag zur Destabilisierung der aktuellen Elite geleistet hat. Verlassen Sie sich auf uns, so wie wir uns auf Sie verlassen. Verändern wir *gemeinsam* das Land! Ernten wir *gemeinsam* die Früchte unserer Arbeit. Vor und hinter den Kulissen, in der Politik und in der Industrie. Ich danke Ihnen!«

Lauter Beifall brandete auf. Ein letztes Mal wechselte Sandel die Folie; die Webadresse und das PayPal-Spendenkonto des Fronte della Tempesta wurden angezeigt.

Ruinam stand auf und verbeugte sich mit ihr, als hätte er selbst irgendetwas Substantielles beigetragen und wäre mehr als nur ihre Marionette.

10:58 Uhr, Oberstdorf

Arian hatte ein Overlay für Google Maps erstellt, in dem als Animation die überproportional von Regen und Sturm betroffenen Regionen in der zeitlichen Abfolge dargestellt wurden. Eine dunkle Wolke wanderte von Osten kommend über Leipzig und Magdeburg, bog dann nach Süden ab, zog an der Grenze zu Tschechien und Österreich entlang, über den Bodensee, von dort über Mitteldeutschland bis Hannover. Er hatte die Animation so programmiert, dass die »Wolke« einen dunkelgrauen Schleier hinterließ. Zum Ende waren zwei Drittel Deutschlands verdüstert – übrig blieben noch Hamburg und Schleswig-Holstein sowie das Ruhrgebiet bis hin zu den Beneluxländern.

Nicht dass diese Bereiche nicht auch seit Wochen unter auffällig schlechtem Wetter litten. Aber dort war es noch nicht zu Extremwetterereignissen gekommen.

Visualisierte man den Ablauf auf diese Weise, war ein technisch-menschlicher Faktor kaum noch zu bezweifeln. Und andererseits bestand natürlich auch die Möglichkeit, dass er sich gezielt die Daten herausgesucht hatte, die seine Hypothese bestätigten, und die ignorierte, die dagegensprachen.

Er starrte auf den Bildschirm. Die Animation stoppte am Ende stets für zehn Sekunden, dann begann sie von vorn.

Stoppte, begann von vorn.

Er gewährte dem Algorithmus Zugriff auf offiziell verfügbare Verkehrsdaten: Bahnverbindungen, Fahrtzeiten. Ebenso fügte er die Nutzungszeiten sämtlicher Flughäfen Deutschlands hinzu.

Nach knapp zehn Minuten spuckte der Großrechner die nächste Animation aus. Diesmal flitzten vor der schwarzen Wolke bunte Pünktchen hin und her: mögliche Routen von A nach B, um jeweils für eine Imprägnierung der Wolken günstig gelegene Flughäfen zu erreichen.

Je mehr Daten Arian widerspruchsfrei *adden* konnte, desto plausibler wurde das berechnete Szenario.

Im nächsten Schritt ließ er die Software mithilfe eines Deep-Learning-Vorgangs mögliche Bewegungsmuster ermitteln und in die Zukunft projizieren. Dafür wurde die Tatsache genutzt, dass menschliches Verhalten immer auch eine subjektive, persönliche Komponente beinhaltet. Der Gang jeder Person war anders. Die Handschrift, die Denkweise, die Stimme. Jede Bewegung war vollkommen individuell. Das galt nicht nur für körperliche Bewegungen, sondern auch für Transfers. Denn jede und jeder hatte persönliche Vorlieben.

Der eine fuhr schneller, die andere langsamer, einer bevorzugte den Bus, die andere die Bahn. Eine nahm eher die Autobahn, der andere die Landstraße.

Big-Data-Analysen konnten solche Muster auf mögliche Zukunftsszenarien anwenden und so die wahrscheinlichste von diesen ermitteln.

Aus Arians Sicht war klar: Wenn nichts gegen Sabotageakte in Schleswig-Holstein oder dem Ruhrgebiet sprach, wäre einer dieser Bereiche als Nächstes dran. Aber welcher?

Die Animation, die nun auf seinem Bildschirm zu sehen war, lieferte die Antwort. Mit einer Wahrscheinlichkeit von weit über 80 Prozent wäre das nächste Zielgebiet, vom Flughafen Xanten ausgehend, das Münsterland bis an die Grenze des Teutoburger Waldes. Darauf würden mit einer Wahrscheinlichkeit von 57 Prozent das Sauerland oder mit einer Wahrscheinlichkeit von 28 Prozent der Niederrhein folgen.

Immer wieder blinkten einige kleine rote Zahlen auf. Arians Augen brannten vom stundenlangen Starren auf den Monitor. Er schloss die Lider, atmete tief durch. Öffnete die Augen. Noch immer waren die Zahlen zu klein und verschwanden zu schnell wieder.

Er veränderte die Darstellungsoptionen. So war es besser.

Dann fuhr er zusammen und griff nach dem Handy. Er stoppte die Animation und kontrollierte die angezeigten Angaben, während er bereits Fjellas Nummer wählte.

Der Anschlag auf das Münsterland würde mit größter Wahrscheinlichkeit heute am frühen Abend erfolgen – der dafür nötige Abflug in Xanten in wenigen Stunden.

11:14 Uhr, München

Fjella starrte auf ihren Bildschirm. Dort lief Arians Animation in Endlosschleife: Deutschland verschwand unter einem dunkelgrauen Wolkenschleier.

Dass diese Schweine, wer immer auch dahintersteckte, ernsthaft das Wetter manipulierten, machte sie wütend. Geoengineering war höchst umstritten. Vor allem, weil die Folgen sich regional nicht beschränken ließen.

Es war keine Kunst, mithilfe von Chemikalien und Mineralien Regenwolken zu erzeugen. Das Problem bestand darin, das richtige Maß zu finden. Dafür konnte man noch so viele Simulationen laufen lassen – am Ende blieb ein riesiger Unsicherheitsfaktor. Deshalb hatten sich die Staaten der Welt bisher darauf verständigt, keine derartigen Experimente auf Kosten aller durchzuführen.

Sie wählte die Nummer der Hamburger LKA-Beamtin.

»Kuhn.«

»Sie müssen nach Xanten!«

»Wohin? Wer ist da?«

»Fjella. Lange.«

»Ah, die Wolkenexpertin. Nephrologie, richtig?«

»Nephrologie mit R ist Nierenkunde. Ich bin Ne*pho*login. Von Nephos, Wolken. Aber das ist egal jetzt. Arian hat ausgerechnet …«

»Arian Fischer? Mit dem Sie keinen Kontakt haben?«, unterbrach Kuhn.

»Ach, jetzt tun Sie doch nicht so. Hören Sie mir lieber zu, verdammte Kiste. Arian hat ausgerechnet, dass *heute* der nächste Anschlag erfolgen wird. Die haben irgendeine Möglichkeit gefunden, es regnen zu lassen. Also Starkregen zu erzeugen.«

»Wie soll das gehen?«

Die Frau machte sie wahnsinnig. »Es ist nicht schwierig, wenn einem egal ist, ob *zu viel* Regen entsteht. Aber lassen Sie mich doch bitte mal ausreden. Arian hat berechnet, dass mit einer sehr hohen Wahrscheinlichkeit« – sie warf einen Blick auf den Bildschirm – »mit fast neunzig Prozent Wahrscheinlichkeit in wenigen Stunden ein Flugzeug vom *lufthavn* Xanten startet. Wenn wir das nicht verhindern …«

»Wir?«

»Sie! Sie! Verdammt, wenn Sie das nicht verhindern oder sonst wer, irgendjemand, mir egal, dann haben wir – Sie – heute Abend oder heute Nacht die nächste Wetterkatastrophe im Münsterland. Sie haben die Möglichkeit, Menschenleben zu retten, Existenzen. Ich maile Ihnen die Infos, vielleicht glauben Sie mir dann.«

Sie leitete Arians Mail mit der Animation und der zugrunde liegenden Berechnung weiter.

»Wo erreichen wir Herrn Fischer?«, fragte Kuhn. »Wissen Sie, wo er sich aufhält?«

»Nein, weiß ich nicht, und es tut auch nichts zur Sache. Meine Güte, ich dachte, Sie könnten vielleicht das Wichtige vom Unwichtigen unterscheiden. Wir sind nicht Ihr Feind. Er ist nicht Ihr Feind. Wir – Sie und wir – wollen dasselbe. Menschenleben retten. Wetterschäden verhindern. Und rauskriegen, wer hinter dieser ganzen Scheiße steckt.«

Schweigen am anderen Ende.

Dann, ruhiger: »Hm. Die Animation ist wirklich beeindruckend. Aber Sie werden verstehen, dass ich nicht einfach eine Hundertschaft auf einen Sportflugplatz schicken kann, nur weil ein flüchtiger Geheimnisverräter irgendwelche Behauptungen aufstellt.«

»Dann lassen Sie es nachrechnen, Sie haben doch jetzt alle Infos! Aber bewegen Sie Ihren Hintern schon mal nach Xanten, denn wenn sich herausstellt, dass er recht hat – und das wird es –, dann werden Sie es bereuen, wenn Sie nicht mehr eingreifen können. Dann haben Sie aus lauter Bedenkenträgerei Menschenleben auf dem Gewissen!«

Fjella staunte über sich selbst. So emotional und energisch kannte sie sich gar nicht.

»Sie hören von mir. Danke für die Info. Und sagen Sie Herrn Fischer, er täte gut daran, direkten Kontakt zu uns aufzunehmen.«

Kuhn legte auf. Fjella starrte erst ihr Handy an, dann wieder die Animation auf dem Bildschirm. Sie wusste, es war richtig gewesen, das LKA anzurufen. Aber es fühlte sich komplett falsch an.

12:09 Uhr, Oberstdorf

»Sie haben gesagt, sie kümmern sich drum. Ein bisschen widerwillig, aber egal jetzt. Ach ja, und du sollst dich natürlich am besten stellen, ist klar, oder?«

Arian lachte auf. Er mochte Fjellas rotzigen Humor. »Mach ich, sobald ich Zeit habe.«

Sie wurde ernst. »Weißt du, was ich auch komisch finde? Also, worüber ich immer wieder stolpere und nachdenke? Neulich war ich mit Philip bei ihm im Büro. Und da hat jemand den Kopf reingesteckt und was erzählt von Leuten, die versucht haben, Tourismusanbietern Unwetterversicherungen – ›Elementarschäden‹ in Grafs Welt – anzudrehen. Eigentlich eher: aufzudrücken. Das macht doch nur Sinn, wenn man vorher wüsste, dass Schäden auftreten. Und dann aber eigentlich auch wieder nicht, denn dann müsste man die ja auszahlen. So oder so lässt es mich nicht los.«

Arian kraulte Konrad den Kopf und schaute zum Fenster hinaus. Das Nebelhorn machte seinem Namen alle Ehre, aber immerhin waren ein paar höher gelegene, dunkelgrün schimmernde Hänge zu sehen und ganz in der Ferne sogar ein, zwei Fleckchen blauer Himmel. Es gefiel ihm hier.

Er stellte sich vor, wie er zu einem späteren Zeitpunkt hierher zurückkehrte, um Urlaub zu machen, wenn das Wetter wieder in Ordnung war. Vielleicht nicht allein, sondern mit … er riss sich zusammen.

»Warte mal«, sagte er auf einmal und klappte seinen Laptop auf. »Ich habe da doch …« Er stöpselte das Headset ein und legte das Handy auf den Tisch, um beide Hände frei zu haben. Seine Finger flitzten über die Tastatur. Da war es!

»›Der Klimawandel als Chance‹«, las er vor. »›Nutzen Sie den Klimawandel als geschäftliche Steilvorlage. Es ist damit zu rechnen, dass in den nächsten Jahren und Jahrzehnten vermehrt Starkwetterschäden entstehen. Viele Privatleute, aber auch Unternehmen und Organisationen sind nicht angemessen versichert. Geschickt kalkulierte Produkte bieten eine solide Gewinnchance. Die bevorstehenden Extremwetterereignisse lassen sich geschickt als Motivation nutzen. Der Verweis auf Schäden andernorts kann ausreichen, um einen Abschluss zustande kommen zu lassen.‹ Steht hier in einer Rundmail der deutschen Sektion dieser Italiener, von denen die EcoQueers Geld kriegen. Ich dachte, das wäre nur so allgemeines Blabla, mit dem sie Leser für den Newsletter ködern wollten. Aber jetzt, wo du sagst, dass da Leute rumstiefeln und genau das tun – was wäre, wenn die *vorher* schon wussten, wo die Unwetter runterkämen?«

»Aber dann wären sie doch schlecht beraten, ihren geplanten Opfern vorher Versicherungen anzubieten?«

»Oder gerade nicht. Umgekehrte Psychologie und so. Die wenigsten werden einen Vertrag abschließen. Die, die es tun, erhalten die Schäden ersetzt und freuen sich darüber. Sie erzählen den anderen davon, ihren Freunden, Geschäftsfreunden, Kollegen. Und schon ist die beste Mundpropaganda im Gange, die du dir vorstellen kannst.«

Er durchsuchte die zahlreichen noch ungesicherten heruntergeladenen Ordner nach dem Stichwort »Versicherung«. Zu viele Treffer. »Verträge« – nur zwei Treffer. »Vertrag« – wieder zu viele. »Versicherungsvertrag«: zack, das war's. Aufgeregt öffnete Arian einen Ordner mit Hunderten von Dokumenten. Er wählte nach dem Zufallsprinzip einige aus und ließ sie anzeigen.

»Das glaubst du im Leben nicht«, sagte er dann entsetzt.

»Was?«

»Es ist genau, wie wir gerade gedacht haben. Diese Schweine *harassen* bundesweit Geschäftsinhaber und touristische Einrichtungen, verticken Elementarschadenversicherungen an die – und kassieren damit kräftig ab.« Er wechselte in einen Unterordner. Öffnete ein weiteres Dokument. »Boah«, sagte er dann ehrfürchtig. »Zumal sie gegen das Eintreten umfangreicher Schäden selbst wieder bei einem Rückversicherer abgesichert sind. Krass. Das ist ja echtes *Loot*, eine richtige Gelddruckmaschine. Sie verkaufen Schutz vor einem Schaden, den sie dann selbst verursachen, aber nicht selbst entschädigen müssen.« Er schüttelte entrüstet den Kopf.

»Was ich immer noch nicht verstehe«, sagte Fjella, »ist: Warum? Warum tun die das? Meinst du echt aus reiner Geldgier?«

»Das kann nicht sein, dafür ist es zu aufwendig und auch zu riskant. Wer solche Ressourcen hat, hat bessere Wege, an noch mehr Geld zu kommen. Rentenfonds, Rohstoffhandel, was weiß ich. Nein. Es muss mehr dahinterstecken. Aber du hast recht: was?«

12:54 Uhr, Polch

Die Fahrt nach Polch dauerte eine gute halbe Stunde. Baumann konnte kaum glauben, was er sah: die Häuser standen unbeschädigt am Straßenrand, keine Plastikplanen oder Sandsäcke weit und breit. Ab und zu kroch sogar die Sonne hinter den Wolken hervor.

Auch in Polch selbst herrschte eine erholsame Normalität. Sarahs Schwester wohnte mit ihrem Mann und zwei Kindern in einem Neubau am Rande des Örtchens. Zum Mittagessen gab es für die Kinder Spaghetti mit Tomatensauce, für die Erwachsenen mit Pesto. Baumann fühlte sich ehrlich willkommen. Hektisch wischte er sich eine Träne aus dem Auge, als ihm bewusst wurde, dass er sich eine solche Herzlichkeit von seiner eigenen Schwester erhofft und versprochen hatte.

»Woher kennt ihr euch? Kommst du auch aus Magdeburg?«, fragte Jessika Ludwig, Sarahs Schwester.

Baumann schüttelte den Kopf. »Nein. Ich bin nur … durch einen Zufall hier. Wir kommen aus dem Harz und waren unterwegs in die Eifel.«

Jessika nickte. »Ich habe gehört, dort ist es mit am Schlimmsten«, sagte sie.

»Ich fürchte, das stimmt«, sagte Baumann. »Ich habe ein kleines Bed & Breakfast, und ich will gar nicht daran denken, wie das inzwischen aussieht.« Falls nicht sogar die Nachbarn seine Abwesenheit ausnutzten, die Türen aufbrachen und die Zimmer plünderten.

Er bemühte sich, den Gedanken zu verdrängen.

Die Kinder hatten schnell aufgegessen und verschwanden dann irgendwo im Haus. Ab und zu war ein Lachen oder Klappern zu hören. Eine Normalität, die Baumann vor lauter Angst schon fast vergessen hatte.

Die Schwestern plauderten über die aktuelle Entwicklung, den abwesenden Schwager, die Arbeit. Ab und zu bemühten sie sich, Baumann mithilfe einer Frage in das Gespräch einzubinden.

»Entschuldigt«, sagte er nach einer Weile. »Ich bin gar nicht recht bei der Sache. Die letzten Tage stecken mir echt noch in den Knochen. Ist es in Ordnung, wenn ich einfach eine wenig durch den Ort spaziere?«

»Natürlich, überhaupt kein Problem«, sagte Sarah. Sie sah auf die Uhr. »Ich wollte gegen 16 Uhr zurück, spätestens halb fünf. Dann kann ich noch den Dienstplan für morgen vorbereiten. Ist das in Ordnung?«

»So lange bin ich nicht weg.« Baumann sagte Mia Bescheid, die in ein Spiel vertieft war. »Ja, ja, bis später«, murmelte sie nur.

Baumann war fasziniert, wie schnell Kinder ihre Sorgen hinter sich lassen oder jedenfalls für den Moment vergessen konnten. Und ein wenig neidisch darauf war er auch.

Er schlenderte die Straße entlang, ging dann in Richtung

Marktplatz, summte leise Beethovens Fünfte. Die meisten Häuser hier waren in klassischer Bauweise errichtet. Die Materialien waren den Elementen nicht so schutzlos ausgeliefert wie moderne, energiesparende Neubauten in Leichtbauweise – oder immer wieder zusammengeflickte Altbauten wie das »Seesener Herz«. Die Häuser standen in großzügigem Abstand voneinander, zwischen ihnen befanden sich im Regelfall weite Rasenflächen, die nur da und dort durch Beete oder Hecken durchbrochen wurden.

Hier konnte das Regenwasser versickern oder ablaufen, staute sich nicht. Die geringere Verdichtung des öffentlichen Raums im Vergleich zu einer Großstadt wie Stuttgart, aber sogar zu einem Touristenort wie Seesen, schaffte Raum zum Atmen, aber ebenso für die Natur – auch wenn die sich mal nicht verhielt wie gewünscht.

Zehn Minuten lang saß er auf einer Bank auf dem Marktplatz. Für einen Moment schien ihm sogar die Sonne ins Gesicht, und er schloss die Augen und legte mit einem Lächeln den Kopf in den Nacken.

Er genoss das Wetter – die Pause vom endlosen Regen der letzten Wochen – ebenso wie die Tatsache, dass die Menschen um ihn herum nicht so aggressiv und notleidend waren wie eben in Stuttgart oder Seesen. Dass er sich daher also nicht vor ihnen fürchten und schützen musste.

Nach einiger Zeit trat er den Rückweg an. Es kam ihm vor, als wäre er zwei Wochen lang im Urlaub gewesen.

Als er Richtung Ortsrand ging, schweifte sein Blick zum Horizont. Hinter einigen Feldern stiegen sanfte grüne Hügel auf. Die Vulkanlandschaft der Eifel war insgesamt flacher und welliger als der Harz, und doch löste sie bei ihm eine große Sehnsucht nach zu Hause aus.

Im Nachhinein war es wohl doch die falsche Entscheidung gewesen, einfach abzuhauen und das »Seesener Herz« im Stich zu lassen. Baumann kam sich vor wie ein Verräter: an Mia, an seinem und Yvonnes Traum vom Bed & Breakfast, an seinem Leben.

Er beschloss, noch einige Tage auszuruhen und Kraft zu sammeln und dann wieder nach Seesen zurückzukehren. Im Grunde musste er nur einmal den Dauerkonflikt mit Margot Hartmann klären, dann wäre alles wieder gut. Mal abgesehen von den unausweichlich bevorstehenden Reparatur- und Sanierungsarbeiten …

Trotz dieser trüben Aussicht war er ruhig und voller Hoffnung, als er das Haus von Sarahs Schwester erreichte.

Mia quengelte, als sie loswollten. Auch das wertete er als gutes Zeichen.

15:23 Uhr, Xanten

Auf halber Strecke hatte Eric Schmitz die Nase voll gehabt und das Blaulicht eingeschaltet. So hatten sie es in gut drei Stunden bis Xanten geschafft.

Zwischenzeitlich hatte das Referat ST 12 IT- und Analyse-Unterstützung des BKA Fischers Berechnungen als »nahezu korrekt« eingestuft. Von der Überholspur aus hatte Kuhn die Kollegen in Düsseldorf verständigt und um Amtshilfe gebeten. Diese waren vor zwanzig Minuten in Xanten eingetroffen und hatten den gesamten Flugverkehr untersagt.

Schmitz schlidderte auf den Parkplatz, Kuhn und er sprangen aus dem Wagen. Der Flugplatzbetreiber stand mit hochrotem Kopf zwei Düsseldorfer Beamten gegenüber. »Welche

Gefahrenlage?«, keifte er. »Drei Sportflieger, was bilden Sie sich eigentlich ein? Meine Kunden ohne jeden Grund als Kriminelle abzustempeln?«

Die Kollegen guckten erleichtert, als Kuhn und Schmitz hinzutraten. Sie zeigten die Dienstausweise.

»Konnten Verdächtige festgehalten werden?«, fragte Kuhn.

Die Kollegen schauten verdutzt. »Wir sollten doch nur … alle, die fliegen wollten, sind wieder nach Haus gefahren.«

»Haben Sie die Personalien aufgenommen? Ausweise überprüft?«

»Was bilden Sie sich eigentlich ein?«, blaffte der Flughafenbetreiber. »Das sind alles Stammkunden! Wieso verdächtigen Sie die?«

Kuhn wandte sich dem Mann zu. »Gab es heute weitere Starts oder geplante Starts, außer von Stammkunden?«

Der Mann schüttelte den Kopf. »Höchstens …«, murmelte er.

»Ja, was?«

»Vor … kurz bevor Ihre Kollegen kamen und hier den dicken Max markierten, ist eine gecharterte Maschine abgehoben. Die Lancair vom Greiner. Den kenne ich schon ewig. Aber keine Ahnung, wer seine Fluggäste waren. Ich glaube, sie waren zu zweit.« Er kratzte sich am Kopf. »Vielleicht ein Mann und eine Frau. Aber genau weiß ich das nicht mehr. Habe ich nicht darauf geachtet.«

»Scheiße!«, fluchte Kuhn.

»Müssen die Piloten die Flugroute angeben?«, hakte Schmitz ein.

»Eigentlich schon. Aber …« Der Mann zögerte. Dann sagte er: »… die tragen wir immer hinterher ein. Ist einfacher so.«

Dann fiel ihm noch etwas ein. »Aber wir können Greiner anfunken. Und natürlich ist die Maschine auf dem Radar.«

Kuhn zog ihr Handy heraus, wählte die Nummer der Hamburger Zentrale. »Stellen Sie mich bitte durch zum nächstgelegenen Bundeswehrstandort. Ich bin in Xanten, Nordrhein-Westfalen.«

Während sie auf die Verbindung wartete, folgte sie Schmitz und dem Flughafenobermufti ins Büro. Er zeigte Schmitz die Maschine auf dem Radar und griff dann nach dem Funkgerät.

Kuhn bedeutete ihm, zu warten.

»Ja, Kuhn, LKA Hamburg. Wir benötigen einen Abfangjäger. So schnell wie möglich.«

15:37 Uhr, Wittmund

Beim Taktischen Luftwaffengeschwader »Richthofen« in Wittmund, Ostfriesland, ertönte eine Sirene. Die beiden dienstbereiten Piloten saßen im Aufenthaltsraum und schauten Fernsehen. Wortlos hoben sie die Hände für »Schere, Stein, Papier«. Axel Stein, der Verlierer, sprang auf, joggte hinüber zum Shelter. Die Bodencrew öffnete bereits die Tore. Stein setzte den Helm auf, nahm im Cockpit des Eurofighters Platz, ließ die Triebwerke an.

Der Ablauf wurde dreimal täglich als Übung durchgeführt, zudem manchmal noch als »Alpha-Scramble«, wenn mal wieder irgendein Hobbyflieger vergessen hatte, sein Funkgerät einzuschalten.

Das Jagdflugzeug beschleunigte auf dem Runway mit einer Schubkraft von über 150 kN von null auf 300 in unter zehn

Sekunden, schneller als ein Rennwagen. Steil schoss der Abfangjäger in die Höhe. Es regnete leicht.

Die Bodenstation hatte den Zielbereich bereits einprogrammiert.

Die Maschine beschleunigte im Steigflug weiter, tauchte auf 3000 Metern in die dichte Wolkendecke ein und ließ diese auf 9000 Metern hinter sich. Auf 15 000 Metern durchbrach sie bei gut 1200 km/h mit einem bis zum Erdboden hörbaren Knall die Schallmauer. Wenig später zeigte der Fahrtmesser bereits eine Geschwindigkeit von 2000 km/h über Grund. Innerhalb von acht Minuten hatte Stein das Zielgebiet in der Nähe des kleinen Privatflughafens Xanten erreicht.

Noch war keine Freigabe von Schusswaffen erfolgt.

Das fragliche Flugzeug hatte die Funkverbindung zur Außenwelt gekappt. Daher war es auch für den Piloten des Abfangjägers nicht möglich, direkten Kontakt aufzunehmen und eine Landeaufforderung auszusprechen.

Die Anweisung ließ sich jedoch auch ohne Worte zum Ausdruck bringen.

Ungerührt raste Stein in Richtung der einmotorigen Lancair und veränderte erst im letzten Moment den Kurs um wenige Grad, sodass er unmissverständlich auf seine Anwesenheit und technische Überlegenheit aufmerksam machte. Selbst wenn jemand den Eurofighter selbst übersah und überhörte, würden die Turbulenzen zwar nicht gefährlich, aber doch deutlich spürbar sein.

Sekunden später flog er einen weiten Bogen, näherte sich der fraglichen Maschine von hinten und ging während des Überholens deutlich in einen Sinkflug über.

Danach verlangsamte er die eigene Maschine, wendete erneut und flog wieder auf den Viersitzer zu. Die Lancair hatte bereits den Sinkflug eingeleitet.

Stein stieg wieder auf und flog eine weite Warteschleife. Eine Minute später erhielt er die Nachricht, dass der Pilot der Lancair sich per Funk in Xanten gemeldet hatte, drei Minuten später gab es Entwarnung. Der Einsatz war beendet, Stein kehrte nach Wittmund zurück.

16:49 Uhr, Bonn

Fischers Prognose sprach für einen folgenden geplanten Angriff auf das Ruhrgebiet von Essen bis hinunter nach Bonn. Eric Schmitz und Nina Kuhn hatten kurz überlegt, in Düsseldorf zu bleiben oder nach Hamburg zurückzukehren. Dann beschlossen sie, nach Bonn zu fahren und ein Büro bei den Kollegen vom BKA zu reklamieren. Dort saßen sie nun und versuchten, der Ereignisse Herr zu werden.

Um die Koffeinversorgung würden sie sich später kümmern müssen.

Kuhn telefonierte mit dem Hamburger Innensenator, Schmitz hatte eine Konferenzschaltung mit Lange und Graf initiiert.

»Ja, Herr Senator, die Annahme hat sich bestätigt. Herr Fischer lag richtig. Die Kollegen der Bundeswehr konnten das Flugzeug zur Landung zwingen, aber offenbar wurden zumindest Teile der Chemikalien ausgebracht. Laut der Expertin gibt es zwei Möglichkeiten, entweder Silberjodid oder unterschiedliche Salze. Das Ergebnis ist dasselbe: verdammt viel Regen!«

Kuhn hörte zu. Hielt ihr Mikrofon zu, verdrehte die Augen

und flüsterte in die Richtung ihres Kollegen: »Er will endlich Ergebnisse sehen!«

Dann sagte sie: »Ja, Herr Senator. Selbstverständlich, Herr Senator.«

Sie legte auf. »Wir haben jetzt quasi *carte blanche*. Solange was dabei rauskommt, können wir von ihm aus diesem Fischer Straffreiheit versprechen oder auch ein eigenes Einhorn. ›Der Zweck heiligt die Mittel‹, waren seine Worte.«

»Ich vermute, da ist er sich einig mit demjenigen, der uns diese ganze Scheiße eingebrockt hat«, sagte Schmitz zu ihr. Dann in sein Handy: »Ja, ich kann sie jetzt hören. Beide. Gut.«

Er legte das Handy auf den Tisch, tippte auf das Lautsprechersymbol. »Sie sind jetzt auf Lautsprecher geschaltet. Bei mir ist die Kollegin Kuhn.«

»Hallo!«, riefen die Wolkendoktorandin und der Versicherungstyp.

»Hören Sie, Ihr Freund hatte recht, wir waren zwar zu spät, aber es ist eine solide Spur. Die Kollegen sind dran. Und es bedeutet, dass seine Annahmen stimmen. Er muss unbedingt direkt mit uns arbeiten.«

»Das wird noch einige Überzeugungsarbeit kosten, das kann ich Ihnen sagen. Da haben ihre Kollegen vom Katastrophenschutz ganze Arbeit geleistet mit der Anzeige«, sagte Fjella.

»Kommen Sie, das ist Schnee von gestern, das war ein ehrliches Missverständnis.«

Graf blieb ruhig, aber konsequent: »Dann schicken Sie uns doch einfach eine Entschuldigung der Kollegen und eine offizielle Rücknahme der Anzeige. Wir leiten alles weiter.«

»Wir kümmern uns darum!«, rief Schmitz.

»Und bis dahin könnten wir uns doch darauf konzentrieren, in der Sache weiterzukommen, Schäden zu verhindern und Menschenleben zu retten, meinen Sie nicht auch?«

Der Mann hatte offenbar in genug Meetings gesessen.

»Bitte richten Sie Herrn Fischer aus, dass *wir* jedenfalls sehr dankbar sind für alle Infos, die er uns zur Verfügung stellen kann. Und eine solche Kooperation wird sich natürlich auch strafm-« Nina Kuhn unterbrach sich.

Graf lachte schallend.

»'tschuldigung, alte Gewohnheit«, sagte sie kleinlaut.

»Machen wir's doch einfach«, schlug nun Fjella vor. »Sie erledigen Ihren Job und wir unseren. Okay?«

Im Hintergrund des Gesprächs war ein leises »Ping« zu hören. »Moment, warten Sie mal«, sagte Fjella. Es raschelte, während sie offenbar die eingegangene Nachricht aufrief.

»Wir haben Arian das Gespräch mithören lassen«, sagte sie nach einem Augenblick. »Er hat mir gerade eine neue Info geschickt. Aus der Bestätigung des Abflugorts Xanten und der möglichen Vereitelung der Wettermanipulation ergibt sich eine größere Sicherheit für das nächste Ziel und eine dramatische Beschleunigung des Zeitplans. Arian geht davon aus, dass die Angreifer nicht allein, sondern mit mehreren Teams arbeiten. Warten Sie, ich leite Ihnen das weiter.«

Es raschelte wieder, dann erhielt Kuhn eine Nachricht auf dem Handy. »Nächster Abflug ca. 17–18 Uhr ab Hangelar. Das ist 10 Min. von Bonn.«

17:18 Uhr, Hangelar

Nina Kuhn hatte Mühe, auf der nassen Straße nicht die Kontrolle über den Wagen zu verlieren. Sie gerieten kurz ins Schlingern, Eric Schmitz packte den Haltegriff oberhalb der Tür. Im letzten Augenblick wich ein entgegenkommender PKW aus, hupte. Kuhn gab wieder Gas. In einer Minute würden sie den Privatflughafen Hangelar erreichen.

Eine einfache Schranke versperrte die Einfahrt. Ohne abzubremsen, raste sie hindurch. Schmitz schloss instinktiv die Augen. Es krachte, die Schranke brach, in der Windschutzscheibe zeigte sich rechtsseitig ein schmaler Riss. Der Wagen schaukelte wild auf und ab. Kuhn versuchte, sich im strömenden Regen zu orientieren. Links ein Verwaltungsgebäude, rechts ein Parkplatz, geradeaus die Start- und Landebahn. Rollfeld und Hangar dahinter. Eine mittelgroße Propellermaschine stand vor dem Hangar. Daneben ein Lieferwagen. Sie konnten zwei Personen in Regencapes ausmachen.

Kuhn drückte das Gaspedal durch. Sie hoffte, dass nicht ausgerechnet jetzt jemand startete oder landete. Sie verließen den Asphalt, holperten über eine Grasfläche, kreuzten die Startbahn, fuhren wieder über Gras. Im letzten Moment wich Kuhn einem großen Scheinwerfer aus, dann erreichten sie das Rollfeld und hielten genau auf das Flugzeug und den Lieferwagen zu. Die beiden Personen bemerkten sie, erstarrten für den Bruchteil einer Sekunde, dann ließen sie fallen, was sie in Händen hielten, und sprangen in den Lieferwagen. Der fuhr sofort los, noch während sich die hinteren Türen schlossen. Zwei schwarze Behälter rollten über den Boden.

Kuhn legte sich in die Kurve, das Heck drohte auszubrechen,

mehrere Sekunden lang sah es aus, als würden sie ins Schleudern kommen und gegen das Flugzeug prallen. Doch dann griffen die Reifen wieder wie durch ein Wunder. Kuhn gab erneut Gas. Schmitz stellte überrascht fest, dass er unwillkürlich begonnen hatte, das Vaterunser aufzusagen. Er war nicht in der Kirche, aber seine Adoptiveltern waren katholisch.

Aus dem Augenwinkel bemerkte er einen hellgrünen PKW, der aus dem Hangar kam und in die entgegengesetzte Richtung wollte. In welchem Fahrzeug waren die Drahtzieher? Unwillkürlich war ihm klar: Den Lieferwagen benutzten die Handlanger, die Verantwortlichen saßen in dem anderen Wagen.

»Umdrehen!«, schrie er Kuhn an und deutete in Richtung des Wagens, der sich zügig entfernte. Sie zögerte nicht, sondern steuerte den Wagen in eine weite Linkskurve. Schmitz zog seine Waffe, öffnete das Fenster, schoss auf die Reifen des Lieferwagens.

Im Eingangsbereich des Flughafens tauchten nun weitere Polizeiwagen mit Blaulicht auf. Die Kollegen würden sich um den Lieferwagen kümmern.

Kuhn hatte die Kurve beendet und nahm die Verfolgung des grünen Autos auf. Sie schaltete einen Gang runter, um noch stärker zu beschleunigen. Der Motor jaulte, Schmitz wurde in seinen Sitz gepresst. Durch das offene Fenster peitschte ihm Regen ins Gesicht.

Der Fluchtwagen näherte sich dem Zaun. Wenn er nicht bald abbremste, würde es zu einem Unfall kommen. Doch statt die Geschwindigkeit zu verringern, raste das Auto weiter direkt auf den Maschendraht zu. Ohne wesentlich an Tempo zu verlieren, riss der Wagen ein breites Loch in den Zaun, schoss hindurch. Kuhn und Schmitz hinterher. Der Flughafen war umgeben von sumpfigem Erdreich. Die Reifen des grünen Autos versanken im Matsch, der Wagen fuhr sich fest. Der Motor begann zu qualmen, die Straße in 50 Metern Entfernung war unerreichbar. Kuhn erging es nicht viel besser, sie kam nur noch im Schritttempo voran.

Die Beifahrertür des grünen Wagens flog auf, eine schwarz gekleidete Person sprang heraus, wirbelte noch in der Bewegung zu ihnen herum, hob eine Pistole und schoss. Schmitz duckte sich, die Windschutzscheibe wurde getroffen, und weitere Risse durchzogen augenblicklich die gesamte Fläche. Kuhn ließ den Wagen ausrollen, riss ihre Tür auf, ging dahinter in Deckung. Schmitz tat dasselbe.

Aus dem Fluchtfahrzeug waren mittlerweile drei weitere Personen gestiegen. Eine lief in Richtung Straße, zwei duckten sich hinter die Türen. Schmitz rief eine Warnung, zielte, drückte ab. Die oder der Fliehende sackte zu Boden.

Kuhn feuerte in schneller Folge auf die Wagentür auf ihrer Seite. Schmitz wartete geduldig, bis sein Gegenüber vorsichtig an der Tür vorbeilugte. Dann drückte er ab. Er meinte, einen unterdrückten Schrei zu hören.

Stille breitete sich aus, nur das Blaulicht ihres Wagens zuckte durch das Regengrau. Auf einmal wieder ein Schuss, diesmal zerkrümelte die Windschutzscheibe vollständig, und die Überreste regneten ins Wageninnere.

Kuhn und Schmitz warteten. In der Ferne waren bereits die sich nähernden Sirenen zu hören. Die Umweltterroristen saßen in der Falle. Jetzt ging es nur noch darum, Verletzungen auf beiden Seiten zu vermeiden.

Minuten später wurde eine Person an der Umzäunung in Gewahrsam genommen, für zwei Verletzte wurden Krankenwagen angefordert, eine Person hatte nicht überlebt.

Die Kollegen berichteten, dass der Lieferwagen noch auf

dem Flughafengelände gestellt worden war. Es befanden sich drei Personen an Bord, dazu größere Mengen an Chemikalien, die derzeit von der Fachgruppe KT2 – Schusswaffen, Formspuren, Spreng- und Branddelikte – überprüft wurden.

19:12 Uhr, Koblenz

»Noch eine Runde Uno?«

»Na klar!« Mia begann, die Karten auszuteilen.

»Also, eigentlich müsste Mia so langsam mal ins Bett«, wandte Baumann ein.

»Nur noch eine Runde!«, bettelten Sarah und Mia wie aus einem Munde. Sarah grinste dabei breit.

»Schon gut, ist ja schon gut.« Baumann gab nach.

Mia gewann. Zufrieden schob sie die Karten zusammen.

»Schlaf gut«, sagte Sarah.

Mia zögerte kurz, dann umarmte sie die Feuerwehrfrau. »Du auch«, sagte sie.

Baumann begleitete seine Tochter auf ihr gemeinsames Zimmer. Einige saubere Kleidungsstücke hatten sie aus Spenden der Bevölkerung an Unwetteropfer erhalten, dazu zwei Waschtaschen. Sie putzten sich die Zähne.

»Du kannst ruhig wieder zu ihr zurückgehen«, sagte Mia, während sie in ihren Schlafanzug schlüpfte.

»Was? Zu wem?«, fragte Baumann verwirrt.

»Zu Sarah, du Dummy«, sagte Mia. »Ich habe hier keine Angst. Und ich weiß ja, wo ihr seid.«

»Aber warum sollte ich zu …«

»… weil du sie magst«, unterbrach ihn Mia. »Das sieht doch jeder.«

Baumann wich dem herausfordernden Blick seiner klugen, aufmerksamen Tochter aus. Er schaute zu Boden, auf seine Hände, zum Fenster. »Sie hat uns geholfen, das war nett von ihr«, sagte er.

Mia schüttelte den Kopf. »Ja, Sarah ist nett. Aber du *magst* sie auch. Und ich auch. Geh ruhig. Rede mit ihr.«

Manchmal, dachte Baumann, sind Kinder so viel klüger als wir Erwachsene. Mia hatte etwas gespürt, erkannt und eingeordnet, was ihm selbst vor lauter *Dos and Don'ts* nicht aufgefallen war.

Er zögerte. Dann breitete sich ein Lächeln auf seinem Gesicht aus. »Okay, wenn du meinst«, sagte er.

21:37 Uhr, Bonn

Insgesamt waren auf dem Flughafen drei Männer und zwei Frauen in Haft genommen worden, hinzu kam der Fahrer des Fluchtwagens, der nicht überlebt hatte. Eine Frau war beim Schusswechsel schwer verletzt und daher in ein künstliches Koma versetzt worden, einer der Männer lag ebenfalls im Krankenhaus. Er verweigerte die Aussage – genau genommen verweigerte er überhaupt jede Kommunikation.

Im Lieferwagen waren neben den Chemikalien eine Landkarte, ein Navigationsgerät und zwei Handys gefunden worden. Alle Verhafteten bestritten, Eigentümer oder auch nur Nutzer der Handys zu sein. Es handelte sich um einfache Geräte ohne Smartphonefunktionen, die durch PIN-Codes gesichert waren.

Die Insassen waren unbewaffnet gewesen. Sie verweigerten jede Aussage oder Kooperation.

Der Van war am Vortag bei einer Autovermietung in Stuttgart angemietet worden.

Schmitz hatte bereits einen Gerichtsbeschluss zur Anforderung der Einzelverbindungsnachweise und der Verbindungen zu Mobilfunkantennen beantragt. Dieser würde aller Wahrscheinlichkeit nach in den frühen Morgenstunden vorliegen.

Der grüne PKW war auf eine rumänische Personalvermittlungsfirma zugelassen. Im Handschuhfach sowie in einer Seitentasche befanden sich Munitionspackungen. Alle vier Insassen waren mit Pistolen bewaffnet gewesen. Die Waffen wurden derzeit erkennungsdienstlich behandelt.

Die Fingerabdrücke des Toten wiesen ihn als Manuel Vlachos aus, international gesucht wegen zahlreicher Gewaltverbrechen. Ein Söldner. Darauf deuteten die Zeichen auch bei den anderen hin.

Einer von ihnen war ebenfalls bereits identifiziert, er stammte aus Serbien und war wegen diverser Gesetzesverstöße vorbestraft.

Im PKW wurden nur zwei Handys gefunden, in diesem Fall Smartphones. Sie waren durch Gesichtserkennung gesichert.

Kuhn und Schmitz saßen der jungen Frau gegenüber, die sie für die Anführerin der Aktion hielten.

Kuhn schob ihr einen Becher Wasser über den Tisch.

»Was hatten Sie vor? Mit wem arbeiten Sie zusammen? Wer sind Ihre Kontaktleute?«, fragte Schmitz.

Kuhn setzte hinzu: »Ihnen ist klar, dass Sie tief in der Scheiße sitzen, oder?« Sie tat so, als nippe sie genüsslich an ihrem Kaffee, aus dessen Becher eine sanfte Dampffahne aufzüngelte. Das Gebräu war untrinkbar, aber es ging um die psychologische Dominanz. »Sie wurden bei der Vorbereitung eines terroristischen Anschlags festgenommen. Dies ist vermutlich Ihre einzige und letzte Chance, durch Kooperation der Höchststrafe zu entgehen.«

Die junge Frau tippte grinsend mit dem Zeigefinger gegen den Wasserbecher, sodass dieser umfiel und das Wasser über den Tisch lief. »So wird es in Deutschland aussehen, wenn wir fertig sind. Und welche wie ihr können uns nicht aufhalten. Denn wir sind viele. Ihr habt ja keine Ahnung, mit wem ihr euch anlegt.«

22:14 Uhr, Bonn

Eric Schmitz drückte durch den Plastikbeutel auf den Einschaltknopf des ersten sichergestellten Smartphones. »Face ID« leuchtete auf. Er hielt das Gerät horizontal über das Gesicht der ins Koma versetzten Terroristin.

Das Handy vibrierte unwirsch und zeigte eine Fehlermeldung. Er versuchte es noch einmal. Wieder nichts.

Er legte das Smartphone beiseite, zog eine zweite Tüte aus seiner Tasche. Startete auch dieses Gerät und hielt es über das Gesicht der Frau im Koma.

Augenblicklich erschien der Startbildschirm.

»Na bitte, geht doch«, murmelte er und öffnete das Menü zur Einstellung der Zugriffssicherung, um alle derartigen Anforderungen zu deaktivieren, sodass sie ab sofort vollständigen Zugriff auf das Gerät und alle darauf gespeicherten Daten hatten.

23:20 Uhr, München

Graf hatte Fjella gerade Rotwein nachgeschenkt. Sie trank sonst nie, aber langsam war das alles nicht mehr anders auszuhalten.

Graf versuchte seit dem Morgen, seine Frau in Serbien zu erreichen. Zweimal war eine Verbindung zustande gekommen, aber nach wenigen Sekunden wieder abgebrochen. Meist hörte er nur ein Besetztzeichen. Ob die Handynetze überlastet oder wegen der Unwetter gleich ganz zusammengebrochen waren, ließ sich aktuell nicht klären.

Die Unwetterlage über Belgrad hielt jedenfalls an, sofern man den Wetterdaten aus dem Internet trauen konnte. Was auch nicht ganz klar war, eben weil sich an der Lage überhaupt nichts änderte. Vielleicht gab es auch ein Problem mit den Messungen oder der Übertragung der Messwerte.

Fjella hatte sich in das US-Wettervorhersagesystem GFS eingeloggt, aber auch keine besseren Informationen gefunden.

Ihr Handy klingelte. Kuhn, die LKA-Beamtin.

Fjella stellte ihr Glas ab und griff nach dem Gerät.

»Vielleicht haben Sie's schon gesehen oder gelesen, der Zugriff war erfolgreich, wir konnten etliche Personen festnehmen und vor allem auch Daten sichern«, sprudelte die Ermittlerin hervor. »Wir möchten Sie – also, eigentlich Herrn Fischer – um einen Gefallen bitten. Wir haben hier Handy- und andere Bewegungsdaten, Navi-Koordinaten und darüber hinaus einen ausführlichen Mailwechsel. Können Sie ihn bitten, die Bewegungsmuster mit den ihm vorliegenden Daten abzugleichen?«

Fjella zögerte. »Wissen Sie, ich glaube, es ist jetzt höchste Zeit, dass wir wirklich mal an einem Strang ziehen«, sagte sie schließlich. »Wir unterstützen Sie, aber Sie müssen auch uns unterstützen. Das bedeutet erstens«, sprach sie über Kuhns halbherzigen Protest hinweg, »dass Sie uns helfen, die Familie von Herrn Graf aus Serbien wieder sicher nach Hause zu bringen. Und zweitens bedeutet es ein gleichberechtigtes Geben und Nehmen. Auf Augenhöhe. Wir legen unseren Kenntnisstand auf den Tisch, aber Sie Ihren auch. Und dann schauen wir, welches Gesamtbild sich ergibt.«

Sie rechnete damit, dass Kuhn auflegte. Dann ließ sich das nicht ändern, aber sie hatte es satt, dass die Ermittler ihre Daten und Überlegungen nutzten, aber ihrerseits kein Vertrauen oder Entgegenkommen bewiesen.

Einen Moment lang blieb es still. Graf, der im Wohnzimmer versucht hatte, seine Frau zu erreichen, war in die Küche getreten.

Schließlich seufzte Kuhn und sagte: »Okay. Okay. Ich schicke Ihnen gleich die Daten. Geben Sie mir durch, wo Grafs Familie ist, und ich werde sehen, was ich tun kann.«

dpa: Reiseanbieter stornieren Pauschalreisen

Da aufgrund der aktuellen Wetterlage sowie der Vorhersagen nationaler Wetterinstitute für die kommenden 14 Tage ein regulärer Flugbetrieb weiterhin nicht zu gewährleisten ist, haben europaweit alle großen Reiseanbieter mit sofortiger Wirkung sämtliche Flugreisen für die kommenden 14 Tage storniert. Betroffene Kundinnen und Kunden erhalten gemäß EU-Richtlinien eine Gutschrift über den Reisepreis. »Finanziell trifft das unsere Mitglieder hart, aber nichts ist wichtiger als die Gesundheit und Zufriedenheit unserer Kundinnen und

Kunden«, sagte Katharina Wittmann, Sprecherin des Verbundes Europäischer Reiseanbieter. »Wir hoffen, dass die Situation sich bald wieder bessert und unsere Kundinnen und Kunden ihre Reisen nachholen können.«

Auto, Motor und Sport, online

Der Volkswagenkonzern hat heute bekannt gegeben, dass die Elektronik der Baujahre 2002 bis 2015 nicht für die aktuell in Deutschland herrschende Luftfeuchtigkeit ausgelegt sei. Es wird Besitzern geraten, die Fahrzeuge in abgeschlossenen Räumen abzustellen oder mithilfe wasserdichter Planen vor Niederschlag zu schützen. Ein kostenfreier Austausch betroffener Bauteile ist nicht geplant, da es sich um höhere Gewalt handele.

Die Fahrzeuge sollen bei einer Luftfeuchtigkeit von über 91 Prozent möglichst nicht in Betrieb genommen werden, da es sonst zu einer erhöhten Korrosion käme. Der Verband der Kfz-Halter hat eine Sammelklage wegen Insolvenzverschleppung angekündigt.

ntv, online

Fulda. In der neuntgrößten Stadt Hessens entstand durch Starkregen am heutigen Vormittag ein unerwarteter und ungewöhnlicher Kfz-Schaden: Die Fulda trat über ihr Ufer und schob mit geballter Kraft mindestens 17 Personenkraftwagen auf einem Supermarktparkplatz in Flussnähe ineinander. Ein Foto der zerstörten Autos, das in den sozialen Medien kursiert, bezeichnet den Vorfall bereits als »den größten Blechschaden aller Zeiten ohne eine einzige Frau am Steuer«.

27. Juni

00:21 Uhr, Oberstdorf

Nach einem beschaulichen Nachmittag, an dem sogar dann und wann die Sonne durch die Wolken gelinst hatte, stürmte es nun wieder. Arian saß auf dem Sofa, den Laptop im Schoß, Konrad hatte es sich auf seinen Füßen bequem gemacht.

Fjella hatte ihm soeben eine große Menge Daten des LKA weitergeleitet.

Er öffnete die Sicherungskopie des Navigationsgerätes, ließ sich die gefahrene Route anzeigen. Anschließend nahm er sich die Ortungsdaten des Smartphones vor. Es gab einige Überschneidungen, die aber zufällig wirkten, denn erst gestern waren das Handy und das Navi zur gleichen Zeit am gleichen Ort gewesen.

Den Nachmittag hatte er dafür genutzt, aus öffentlich zugänglichen Informationen eine Liste besonders sensibler Angriffspunkte der kritischen Infrastruktur zusammenzustellen. Er ließ sich diese als Overlay auf der Karte anzeigen.

Interessant! Das Navi hatte sich mehrfach einigen der ausgewählten Ortsmarken genähert, allesamt im süddeutschen Raum. Das Handy hatte sich ebenfalls in der Nähe von E-Werken, Internetknoten und anderen gefährdeten Einrichtungen aufgehalten, allerdings deutschlandweit. Er musterte die angezeigte Karte. Einerseits hatte sich das Handy mehrfach aus München eingeloggt. Er zoomte näher: Ja, es war die Straße, in der er Debbie und ihren Kumpaninnen begegnet war.

Andererseits schnitten sich die wilden Kringel von Navi- und Handydaten mehrfach ganz im Westen der Republik. Allerdings konnte er auf der Karte keinen offensichtlichen Grund dafür ausmachen.

Vielleicht nur Zufall.

Anschließend ließ er sich die übermittelten E-Mails anzeigen. Auf dem Smartphone waren zwei Mailkonten eingerichtet. Eine Adresse der Uni Augsburg. Vermutlich war die Besitzerin des Geräts dort als Studentin eingeschrieben. Und eine private Adresse.

Das war die interessantere. Der Maileingang war, bis auf eine Nachricht, leer. Aber im Papierkorb fanden sich zahlreiche gelöschte Mails. Es gab Schriftwechsel – wie er es mittlerweile befürchtet, aber auch erwartet hatte – mit »Bo« und zwei anderen jungen Frauen. Der Ton war rau und knapp.

Arian hatte den Eindruck, als wären Debbie und ihre Freundinnen ranghöher, die Besitzerin dieses Smartphones schien sich ihren Status in der Gruppe erst noch durch die erfolgreiche Teilnahme an Aktionen verdienen zu müssen.

Mehrfach war die Rede vom »Tag des Jüngsten Gerichts«, von der »Endabrechnung«, einer »Attacke, mit der garantiert keiner rechnet«. Im Verlauf einer Mail entdeckte Arian einen von Debbie an die Handybesitzerin – Renata – weitergeleiteten Newsletter des Fronte della Tempesta. Nicht gerade ein wasserdichter Beweis für die unheilige Kooperation, aber ein weiteres Indiz.

Ein besonders heftiger Windstoß fegte zwischen den Häusern hindurch. Es rumpelte in einiger Entfernung, dann war ein lauter Knall zu hören, gefolgt von Klirren. Arian sprang auf, lief zum Fenster, hatte schon die Hand auf dem Griff liegen, ließ es dann aber vorsichtshalber doch geschlossen. Etwas Weißes flog auf Kopfhöhe an ihm vorbei: ein Plastikgartenstuhl. Er verschwand nach links aus dem Blick, dann war ein kurzes Krachen zu hören, etwas zerbrach. Offenbar war der Stuhl gegen eine Hauswand geschmettert worden. Die Scheibe, an die Arian seine Wange schmiegte, um überhaupt etwas sehen zu können, vibrierte. Noch etwas wirbelte durchs Dunkel, eine Plastikfolie oder vielleicht eine abgerissene Markise. Auf einmal begriff er, was es mit dem Geräusch von eben auf sich hatte – irgendein Gegenstand war jemandem frontal in die Terrassentür geknallt und hatte diese zersplittert.

Er kehrte an seinen Laptop zurück. Las weiter.

Dann stockte ihm der Atem. In Debbies letzter Mail hieß es: »Ab sofort Funkstille bis zum Jüngsten Gericht. Wir sehen uns auf der Zuschauertribüne – oder nie mehr.« Es folgte das Daumen-hoch-Emoji.

00:43 Uhr, Bonn

SMS von Kuhn, Nina an Graf, Philip:

> »Botschafts-Attaché in Budapest verständigt. Absolute Ausgangssperre w/ Unwetter. Soldaten patrouillieren die Straßen. 24h Lockdown in Place, d. h. alle Transportmöglichkeiten untersagt. Er hat Kontakt hergestellt zur Flughafenleitung, bemüht sich um Erreichen Ihrer Familie. Halte Sie auf dem Laufenden!«

00:47 Uhr, Oberstdorf

Der Sturm war ergiebigem Dauerregen gewichen. Arian war froh, dass sich sein Unterschlupf nicht im Erdgeschoss befand.

Seine Augen brannten. Er nahm noch einen letzten Schluck des Energydrinks, mit dem er sich seit Stunden über Wasser hielt. Doch ihm war klar, dass er eine Pause brauchte.

Aber die Zeit zerrann ihnen zwischen den Fingern. Die bundesweiten Wettermanipulationen waren noch nicht alles – die Ökoaktivistinnen hatten, so wie es aussah, gemeinsam mit dem Fronte della Tempesta noch etwas Größeres geplant.

Wenn der Fronte della Tempesta drinsteckte, dann würde die Sache Signalwirkung haben.

Sie mussten sich *deffen*: verteidigen.

Die Zeichen verschwammen vor seinen Augen. Mit letzter Kraft stellte er eine Liste der Schnittpunkte der Bewegungsdaten von Handy und Navi auf und schickte diese an Fjella.

Dann schleppte er sich mit drei Schritten zum Sofa und ließ sich mit dem Gesicht voran einfach darauffallen.

02:57 Uhr, München

Fjella schreckte aus einem unruhigen Schlaf hoch. Sie legte eine Hand auf ihre Brust, ihr Herz schlug schnell. Hatte sie schlecht geträumt? Sie wusste es nicht. Vor dem Fenster, wie immer, der Regen.

Sie versuchte, sich zu beruhigen. Atmete langsam und tief ein und aus, ein und aus. Es half nichts.

Sie griff nach ihrem Handy, um sich abzulenken. Las Arians Nachricht. Offenbar steckten tatsächlich die EcoQueers hinter den Anschlägen. Zumindest als Drahtzieherinnen und Auftraggeberinnen.

Zudem listete er drei Orte auf, an denen sich die Bewegungsdaten der Ökoterroristin und des Lieferwagens der Söldner mehrmals überschnitten hatten. Einer befand sich im Niemandsland zwischen München und Ulm. Sie kopierte die Koordinaten in die Kartenanzeige. Da war gar nichts, nicht mal ein Feldweg. Sie wechselte auf die Satellitenansicht. Ein schmaler Weg, zwei verfallene Gebäude. Bei einem war das Dach eingebrochen, und die Aufnahmen waren ja schon älter. Und doch … was hatte die beiden zu unterschiedlichen Zeitpunkten immer wieder an diesen Ort gebracht? Die Umweltaktivistin war dreimal dort gewesen, der Lieferwagen sogar viermal.

Sie tippte auf die Routenanzeige. Knappe zwei Stunden.

04:23 Uhr, Nähe Hohenraunau 

Philip Graf und Fjella Lange verließen kurz hinter Hohenraunau die Landstraße und holperten über einen Feldweg. Mit etwas gutem Willen konnte man meinen, einen Hauch Dämmerlicht hinter der dichten Wolkendecke auszumachen.

Die Scheibenwischer quietschten leise.

»Jetzt sind es noch zweihundert Meter«, flüsterte Fjella.

Graf schaltete die Scheinwerfer aus.

Er stoppte den Wagen, bis seine Augen sich an das schwache Licht gewöhnt hatten. Dann fuhr er langsam weiter.

Sie schlichen zwischen zwei Feldern hindurch. Rechts wuchs

Getreide, links Mais. Das half, auf Kurs zu bleiben. Am Ende der Felder begann ein kleines Wäldchen. Fjella öffnete ihr Fenster, lauschte. Zu hören waren nur der Regen und der Wind und ganz leise das Schmatzen der Reifen auf dem feuchten Boden.

Sie fuhren zwischen dicht stehenden Bäumen hindurch, bis sie auf einmal eine Lichtung erreichten. Graf bremste abrupt.

Nichts rührte sich.

»Sollen wir hier stehen bleiben?«, flüsterte Fjella.

Graf ließ ihr Fenster hochsurren. »Es wäre klüger, andersherum zu stehen«, sagte er. »Falls wir schnell abhauen müssen.«

Fjella nickte. »Und hier sind wir schon ganz schön auf dem Präsentierteller.«

Graf legte den Rückwärtsgang ein, tastete sich fünfzig Meter zurück, bis sie die Grenze zwischen Feld und Wald erreichten. Er setzte den Wagen zurück auf einen schmalen Grasstreifen neben dem Weg.

Sie stiegen aus, schlugen die Kapuzen ihrer Regenjacken hoch.

Drückten so leise wie möglich die Wagentüren ins Schloss.

Schauten nach rechts und links den Weg entlang. Niemand. Nichts.

Graf ging vor. Sie schlichen durch den Wald. Wind und Regen verursachten besorgniserregende Geräusche.

Sie stoppten am Rande der Lichtung, im Dunkel der Bäume. Kein Laut, kein Licht.

Zwei große Gebäude standen nebeneinander. Das linke wirkte baufälliger als das rechte, so hatte es auch schon auf dem Satellitenbild ausgesehen.

»Sollen wir uns aufteilen?«, flüsterte Fjella.

»Auf keinen Fall!«, flüsterte Graf zurück.

Fjella nickte, obwohl er das kaum sehen konnte.

Graf steckte die Hand in die Tasche, hielt auf einmal einen dunklen, länglichen Gegenstand in der Hand. »Taschenlampe«, flüsterte er.

Sie schlichen rechts herum, auf das stabiler wirkende Gebäude zu. Aus der Nähe war zu erkennen, dass es sich um ein altes Hofgebäude handelte, dann war das andere vermutlich die zugehörige Scheune. Die meisten Fenster waren zerbrochen, die Tür fehlte. Das Dach schien noch weitgehend intakt zu sein.

Vor der Tür zögerte Graf. »Sollten wir vielleicht doch lieber die Polizei rufen?«, flüsterte er.

»Klar. Wir haben da so eine Idee, können Sie mal bitte mitten in der Nacht ein Sonderkommando ins Nirgendwo schicken? Unsinn, wir sind so weit gekommen, jetzt schaffen wir auch den Rest.«

Mutig trat Fjella durch die Türöffnung ins Dunkle. Sofort bekam die Luft eine andere Qualität, roch muffiger, mit einem stechenden Unterton. Einen Moment verspürte sie Panik und befürchtete, in eine Falle geraten zu sein. Sie meinte, etwas aufblitzen zu sehen, und schrak zusammen. Doch da war nichts, höchstens vielleicht eine Katze oder eine Fledermaus. Stille. Das Rauschen des Regens jetzt ferner, gedämpft.

Graf kam hinter ihr her. Vorsichtig, Schritt für Schritt, gingen sie tiefer in die Dunkelheit des Baus. Schließlich deckte Graf die Vorderseite seiner Taschenlampe mit der Hand ab und schaltete sie ein. Er richtete sie auf den Boden, damit sie aus der Ferne möglichst nicht auffiel. Ließ etwas Licht zwischen den Fingern hindurchfallen.

Sie schauten sich um. Der Raum, in dem sie sich befanden, war wohl einmal das Wohnzimmer – die Stube – gewesen. Jetzt war er leer. Der Boden gefliest.

Sie arbeiteten sich von Raum zu Raum. Küche, Speisekammer, Schlafzimmer, Bad, ein weiterer Raum, der vielleicht als Kinder- oder Arbeitszimmer genutzt worden war. Alle leer. Manchmal lagen Blätter oder kleine Zweige in den Ecken. Einmal schien etwas quer durchs Zimmer zu huschen. Vermutlich eine Maus. »*Hyggelig*«, murmelte Fjella sarkastisch.

Eine Holztreppe führte in den ersten Stock. Fjella setzte langsam und vorsichtig ihren Fuß auf die unterste Stufe. Das Holz hielt.

Auch oben: nichts, niemand. Die Räume im Untergeschoss waren allesamt gefliest, im Obergeschoss hatte man Teppichboden verlegt. Er war teilweise verrottet und porös.

Sie sahen einander an, Fjella zuckte mit den Achseln. Sie schlichen wieder nach unten, verließen das Wohnhaus.

Sie umrundeten die Rückseite des Gebäudes, näherten sich der Scheune. Fjella blieb stehen, hob die Hand. Graf stoppte ebenfalls. Er schaltete die Taschenlampe aus. Sie lauschten.

Über den Regen hinweg meinte Fjella ein Motorengeräusch zu hören. Es wurde lauter und kam näher.

»Ein Pick-up«, flüsterte er. »Vorderradantrieb. Ein Ford, schätze ich. Oder ein Dodge.«

Auf einmal zuckten Scheinwerfer über die Lichtung. Fjella und Graf traten zurück hinter das Haus, das sie eben durchsucht hatten.

Ein Pritschenwagen hielt vor der Scheune. Zwei Männer stiegen aus. Sie öffneten ein Vorhängeschloss am Scheunentor, gingen hinein. Kamen mit mehreren Kisten auf einer

Sackkarre wieder heraus, verfrachteten die Kisten auf die Ladefläche. Wiederholten den Vorgang.

Brachten das Vorhängeschloss wieder an, stiegen ein, fuhren davon. Der ganze Vorgang hatte vielleicht fünf, definitiv unter zehn Minuten gedauert.

Graf und Fjella warteten, bis das Motorengeräusch in der Ferne verklang. Es war auf jeden Fall die richtige Entscheidung gewesen, den Wagen nicht am Rand der Lichtung stehen zu lassen. So hatten sie ihn entweder übersehen oder für ungefährlich gehalten.

Sie schlichen auf die Scheune zu und betrachteten das Schloss. Die Tür schien morsch in den Angeln zu hängen, aber wenn sie diese herausbrachen, würde für jeden sofort klar, was vorgefallen war. Die Scheune hatte nur zwei Fenster, je eines rechts und links des Tors. Beides Sprossenfenster. Das linke war intakt, das rechte ohnehin schon beschädigt. Mit dem Griff der Taschenlampe klopfte Graf die Glasreste aus dem Rahmen. Er half Fjella, sich hindurchzuquetschen – er hätte damit Schwierigkeiten gehabt.

Drinnen war es noch finsterer als in dem ehemaligen Wohnhaus.

Es roch nach Stroh und Schimmel. Irgendwo raschelte es.

Am hinteren Ende des Gebäudes, wo eine Seite des Daches fehlte, war es etwas heller.

Graf reichte Fjella die Taschenlampe hinein. Vorsichtig schaltete sie diese ein, deckte sie erneut mit der Hand ab. Sah sich um. Der große Raum war leer. Obwohl … sie zögerte, sah genauer hin.

In der Mitte befand sich eine große, dunkle Form.

Vorsichtig schlich sie näher. Schließlich konnte sie erkennen, dass es sich um eine schwarze Plastikplane handelte. Sie bedeckte einen Haufen oder Stapel, der beinahe so breit war wie Fjellas ausgebreitete Arme und ihr fast bis zur Brust reichte.

Vorsichtig hob sie die Folie an.

Darunter befanden sich unordentlich gestapelte Kisten. Unterschiedliche chemische Formeln waren darauf geschrieben, daneben prangte das Warnsymbol für Gesundheitsschädigung.

»Pst!«, hörte sie plötzlich und wirbelte herum. »Sie kommen zurück!«, zischte Graf.

Fjella schaltete sofort die Taschenlampe aus. Jetzt, wo sie darauf achtete, konnte sie ebenfalls den Motor hören, der nun ausgeschaltet wurde. Türenklappen. Klirren und Rascheln an der Scheunentür.

Sie würde es nicht mehr zum Fenster hinaus schaffen.

Mit drei großen Schritten huschte sie auf die gegenüberliegende Seite und presste sich dort flach an die Wand. Sie schloss die Augen, damit diese im Dunkeln nicht blitzten oder leuchteten.

Es fiel ihr schwer, die Angst zu unterdrücken. Was, wenn die Männer ebenfalls Taschenlampen hatten? Was, wenn sie bewaffnet waren? Was, wenn …

Die Türen öffneten sich. Ein Schwall frische Luft drang in die Scheune.

Fjella öffnete die Augen den Hauch eines Spalts. Die Öffnung der Tür zeichnete sich deutlich heller ab. Draußen dämmerte es trotz der tief hängenden Wolkendecke bereits deutlich.

Bitte, lass sie mich nicht sehen, bitte …

Sie atmete flach und langsam, brachte es aber nicht über sich, die Augen wieder vollständig zu schließen.

Die Männer rissen die Plastikplane zur Seite, wuchteten Kisten auf eine Sackkarre, zogen diese zur Tür. Wiederholten den Vorgang ein zweites, dann ein drittes Mal.

Sie verließen die Scheune, und Fjella hoffte schon, dass sie losfuhren und sie davongekommen war. Doch stattdessen blieben sie unter dem Vordach stehen. Einen Moment später zog leichter Rauchgeruch zu ihr herein. Die beiden teilten sich entweder eine Zigarette oder hatten Vape-Geräte bei sich.

Fjella verharrte regungslos. Endlich hörte sie Autotüren schlagen, der Motor sprang an, wurde leiser, verklang.

Mit zitternden Knien sank sie an der Wand herunter.

07:43 Uhr, Bonn

Nina Kuhn hatte Kollegen aus München und die Spurensicherung zu Fjella Lange und Philip Graf auf das ehemalige Gehöft im Niemandsland geschickt. Stunden später erhielt sie die erste Rückmeldung: Auf dem Boden des früheren Stalls und an der zurückgelassenen Plane konnten erhebliche Spuren diverser Salze sichergestellt werden, mit deren Hilfe eine massive Manipulation des Wetters möglich wäre. Das bestätigte Langes Aussage und damit Fischers und mittlerweile auch Kuhns Befürchtung: Die Terroristinnen waren noch nicht fertig. Und ihre nächste Aktion würde alles Bisherige in den Schatten stellen.

»Wir brauchen eine sichere Konferenzschaltung mit Fischer«, sagte sie.

»Ich kümmere mich darum«, entgegnete ihr Kollege Eric Schmitz. Er tippte eine Anforderung in das IT-System.

Kuhn nahm einen Schluck des Kaffees aus dem Vollautomaten in der Gemeinschaftsküche der Bonner BKA-Kollegen. »Nicht so schlecht«, gab sie unwillig zu.

»Was können die wollen?«, fragte Schmitz.

»Und warum? Und von wem?«, setzte Kuhn hinzu.

»Und wenn ja, wie viele?«, ergänzte er. »Wo sind wir hier, im Philosophieunterricht?«

Kuhn grinste kurz. »Nee, in der Wirklichkeit. Ich fürchte nur, dass wir bald verdammt hart aufschlagen, wenn wir nicht rauskriegen – und aufhalten –, was diese Arschlöcher vorhaben.«

08:15 Uhr, Bonn

Eric Schmitz startete die zweifach verschlüsselte Videokonferenz über den gesicherten Server des BKA. Nacheinander erschienen die Gesichter seiner Kollegin Kuhn sowie von Fjella Lange und Philip Graf. Während die Anwesenden ihre Kameras und Mikrofone justierten, tauchte mit kurzer Verspätung auch Arian Fischer auf.

Graf und Lange saßen bei den Kollegen in Stuttgart. An der Wand hingen die üblichen Hinweise, Postkarten, Anleitungen und Fahndungsplakate. Die beiden teilten sich eine Webcam.

Fischer hatte als künstlichen Hintergrund das Wappen von Eintracht Frankfurt eingeblendet. Wenn er sich bewegte, wurden um ihn herum manchmal weiße oder hellblaue Streifen sichtbar. Unmöglich zu sagen, wo er sich befand. Die Ausleuchtung wirkte geradezu natürlich, als säße er im Freien. Doch da es über ganz Deutschland anhaltend regnete, war das ausgeschlossen.

Seine Augen waren rot unterlaufen, sein lockiges Haar klebte dicht am Schädel wie ein Pudelfell. Er sah aus, als hätte er eine Woche durchgefeiert. Man sah ihm an, dass er lieber nicht an dem Call teilgenommen hätte.

»Wann holen Sie meine Frau, meine Familie?«, meldete sich Graf als Erster zu Wort.

Kuhn entgegnete: »Wir sind dran. Aktuell ist nahezu die gesamte staatenübergreifende Kommunikation innerhalb der EU zusammengebrochen. Außerdem ist es noch früh. Wir haben gestern Abend Anfragen bei allen zuständigen Ansprechpartnern hinterlegt und warten nun auf Rückmeldung. Ich kann verstehen, dass Sie sich Sorgen machen. Aber ich bin sicher, für Ihre Familie wird so gut gesorgt, wie es unter den gegenwärtigen Bedingungen möglich ist. In einem Flughafengebäude sind sie, ehrlich gesagt, sehr gut aufgehoben. Die Bauten sind stabil, widerstandsfähig, geräumig und gut ausgestattet. Jedenfalls im Vergleich zu allen anderen Bauten des Fernverkehrs. Wir informieren Sie, sobald wir etwas Neues erfahren, okay?«

»Hm«, brummte Graf unzufrieden. Dann setzte er noch hinzu: »Danke.« Es klang nicht sonderlich dankbar, aber das konnte Kuhn nachvollziehen.

»Herr Fischer«, sagte Schmitz. »Zuerst einmal möchten wir uns offiziell bei Ihnen bedanken.«

Fischer schaute überrascht. Er richtete sich ein Stück weit auf. »Heißt das, die Anzeige wurde zurückgezogen?«

»Noch nicht. Wir arbeiten daran«, log Kuhn. Sie hatte die Anzeige des BBK gegen Fischer ganz vergessen. »*Wir* bedanken uns bei Ihnen. Der Kollege und ich. Das LKA Hamburg. Die Sonderkommission ›Sturmfront‹.«

Ein unglücklich gewählter Name, der bei Kuhn NS-Assoziationen weckte. Aber der Innensenator war nicht davon abzubringen gewesen. Und wie hätten sie die SK auch sonst nennen sollen, ›Scheißwetter‹?

Sie ließ ihre Worte kurz stehen, um ihnen mehr Gewicht zu verleihen, dann fuhr sie fort. »Sie sind Ihrem Instinkt gefolgt und haben eine Menge Dinge herausgefunden, auf die wir nicht gekommen sind. Man muss es einfach sagen, wie es ist. Sie hatten recht, die Behörden nicht. Das Wetterproblem ist heftiger, als es von uns und unseren Kolleginnen und Kollegen anfangs eingeschätzt wurde. Und es ist nicht nur eine Folge des Klimawandels, sondern hat einen menschengemachten Anteil. Jemand will Schaden in großem Umfang anrichten. Das sehen wir jetzt auch.«

Wieder machte sie eine Pause. Wie lange würde es dauern, bis sie diesem Kerl genug Honig in seinen Fusselbart geschmiert hatte?

»Okay«, sagte Fischer schließlich.

Pause.

»Was wollen Sie?«, fragte er dann.

Schmitz musste grinsen. Dieser Fischer war echt nicht auf den Kopf gefallen.

»Sie haben Frau Lange und Herrn Graf auf einen Bauernhof in Schwaben geschickt, und …«

»Ich habe niemand irgendwohin geschickt. Ich habe Daten ausgewertet. Was eigentlich Ihr Job gewesen wäre.«

»Aber Sie haben diese Auswertung nicht uns, sondern Frau Lange zur …«

»Weil ich aus sehr gutem Grund, wenn Sie mal Ihre Kollegen beim Bevölkerungsschutz fragen möchten, darauf verzichten kann, direkt mit staatlichen Stellen zusammenzuarbeiten. Noch mal, und es ist das letzte Mal: Was wollen Sie?«

Kuhn zögerte. Schmitz hatte Mühe, die Ruhe zu bewahren. Schließlich gab es gar keine andere Möglichkeit, als mit diesen dreien irgendwie zu kooperieren, wenn sie die Katastrophe aufhalten wollten. Schließlich sagte sie: »In Ordnung. Wir teilen gleichberechtigt alle Informationen. Aber die Entscheidungs- und Ermittlungshoheit verbleibt bei uns. Schon aus rechtlichen Gründen. Verstanden?«

»Noch leben wir in einem freien Land«, konterte Fischer. »Sie können entscheiden und ermitteln, so viel Sie wollen. Aber wir auch. Wollen Sie jetzt zusammenarbeiten oder nicht?«

Kuhn stieß die Luft aus. »Es bleibt uns ja wohl kaum etwas anderes übrig. Wir sitzen alle in einem Boot. Wir alle wollen diese Leute stoppen. Können wir also jetzt bitte endlich zur Sache kommen?«

Fischer schwieg. Lange und Graf ebenso.

Schmitz hielt den Blick konzentriert in die Kamera gerichtet.

Schließlich strich sich Fjella Lange eine Strähne hinters Ohr und sagte: »Ich finde, wir probieren das.«

Graf zuckte mit den Achseln.

Fischer zögerte noch immer, dann sagte er: »In Ordnung. Wer übernimmt welche Aufgabe?«

08:45 Uhr, Stuttgart

»Marian? Fjella hier, ich brauche deine Hilfe. Ich erkläre dir später, worum es geht, aber es ist wichtig.«

Taylor gab ein Geräusch irgendwo zwischen Knacken und Grunzen von sich. Fjella sah ihn vor sich: Karohemd, zerknitterte Stoffhose, wie er sich auf der Liege in seinem Büro aufsetzte, das schüttere Haar chaotisch unfrisiert.

Eigentlich musste die Uni den Gastdozenten doch auch eine Unterkunft zur Verfügung stellen, aber tatsächlich hatte sie keine Ahnung, ob Taylor jemals außerhalb seines Büros schlief.

»Ich habe eine Frage zu Geoengineering. Kann man das …«

»Aber nur theoretisch, korrekt? Solche Eingriffe sind gemäß UN-Klimarahmenkonvention untersagt.«

»Ja, na ja, wir befürchten … ist jetzt auch egal, ja, theoretisch. Regenwolken kann man ja mit Silberiodid erzeugen oder mit Salzen. Das ist ja Grundstudium. Aber kann man den Effekt auch irgendwie verstärken oder verlängern? Kennst du da den Stand der Forschung?«

»Hm«, machte Taylor. Sie hörte ein Kratzen, vermutlich klemmte er sich das Handy zwischen Bartstoppeln und Schulter, um in seinen Unterlagen oder am Computer etwas nachsehen zu können. »Ich habe da mal … es gab da doch … warte mal.« Es klackte, er hatte das Handy zur Seite gelegt.

»Stell mich auf Lautsprecher!«, rief Fjella. »Dann hast du die Hände frei!«

Aber Taylor hörte sie nicht. Ungeduldig erhob sie sich und begann, auf und ab zu gehen.

Nach einer oder zwei Minuten hörte sie ihn rufen: »Wusste ich's doch!« Wieder ein Rascheln, dann sagte er lauter: »Logan hat dazu was im Pre-Print. Wenn du es genau wissen willst, sprichst du am besten mit ihm. Ich kann ihm eine Mail schicken und dich ankündigen.«

Fjella sah auf die Uhr. Logan Hall war Leiter des Climate Change Program an der Uni in Washington, D. C. Dort war noch Nacht. »Nein, es eilt sehr. Wir müssen das sofort wissen. Kannst du es mir nicht sagen?«

»Ich könnte dir den Pre-Print schicken, aber er hat mir erzählt, dass es noch irgendein Ergebnis gab, an dem sie noch arbeiten. Das klang deutlich relevanter. Insofern solltest du …«

»Okay, kannst du ihn anrufen? Jetzt sofort?«

»Aber … in Washington ist es drei Uhr nachts.«

»Ja, ich weiß. Es ist wirklich wichtig. Es geht um … ach, glaub mir einfach. Du kennst mich. Ich würde nicht fragen, wenn es nicht ernst wäre.«

Taylor zögerte. »Ich leg dich mal …«, begann er.

»Schalte mich auf Lautsprecher!«, rief Fjella erneut, diesmal schnell genug.

»Das ist eine gute Idee. Ich schalte dich auf Lautsprecher«, sagte Taylor, legte das Handy zur Seite und beendete das Gespräch.

Ungläubig starrte Fjella ihr Handy an, schüttelte den Kopf, drückte Wahlwiederholung.

»Taylor?«, hörte sie ihren Prof erstaunt sagen.

»Du hast mich aufgelegt, statt auf Lautsprecher zu stellen«, sagte sie.

»Oh. Aber jetzt ist alles in Ordnung?«

»Ja, ich glaube schon. Kannst du jetzt bitte Hall anrufen?«

»Ja, Moment.«

Sie hörte, wie Taylor etwas auf der Computertastatur eingab, dann auf dem Tischtelefon Tasten drückte. Dann Stille. Schließlich, ganz fern, ein Klingeln.

Einmal, zweimal, dreimal …

»Hast du keine Handynummer von ihm?«, rief Fjella.

»Ich kann doch nicht …«

»Doch! Es ist wirklich wichtig! Ich erklär es später!«

Wieder das Klackern der Tastatur, wieder Wahlgeräusche, aber diesmal klingelte es nicht, sondern der Anruf wurde direkt auf die Mailbox umgeleitet. »Soll ich eine Nachricht hinterlassen?«, fragte Taylor.

»Ja, für alle Fälle.«

Taylor hinterließ eine Rückrufbitte und legte auf. »Tut mir leid.«

»Mist.«

»Aber warte mal.« Wieder Tastaturgeräusche. »Ich hatte doch mal … irgendwo muss doch …«, murmelte Taylor. Nach einer kurzen Pause rief er begeistert: »Da! Wusste ich's doch! Moment!«

Er wählte erneut. Diesmal klingelte es einige Male, dann meldete sich jemand. Da Taylor das Ferngespräch offenbar mit Hörer führte, konnte Fjella nur seine Stimme hören.

»Ja, Taylor, sorry«, sagte er auf Englisch. »Ich muss sehr dringend Logan erreichen. Wirklich sehr dringend. Es ist eine Fachfrage. Können Sie ihn … Ja, ich weiß. Es tut mir leid. Aber ich würde nicht … ja, genau. Oh, das ist … Ehrlich? Danke!«

Er legte auf. »Das war seine Assistentin. Er hat mir mal ihre Handynummer gegeben, weil …«

Taylors Tischtelefon klingelte. Er nahm das Gespräch an. »Oh, das ist ja wunderbar. Ja, ich weiß, wie früh es ist. Es tut mir leid, aber es ist wichtig. Ja, genau. Danke. Das stimmt.«

Fjella fragte sich, wie es der Assistentin gelungen war, den Professor so schnell zu erreichen. Entweder hatte er sie als Ausnahme in seinem Handy eingespeichert. Oder sie hatte ihn wach gerüttelt. Die beiden wären nicht das erste Pärchen in der Wissenschaft. Aber egal, Hauptsache, sie bekam ihre Auskunft.

Taylor erklärte, mit welcher Frage Fjella gerade an ihn herangetreten war. »Stell Hall auch auf Lautsprecher!«, rief sie. »Dann musst du nicht alles wiederholen. Aber nicht wieder auflegen. Nur auf den Lautsprecherknopf drücken!«

Es klappte, jetzt konnte sie Halls Stimme deutlich hören.

»… einerseits die Pre-Print-Studie«, sagte er. »Wichtiger aber noch, gerade wenn es vielleicht um Off-Label-Use geht, also um den experimentellen Einsatz, ist 4-Chloranilin. Das ist ein chemisches Zwischenprodukt bei der Farbherstellung, in der Pharmaindustrie und bei der Pestizid-Produktion. Es potenziert die Wirkung einiger Geoengineering-Maßnahmen auf das Tausendfache.«

Fjella kritzelte »4-Chloranilin, Farbherstellung« auf einen Zettel.

»Okay, danke! Tausend Dank, gute Nacht! Wenn die Sache hier gut geht, erzähle ich euch hinterher davon. Wenn es schiefgeht, kommt's in den Nachrichten. Danke! Bis bald.«

Sie legte auf und rief im Internet Informationen über die Chemikalie auf. Immerhin: Verkäufe von über 24 Litern 4-Chloranilin waren meldepflichtig. Vielleicht würden sie den Tätern so auf die Spur kommen.

09:15 Uhr, München

Arian Fischer hatte Kuhn und Schmitz die Adresse des Münchner Unterschlupfes der EcoQueers genannt. Die schickten daraufhin Bayerische Kollegen dorthin. Über den

Livefeed einer Schultercam beobachteten sie aus Bonn das Geschehen.

Die Kollegen klingelten zuerst, dann schlugen sie mit der flachen Hand gegen die Tür. »Aufmachen, Polizei!«, rief einer von ihnen.

Keine Reaktion.

»Wenn wir Pech haben, sind sie schon weg«, murmelte Schmitz besorgt.

»Abwarten«, sagte Kuhn. Sie hatte sich in die Kaffeemaschine verliebt und bereits drei Espresso intus. Was andere nervös machte, half ihr, cool zu bleiben.

Der Kollege mit der Schultercam trat einen Schritt zurück, damit die Ramme in Position gebracht werden konnte. Innerhalb von Sekunden flog die Tür aus den Angeln. Mehrere Polizisten in voller Montur liefen mit gezogener Waffe hinein.

Als sie Fischer gefragt hatten, ob die EcoQueers auch hinter dem Brandanschlag auf das Nationaltheater steckten, hatte er nur mit den Achseln gezuckt und gesagt: »Das kann ich weder bestätigen noch ausschließen.« Doch wie sein Blick vor der Kamera davonirrte, sprach Bände.

Fischers Recherche bestätigte die Ergebnisse der Ermittlungen aus Hangelar: Die EcoQueers waren keine friedfertigen Umweltliebhaberinnen, die zufällig in eine militante Aktion hineingezogen worden waren – sondern Drahtzieherinnen. Und definitiv gewaltbereit.

Das Bild wackelte, schwarze Uniformen huschten hin und her. Eine Tür nach der anderen wurde aufgerissen, ein Raum nach dem anderen gesichert. »Hier! Sie hauen ab! Hinten raus!«, hörten sie auf einmal jemanden rufen.

Schmitz bemerkte, dass seine Fingernägel sich vor lauter Anspannung in seine Handfläche gruben. Dabei konnte er von hier aus nichts beitragen. Er streckte die Finger und versuchte, sie etwas zu entspannen.

Der Kollege mit der Schultercam hastete aus dem ersten Stock eine Treppe hinunter, durch einen Flur, in die Küche. Er riss die Gartentür auf.

Die taktische Verstärkung hatte der Flucht bereits ein Ende gesetzt. Drei Kollegen, ebenfalls in voller Montur, von den Kampfstiefeln über den schwarzen Anzug bis zu den Helmen samt verspiegeltem Visier, hielten zwei schmächtige junge Frauen gepackt. Sie hatten die Rückseite des Gebäudes gesichert und die Flüchtenden gestellt.

Eine der Frauen wehrte sich und versuchte wütend, sich zu befreien. Die andere ließ die Maßnahme einfach über sich ergehen.

Die Frauen wurden in die Küche zurückgeführt. Dort wurden ihnen Handfesseln angelegt, und sie mussten sich auf zwei Küchenstühle setzen.

Jemand rief: »Keine weiteren Personen im Haus!«

Der Leiter des Zugriffs kam in die Küche, nahm den Festgenommenen gegenüber Platz.

Kuhn war direkt mit dem Knopf in seinem Ohr verbunden.

»Frag sie, wo der nächste Anschlag stattfinden soll. Wenn sie zur Vereitelung der Straftat beitragen, wird sich das strafmindernd auswirken.«

Der Kollege stellte die entsprechende Frage.

Die linke Verdächtige presste wortlos die Lippen aufeinander und starrte ihn verächtlich an.

Bei der rechten Verdächtigen handelte es sich um eine gewisse Deborah Bittner. Sie war mehrfach mit dem Gesetz in Konflikt gekommen, aber nie ernsthaft verurteilt worden. Kuhn hatte Fischer berichtet, dass sie Bittner als ein Mitglied der EcoQueers identifiziert hatten. Er hatte so getan, als wäre der Name ihm unbekannt, aber er war ein schlechter Schauspieler. Sie hatte nicht nachgehakt, weil zu diesem Zeitpunkt die Aufrechterhaltung der grundsätzlichen Zusammenarbeit absolute Priorität hatte.

Debbie lehnte sich nach vorne. »Ihr habt ja keine Ahnung, mit wem ihr euch eingelassen habt. Wenn wir erst einmal an der Macht sind, werdet ihr sehen, was ihr davon habt, die Rettung der Erde verhindern zu wollen. Die Maßnahmen sind viel zu weit fortgeschritten, um sie noch aufzuhalten. Die Erde muss befreit werden, um zu überleben! Wir müssen Buße tun für die Sünden des Kolonialismus! Gleichberechtigung jetzt!«

Schmitz schüttelte den Kopf. »Was für eine Phrasendreschmaschine.«

»Frag sie, wofür das 4-Chloranilin in Koblenz benötigt wird«, sagte Kuhn. »Und die Chemikalien aus Hohenraunau.«

Der Kollege wiederholte ihre Frage.

Debbie zuckte zurück, als hätte sie eine Ohrfeige bekommen. Sie wurde blass. Dann begann sie erneut zu grinsen. »Ihr glaubt, ihr wisst alles. Aber ihr wisst nichts. Und ihr versteht noch weniger. Es ist zu spät, begreift ihr das nicht? Ihr könnt uns nicht mehr aufhalten! Egal, was ihr tut! Das Jüngste Gericht steht bevor, und dann werden wir ja sehen, wer auf der Siegerseite steht! Werft uns doch ins Gefängnis, in eure Kerker! Das ändert gar nichts! Alles ist bereits in Bewegung! Eine neue Zeit wird kommen. Eine Welt der Gerechtigkeit. Viele werden sterben müssen, damit wenige leben können. Aber was ist denn dieses Leben, an dem ihr so hängt? Es ist nichts wert. Weil ihr nicht versteht, worum es geht! Wir müssen wieder im Einklang mit der Natur leben. Wir müssen wieder solidarisch leben. Wir müssen begangenes Unrecht sühnen. Ihr habt ja keine Ahnung, mit wem ihr euch angelegt habt. Wenn Unrecht zu Recht wird, wird Widerstand zu Pflicht!«

11:41 Uhr, Urmitz

»Was soll das denn sein?«, fragte die junge Frau und deutete auf den Kartonstapel.

»100 Liter 4-Chloranilin in zehn Gebinden zu je zweimal fünf Litern«, entgegnete Wilko Neumann aus der Abholung. »Vorgestern telefonisch bestellt.«

Er tippte auf den Auftragsschein auf seinem Klemmbrett.

»Zehn Liter. Wir haben *zehn* Liter bestellt«, sagte die Abholerin. Sie trug eine schwarze Cargohose, derbe Stiefel und ein lila T-Shirt mit der Aufschrift *Heute möchte ich etwas mit Menschen machen. Schubsen wäre toll.* Ihr linker Nasenflügel und die rechte Augenbraue waren gepierct.

Sie war mit einem verbeulten Kastenwagen vorgefahren.

»Hier steht hundert Liter.«

»Wir brauchen aber nur zehn.«

»Und was soll ich dann mit dem Rest machen?«

»Mir egal. Schnaps brennen?«

Neumann schüttelte den Kopf und griff zum Telefonhörer. Er schilderte seiner Vorgesetzten den Sachverhalt. Die entschied: »Kundenzufriedenheit geht vor.«

»Sie sagt, zehn Liter ist okay«, gab Neumann weiter.

»Na also, geht doch«, brummte die Abholerin und öffnete die hintere Tür ihres Autos. Dann stand sie abwartend daneben. Offenbar ging sie davon aus, jemand würde ihr die Kiste mit zwei 5-Liter-Flaschen 4-Chloranilin einladen.

»198 Euro«, sagte Neumann.

Die Abholerin kam zu ihm zurück, klatschte einen 200-Euro-Schein auf den Tresen. »Stimmt so«, patzte sie.

»Suchen Sie sich eine Kiste aus«, sagte Neumann.

Die Abholerin warf ihm einen wütenden Blick zu, dann packte sie die oberste Box und schleppte sie breitbeinig schwankend zum Auto. Knallte die Türen zu und fuhr davon.

12:00 Uhr, Bonn

Alle weiteren Befragungen der beiden verbliebenen EcoQueers hatten nichts Neues ergeben. Ebenso wenig die Durchsicht ihrer Veröffentlichungen in den sozialen Medien. Lauter abschätzige, aber darüber hinaus nichtssagende Parolen.

Die Überprüfung der beschlagnahmten Computer und Handys lief. Sie würde einige Zeit in Anspruch nehmen.

In den Räumen der alten Villa fanden sich einerseits zahlreiche linksradikale, libertäre und umweltpolitische Bücher, Magazine und Flugblätter. Andererseits Spuren von unterschiedlichen Chemikalien. Schon jetzt ließ sich feststellen, dass in diesem Haus nicht nur mit Salzen und Mineralien hantiert worden war. Leere Flaschen, Hunderte von Lappen, zahlreiche leere Benzinkanister und Fläschchen Phosphor wurden in einem Raum aufbewahrt. Ein Sprengstoffhund hatte angeschlagen. Sie konnten nicht ausschließen, dass die EcoQueers zu deutlich mehr Gewalt bereit waren, als sie offiziell kundgaben. Es bestand die Möglichkeit, dass in den

Räumlichkeiten Bomben oder Sprengsätze gefertigt worden waren.

»Aber für welchen Zweck?«, grübelte Kuhn.

»Mal angenommen, die Frauen stecken wirklich hinter den Wetteranschlägen …«, setzte Schmitz an.

»Wer denn sonst? Wir haben die dritte doch auf frischer Tat ertappt!«

»Ja, ja, aber trotzdem. Ich werde das Gefühl nicht los, dass die Sache größer ist, als wir bisher begreifen. Aber nur mal angenommen, das wäre deren Projekt gewesen. Vielleicht finanziert von Sympathisanten, wie Fischer behauptet. Dann hätten sie zwar Sach- und Personenschäden billigend in Kauf genommen – aber es nicht darauf angelegt. Dann hätte, so könnte man es jedenfalls mit etwas gutem Willen deuten, die Signalwirkung an die Bürger und die Politik im Vordergrund gestanden.«

Kuhn nickte langsam. »Du meinst, solche Leute fangen nicht auf einmal an, Bomben zu bauen.«

»Oder jedenfalls muss es dafür einen guten Grund geben.«

»Vielleicht haben sie auch nur mit dem Gedanken gespielt und ihn dann wieder verworfen. Die Hunde sind furchtbar sensibel. Dass einer anschlägt, muss nicht heißen, dass große Mengen Sprengstoff vor Ort waren.«

Kuhns Handy klingelte. Der Einsatzleiter aus München. Sie schaltete den Lautsprecher ein, damit Schmitz mithören konnte.

»Die IT-Leute haben gerade die letzten zehn Druckaufträge erneut abgerufen. Frag mich nicht, wie. Ich schicke euch die Dokumente gleich. Erstens ist dabei eine hochinteressante Übersicht einer Bitcoin-Wallet. Dorthin wurden Zahlungen in Höhe von über fünfhunderttausend Euro vorgenommen.

In Tranchen à hunderttausend, was aus meiner Sicht für einen einzigen Absender spricht. Das ist kein Drogenhandel aus dem Darknet. Die zweite Sache ist vielleicht noch wichtiger. Vorgestern Abend haben sie eine Route ausdrucken lassen. Sie führt über den verlassenen Bauernhof, auf dem die Chemikalien gelagert wurden, und dann weiter zu einem Farbhersteller in der Nähe von Koblenz. Die Route endet dort nicht, aber leider ist es uns noch nicht gelungen, Zugriff auf die zweite Seite zu erhalten.«

»Danke. Gute Arbeit!« Kuhn legte auf.

12:31 Uhr, Berlin

Die letzten Journalisten klappten ihre Regenschirme zu und schüttelten sie aus, hängten ihre Regenjacken mit spitzen Fingern über die Stuhllehnen. Die Bundesinnenministerin wartete noch eine Minute, bis Ruhe im Saal einkehrte. Sie war sich der Kameras und Mikrofone, die auf sie gerichtet waren, sehr wohl bewusst.

Sie richtete den Oberkörper auf und senkte das Kinn eine Winzigkeit, wie sie es im Sprechtraining immer wieder geübt hatte. So erhielt eine Stimme mehr Volumen und klang daher kompetenter und entschlossener.

Ein weiteres Gewitter entlud sich über der Hauptstadt. Sie betrachtete es als angemessenen Hintergrund für die dramatischen Neuigkeiten, die sie zu verkünden hatte.

»Meine Damen und Herren, ich freue mich, dass Sie so zahlreich zu dieser Ad-hoc-Pressekonferenz erscheinen konnten. Lassen Sie mich gleich zur Sache kommen. Wie Sie alle wissen« – mit weit ausholender Geste deutete sie in Richtung der Fensterfront, gegen die der Regen peitschte –, »wird Deutschland seit Wochen, ja, fast schon seit Monaten, von Unwettern eines bisher nie gekannten Ausmaßes heimgesucht. In den Medien und in der Bevölkerung kursierte das Gerücht, diese dramatische Wetterveränderung sei nicht nur auf den Klimawandel zurückzuführen, also nicht ausschließlich ein Werk der Natur.«

Ihr war bewusst, dass diese Formulierung eine dreiste Falschaussage darstellte, denn der Klimawandel und seine Folgen waren eben gerade kein Werk der Natur. An der Formulierung hatte ihr Redenschreiber lange gefeilt, und die Innenministerin war mit ihr sehr zufrieden. Die Worte kaschierten die Verantwortung und Pflicht der Politik ausgesprochen elegant.

»Heute darf ich Ihnen mitteilen, dass es uns gelungen ist, die Stichhaltigkeit dieser Vermutung zu klären. Intensive Ermittlungen in enger Zusammenarbeit aller relevanten Behörden haben ergeben, dass wahrhaftig etliche der Wetterereignisse in den vergangenen Wochen menschengemacht waren.«

Bewusst betonte sie das Wort »wahrhaftig«, um ihre persönliche Distanz von den nun zu beschreibenden Vorgängen emotional zu verankern.

Unruhe entstand im Saal, die Reporterinnen und Reporter begannen zu tuscheln.

»Meine Damen! Meine Herren! Bitte lassen Sie mich meine Ausführungen beenden. Im Anschluss werden Sie Gelegenheit haben, Ihre Fragen zu stellen.«

Noch so eine geniale Formulierung. *Stellen könnt ihr sie gerne, nur ob ich sie auch beantworte, das werden wir ja dann sehen.*

Die Innenministerin wartete erneut auf Ruhe, dann fuhr

sie fort. »Mit anderen Worten: Es handelt sich sozusagen um Sabotage am Wetter. Es wurden gewissermaßen Wolken ›gemacht‹, die dann abregneten. Die Bundesanwaltschaft prüft derzeit, ob dies den Tatbestand eines Terroranschlags gegen das deutsche Volk erfüllt.«

Wieder entstand Unruhe. Die Innenministerin hob beschwichtigend die Hände.

»Vor allem darf ich Ihnen mitteilen, dass es den deutschen Ermittlungsbehörden gelungen ist, die Tatverdächtigen an mehreren Orten festzunehmen. Somit kann als sicher angesehen werden, dass die dauerhafte Schlechtwetterlage der letzten Wochen sich nunmehr von allein innerhalb weniger Tage weitgehend auflösen wird. Damit unsere Bürgerinnen und Bürger endlich wieder ohne Angst ins Freie gehen können!«

Sie deutete in Richtung Fenster. Ein Donnerschlag ließ die Scheiben erzittern. Besser hätte sie es nicht planen können. »Schluss damit!«, rief die Innenministerin. »Wir lassen uns das nicht bieten! Die Verantwortlichen werden zur Rechenschaft gezogen. Sie können keinen Schaden mehr anrichten. Diese Aktion wird als einmalig in die Annalen der Bundesrepublik eingehen und darüber hinaus allen möglichen Nachahmern zeigen, auf welches Risiko sie sich einlassen, wenn sie gegen den deutschen Staat agieren! Meine Damen und Herren, ich danke Ihnen!«

Unruhe brach aus, Fragen wurden gerufen. Die lauteste davon: »Was soll eine solche Aktion bezwecken?«

Die Innenministerin deutete auf den Journalisten in der zweiten Reihe, der die Frage gestellt hatte. »Das ist eine sehr gute Frage. Was soll eine solche Aktion bezwecken? Wer hat etwas davon, Deutschland dem Wetterterror auszusetzen? Die Ermittlungsbehörden arbeiten mit Hochdruck daran, diese Frage lückenlos zu beantworten. Was ich Ihnen zu diesem Zeitpunkt mitteilen kann, ist, dass es sich bei den Haupttäterinnen um Personen handelt, die dem Irrglauben erlagen, mit Gewalt Aufmerksamkeit für die Klimapolitik erlangen zu können. Nach ersten Erkenntnissen scheint es, als hätten sie vorgehabt, politische Veränderungen zu erzwingen. Es scheint, als hätten sie auf ein entsprechendes Wahlverhalten bei der anstehenden Europawahl gehofft – und wollten dann eine Art ›Klima-Diktatur‹ ausrufen. Diese Weltsicht ist verdreht und verstiegen, offenbar haben die jungen Frauen sich aus Idealismus verrannt.«

Wieder Getuschel. Die Innenministerin hob die Stimme. »Missverstehen Sie mich bitte nicht. Es handelt sich sozusagen um den Versuch der Geiselnahme eines Volkes durch das Wetter. Ein vollkommen inakzeptables Vorgehen. Dennoch ist es wohl so, dass weniger kriminelle Energie oder Gewinnstreben dahintersteckten als ein falsches Demokratieverständnis. Meine geschätzten Länderkolleginnen und -kollegen und ich setzen uns daher in der Innenministerkonferenz bereits seit Längerem für eine umfassende Reform des Bildungssystems in unserem Land ein.«

Sie beantwortete noch drei weitere Fragen, dann verabschiedete sie sich.

Auf dem Weg zum Auto bemerkte ihr Redenschreiber, ein langjähriger Freund und Vertrauter, leise: »Es ist wirklich verdammt schade, dass sie diese Aktion gerade jetzt gestoppt haben. Noch ein paar Wochen Sturm hätten deinen Stimmanteilen gutgetan.«

»Ich weiß«, entgegnete die Innenministerin ebenso leise. »Ich weiß.«

14:30 Uhr, Oberstdorf

»Hast du gehört? Die Innenministerin hat gesagt, es ist vorbei. Sie hätten die Terroristinnen festgenommen. Bald wird das Wetter wieder normal.«

Fjella strahlte Arian aus der Videokachel an. »Das ist in erster Linie dein Verdienst«, setzte sie hinzu. »Kuhn und Schmitz wissen das schon, und die anderen werden es in ein paar Tagen auch kapiert haben. Dann ziehen sie die Anzeige zurück, und du kannst wieder nach Hause.«

Arian schaute nachdenklich auf die Dateiordner-Anzeige neben dem Videochat mit Fjella.

So gern er glauben wollte, dass die Sache nun vorbei war – er traute dem Frieden nicht. Und dass die Innenministerkonferenz auch noch so tat, als wäre das alles ihr Verdienst gewesen, nervte ihn zusätzlich.

»Diese Abstauber«, maulte er. »Und ich weiß nicht … Debbie war … ist … klar, einerseits ist es schon ganz schön dreist, ein Bundesland nach dem anderen unter Wasser zu setzen und dafür auch noch Versicherungsprämien abkassieren zu wollen. Und andererseits kommt mir das Ganze so richtig kleinkariert vor, fast förderal, verstehst du? Und sie hat immer groß gedacht. Größer, als gut für sie ist. Größer, als gut für irgendjemanden ist. Und wenn man dann noch diesen Ruinam und seine ›Sturmfront‹ berücksichtigt. Die haben die Bescheidenheit auch nicht zum Frühstück gegessen. Nee, ich weiß nicht, ich glaube, das dicke Ende kommt noch.«

Fjella schüttelte den Kopf. »Vielleicht bist du auch einfach ein Bedenkenträger. Das ist in deinem Job sicher praktisch.«

Arian grinste. »Das hat meine Mutter auch immer gesagt.

Und da ist was dran. Trotzdem. Diese Summen, dieser Größenwahn … mal ehrlich, wenn du findest, die Welt ist falsch eingerichtet, würdest du dich dann mit einem Regensommer zufriedengeben?«

Fjella nickte. »Okay, da hast du einen Punkt. Zumal die Hälfte ja auch wirklich einfach die Natur war. So beschädigt sie mittlerweile schon ist. Wenn man sich das mal wegdenkt, wäre es keine so tolle Aktion gewesen.«

Arian schloss einen Moment die Augen. Dann riss er sie wieder auf. »Warte mal.« Er öffnete einen der Ordner, wechselte in einen Unterordner. Dort befand sich das einzige verschlüsselte Dokument vom Server des Fronte della Tempesta.

»Ich habe einen Haufen Dokumente …« Er unterbrach sich. »Ich bin in den Besitz einiger Dateien gelangt«, setzte er neu an. »Nur eine davon ist in sich noch mal verschlüsselt. Das macht man doch nur, wenn da wirklich was Wichtiges drinsteht. Es ist eine Textdatei. Und sie ist zu klein, um noch irgendein anderes Dateiformat zu enthalten, ein Bild oder Video oder so. Es ist bestimmt wirklich nur Text. Ein Manifest, ein Plan, eine Ideensammlung. So was, denke ich. Wozu sonst das Passwort?«

»Gibt's dafür nicht so Programme, die das rauskriegen?«

»Ja, schon, aber dafür müsste man mehr wissen. Die Anzahl der möglichen Versuche, die Länge des Passworts, erlaubte und unerlaubte Zeichen. Sonst dauert es ewig. Warte mal.«

Er führte einen Doppelklick auf die Datei aus. Das Feld zur Passworteingabe öffnete sich. Arian tippte mehrfach auf die X-Taste. Als er neun Zeichen in das Feld eingetragen hatte, färbte sich das »OK«-Feld blau.

»Es sind auf jeden Fall neun oder mehr Zeichen«, sagte er.

»Was sind denn häufige Passwörter?«, fragte Fjella.

»123 456 789«, sagte Arian. »Password1, Hallo1234, qwertzuio. Aber das hilft uns hier wohl kaum weiter.«

»Und du sagst, das ist Ruinams Datei?«

Arian ließ sich die Dateiinformationen anzeigen. »Letzte Bearbeitung: Flack R«, stand dort. »Ich gehe davon aus«, sagte er. »Warte mal.« Fjella winkte jemanden neben sich. Graf erschien im Bild. Er hielt einen Kaffeebecher in der Hand. »Du bist doch eher in Ruinams Alter als wir«, fragte Fjella ihn. »Fällt dir ein, was er für ein Passwort nutzen könnte?«

Arian zog anerkennend die Augenbrauen hoch und nickte.

»Hat er Kinder?«, fragte Graf.

»Keine Ahnung.« Arians Finger flogen über die Tastatur, riefen Ruinams Biografie auf der Webseite des Fronte della Tempesta auf, dann bei Wikipedia. »Einen Sohn«, sagte er.

»Name?«

»Jason.«

»Geburtsjahr?«

»1993.«

»Ist er verheiratet?«

»Der Sohn?«

»Ruinam.«

Arian überflog den Text. »War er. Geschieden. Mit Eowyn … nein, warte, sie haben 2019 geheiratet. In Las Vegas.«

»Okay. Versuch mal Eowyn2019.«

Arian tippte, schüttelte den Kopf.

»Eowyn20!9, mit einem Ausrufezeichen statt der Eins.«

Kopfschütteln.

»Eowyn2!o9, mit einem Ausrufezeichen und einem kleinen o statt der Null.«

Wieder nichts.

»Hat er ein Auto?«

»Keine Ahnung. Bestimmt.«

»Aber du weißt die Marke nicht?«

»Nee.«

»Wie hieß der Sohn?«

»Jason.«

»Jason und das Geburtsjahr.«

Kopfschütteln.

»Wie war das Jahr?«

»1993«

»Jason!993, Ausrufezeichen statt der Eins.«

Pause.

Arian starrte auf den Bildschirm.

Dann wieder die Fehlermeldung.

Er schüttelte den Kopf. »Nee. Wieder nichts.«

Graf wuschelte durch seine spärlichen Haare, kniff die Augen zu. Mit geschlossenen Augen sagte er: »Elvis2019 … nein, probier mal Elvis2o!9, mit einem Ausrufezeichen statt der Eins.«

Arian gab die Zeichenfolge ein. Das Dokument öffnete sich.

»Das war's. Wir sind drin!«, rief er aufgeregt. Er begann zu lesen. »Ach du Scheiße.« Er wurde blass. »Bleibt mal dran«, flüsterte er.

14:42 Uhr, Stuttgart

Fjella hatte Nina Kuhn angerufen und sofort in den Videocall zugeschaltet. Eric Schmitz folgte Sekunden später.

Beide waren erstaunt, wie mitgenommen Arian Fischer aussah.

»Was ist los, was ist so dringend?«, fragte Kuhn.

»Ich habe … wir haben …« Arian rang nach Worten.

»Arian hat eben eine Datei von Timothy Ruinam entschlüsselt«, sagte Graf.

»Woher wissen Sie, dass die Datei von ihm ist?«, fragte Schmitz.

»Das ist jetzt ein Nebenschauplatz. Gehen Sie für den Moment mal davon aus, dass es so ist, in Ordnung?«

Kuhn und Schmitz nickten. »Und was steht drin?«, fragte Kuhn.

Arian räusperte sich. »Die Innenministerin hatte leider unrecht. Die Anschlagserie ist nicht gestoppt. Das alles war erst der Anfang. Fjella vermutet, das Geoengineering der Wolken war nur ein Test der Chemikalien. Der Fronte della Tempesta plant, einen Vulkan in der Eifel chemisch zu präparieren und dann per Sprengung zu reaktivieren. Er würde eine solche Menge Chemikalien in die Luft über Mitteleuropa abgeben, dass wir vermutlich jahrelang unter einer Wolkendecke leben würden. Und es wird regnen, regnen, regnen. In dem Eskalationsplan steht sogar das Ziel.« Arian schüttelte fassungslos den Kopf. »Und dass wir im Grunde *turtlen*, uns also wegen des Dauerregens und der Ausgehverbote zu Hause einbunkern, macht es ihnen noch leichter. Die *zergen* jetzt einfach«, fuhr er fort. Als er die verständnislosen Blicke der anderen bemerkte, erläuterte er: »Gamer-Begriff. Ein *Zerg* ist ein Spieler, der viel aggressiver vorgeht, als es sein müsste.«

Fjella ergänzte: »Diese Banditen wollen die Not der Menschen erhöhen, um ihre Anfälligkeit für nationalistisches Gedankengut zu steigern. Die wollen den Krieg aller gegen alle – und sich dabei die Macht sichern.«

Alle schwiegen entsetzt.

Schließlich flüsterte Kuhn: »Heilige Scheiße. Wir müssen alle sofort nach Koblenz.«

15:03 Uhr, Stuttgart

Mit Blaulicht fegten sie über die A8 Richtung Karlsruhe, bogen auf die A5 nach Norden, um schließlich in Walldorf auf die A61 zu wechseln. Der Beamte am Steuer kannte offenbar nur ein Setting: linke Spur, Vollgas. Die Kollegin auf dem Beifahrersitz hielt über Funk ihre eigene Einsatzstelle auf dem Laufenden, ebenso Kuhn und Schmitz. »Gerade an Mannheim vorbei, gleich kommt Worms.«

Fjella und Graf saßen auf der Rückbank. Anfangs hatte das hohe Tempo Fjella verängstigt. Sie klammerte sich am Haltegriff und der Kante der Sitzbank fest. Nach einer Weile gewöhnte sie sich daran.

Der Wagen schoss wie ein Pfeil durch den Regen. Nur auf den Abbiegespuren war der Fahrer gezwungen, zu verlangsamen.

Graf starrte auf sein Handy. Vor einer Stunde war eine Textnachricht seiner Frau gekommen: »Botschafter war hier, will sich kümmern. Kein Strom im Terminal. Wettervorhersage schlecht. Keine Mietwagen mehr. Müssen abwarten.«

Er hatte mehrere Nachrichten zurückgeschickt, aber seitdem nichts mehr gehört. Die Statushäkchen blieben grau. Vermutlich war das Netz wieder zusammengebrochen.

Fjella schaute zum Fenster hinaus. Die Wolkendecke lockerte auf. Die Ambosswolken zogen sich zurück, ebenso die nach ihrer Busenform benannten halb runden Mammatuswolken. Richtung Norden markierte sogar eine deutlich erkennbare Shelf-Cloud die Außengrenze einer Gewitterzelle. Es gab immer mehr helle Flecken, an denen der Himmel durchschimmerte. Auch der Regen ließ nach.

Eine ganze Weile saß sie einfach da und ließ die Landschaft an sich vorbeiziehen.

Das Ergebnis von Arians Recherche war erschütternd gewesen. Der Fronte della Tempesta war offenbar kein Thinktank, der versuchte, mithilfe von Lobbyarbeit und Diskursbeiträgen auf demokratische Weise Einfluss zu erlangen. Im Gegenteil, die Drahtzieher hatten beschlossen, auf eigene Faust das Wetter zu manipulieren – in der Hoffnung, dass die darauffolgende Depression ihren Parteifreunden die Wähler haufenweise ins Netz schwemmen würde.

Leider war diese Annahme, wenn man die letzten Wochen und die aktuellen Wahlprognosen betrachtete, gar nicht abwegig.

Was Fjella daran am meisten empörte, war die Dreistigkeit, mit der es sich ein paar Multimillionäre herausnahmen, Einfluss auf die Weltpolitik nehmen zu wollen. Egal ob aus Gewinnstreben oder aus echter nationalistischer Gesinnung – das war so oder so nicht okay.

Je länger sie darüber nachdachte, desto wütender wurde sie.

Kuhn und Schmitz hatten nach dem Briefing mit Arian beschlossen, dass alle Schlüsselpersonen schnellstmöglich vor Ort in Koblenz zusammenkommen sollten. Das war die beste Basis für die Verhinderung eines Angriffs auf die Vulkane der Eifel. Deshalb rasten sie jetzt über die Autobahn. Arian hatte letztlich klein beigegeben und seinen Aufenthaltsort preisgegeben: Oberstdorf im äußersten Süden Deutschlands. Das LKA hatte einen Hubschrauber für ihn geordert.

»Guck mal«, sagte Graf und tippte gegen ihren Oberarm. »Kein Regen.«

Fjella richtete ihre Aufmerksamkeit wieder auf die Gegenwart. Graf hatte recht: Die Straße war trocken, der Himmel nahezu wolkenfrei und sogar von einem hellen, hauchzarten Blau.

15:22 Uhr, Urmitz

Bei der BAFA, dem Bundesamt für Wirtschaft und Ausfuhrkontrolle, waren in den letzten 14 Tagen 759 Verkäufe von meldepflichtigen Mengen 4-Chloranilin angezeigt worden. 757 davon gehörten zu sich regelmäßig wiederholenden Transaktionen zwischen bekannten Chemieunternehmen bzw. es handelte sich um reine Buchverkäufe von einem Tochterunternehmen an das andere.

Von den verbleibenden Vorgängen hatte ein Verkauf in Brandenburg stattgefunden, der zweite in Urmitz. Urmitz lag in der unmittelbaren Nachbarschaft zu Koblenz.

Kuhn und Schmitz hatten dennoch Kollegen zu beiden Verkaufsstellen geschickt. Der Verkauf in Brandenburg erwies sich als unverdächtig, wenn auch nicht unproblematisch – ein Landwirt wollte mithilfe der Chemikalie ein eigenes Pestizid herstellen.

In Urmitz stellten die Ermittler fest, dass die offenbar versehentlich bestellte – und daher gemeldete – Menge nicht abgenommen worden war. Eine junge Frau, die der Mitarbeiter Wilko Neumann als »sexy, aber unfreundlich« beschrieb, hatte nur zehn Liter der Chemikalie erworben.

Der Geldschein, mit dem sie bezahlt hatte, war bereits am Mittag mit den übrigen Einnahmen zur Bank gebracht worden. Der Wagen, den die Verdächtige benutzt hatte, war ein älterer Kastenwagen, Modell unbekannt, weiße Lackierung. EU-Kennzeichen.

Mit anderen Worten: Durch einen glücklichen Zufall waren sie den Terroristen *fast* auf die Spur gekommen und hätten *beinahe* die Abholung unterbinden können. Letztlich waren sie jetzt aber nur noch sicherer, dass tatsächlich ein ernst zu nehmender Anschlag auf das Wetter über Deutschland bevorstand.

15:31 Uhr, Oberstdorf

Windstöße ließen den Helikopter erzittern. Der Co-Pilot schnallte Arian an und zog die Gurte straff. Konrad quetschte sich zwischen Arians Füße und den Sitz.

»Keine Sorge!«, rief der Co-Pilot, während er die Tür zuzog. »Es rüttelt nur am Anfang etwas, auf Flughöhe sind wir oberhalb der Turbulenzen.«

Arian hoffte, dass der Mann recht hatte.

Er bekam einen Kopfhörer aufgesetzt.

»Willkommen an Bord!«, hörte er die Stimme des Piloten, der sich zu ihm umsah.

Arian machte zaghaft das Daumen-hoch-Zeichen und lächelte schief.

Einmal hatte er auf einer Baumesse in Dubai einen Hubschrauberrundflug über die Stadt gemacht. Das war großartig gewesen. Aber dort hatte es auch weder gestürmt noch geregnet.

Ein dumpfes Vibrieren signalisierte ihm, dass die Rotoren begonnen hatten, sich zu drehen. Arian schloss ergeben die Augen.

Mit einem Ruck hoben sie ab. Das Chassis wurde vom Wind heftig durchgeschüttelt. Konrad begann so stark zu zittern, dass Arian es an den Waden spüren konnte. Er hätte sich gern vorgebeugt, um den Puli zu streicheln, doch der Gurt schränkte seine Bewegungsfreiheit ein. Er atmete tief ein und aus, um sich zu beruhigen.

Der Heli kippte sanft nach vorn und nahm Tempo auf.

Sehen konnte Arian durch den Regen so gut wie nichts. Düster zeichneten sich die unscharfen Umrisse der hohen Gipfel ab, die das Tal umgaben.

Es knisterte in Arians Kopfhörer. »Unsere Flugzeit nach Koblenz ist mit gut neunzig Minuten berechnet worden. Die Kollegen arbeiten daran, den Flugkorridor freizuräumen, dann sind wir vielleicht …«

Ein heftiger Windstoß kam von links, und der Pilot unterbrach sich, um konzentriert gegensteuern zu können. Arian wurde auf seinem Sitz hin und her gerüttelt, soweit der Gurt das zuließ.

Magensäure brannte in seinem Hals. Er presste die Lippen aufeinander, um sich nicht zu übergeben.

Panisch sah er sich nach einer Spucktüte um. Doch sie waren nicht an Bord eines Linienflugzeugs.

Er hob die Hände und formte eine Schale. Schon öffnete sich sein Mund, doch dann gelang es dem Piloten endlich, den Heli wieder unter Kontrolle zu bringen.

Zügig gewannen sie an Höhe.

Der Rest des Fluges verlief ruhig.

Als Arian mit wackeligen Knien in Koblenz ausstieg, stellte er erstaunt fest, dass es zur Abwechslung nicht einmal regnete.

17:00 Uhr, Treviglio (Lombardei)

Zehn Minuten außerhalb der Stadtgrenzen Treviglios befindet sich das ehemalige Kloster Montebenedetto. Von 1203 bis 1945 lebten dort Karthäuser, ab 1946 Zisterzienser. Seit 1897 steht die Liegenschaft unter Denkmalschutz. Aufgrund von Nachwuchsmangel mussten die Gebäude 2016 aufgegeben werden. Die Inhaberschaft fiel an den Staat, damit oblag die Verwaltung der lombardischen Regierung.

Vor knapp einem Jahr wurde das Gebäude für eine jährliche Pacht in Höhe von 100 000 Euro an den internationalen Thinktank Fronte della Tempesta vermietet, der sich im Gegenzug verpflichtete, notwendige Renovierungsarbeiten regelmäßig auszuführen. Bislang wurden jedoch noch keine Instandhaltungen vorgenommen.

Specialista di Vigilanza Chiara Brambilla und *Agente Istruttore* Matteo Rinaldi stellten ihren Dienstfiat auf dem Parkplatz des ehemaligen Klosters ab. Rinaldi spannte einen Regenschirm auf und eilte um den Wagen herum, um seiner ranghöheren Kollegin beim Aussteigen behilflich zu sein.

Das deutsche Landeskriminalamt hatte die Polizeidirektion Treviglio im Rahmen eines Amtshilfegesuchs gebeten, erstens den gegenwärtigen Aufenthalt der Geschäftsführer des Fronte della Tempesta, Timothy Ruinam und Eowyn Sandel, zu ermitteln und diese, soweit möglich, an einer Ausreise zu hindern. Zweitens sollte überprüft werden, ob der Fronte della Tempesta mithilfe illegaler Aktivitäten eine Einflussnahme auf das Ergebnis der bevorstehenden Europawahl anstrebte.

Dirigente Superiore Fontana hatte das Gesuch gelesen, den Kopf geschüttelt und es an *Commissario Capo* Fabbri weitergegeben, der sich ebenfalls nicht vorstellen konnte oder wollte, dass die *Americanos* etwas anderes waren als versponnene Wichtigtuer. Da es jedoch unhöflich gewesen wäre, dem Gesuch nicht nachzukommen, wies er Brambilla und Rinaldi an, dem Kloster einen Besuch abzustatten.

Es regnete, wie seit Wochen. Der Fiat war aufgrund der hohen Luftfeuchtigkeit kaum angesprungen. Die fünfhundert Höhenmeter bis zum Kloster hatten ihn an seine Grenzen gebracht, am Ende keuchte der Wagen im zweiten Gang mit Schrittgeschwindigkeit die Steigung hoch.

Nun traten Rinaldi und Brambilla vor die Klostertür. Ein schwerer, ringförmiger Klopfer mit Löwenkopf hing in der Mitte der Tür. Eine Klingel gab es nicht.

Rinaldi betätigte den Klopfer. Die Tür vibrierte, das Geräusch hallte im Inneren des Klosters wider.

Danach geschah längere Zeit nichts. Der Regen rauschte.

Schließlich näherten sich Schritte. Es klapperte, dann öffnete sich die Tür einen Spalt. »*Scusi?*«, fragte ein blasses Gesicht.

Rinaldi erklärte, dass sie auf Wunsch der deutschen Ermittlungsbehörden Kontakt zu Ruinam und Sandel aufnehmen sollten.

»*Loro non sono qui*«, sagte das blasse Wesen. Sie sind nicht da.

Noch bevor Brambilla oder Rinaldi etwas entgegnen konnten, schloss sich die Tür mit einem metallischen Klicken. Sie sahen einander an, zuckten mit den Achseln, kehrten dann zu ihrem Auto zurück.

Je länger sie den Fiat im Regen stehen ließen, desto geringer die Chancen, dass er noch ansprang.

Rinaldi schüttelte den Regenschirm aus und verstaute ihn im Fußraum hinter den Sitzen.

Sie hatten Glück, schon beim dritten Versuch startete der Motor. Vorsichtig navigierte Brambilla durch die einbrechende Dämmerung.

Zurück auf der Wache bestätigten sie Fabbri die Durchführung der Aufgabe. Nach Deutschland schickten sie die Information, dass die Geschäftsführer der Fronte della Tempesta leider nicht vor Ort anzutreffen gewesen waren.

Dass Fontana mit »Flack« Ruinam golfte, hatte nicht unwesentlich dazu beigetragen, dass zwei ebenso desinteressierte wie unbedarfte Kollegen mit der Kontaktaufnahme betreut worden waren.

Fontana legte sein Handy zurück in die Schreibtischschublade. »Was immer ihr vorhabt, die Deutschen sind euch auf der Spur«, hatte er eben an die nur wenigen Eingeweihten bekannte Handynummer Ruinams getextet.

17:45 Uhr, Koblenz

Die Soko STURMFRONT hatte Räume in einer ehemaligen Kaserne requiriert. Fjella und Arian saßen auf den Treppenstufen eines Flachbaus und hielten ihre Gesichter in die Sonne.

Einige Feuerwehrleute, die aufgrund der überraschenden Wetterverbesserung damit rechneten, heute keine Einsätze mehr fahren zu müssen, bauten eine Bierzeltgarnitur und einen großen Grill auf.

Fjella kraulte Konrad, den kuscheligen Hund. Noch lieber wäre sie mit den Fingern durch Arians Locken gefahren. Wie sehr sie ihn vermisst hatte, war ihr schlagartig klar geworden, als er vor ihr stand und sie nach einem kurzen Zögern zur Begrüßung umarmte.

»Die Sonne tut so gut«, murmelte Arian und schloss die Augen.

Fjella nickte.

Graf lief mit dem Handy am Ohr auf einer Wiese auf und ab. Ab und zu wehten einige Wörter zu ihnen herüber. »… zu gefährlich!«, konnten sie hören. »Unbedingt evakuieren …« Dann: »… verstehe ich ja, aber trotzdem …« Wenig später: »… keine Wahl!«

Er beendete das Gespräch und kam zu ihnen herüber.

»Deine Frau?«, fragte Fjella.

Graf schüttelte den Kopf. »Meine ältere Schwester. Sie leitet auf Sylt die neue Vogelschutzstation. Wir haben hier Sonne – aber bei ihr sind für heute Nacht Unwetter und eine Sturmflut angesagt. Ich habe versucht, sie zu überzeugen, sich aufs Festland in Sicherheit zu bringen. Aber sie weigert sich. Ich …«

Er zögerte. »Sie ist, außer meiner Frau und meinen Söhnen, meine letzte lebende Verwandte. Ich kann …« Wieder unterbrach er sich. Dann drückte er sein Rückgrat durch. »Für meine Frau und die Jungs kann ich von hier sowieso nichts tun. Für Nadine schon. Die Rettungsstation ist ihr Liebhaberprojekt. Wie meine Alfetta. Wenn ihr mich braucht, meine Nummer habt ihr.«

Er hob die Hand zum Abschied. In seinem Lächeln zeigten sich Erschöpfung und Entschlossenheit zu gleichen Teilen.

»Wie willst du denn nach Sylt kommen?«, fragte Fjella.

Graf zuckte mit den Achseln. »Ich geh davon aus, dass die Taxifahrer in den letzten Wochen echt wenig Business hatten.«

Er drehte sich um und verließ das Gelände, bevor Kuhn oder Schmitz ihn daran hindern konnten.

18:30 Uhr, Koblenz

Nina Kuhn begann: »Die Kolleginnen und Kollegen von LKA, BKA sowie der Bundesbehörde für Bevölkerungsschutz und Katastrophenhilfe« – an dieser Stelle schnaubte Arian leise – »arbeiten intensiv daran, weitere Informationen über den höchstwahrscheinlich für den morgigen Tag geplanten Anschlag in der Eifel zu ermitteln. Leider ist die Arbeit bisher ergebnislos geblieben. Es herrscht eine Art ›Funkstille‹. Niemand hat versucht, Kontakt zu den Festgenommenen aufzunehmen, und auch die uns bekannten Nummern und Mailkonten des Fronte della Tempesta liegen derzeit brach.« Sie sah sich in dem improvisierten Einsatzzentrum um. »Wo ist Herr Graf?«, fragte sie.

»Unterwegs zu seiner Schwester auf Sylt«, erwiderte Fjella. »Dort ist eine Sturmflut angesagt, und sie will nicht evakuieren.«

»Pfh«, machte sie, verdrehte die Augen und stieß Luft aus. Pfefferte den leeren Kaffeebecher in den Müll.

»Soll ich noch einmal versuchen, mit Debbie zu sprechen?«, schlug Arian vor.

Kuhn dachte einen Augenblick nach, dann nickte sie.

Fünf Minuten später saßen Arian und Kuhns Kollege Eric Schmitz in einem aktuell ungenutzten Bundeswehr-Kommunikationszentrum. Schmitz stellte eine sichere Verbindung ins Untersuchungsgefängnis München her. Sie warteten, während die Festgenommene aus ihrer Zelle geholt wurde.

»Ich bin's«, sagte Arian, als Debbie Platz genommen hatte.

»Verräter!«, spuckte sie ihm entgegen.

Er schloss die Augen und seufzte. »Debbie.« Er korrigierte sich sofort: »Bo. Entschuldige. Ich weiß, dass wir nicht immer einer Meinung waren. Aber du meinst es doch eigentlich gut. Du kämpfst für das richtige Ziel. Und nun wirst du benutzt. Der Fronte della Tempesta greift auf deine Kosten nach der politischen Macht nicht nur in Deutschland, sondern in halb Europa. Sie planen einen Anschlag, der viele Menschenleben kosten wird, direkt und indirekt. Das kann doch nichts sein, wofür du die Verantwortung tragen willst.«

Debbie starrte ihn an. Auf einmal breitete sich ein Lächeln auf ihrem Gesicht aus. »Immer noch der gute alte Idealist. Na gut, was kriege ich dafür, wenn ich euch helfe?«

Arian sah Schmitz an. Der schüttelte den Kopf.

Arian neigte den Kopf zur Seite, hob auffordernd die Hand. *Irgendwas?!*

Wieder schüttelte Schmitz den Kopf. »Wir verhandeln nicht mit Terroristen«, flüsterte er.

Arian seufzte erneut und wandte sich wieder dem Bildschirm zu. »Nichts«, sagte er. »Außer dass kein Blut an deinen Händen klebt. Und dass du nicht am Ende den Rechten an die Macht hilfst – die sich dann im Übrigen sicher einen Dreck um Klimaschutz scheren werden.«

»Tja«, sagte Debbie, und ihr sanftes Lächeln verwandelte sich in eine gehässige Fratze. »Du musst wissen, worauf du verzichten willst. Das konntest du ja schon immer gut.«

18:50 Uhr, Koblenz

»Ja, Frau Innenministerin. Selbstverständlich, Frau Innenministerin.« Kuhn legte auf.

Schmitz hatte ihr berichtet, wie Arians Gespräch mit der EcoQueer gelaufen war. Sie hatte versucht, die Innenministerin dazu zu bewegen, der Festgenommenen ein strafminderndes Angebot zu machen.

Doch die blieb hart.

Kuhn fragte sich, warum.

19:00 Uhr, Koblenz

Die Einsatzkräfte von Feuerwehr, Rotem Kreuz und Technischem Hilfswerk hatten die Neuankömmlinge zu ihrem Grillfest eingeladen. Fjella genoss die laue Sommerluft. Zwar war der Himmel mittlerweile wieder ein wenig zugezogen. Doch es blieb warm und vor allem trocken.

Auf dem Grill brutzelten jede Menge Würstchen und Koteletts, aber auch Gemüse und vegane Produkte. Acht lange Biertische standen auf einer Wiese. Auf einen hatte jemand ein Bierfass gestellt, aus dem man selbst zapfen konnte.

Arian holte zwei Becher, und sie stießen an.

Einen Tisch weiter saß ein Mann mittleren Alters mit kurzem, dunklem Haar und einem schmal geschnittenen Gesicht. Er spielte mit einem Mädchen, das blonde Zöpfe hatte, ein Kartenspiel.

»*Hej*, können wir mitspielen?«, fragte Fjella. Das würde sie vielleicht ablenken.

Das Mädchen musterte sie. Dann lächelte es. »Klar«, sagte es.

Fjella und Arian setzten sich zu den beiden und stellten sich vor.

»Ich bin Mia«, sagte das Mädchen. »Und das ist mein Papa.« Sie zeigte auf den Mann, der ihr gegenübersaß.

»Ich bin Jan«, sagte der.

Das Mädchen teilte Karten aus.

»Warum seid ihr hier?«, fragte es. »Hat es bei euch auch so geregnet? Unser Haus ist bestimmt ganz kaputt, wenn wir zurückkommen.«

Für den Bruchteil einer Sekunde meinte Fjella wieder die

Sirenen zu hören und sah ihren Großvater vor sich. Sie brachte kein Wort heraus und nickte deshalb nur.

Arian sagte: »Ja, bei mir auch. Aber ich hoffe, dass das Wetter bald wieder besser wird.« Er zog eine Visitenkarte aus der Tasche und hielt sie Mias Vater hin. »Ich arbeite bei einem Bauunternehmen. Wir betreiben Großbaustellen, aber vielleicht kann ich mit einem Kontakt aushelfen, falls Renovierungen nötig sind.«

Fjella fand ihn wirklich wunderbar. Ihr war klar, dass sie kurz vor einem der schlimmsten Anschläge standen, den Deutschland je erlebt hatte. Dennoch war sie gerade jetzt, in diesem Moment, sehr glücklich.

Sie hob den Blick himmelwärts. Und stutzte. Was sie sah, war durch natürliche Kräfte wie Winde, Temperaturschwankungen und Feuchtigkeit kaum zu erklären. Eine massive Roll-Cloud breitete sich wie ein Ring um sie aus. Die walzenförmige Formation, die sich um die eigene Achse drehte, hatte üblicherweise eine längliche Form und markierte häufig die Grenze zwischen einem Unwettergebiet und einem Hoch. Doch wie war es zu erklären, dass die Rollwolke sich hier kreisförmig ausbreitete und die graue Wolkendecke zu verdrängen schien?

»Ich bin gleich wieder da!«, sagte sie und sprang auf.

19:13 Uhr, Koblenz

»Es ist ganz einfach. Ich hätte schon viel früher darauf kommen müssen«, sprudelte es aus Fjella heraus.

Nina Kuhn schaute überrascht auf. »Worauf?«

»Die Wolken. Wir hatten hier heute Sonne. Schön, wir haben uns gefreut. Aber warum hatten wir Sonne?«

Kuhn zuckte mit den Achseln. »Weil wir die Saboteure gefasst und verhaftet haben?«

»Nein, eben nicht. Die Sache ist viel größer. Irgendwer ist da weiter am Werk. Wir wissen, dass die Terroristen ein Ziel in der Eifel haben, richtig?«

Kuhn nickte.

»Und um das richtig anvisieren zu können, haben sie die Wolkendecke aufgelöst«, sagte Fjella. »Wir müssen jetzt nur noch rausfinden, wo genau am wenigsten Wolken sind, dann kennen wir das Ziel!«

»Und wie …?«, fragte Kuhn.

Fjella deutete auf den Computer. »Darf ich?«

»Klar.« Kuhn machte den Platz frei.

Fjella setzte sich, rief FeWIS auf, das Katastrophenschutzportal des Deutschen Wetterdienstes. Loggte sich mit ihren Uni-Zugangsdaten ein. »Das sind Prognosen auf Grundlage der Echtzeit-Wetterdaten des DWD. Da.« Sie deutete auf ein stabiles Wolkenloch über der Eifel. »Da ist es. Also, da wird es morgen früh sein.«

Sie zoomte an die Stelle heran. Eine Beschriftung wurde eingeblendet. »Der Laacher See«, sagte sie.

ntv Liveticker

Brüssel. Die Regierungsparteien haben soeben entschieden, das Schengen-Abkommen bis auf Weiteres unverzüglich auszusetzen. Damit ist ab sofort die Reisefreizügigkeit innerhalb der EU sowie im Grenzverkehr mit den übrigen Unterzeichnerstaaten untersagt. Ebenso wird die freie Wahl des Aufenthaltsortes in der EU ausgesetzt. Alle EU-Bürger sind aufgefordert, sich unverzüglich, spätestens innerhalb von 48 Stunden, in das Ausstellungsland ihrer Ausweisdokumente zu begeben. Nach Ende dieser Frist wird bei Kontrollen eine sofortige Rückführung auf Kosten der Betroffenen veranlasst.

Alle EU-Grenzen, sowohl die Binnen- wie die Außengrenzen, wurden im Rahmen einer Notverfügung mit sofortiger Wirkung geschlossen. Ein Grenzübertritt ist nur noch in das Heimatland zulässig. Die Maßnahmen sollen die ausufernde grenzüberschreitende Kriminalität, bei der die Notsituation der Bürger ausgenutzt wird, unterbinden. Zugleich soll auf diese Weise sichergestellt werden, dass jeder Bürgerin und jedem Bürger Anspruch auf stattliche Unterstützung gewährt werden kann.

Die Pressesprecherin der amtierenden EU-Regierung sagte: »Wir versprechen uns von dieser Entscheidung, die wir uns nicht leichtgemacht haben, eine verbesserte Sicherheitslage in allen Mitgliedsstaaten. Dies ist insbesondere in den Tagen vor der EU-Wahl nicht nur unsere Pflicht, sondern auch eine Notwendigkeit.«

Die Wahl zum Europaparlament findet in gut zwei Wochen statt. Die anhaltenden Extremwetterlagen und die von vielen Bürgern als mangelhaft empfundenen Reaktionen der jeweiligen Regierungen darauf sorgen derzeit für massive Veränderungen bei den Prognosen. Insbesondere nationalistische Parteien scheinen von der Situation zu profitieren.

Insofern ist die Grenzschließung auch als der Versuch anzusehen, den Forderungen von rechts zuvorzukommen und den Bürgern zu demonstrieren, dass die derzeitigen Regierungen handlungsfähig sind.

Hamburger Morgenpost, Kommentar des Chefredakteurs (Auszug)

Seit Wochen regnet es in der schönsten Stadt der Welt fast ununterbrochen. Viele Bürger beklagen ernsthafte Schäden an ihrem Hab und Gut. Keller laufen voll Wasser, Yachten saufen ab, der Sturm reißt Dachziegel mit sich. Und die Politik? Unternimmt: nichts!

Die von uns gewählten und alimentierten Volksvertreter wissen sich keinen anderen Rat, als abzuwarten und auf besseres Wetter zu hoffen.

Es ist damit zu rechnen, dass sie bei der bevorstehenden Wahl die Quittung für diese Untätigkeit erhalten werden.

28. Juni

04:34 Uhr, Koblenz

»Experten halten den Laacher See für den aktivsten Vulkankrater in der Eifel«, sagte Arian.

»Und das heißt?«, fragte Kuhn knurrig. Sie musterte misstrauisch den Becher mit Kaffee, den Schmitz ihr hinschob.

Die Nacht war kurz gewesen, und keiner der Anwesenden hatte gut geschlafen.

»Das heißt, die Gegend wird seit Jahrzehnten schon als Risikogebiet angesehen. Die meisten größeren Seen in der Eifel sind Krater inaktiver Vulkane. Das bedeutet, dort ist die Erdkruste besonders dünn – und ein Ausbruch kann nie grundsätzlich ausgeschlossen werden.« Er wandte sich in Richtung seines Handys, das mit eingeschaltetem Lautsprecher auf dem Tisch lag. »Philip, wie siehst du das?«

»Ich habe in die Unterlagen der Kollegen geschaut und informell mit einem Rückversicherer gesprochen«, sagte Graf. »Bauvorhaben in der Eifel generell und in der Nähe von Seen insbesondere werden als erhöhtes Risiko angesehen, das heißt, sie erfordern höhere Prämien.«

Arian hob die Hände: Sag ich doch!

»Okay, danke!«, sagte Kuhn.

»Sind Sie gut bei Ihrer Schwester angekommen?«, fragte Schmitz.

»Ja, gerade noch«, sagte Graf. »Zuerst mit dem Taxi, dann mit einem privaten Schnellboot. Der Zugverkehr ist bereits eingestellt, für die gesamte Insel gilt ein Lockdown – man darf die eigene Unterkunft die nächsten 24 Stunden nicht verlassen.«

»Alles Gute!«, rief Fjella. »Ihr schafft das schon.«

»Wir haben die halbe Nacht Sandsäcke gestapelt. Und die meisten Vögel ins Haus geholt. Hier geht es zu wie in einer Voliere.«

»Viel Glück!«, sagte Schmitz.

»Danke. Gleichfalls«, entgegnete Graf.

Kuhn hob die linke Hand, Handfläche nach vorn, um ihnen klarzumachen, dass sie ruhig sein sollten. Mit der rechten drückte sie den Ohrhörer, der sie per Funk mit den Aufklärern verband, fester in den Gehörgang. »Ja? Ja! Oh, scheiße. Okay. Gut, danke.«

Sie wandte sich den übrigen Teilnehmern zu. »Es gibt vier Zufahrtswege zum See. An allen vier stehen gerade Kleinlaster, aus denen Schläuche in den See führen. Offenbar war Hohenraunau nur ein Lager von mehreren.«

»Und was machen wir jetzt?«, fragte Fjella.

»*Wir* machen gar nichts. *Sie* bleiben hier, und *wir*« – Kuhn deutete auf ihren Kollegen und sich – »schnappen uns diese Schweinehunde.«

Sie sprang auf, nahm noch einen Schluck Kaffee, schnitt eine Grimasse, lief los.

05:00 Uhr, Treviglio (Lombardei)

Nach dem Versagen der regionalen Polizei hatten Kuhn und Schmitz den *Gruppo di Intervento Speciale*, kurz GIS, um Amtshilfe gebeten. Der offizielle Weg dazu führte vom LKA über das BKA zum der Bundeswehr zugeordneten KSK, dem Kommando Spezialkräfte. Kurz war ein direkter KSK-Einsatz im befreundeten europäischen Ausland diskutiert, aber dann doch verworfen worden.

Die italienische Anti-Terror-Einheit GIS hatte ihren Sitz in Livorno in der Toskana. Ihre Befugnisse waren weitreichender als die der KSK. Hier zeigte sich die unterschiedliche militärische Vergangenheit der Länder.

Acht Mann in den graublauen Kampfanzügen der Truppe näherten sich in zwei Geländewagen dem Kloster Montebenedetto. Sie parkten außerhalb der Sichtweite und trabten durch den Wald zum Ziel.

Die Männer hatten zwei mögliche Zugriffspunkte ausgemacht, den Haupt- sowie den Boteneingang. Jeweils vier *Carabinieri* waren entsprechend zugeteilt.

Sie verfügten über einen internationalen Durchsuchungsbeschluss, der es ihnen erlaubte, ohne weitere Ankündigung die Eingänge aufzubrechen. Das taten sie zeitgleich an beiden Türen mithilfe weniger gezielter Schüsse aus einer Sako TRG 42 Kaliber .338, dem Scharfschützengewehr der Truppe.

Die GIS-Männer rissen die wenigen Bewohner des Klosters aus dem Schlaf. Nach acht Minuten war das gesamte Gebäude gesichert. Keiner der Anwesenden leistete Widerstand.

Von den angeblichen Studenten, die hier zu Elite-Denkern

ausgebildet werden sollten, war keine Spur zu finden. Die meisten Räume waren feuchtkalt und erkennbar ungenutzt.

Die Leiter der Einrichtung, Ruinam und Sandel, waren nicht vor Ort.

Der Einsatzleiter baute sich drohend vor fünf Männern und zwei Frauen auf, die sie im Speisesaal zusammengetrieben hatten. »Wo sind Ruinam und Sandel?«, schnauzte er.

Die überraschten Mitarbeiter zuckten nur mit den Achseln oder schüttelten die Köpfe. Sie wussten nichts. Ihre Chefs kamen und gingen, wie es ihnen gefiel.

Der stellvertretende Einsatzleiter, Federico Basile, durchsuchte derweil das Büro der Thinktank-Geschäftsführer. Es sah aus, als müssten sich zwei vollkommen unterschiedliche Teenager ein Zimmer teilen. Zwei Schreibtische standen einander gegenüber. Auf Sandels Schreibtisch herrschte penible Ordnung, auf Ruinams ein unglaubliches Durcheinander. Ähnlich sah es auf den zugehörigen Rechnern aus. Der Stellvertreter wies einen der Männer an, Sandels Unterlagen durchzusehen. Er selbst nahm sich Ruinams Mails, Dateien und vor allem die Papierstapel auf dem Schreibtisch vor.

Der Kalender zeigte für den heutigen Tag um acht Uhr einen Termin mit dem Titel »Big Bang« an. Keine weiteren Details.

Weder in den E-Mails noch im Kalender waren Flug- oder Hotelbuchungen zu finden. Vielleicht war Ruinam ganz oldschool im Auto unterwegs, oder vielleicht kümmerte er sich einfach nicht um solche Details.

Seine Schreibtische – sowohl der digitale Desktop wie der echte – waren übersät mit Newslettern, Manifesten, Essays, Büchern. Die meisten behandelten sein zentrales Thema, die libertären Freiheitsrechte. Es gab die unterschiedlichsten

Schwerpunkte: Finanzrecht, Steuer, Gesetzgebung, Nationalstaatlichkeit, Sicherung von Außen- und Binnengrenzen, Flüchtlingspolitik, Bürgerrechte. Auf den ersten Blick war nichts zum Thema Klima zu sehen.

»Hier«, sagte der Kollege, der an Sandels Rechner saß. »Ich hab was.«

Basile stand auf und ging zu seinem Kollegen. Er schaute ihm über die Schulter.

Lorenzo hatte eine E-Mail aufgerufen. Die Buchungsbestätigung für eine Suite im Seehotel des Klosters Maria Laach für die Nacht von gestern auf heute.

Basile fertigte ein Foto der Bildschirmanzeige an und schickte es, wie besprochen, direkt an Nina Kuhn, die deutsche Kollegin beim LKA.

06:10 Uhr, Maria Laach

Zum Besitz der 1093 begründeten Abtei Maria Laach gehören ein Biobauernhof samt Hofladen, der Laacher See mit allen zugehörigen Einrichtungen, vom Campingplatz über einen Bootsverleih bis zur Vergabe von Angel-Erlaubnissen, eine Gärtnerei, etliche kunsthandwerkliche Betriebe, das Seehotel sowie natürlich das Kloster selbst. Dort leben regelmäßig gut 20 Mönche sowie wenige ausgewählte Laienbrüder.

Das Seehotel wurde vor über 125 Jahren erbaut und verfügt über 55 Zimmer. Es ist ein 4-Sterne-Haus mit 24-Stunden-Service.

»Hier.« Kuhn hielt dem Kollegen auf dem Beifahrersitz ihr Handy hin. »Eine Nachricht.«

Sie hatten auf Blaulicht verzichtet in der Hoffnung, weitere

Täter in flagranti zu ertappen. Kuhn hatte sich für den Seezugang des Klosters entschieden und Kollegen an die übrigen Zugänge beordert.

Sie fuhr vorsichtig, aber zügig.

Schmitz las die Nachricht der Italiener vor: »Ruinam und Sandel sind gerade Gäste im Seehotel. Das kann doch kein Zufall sein.« Er öffnete das zweite Foto. »Um acht soll irgendwas passieren, das als ›Big Bang‹ in Ruinams Kalender eingetragen ist.« Er warf einen Blick auf die Uhr im Armaturenbrett. »Knapp zwei Stunden.«

06:15 Uhr, Koblenz

Jan Baumann hatte sich in den letzten Tagen angewöhnt, früh aufzustehen, um vor Dienstbeginn ein paar Worte mit Sarah Vogel zu wechseln.

»Wie geht es Mia?«, fragte Sarah, während sie sich ein Brötchen schmierte.

»Gut. Ich glaube, langsam kommt sie wieder zur Ruhe. Ich fürchte nur, dass alle Wunden wieder aufreißen, wenn wir nach Hause zurückkehren.«

»Vielleicht habt ihr ja auch Glück, und die Schäden sind gar nicht so groß«, sagte Vogel.

Baumann nahm einen Schluck Tee. »Schön wär's. Aber der Regenradar erzählt eine andere Geschichte. In Seesen gießt es immer noch.« Er schüttelte den Kopf. »Das Rathaus hat eine Webcam, aber seit Tagen traue ich mich nicht, die aufzurufen.«

»Kann ich verstehen. Bringt ja auch nichts. Es kommt, wie es kommt.« Sarah setzte sich neben ihn.

Anfangs hatten sie einander bei den Mahlzeiten gegenübergesessen. Seit einiger Zeit saßen sie nebeneinander. Baumann hätte nicht sagen können, was ihm besser gefiel, Sarah anzuschauen oder ihre Nähe zu spüren.

Die Tür zum Aufenthaltsraum flog auf, und die beiden jungen Leute, die für die Polizei arbeiteten, kamen herein. Baumann hatte gestern beim Grillen kurz mit ihnen gesprochen, aber ihre Namen wieder vergessen.

»'tschuldigung, kann uns vielleicht irgendwer an den Laacher See fahren?«, fragte die junge Frau.

Der Mann, der einen Hund mit langen, zotteligen Haaren an der Leine führte, setzte hinzu: »Und wir wissen noch nicht sicher, aber es kann gut sein, dass wir früher oder später auch Nothelfer und Krankenwagen dort brauchen.«

Kaum hatte er die Worte ausgesprochen, hörten sie in der Ferne Sirenen jaulen. Sie kamen näher, dann entfernten sie sich. Offenbar hatten Kuhn und Schmitz Verstärkung angefordert.

Baumann hielt Vogels Blick und sagte: »Ich komme mit.«

»Auf keinen Fall. Erstens bist du Zivilist, zweitens können wir Mia nicht alleine hierlassen.«

»Ich bin ausgebildeter Ersthelfer«, sagte er. »Letztes Jahr frisch rezertifiziert. Beim Bund war ich Fahrlehrer. Und Mia nehmen wir dann eben mit.«

Vogel blies die Luft aus. Schüttelte den Kopf. »Nein. Bei aller Liebe. Ende der Diskussion.«

Sie rief den Einsatz für ihren Trupp aus. Vier Minuten später raste der Wagen vom Hof.

06:28 Uhr, Maria Laach

Kuhn klatschte ihren Dienstausweis auf den Tresen. »LKA. Wir brauchen den Schlüssel für das Zimmer Ihrer Gäste Ruinam und Sandel.«

Es folgte eine kurze, abwehrende Diskussion. Kein Durchsuchungsbeschluss, kein Schlüssel.

»Welche Zimmernummer?«, fragte Kuhn wütend.

»Bitte kommen Sie mit einem Durchsuchungsbeschluss wieder«, entgegnete der junge Mann hinter der Rezeption mit zittriger Stimme.

»In der Buchung stand, dass es eine Suite ist«, sagte Schmitz.

Kuhn nickte und lief zum Evakuierungsplan neben dem Notausgang. Mit dem Finger fuhr sie suchend darüber. »Okay. Erster Stock, genau in der Mitte. Drei Suiten. Schade für die anderen Gäste.«

Kuhn und Schmitz liefen die Treppe hoch in den ersten Stock. Der junge Mann am Empfang hatte nach seinem Telefon gegriffen und verständigte jemanden. Wahrscheinlich den Hoteldirektor.

Die Treppe endete genau gegenüber einer der Suiten. Kuhn hämmerte gegen die Tür. »Aufmachen! LKA! Öffnen Sie sofort die Tür!«

Sie schlug weiter mit der flachen Hand auf das Holz. Schmitz öffnete den Druckknopf seines Holsters und legte die Hand auf den Griff seiner Dienstwaffe.

Ein paar Türen den Gang hinunter öffnete jemand die Tür und sah sich verschlafen um. »Was ist denn …«

»Bitte kehren Sie in Ihr Zimmer zurück«, wies Schmitz den Mann an. »Die Lage ist unter Kontrolle.«

Erschrocken zuckte der Kopf zurück, und die Tür knallte ins Schloss.

Endlich öffnete sich die Tür vor ihnen. Ein Mann mittleren Alters stand in T-Shirt und Boxershorts vor ihnen. Definitiv nicht Ruinam. Eher der Typ Zahnarzt in den Flitterwochen.

Hinter ihm tauchte eine deutlich jüngere Frau mit langen, blonden Haaren auf. »Wer ist das?«, fragte die Frau.

»Wer sind Sie?«, fragte der Mann.

»LKA. Nutzen Sie die Suite allein?«

»Wir … wer … warum?«, fragte der Mann.

Kuhn schnauzte ihn an: »Außer Ihnen beiden noch jemand im Zimmer?«

Der Mann und die Frau schüttelten verängstigt die Köpfe.

»Dann entschuldigen Sie bitte. Schönen Tag noch.«

Die beiden anderen Suiten lagen links und rechts von dieser. Kuhn lief zuerst nach links, schlug gegen die nächste Tür. »LKA! Aufmachen! Polizei!«

»Ruhe! Ich verständige die Rezeption!«, rief jemand durch die Tür zurück.

»Wir müssen Ihre Identität überprüfen! Öffnen Sie die Tür!«, rief Kuhn wütend.

»Auf keinen Fall«, kam es zurück. »Wenn Sie nicht sofort verschwinden, rufe ich die Polizei.«

»Wir *sind* die Polizei!«, rief Kuhn. »Fragen Sie die Rezeption!«

Sie schüttelte den Kopf, zögerte kurz, wies dann Schmitz an: »Du bleibst hier und klärst das. Aber der hört sich nicht an wie ein Terrorist. Ich versuche es an der dritten Suite.«

Sie lief nach rechts. Schmitz zögerte kurz, dann ignorierte er Kuhns Befehl und folgte ihr. Wenn sich in der dritten Suite wirklich zwei international gesuchte Terroristen aufhielten, würden diese sich bestimmt nicht kampflos ergeben.

»Aufmachen! LKA! Öffnen Sie sofort die Tür!«, rief Kuhn und hämmerte gegen die dritte Türe.

Nichts.

Sie schlug noch ein paarmal gegen das Holz, dann stoppte sie.

Stille.

Irgendwo im Untergeschoss klingelte ein Telefon.

Sonst war nichts zu hören.

Kuhn legte ihr Ohr an die Tür.

Kein Laut.

Sie schlug noch einige Male erst mit der Faust, dann mit der flachen Hand dagegen. »Polizei! Aufmachen!«

Nichts.

Ratlos schüttelte sie den Kopf.

Mittlerweile hatte sich der Gast aus der linken Suite offenbar bei der Rezeption bestätigen lassen, dass es sich wirklich um einen Polizeieinsatz handelte. Er hatte einen Bademantel übergeworfen und kam ihnen mit dem Ausweis in der Hand entgegen.

Schmitz musterte ihn nur kurz, dann sagte er knapp: »Schon gut. Entschuldigen Sie bitte die Störung.«

Kuhn drehte kleine Kreise vor der Zimmertür. »Entweder sie sind weg. Oder sie waren nie hier. Oder sie stellen sich tot. Das wäre das Cleverste.«

Sie sah sich um. Entdeckte einen Reinigungswagen zwei Türen neben dem Fahrstuhl. Lief darauf zu, riss die Zugangsberechtigungskarte ab, die mit einem Gummiband am Rahmen befestigt war. Sprintete zurück zur Suite und öffnete die Türe.

Mit gezogener Waffe liefen erst Schmitz, dann sie in den Raum. »Polizei! Wir sind bewaffnet!«, rief Schmitz.

Aber es war niemand dort.

06:49 Uhr, Maria Laach

Die Kirche der Benediktinerabtei Maria Laach befand sich gute 200 Meter vom Seeufer entfernt. Der Mittelturm der Kirche ragte 40 Meter in die Höhe.

Vogel brachte ihren Einsatzwagen auf dem Parkplatz zwischen Klostergelände und See zum Stehen. Fjella und Arian sprangen als Erste heraus.

»Da oben sind sie!«, rief Fjella und zeigte in Richtung der Turmfenster. Jedes von ihnen wurde durch eine schmale Säule halbiert, über der sich ein feiner Rundbogen spannte. Im rechten Fenster war deutlich die schlanke Silhouette einer Frau mit blonden, langen Haaren zu sehen. Aus dem rechten schaute ein untersetzter Mann mit zerzaustem, silbergrauem Haar.

Timothy »Flack« Ruinam und Eowyn Sandel, die Bosse des Fronte della Tempesta.

»Jetzt weiß ich, was sie vorhaben«, zischte Arian. Er zog Sarah Vogel näher an Fjella und sich heran. »Die beiden tragen Schmuck, der als Near-Frequency-Fernbedienung funktioniert. Ähnlich wie bei einer Zahlung mit Kreditkarte. Sie trägt einen Anhänger, er einen Armreif. Hält man die beiden nah genug aneinander, wird ein vorprogrammierter Befehl ausgeführt.« Er deutete auf den See. »Die sind *all in*. Ich wette, die haben da nicht nur einen Haufen Salze und 4-Chloranilin hineinschütten lassen. Sondern auch Sprengstoff. Und die Explosion zünden sie von dort oben.«

Fjella zog bereits an seinem Arm. »Wir müssen sie aufhalten!«

»Verständigen Sie Kuhn und Schmitz, okay?«, sagte Arian noch schnell zu Vogel, dann lief er hinter Fjella her.

06:54 Uhr, Rantum (Sylt)

Wie vorhergesagt hatte der Sturm über Nacht an Intensität immer weiter zugenommen. Die Morgendämmerung war seit Stunden vorüber, doch es wurde nicht hell. Der Wind riss an den Rollläden und Dachziegeln.

Einen Teil der zur Nordsee gelegenen Fensterfront hatten sie in der Nacht noch mit Spanplatten gesichert. Ein großes Fenster musste frei bleiben, weil sie kein Material mehr hatten.

Bisher hatten sie Glück gehabt, weil der Wind von Süden kam.

Ein Teil der Vögel, die Grafs Schwester Nadine auf der Rettungsstation betreute, hatte sich in dunkle Ecken zurückgezogen. Andere hopsten und flatterten aufgeregt durch das Haus.

Sandsäcke sicherten die Unterkante des Terrassenfensters gegen die angesagte Sturmflut.

Bereits kurz nach Mitternacht war der Strom ausgefallen. Vor spätestens einer Stunde auch das Handynetz. Sie waren auf sich allein gestellt.

Graf beobachtete den langsamen Anstieg des Wassers. Der Höhepunkt der Flut würde erst in einigen Stunden erfolgen. Doch schon jetzt war der Strand nicht mehr zu sehen, und von den Dünen ragten, wenn hohe Wellen kamen, nur noch die obersten Spitzen aus dem Wasser.

Schlimmer noch, auch das Watt auf der Landseite der Insel war, wie er durch das Küchenfenster erkennen konnte, überflutet. Hier, wo Sylt am schmalsten war, befanden sich aktuell höchstens noch fünfzig, sechzig Meter Landmasse zwischen den beiden Wasserkanten.

Die Außenanlage war direkt mit dem Wohnhaus verbunden. Seine Schwester holte die letzten Tiere herein. Graf kehrte zurück ins Wohnzimmer.

Auf einmal drehte sich der Wind und prallte mit voller Wucht gegen die Meerseite des Hauses. Das verbliebene Fenster wurde nach innen gedrückt wie eine dünne Plastikfolie, dann zersplitterte es. Graf taumelte rückwärts, versuchte, sich zu ducken. Die Spanplatten, mit denen die übrigen Fenster bedeckt waren, brachen und flogen davon. Es dauerte nur wenige Sekunden, bis auch die anderen Fenster sich aus den Rahmen lösten. Bruchstücke flogen wie Schrapnelle durch das Haus.

Ein Kranich, der sich zwischen zwei Sesseln verkrochen hatte, wurde entzweigerissen.

Klirrend landeten die Splitter an den Wänden und auf dem Boden. Reflexhaft hatte Graf die Augen geschlossen.

Nun öffnete er sie langsam – und was er sah, ließ ihn erstarren. Wie eine weiß schäumende Wand bewegte sich eine riesige Flutwelle auf das Haus zu. Sie verschlang den Ort, wo einst der Stand gewesen war, begrub die Dünen und den Garten unter sich, ragte weit über das Dach hinaus, und in dem Moment, in dem Graf begriff, dass die Welle über das gesamte Haus hereinbrechen würde, drang das Wasser auch schon durch die zerstörte Seite in das Haus ein, verdrängte die Luft schlagartig aus dem Wohnzimmer, riss ihn von den Beinen, wirbelte ihn durch den Raum, er stieß sich irgendwo den

Kopf, verlor die Orientierung, das Wasser drückte, schob und zerrte ihn mit sich.

Das Letzte, was Philip Graf dachte, war: Katrin.

06:58 Uhr, Maria Laach

Sarah Vogel wählte Nina Kuhns Nummer, richtete dann den Blick wieder auf den Klosterturm. Während es klingelte, verschwanden die beiden Köpfe aus den Fenstern.

»Kuhn!«

»Vogel. Feuerwehr. Wir sind mit einem vollständigen Trupp auf dem Parkplatz vor dem Kloster. Falls Sie uns brauchen. Ihre beiden Zivilisten haben eben die Zielpersonen entdeckt. Sie befinden sich im Klosterturm. Befanden«, korrigierte sie sich. »Ich kann sie nicht mehr sehen.«

»Wen? Arian und Fjella? Was machen die …«

»Nein. Diese beiden Italiener, nach denen Sie alle suchen.«

»Ruinam und Sandel. Die sind wo?«

»Eben waren sie im mittleren Klosterturm. Ihre Freunde sind los, um sie zu …«

»Das sind nicht meine Freunde! Glauben Sie nicht, ich habe die aus gutem Grund nicht mitgenommen. Ach, Scheiße.«

Kuhn legte auf.

Im selben Moment entdeckte Vogel die Polizistin. Sie kam von der Nordseite auf den Parkplatz gerannt, der Kollege hinter ihr her.

Vogel deutete auf das Klostergebäude links von ihr. Die Ermittler passten ihre Laufrichtung an, preschten durch das offen stehende Gittertor, stemmten die schwere Kirchentür auf, verschwanden im Inneren des Baus.

07:01 Uhr, Maria Laach

Eowyn Sandel packte ihren Mann bei der Hand. »Hier entlang!«

Wie immer war sie genauestens vorbereitet. Und wie immer hatte er keine Ahnung. Er überließ alle Details ihr. Lästig, aber so wusste sie wenigstens auch, dass an alles gedacht war.

Vorsichtshalber hatte Sandel sich die Wegführung in der Klosterkirche eingeprägt. Die Ermittlungsbehörden hatten sie bisher brav unterstützt oder tappten erwartungsgemäß im Dunkeln. Dennoch war es bei einer Operation dieser Größe und Tragweite nur eine Frage der Zeit gewesen, bis sie ihnen doch nahe kamen.

Für die Sache war es egal, ob man sie erwischte, einsperrte, auf der Flucht erschoss. Die Ereignisse waren unaufhaltsam.

Aber bei allem Kitzel des Risikos hatte Eowyn keine Lust, Märtyrerin zu werden. Ein Leben im Luxus war schlicht angenehmer als eines im Gefängnis. Oder gar keines.

Im Laufen riss sie ihre hochhackigen Schuhe von den Füßen, warf sie zur Seite. Das Klacken auf den Steinfliesen würde sie sonst auf Hunderte von Metern verraten.

Flack hinter ihr begann zu schnaufen. Sie achtete darauf, dass er täglich seine Herzmedikamente einnahm, aber er war nun mal ein disziplinloser, gieriger Mann. Sie zerrte an seinem Arm. Es war besser, gemeinsam zu entkommen.

Rechts oder links? Eowyn ging davon aus, dass ihre Verfolger die Treppe im mittleren Turm hochkamen. Auf halber Höhe waren die drei Türme miteinander verbunden. Sie lief in den Südturm, nahm Tempo heraus, indem sie mit beiden Armen am oberen Ende des Treppenaufgangs an der Wand abfederte, flitzte die Stufen hinab. Eine Sekunde fürchtete sie, Flack würde ins Stolpern kommen und sie von hinten umreißen, doch er fing sich, keuchte, grunzte, folgte ihr. Am Ausgang zur Empore stoppte sie kurz, sah sich um, lauschte.

Über Flacks angestrengten Atem hinweg war kaum etwas zu hören. Wenn sie zurück waren, würde sie ihn auf Diät setzen!

»Weiter!«, zischte sie und drückte vorsichtig die Tür zur Empore auf. Sie lief Richtung Altar. Dort führte eine schmale Treppe hinter der Orgel abwärts.

Sie erreichten den Altarraum gerade als zwei weitere Personen zur Kirchentür hereinliefen. Sie waren uniformiert, und eine hielt eine Pistole in der Hand.

Polizei.

Eowyn blieb sofort stehen, Flack prallte gegen sie, stöhnte und stützte sich an der Rückseite des Altars ab.

Die Köpfe der Polizisten zuckten zu ihnen herum.

07:03 Uhr, Maria Laach

Fjella hielt inne und bedeutete Arian mit einem Handzeichen, ebenfalls stehen zu bleiben. Konrad hechelte leise.

Sie hatten eine Art Zwischenboden auf halber Höhe des Mittelturms erreicht. Durch eine geöffnete Tür war das Kirchenschiff zu sehen.

Es waren schnelle Schritte zu hören, aber aus welcher Richtung, ließ sich nicht ausmachen. »Das Wichtigste ist, dass wir sie auseinanderbringen«, flüsterte Arian. »Sie dürfen die Schmuckstücke nicht in Kontakt bringen, das ist der Auslöser für die Sprengsätze.«

Fjella nickte. Sie drehte sich einmal um die eigene Achse in der Hoffnung, die Geräusche besser orten zu können.

Auf einmal waren ein Ächzen und dann ein dumpfer Schlag zu hören. Es folgten wieder Schritte, diesmal eindeutig von unten. Dann rief eine Männerstimme: »Da! Da hinten sind sie!«

Sofort folgte eine laute Frauenstimme: »Polizei! Nehmen Sie die Hände hoch! Achtung, wir sind bewaffnet und autorisiert, von der Waffe Gebrauch zu machen!« Nina Kuhn.

Fjella und Arian schlichen näher an die Tür zur Empore heran. Sie konnten jetzt aus einer Höhe von etwa vier Metern auf das Kirchenschiff hinabschauen. Die LKA-Beamten bewegten sich Schritt für Schritt, beide mit gezogenen Waffen, rechts und links der Bänke auf den Gottestisch zu.

Eine hochgewachsene, gertenschlanke Frau und ein älterer, dicklicher Mann brachten sich gerade hinter dem Altar in Sicherheit. Fjella zeigte erst auf die rechte, dann auf die linke Seite der Empore. Arian nickte.

Fjella hoffte, dass die vier unten im Mittelschiff zu beschäftigt mit ihrem Katz-und-Maus-Spiel waren, um sie zu bemerken.

Sie ging nach links, Arian nach rechts. Sie wollten die Gegner von beiden Seiten in die Zange nehmen. In großen Schritten eilten sie vorwärts. Zwei schmale Treppen führten am hinteren Ende der Empore in das tiefer liegende Geschoss.

»Kommen Sie mit erhobenen Händen heraus!«, forderte Kuhn unten.

Arian schaute vorsichtig die Treppe hinunter, konnte zwei dicht nebeneinanderstehende Gestalten hinter dem Altar sehen. Die Frau griff nach ihrem Amulett, hob es ein wenig an.

Arian setzte alles auf eine Karte, polterte die Treppe hinunter. Ruinam und Sandel zuckten zu ihm herum.

Im Augenwinkel sah er Kuhn aufblitzen, dann warf er sich verzweifelt zwischen die beiden Drahtzieher. Hauptsache, die Schmuckstücke waren so weit wie möglich voneinander getrennt. Er streckte eine Hand nach Sandels Anhänger aus, fasste jedoch ins Nichts.

Mit der Schulter voran drängte er sich zwischen die beiden, prallte mit dem Kopf gegen die Rückseite des Altars. Eine gleißende Helligkeit zuckte durch seinen Kopf. Zugleich schien alles schwarz zu werden. Er wusste nicht, warum, aber auf einmal schoss ein stechender Schmerz durch sein Knie.

Jemand drückte ihn zu Boden, fiel auf ihn, es knallte, roch beißend, knallte noch einmal. Er hörte einen Schrei, schloss die Augen, ein heftiger Ruck übertrug sich irgendwie auf seinen Körper, noch ein Gewicht häufte sich auf ihn, und auf einmal war Ruhe.

»Nein! Nein, nein!«, hörte er jemand rufen, aber er wusste nicht, wessen Stimme es war, und auf einmal tropfte eine warme Flüssigkeit auf sein Gesicht.

07:10 Uhr, Rantum (Sylt)

Philip Graf wurde vom Wasser mitgerissen. Instinktiv schloss er im ersten Moment Augen und Mund. Er spürte den Sog, schmeckte das Salz, stieß sich den Arm am Fensterrahmen.

Panik erfüllte seinen gesamten Köper. Er würde sterben.

Die Flutwelle wirbelte ihn im Kreis, zog ihn dann mit sich aus dem Haus zurück ins Meer. Er versuchte, die Augen zu öffnen. Das Wasser brannte, und er konnte nichts erkennen.

Verzweifelt strampelte er mit Armen und Beinen, aber es half nichts.

Der Gewalt der Natur hatte er nichts entgegenzusetzen.

Etwas Scharfes peitschte über sein Gesicht, die Sägezahnblätter des Strandhafers schnitten ihm in die Haut. Es brannte wie verrückt.

Seine Finger fuhren über den Sand, er versuchte sie hineinzubohren, sich festzukrallen, aber es gelang nicht. Da war ein Stein, eine Unebenheit, vielleicht ein … mit Wucht donnerte etwas gegen Grafs Stirn. In seiner Panik sog er Luft durch die Nase ein – oder versuchte es jedenfalls. Doch da war nur Wasser.

Er begann zu husten, zu würgen. Für einen kurzen Moment schien sein Kopf über Wasser zu gelangen, doch er wusste nicht mehr, wo oben war und wo unten. Krampfartig bog sein Körper sich, zuckte. Dann verlor Graf das Bewusstsein.

07:12 Uhr, Maria Laach

Arian wischte sich über das Gesicht, öffnete die Augen. Seine Hand war blutrot.

Er sah sich um.

Schmitz war leichenblass.

Fjella starrte an Arian vorbei.

Die Feuerwehrfrau tauchte auf, kniete sich neben ihn und begann lebenserhaltende Maßnahmen. Nicht bei ihm. Bei …

Er drehte den Kopf zur Seite.

Links von ihm auf dem Boden befand sich Sandel, zu seiner Rechten Ruinam.

Die Polizistin, Kuhn, lag neben Sandel auf dem Rücken. Die Feuerwehrfrau pumpte mit beiden Händen auf Kuhns Brustkorb.

Fjella hielt eine Waffe in der Hand und zielte damit auf Ruinam.

Die Feuerwehrfrau – Sarah – begann Mund-zu-Mund-Beatmung.

Jemand zerrte Sandel zur Seite, legte ihr Plastikfesseln an. Sie war barfuß, das fiel Arian jetzt erst auf.

Rechts von ihm bewegte sich etwas. Jemand. Zwei Polizisten halfen Ruinam auf, führten ihn davon.

Sarah tastete nach Kuhns Puls. Schüttelte traurig den Kopf.

Arian sah wieder auf seine blutverschmierte Hand. Spreizte die Finger. Er begriff nicht, was geschehen war.

»Sie dürfen …«, setzte Arian an. Räusperte sich. Versuchte es noch einmal. »Der Armreif und die Kette dürfen nicht in Kontakt kommen«, sagte er. »Das ist der Auslöser.«

Da fing Ruinam an zu lachen. Immer lauter dröhnte sein Gelächter durch das Gotteshaus. Er lachte, und Arian starrte ihn an, er konnte nicht verstehen, was so komisch war.

Als Ruinam sich beruhigt hatte, sagte er mit tiefer, böser Stimme: »Ihr armen Idioten. Als würden wir uns auf so etwas Fehleranfälliges wie einen manuellen Auslöser verlassen.«

Er schüttelte den Kopf.

Arian kniff die Augen zusammen. Was meinte Ruinam damit?

07:25 Uhr, El Ksikis (Algerien)

Das Plateau El Ksikis befindet sich in der Nordhälfte Algeriens etwa mittig zwischen den Oasenstädten Ghardaia und El Golea. Drei Männer in traditioneller Kleidung standen um einen Armeelaster herum.

In dessen Halterung befand sich eine ballistische Mittelstreckenrakete des Typs Hwasong-12, eine einstufige Rakete mit Steuerdüsen. Sie war bereits in Abschussposition exakt nach Norden ausgerichtet.

Die Programmierung der Zielkoordinaten – 50° 24′ 37″ N, 7° 16′ 11″ O – hatte der Auftraggeber per Satellit vorgenommen. Die Männer hätten auch unter schwerster Folter keine Auskunft über das Ziel geben können, denn sie wussten es nicht.

Alle drei trugen Maschinengewehre. Ihr Anführer sah auf die Uhr.

Um 7:28 Uhr nahmen sie eine sichere Distanz zum Laster ein.

Um 7:29 startete der Anführer den Countdown.

Um exakt 7:30 wurde die Rakete abgefeuert.

Die Männer sahen dem weißen Kondensstreifen nach, steckten sich dann Zigaretten an.

Als sie aufgeraucht hatten, stiegen sie ohne ein weiteres Wort in die Fahrerkabine. Der Laster setzte sich in Bewegung.

Der Tod war den Männern nicht fremd, und doch verlangte er ihnen immer wieder Ehrfurcht ab.

07:34 Uhr, Koblenz

Die Hwasong-12, eine nordkoreanische Entwicklung, erreicht eine Flughöhe von maximal 2000 Kilometern und verfügt mit Sprengkopf über eine Reichweite von höchstens 4500 Kilometern.

Die in El Ksikis abgefeuerte Rakete würde ihr Ziel, den Laacher See, 2117,25 Kilometer nördlich, nach knapp 25 Minuten Flugzeit erreichen. Davon dauerte die Startphase mit steilem Abschusswinkel exakt drei Minuten. Bei Brennschluss wurde die Rakete bei einer Geschwindigkeit von etwa 5 km/s in die endgültige Flugrichtung umgelenkt. Die mittlere Flugphase würde etwa 15 Minuten dauern. Aufgrund der außergewöhnlichen Flughöhe von deutlich über 1000 Kilometern verlängerte sich die Wiedereintrittsphase auf fast fünf Minuten. Der Einschlag würde mit einer Geschwindigkeit von zwischen 1 und 3 km/s erfolgen, also bis zu 10 000 km/h. Ein atomarer Sprengkopf würde Fallout über viele Hundert Quadratkilometer regnen lassen. Doch der konventionelle Sprengkopf hatte nur einen Explosionsradius von deutlich unter 50 Metern. Der See und vor allem der Seegrund würden in die Luft gehen, doch am Ufer wäre höchstens noch eine kräftige Druckwelle zu spüren.

Vier Minuten nach dem Start tauchte die Rakete erstmals auf europäischen Radargeräten auf. Stationen auf Sardinien und in Valencia stellten den unerwarteten Flugkörper fest. Aufgrund des Bewegungsprofils wurde innerhalb von Sekunden eine Identifikation als Angriffsmittel vorgenommen. Nach 30 Sekunden wurde automatisch ein Alarm ausgelöst, da das Flugobjekt möglicherweise in den EU-Luftraum eindringen würde.

Aufgrund der außergewöhnlich dramatischen Wetterlage verlor die Station in Valencia nach 40 Sekunden das Signal.

Minuten später tauchte der Flugkörper auf den Radarschirmen des Flughafens Marseille sowie der Schweizer Armee in Genf auf. Beide Städte befanden sich in der direkten Flugbahn.

Eine vorläufige Projektion der Flugbahn ergab als mögliches Ziel die deutschen Großstädte Köln oder Frankfurt/Main. Augenblicklich wurden die dortigen sowie alle umliegenden Militärstützpunkte informiert und in Alarmbereitschaft versetzt.

Jan Baumann saß in der Notunterkunft auf dem Bundeswehrgelände Koblenz schlecht gelaunt neben Mia. Irgendwer hatte seiner Tochter ein Malbuch geschenkt, mit dem sie sich beschäftigte. Baumann konnte den herrlichen Sonnenschein nicht genießen, weil er sich ärgerte, dass Sarah seine Hilfe abgelehnt hatte. In den letzten Tagen war er ihr doch auch zur Hand gegangen.

Nun aber, wo offenbar wirklich etwas auf dem Spiel stand, war er zum Nichtstun verdammt.

Mia und er zuckten zusammen, als ein ohrenbetäubendes Alarmsignal ertönte. Innerhalb von Sekunden sammelten sich Soldaten vor den Kasernen.

Eine Lautsprecherdurchsage dröhnte: »Dies ist keine Übung! Achtung, Angriffswarnung! Ich wiederhole, dies ist keine Übung! Eine aktuelle Angriffswarnung liegt vor.«

Baumann packte instinktiv Mia und sah sich nach einem Ort um, an dem er sie in Sicherheit bringen konnte. Doch solange er nicht wusste, was los war, konnte er auch nicht beurteilen, wo sie in Sicherheit und wo sie in Gefahr wären.

»Entschuldigung, was ist los?«, fragte er einen Offizier, der an ihnen vorbeilief.

»Keine Ahnung. Raketenalarm«, rief der zurück.

Raketenalarm? Das musste ein Fehler sein.

»Komm«, sagte Baumann zu Mia, die sich verunsichert an sein Bein klammerte. Das Jaulen der Sirene und die scheppernden Durchsagen machten ihr Angst.

Baumann nahm Mia an der Hand, gemeinsam gingen sie vom militärisch ungenutzten Teil, der den Nothelfern zur Verfügung gestellt worden war, in den Bundeswehr-Bereich.

Manche Trupps standen in Reih und Glied und warteten auf Anweisungen, andere Soldaten liefen wirr durcheinander. Baumann suchte den Einsatzführer.

Er betrat den großen Raum. »Kann ich helfen?«, fragte er.

Mia klammerte sich fest an seine Hand.

»Wer sind Sie? Sind Sie Zivilist?«

»Oberstleutnant der Reserve. Baumann. Raketenabwehrspezialist.«

»Verarsch mich nicht.«

Baumann deutete auf den Computer. »Überprüfen Sie mich.« Er rasselte seine Bundeswehr-ID herunter.

Der Hauptmann schaute auf den Bildschirm, nickte dann. »Okay. Gut.«

07:35 Uhr, Maria Laach

»Wo ist Konrad?«, fragte Arian auf einmal. Er schaute sich im Kirchenschiff um.

Die Sanitäter hatten von Nina Kuhn abgelassen. Der Arzt hatte sie für tot erklärt.

Ruinam und Sandel wurden abgeführt.

»Konrad!«, rief Arian laut. »Konrad!«

Der Hund musste bei dem Kampf Angst bekommen haben und davongelaufen sein. Vielleicht hatte er sich versteckt, vielleicht war er auch ins Freie gelangt.

»Konrad!« Arian legte die Hände wie einen Trichter vor den Mund. »Konrad!«

Arian lief durch den Mittelgang, schaute zwischen die Bänke. Er drehte eine Runde im Hauptbau, dann rannte er zur Tür und lief hinaus. »Konrad!«, rief er immer wieder. »Konrad!«

Er erreichte den Parkplatz. Dahinter glitzerte der See malerisch in der Morgensonne. Ohne seine Sorge um den Puli – und ohne den schrecklichen Kampf eben, ohne Kuhns Tod – wäre es ein schöner Anblick gewesen.

Wenige Meter weiter schoben die Streifenpolizisten Sandel und Ruinam in einen Kleinbus. Auf einmal begann Ruinam zu brüllen: »Das ist zu nah am See! Wir brauchen mindestens 200 Meter Abstand! Los, fahren Sie! Fahren Sie, sonst bringen Sie uns alle um! Wir sind zu nah am See!«

Was war mit dem Mann nur los?

Arian schaute sich weiter nach Konrad um.

Er sah, wie jemand Sarah Vogel ein Funkgerät aus dem Feuerwehrwagen reichte. Sie hörte zu. Winkte ihren Leuten, einzusteigen. Mit Blaulicht rasten sie davon.

»Fahren Sie, Mann, fahren Sie!«, schrie Ruinam. Er war mittlerweile vollkommen außer sich. Wand sich, trat gegen die Vordersitze, warf den wuchtigen Oberkörper gegen die Türen.

Die Kollegen stiegen ein, der Transporter setzte sich langsam in Bewegung.

Durch das Fenster meinte Arian die Spur eines zynischen Lächelns auf Sandels Lippen zu entdecken.

Von Konrad immer noch keine Spur.

07:38 Uhr, Rantum (Sylt)

Es regnete. Ein Mann lag mit dem Gesicht himmelwärts auf dem Strand. Es sah aus, als schliefe er.

Sanft sank der Regen auf ihn hernieder.

Der Mann rührte sich nicht.

Eine Möwe flog über ihn hinweg, ließ sich vom abnehmenden Wind hinaus über die Brandung treiben.

Der Strandhafer raschelte leise.

Die Augen des Mannes waren geschlossen. Wenn man genau hinsah, konnte man den Eindruck bekommen, seine Lippen wären zu seinem sanften Lächeln geformt.

Der Brustkorb bewegte sich nicht.

Auf einmal öffnete sich sein Mund, der Mann nahm einen tiefen Atemzug, begann zu husten, rollte sich auf die Seite, spuckte Meerwasser, würgte, würgte, rang nach Luft.

Kraftlos sackte er vornüber, sein Atem ging flach.

Die Möwe kehrte zurück, musterte ihn. Pickte vorsichtig an seinem Schuh. Der Mann bemerkte es nicht.

Er holte erneut Luft, musste wieder husten. Sein Atem ging unregelmäßig. Sein Puls, der eben noch kaum zu spüren gewesen war, raste.

Einen Augenblick lang wusste er nicht, ob er leben oder sterben wollte.

In seinem Mund Salz und Galle.

Er stemmte sich hoch, erst in den Sitz, dann in den Stand.

Seine Kleidung war vollkommen durchnässt. Ein Schuh fehlte. Mit den Fingern betastete er sein Gesicht. Über dem linken Auge brannte die Haut. Er konnte eine sandverkrustete Platzwunde spüren.

Der Mann drehte sich einmal im Kreis. Versuchte, sich zu orientieren. Offenbar hatte das Meer ihn wieder ausgespuckt. Hinter den Dünen konnte er die Straße sehen, die von Westerland nach Rantum und weiter nach Hörnum führte. Rechts waren in einiger Entfernung Häuser zu erahnen.

Als er sich in Bewegung setzen wollte, stürzte er, sackte zurück in den Sand. Sein linkes Bein. Es ließ sich nicht belasten.

Einen Moment lang lag er nur da, lag im Regen. Überlegte, ob er nicht einfach liegen bleiben sollte. Dann minderte sich der Schmerz, und er mühte sich erneut in den Stand.

Und begann, den Strand entlangzuhinken. Nach einer Weile wurde die Anstrengung zu groß. Er begann zu husten, würgte wieder, rang nach Luft.

Er ließ sich auf alle Viere sinken und kroch wie ein Hund. Er zitterte vor Kälte und Erschöpfung. Wenn er noch einmal stoppte, würde er sich nicht wieder in Bewegung setzen.

Die Möwe sah ihm enttäuscht hinterher.

07:40 Uhr, Koblenz

»Nachberechnung«, sagte der diensthabende Feldwebel und starrte auf den Bildschirm. Dann lauter: »Sofortige Mobilisierung. *Wir* sind das Ziel. Warum auch immer. Damit können wir uns später beschäftigen. Ich wiederhole: sofortige Mobilisierung aller Kräfte.«

»Major«, meldete sich ein Stabshauptmann. »Die Spezialisten für die Raketenabwehr sind nicht vor Ort.«

»Noch mal.«

»Die Raketenabwehr ist unbesetzt. Ries hat einen Krankheitstag, weil die Kitas geschlossen sind. Buck hat Urlaub. Schuster-Just ist im Homeoffice, und Wiesner hat sich heute Morgen krankgemeldet.«

»Ich kann das übernehmen«, sagte Baumann.

»Wie kann es sein, dass alle vier …«

»*Ich kann das übernehmen*«, wiederholte Baumann lauter. »Ich kenne das System. Patriot, richtig?«

»Wir haben auch Mantis.«

»Ist für den Nahbereich. Wir brauchen Patriot.

»Okay.«

»Aber …« Der Major warf einen Blick auf Mia.

»Mia kommt mit«, sagte Baumann entschlossen.

Der Stabshauptmann hielt ihnen bereits Ohrenschützer und Helme hin.

»Noch fünfzehn Minuten«, sagte der Major.

»System gefechtsbereit machen«, befahl Baumann.

Der Stabshauptmann winkte: »Kommen Sie mit!«

Baumann und Mia liefen hinter ihm her.

07:51 Uhr, Koblenz

Sarah Vogel drängte sich zwischen den Soldaten hindurch. »Habt ihr einen Mann gesehen, mittleres Alter, mit einem jungen Mädchen?«, fragte sie immer wieder. »Habt ihr einen jungen Mann gesehen, schlank, dunkle Haare, Zivilist, etwa mein Alter?«

Schließlich entgegnete jemand: »Die sind in der Raketenabwehr.«

Vogel riss erstaunt die Augen auf, hatte aber keine Zeit, die Info zu bezweifeln. Sie folgte dem Richtungshinweis ihres Gegenübers.

Und tatsächlich: Mitten auf dem Exerzierplatz stand ein riesiger Laster, die mobile Startstation. Die Abschussrampe wurde gerade aufgerichtet. Im Feuerleitstand saß Baumann, Mia daneben.

Vogel blieb abrupt stehen. Sie wollte ihn nicht ablenken.

Dann sprintete sie los. Das Wichtigste war, in diesem Moment an Jans Seite zu sein.

Sie sprang durch die offene Tür an Bord. Jan sah nur kurz auf, lächelte, konzentrierte sich dann wieder auf den Radarschirm vor ihm.

»Feindliche Luftfahrzeuge im Luftraum«, murmelte er in sein Headset und betätigte mehrere kleine Schalter, dann tippte er auf einen Touchscreen. »Zielverfolgung aktiviert. Bekämpfung …« Er wartete einen Moment, beobachtete die Radaranzeige konzentriert.

Im Geiste sang er Beethovens »Ode an die Freude«: »Freude, schöner Götterfunken, Tochter aus Elysium, wir betreten feuertrunken, Himmlische, dein Heiligtum … Deine Zauber binden wieder, was die Mode streng geteilt, alle Menschen werden Brüder, wo dein sanfter Flügel weilt …«

Schließlich drückte Baumann auf einen weiteren Knopf und beendete seinen Satz: »… eingeleitet.«

Der gesamte Wagen bebte, als die Abwehrrakete gestartet wurde.

»Kommt«, sagte Baumann. Er winkte Mia und Vogel, den Leitstand zu verlassen. Sie liefen hinter ihm her.

Er sprang aus dem Wagen, schaute zum Himmel. Ein weißer Punkt entfernte sich von ihnen. »Komm schon, komm schon, komm schon«, murmelte er.

07:54 Uhr, Maria Laach

»Was soll das heißen, Mittelstreckenrakete, *himstregims*, Dings ... Marschflügkörper, Raketenabwehr? Was?«, kreischte Fjella.

Schmitz hatte Arian und sie eben über die neuesten Informationen in Kenntnis gesetzt.

Jetzt war er damit beschäftigt – genau wie seine Kollegen an den übrigen drei Zufahrten –, den Uferbereich zu evakuieren.

»Bitte entfernen Sie sich sofort so weit wie möglich vom Seeufer. Es besteht akute Lebensgefahr! Nein, lassen Sie alles zurück, gehen Sie, gehen Sie, jetzt sofort, weg, weg!«, rief er den Besuchern zu. Glücklicherweise waren es wenige, so früh am Morgen.

Arian blieb wie angewurzelt stehen und starrte auf den See. »Ach du Scheiße«, murmelte er und hob entsetzt die Hand vor den Mund. »Jetzt verstehe ich.«

»Was? Was verstehst du?«

»Ich habe mich geirrt. Die beiden sind noch viel verrückter, als ich dachte. Es sind gar keine Sprengladungen im See. Und die wollten auch nichts auslösen. Die wollten *zugucken*. Wie ihre verkackte *Mittelstreckenrakete* in den See knallt.«

Fjella wurde kalkweiß. Sie begriff. »Und die Explosion verteilt nicht nur das präparierte Seewasser in der Luft, sondern durchbricht auch noch die Lavakruste des Vulkankraters. Die Asche durch den Ausbruch verdüstert Europa noch mehr.

Der folgende Regen kann die ganze Eifel destabilisieren. Hunderttausende von Menschen geraten in Gefahr, verlieren ihre Heimat. Ein paar Dutzend Vulkane brechen wieder aus. Noch mehr Dampf, noch mehr Asche.«

»Deshalb ist Ruinam durchgedreht, als er in Ufernähe kam. Weil er in die *AE* kam, die *area of effect,* den Wirkungsbereich, und fürchtete, Opfer seines eigenen Plans zu werden. Die werden genau ausgerechnet haben, wie groß der Sprengradius ist. Und die Kirche steht weit genug weg. Logenplätze für den Weltuntergang.«

Er hatte Fjellas Hand genommen und bereits begonnen, vom See wegzulaufen. Doch nun stoppte er, ließ ihre Hand los. »Bring dich in Sicherheit!«, sagte er und drehte um. »Konrad!«, rief er laut. »Konrad!«

07:56 Uhr, Maria Laach

Fjella drehte augenblicklich um und lief hinter Arian her. Sie konnte ihn jetzt nicht allein lassen.

Kurz blitzte das Bild ihres Opas vor ihrem geistigen Auge auf. Auch er hätte seine Margot in Gefahr niemals allein gelassen.

»Konrad, Konrad, wo bist du?«, rief sie.

Arian drehte sich um, als er ihre Stimme hörte. »Lauf! Bring dich in Sicherheit!«

Entschlossen schüttelte sie den Kopf. »Auf keinen Fall. Nicht ohne dich. Und nicht ohne Konrad.«

Auf einmal war da eine Bewegung. Am Himmel, im hellen Blau des Morgens, erschien ein zarter weißer Streifen. Er wurde schnell deutlicher, kam auf sie zu.

Dann erschien ein zweiter Streifen, tiefer, dichter. Er bewegte sich auf den ersten zu, schien ihn erst schneiden, dann einholen zu wollen.

Wie zwei Kätzchen, die miteinander Fangen spielten.

»Oh«, machte Fjella nur und blieb stehen. Unwillkürlich nahm sie Arians Hand.

Beide starrten reglos in den Himmel. Wie lange würde es dauern, bis die Rakete einschlug? Sekunden, Minuten?

»Konrad«, krächzte Arian kraftlos.

Auf einmal war ein leises Bellen zu hören. Sie sahen sich um. Der Puli kroch hinter einem Busch hervor, der an der Klostermauer stand. Schwanzwedelnd lief er auf Arian und Fjella zu.

»Konrad«, sagte Arian und ging in die Knie. Er vergrub beide Hände im Fell des Pulis und zog ihn fest an sich. »Alter Junge, da bist du ja wieder.«

Fjella kniete sich neben ihn. Mit einer Hand streichelte sie den Hund, die andere legte sie auf Arians Rücken.

Sie wagte es kaum, aufzuschauen, traute sich dann aber doch.

Der vordere Streifen war deutlich näher gekommen, vollführte mittlerweile eine erkennbare Abwärtsbewegung.

Der hintere Streifen holte auf.

Und auf einmal, als wäre ein Wunder geschehen, trafen sich die Spitzen, und ein gleißender Blitz zuckte über den Himmel, Augenblicke später gefolgt von einem markerschütternden Knall. Die Streifen verschwanden, Rauch breitete sich aus.

Konrad hatte sich auf den Boden geworfen, bellte.

Aber Fjella konnte ihn nicht hören.

Arian sah sie an, bewegte die Lippen.

Sie schaute nur fragend. Die Welt war stumm geworden.

Arian packte sie an den Schultern, schüttelte sie energisch.

Fjella schüttelte den Kopf. Sie rief: »Ich kann dich nicht hören!« Ihre eigene Stimme hallte dumpf und unbekannt durch ihren Kopf.

Zart berührte Arian ihre Wange. Als er seine Fingerspitzen löste und ihr hinhielt, sah sie das Blut.

Bundeswehr, Pressemitteilung

Die Leitstelle der Bundeswehr gibt bekannt, dass es sich bei der von zahlreichen Personen am heutigen Vormittag beobachteten »Explosion« am Himmel über der Vulkaneifel zweifelsfrei nicht um einen militärischen Zwischenfall handelt. Auch wurde kein sogenanntes UFO gesichtet. Vielmehr – dies konnten Aufzeichnungen des Deutschen Wetterdienstes bestätigen – ist die punktuelle Helligkeitsentwicklung dem seltenen Phänomen irisierender Perlmuttwolken in der Stratosphäre zuzuschreiben.

In den vergangenen Wochen litt Deutschland unter einer anhaltenden Extremwetterlage, die massive und unerwartete Schäden verursachte. Dennoch gilt selbst eine solche Situation nie für das gesamte Gebiet der Bundesrepublik, denn beim Wetter handelt es sich um ein, so Dr. Christian Lau, der Direktor des DWD, »volatiles und unkontrollierbares System«. So ist zu erklären, dass über weiten Teilen nach wie vor eine dichte Wolkendecke liegt, die vielfach für anhaltenden Regen sorgt, während über der Eifel blauer Himmel zu verzeichnen war.

CNN Europe

Seattle: US-amerikanische und spanische Wissenschaftler haben in einer soeben veröffentlichten Studie gezeigt, dass menschliche Einflüsse die Entstehung von Starkregenfällen weltweit verändert haben. Dieses Signal unterscheidet sich eindeutig von natürlichen Wetterausschlägen.

Die Hälfte des Regens entlade sich mittlerweile an den zwölf feuchtesten Tagen des Jahres. Sollte der Klimawandel ungebremst fortschreiten, ist damit zu rechnen, dass Ende des Jahrhunderts bis zu 70 Prozent des Niederschlags in nur zwei Wochen fallen. Der Klimawandel verstärkt die ohnehin asymmetrische Verteilung von Niederschlag.

Die Veränderung reicht aus, um heftigen Regen in ein Hochwasser und ein Hochwasser in eine tödliche Katastrophe zu verwandeln.

WAZ: Interview mit der Bundesinnenministerin (Auszug)

Nach Insider-Informationen haben sich ultrakonservative Kräfte und linksradikale Gruppen zu wetterterroristischen Anschlägen verbündet. Wie kam es zu dieser ungewöhnlichen Kooperation?

Die Ermittlungen stehen erst ganz am Anfang. Die erfolgreiche Abwendung großen Schadens von der Republik ist dem unermüdlichen Einsatz der Behörden und einer außerordentlich intensiven und gelungenen gremienübergreifenden Zusammenarbeit zu verdanken. Die Beteiligten hatten offenbar jeweils ihre eigenen Ziele im Auge, die zwar langfristig erheblich voneinander abwichen, kurzfristig aber massive Überschneidungen aufwiesen. Nach ersten Erkenntnissen ist davon auszugehen, dass es sich um die opportunistische Nutzung sich bietender Gelegenheiten handelte, in der Hoffnung, die Allianz zu einem späteren Zeitpunkt nicht mehr zu benötigen.

Wie sind die Aufklärung und der Gegenschlag gelungen? Sie selbst haben erst kurz zuvor behauptet, dass keine Gefahr mehr für die Bürgerinnen und Bürger besteht.

Ich war zu jedem Zeitpunkt qua Amt vollumfänglich in die intensiven Nachforschungen eingebunden. Weitere Auskünfte kann ich zu diesem Zeitpunkt aus ermittlungstechnischen Gründen nicht geben. Sie werden verstehen, dass wir gerade nach einer erfolgreichen Gefahrenabwehr unsere Taktik etwaigen Nachahmern nicht offenlegen können.

Taz, online

Perspektivwechsel statt Klimawandel

Klimawandel? Ist doch weit weg! Dachten die meisten Menschen bisher. Doch die vergangenen Wochen haben uns eines Besseren belehrt. Kommen die nötigen Maßnahmen nicht zum Klimawandel, dann kommt der Klimawandel zu uns. Was tun? Drei Vorschläge:

1) CO_2-Budgets statt Temperaturzielen. Es wäre schlimm, das 1,5-Grad-Ziel von Paris zu überschreiten. Das wissen alle. Aber was jetzt? Aus maximalen CO_2-Budgets hingegen lassen sich konkrete Maßnahmen ableiten. Ihre Einhaltung lässt sich eindeutig messen und somit kontrollieren.
2) Über Maßnahmen statt Ziele sprechen. Moore sollen gerettet, Wälder aufgeforstet und Kohlendioxid im Boden gespeichert werden. Nur wie? Die Politik muss vorgeben, welche konkreten Schritte gesellschaftlich und individuell notwendig und sinnvoll sind.
3) Persönlicher Verzicht ist notwendig, aber nicht die alleinige Lösung. Regierungen müssen in internationaler Kooperation, notfalls aber auch als nationale Vorbilder, Rahmenbedingungen schaffen, innerhalb derer Firmen und Einzelpersonen klimafreundlicher handeln können und wollen. Fleisch oder vegan, Flugreise oder Urlaub auf Balkonien – alles nicht so wichtig wie politischer Druck und die nächste Wahlentscheidung!

3. Juli

12:00 Uhr, Hamburg

Die Beisetzung von Nina Kuhn auf dem Ohlsdorfer Friedhof fand in Anwesenheit des Hamburger Innensenators sowie der Bundesinnenministerin statt. Beide hielten kurze, anerkennende Reden.

Eric Schmitz hatte lange gezögert, ob er der Feier fernbleiben sollte. Es war ein Schuss aus seiner Waffe gewesen, dem seine Partnerin zum Opfer gefallen war. Letztlich hatte er beschlossen, ihr die letzte Ehre zu erweisen.

Ob er am Tag darauf in den Dienst zurückkehren oder kündigen würde, war noch offen.

Arian und Fjella saßen in der letzten Reihe. Konrad lag unter Arians Stuhl. Fjellas linkes Trommelfell war geplatzt, das Ohr verbunden. Das rechte Trommelfell war intakt, das Hörvermögen aber aktuell um 60 Prozent vermindert. Ob und wann es zurückkehren würde, ließ sich nicht sagen.

Sie hielten einander bei der Hand. Dachten an alles, was sie mit Kuhn erlebt hatten. Die anfängliche Abneigung, das wachsende Vertrauen. Die Bevölkerung der Bundesrepublik würde nie erfahren, was ihr aufgrund der Zähigkeit dieser Ermittlerin erspart geblieben war. Diesmal war auch Arian mit der Geheimhaltung einverstanden.

Philip Graf war mit einem vollkommen verbeulten Auto

vorgefahren. »Ich glaube, den lass ich so«, sagte er. »Als Erinnerung an alles, was wir durchgestanden haben.« Er hatte den großen Sturm auf Sylt nur knapp überlebt. Frau und Kinder waren von der Luftwaffe wohlbehalten zurück nach Hause transportiert worden. Es war eine von Kuhns letzten dienstlichen Anweisungen gewesen.

Seit die EcoQueers in Haft saßen und der große Plan des Fronte della Tempesta vereitelt worden war, klarte es auf über Deutschland. »Es wird noch eine Weile dauern«, prophezeite Fjella, »und ein Teil der Unwetter war auch einfach die Natur, das wird immer wieder vorkommen. Aber die Lage wird besser, Tag für Tag.«

Sarah Vogel hatte auf der Rückfahrt nach Hause bei Jan Baumann in Seesen haltgemacht. Die Schäden am ›Seesener Herz‹ waren beachtlich, aber reparabel. Sie hatte zwei Wochen Urlaub eingereicht, um ihm zur Hand zu gehen.

Auf Instagram hatte sie ein süßes Foto von Baumann, Mia und sich hochgeladen. #happy

Ruinam, das hatte Schmitz Arian und Fjella im Vertrauen verraten, wollte um jeden Preis eine Gefängnisstrafe vermeiden. Er war bereit, als Kronzeuge gegen die EcoQueers auszusagen, ebenso wie gegen seine eigene Frau, Eowyn Sandel. Er hatte bereits die Finanzierung des Fronte della Tempesta und ihre politischen Allianzen offengelegt.

Aktuelle Hochrechnungen gingen davon aus, dass nun doch bei den bevorstehenden Europawahlen nicht mit einem Rechtsruck zu rechnen wäre. Die Innenministerin und Vizekanzlerin würde ihr Wahlziel wohl ebenfalls nicht erreichen.

Kuhns Sarg wurde in den Boden gelassen. Schmitz ließ keine Erde, sondern eine Schaufel Kaffeesatz auf ihren Sarg rieseln.

Nach der Feier gingen Graf, Fjella und Arian noch einige

Schritte durch die parkartige Friedhofsanlage. »Wisst ihr, was das Schlimmste ist?«, fragte Arian schließlich.

Graf und Fjella schüttelten den Kopf.

»Ein paar Wochen lang haben die Menschen die Klimaproblematik wirklich ernst genommen. Glaubt man den Umfragen von vor ein paar Tagen, waren sie endlich bereit, etwas gegen das Fortschreiten des Klimawandels zu tun. Und jetzt …« Er seufzte. »Jetzt kehren wir wahrscheinlich einfach zur Normalität zurück.«

»Das war es, wogegen die EcoQueers kämpften. Und auf ihre Weise auch die Fronte della Tempesta«, stimmte Graf zu. »Mit den falschen Mitteln und den falschen Zielen. Aber die Sorge war berechtigt. Wie beim Toyota iQ. Oder auch dem Fiat Multipla. Problem korrekt erkannt, aber keine guten Lösungen.«

»Dabei muss das Thema demokratisch breit diskutiert werden«, sagte Fjella. »Ohne Geoengineering wird es nicht gehen. Das ist unter Experten unbestritten. Und wenn wir es nicht machen, tun es andere. Zu ihrem eigenen Nutzen.«

Arian drückte ihre Hand. »Ich wünsche mir jedenfalls eine Zukunft nicht nur für uns, sondern« – es blitzte in seinen Augen – »auch für nachfolgende Generationen. Wir müssen uns also etwas einfallen lassen.«

Graf nickte. »Ich bin dabei.«

Konrad bellte zustimmend.

Stern Crime

In den vergangenen Wochen hat sich in Deutschland und Europa ein schier unvorstellbares Verbrechen ereignet. Internationalen Masterminds ist es beinahe gelungen, die Macht an sich zu reißen. Dazu kämpften die Gauner mit allen Mitteln.

Geld spielte keine Rolle. Ihr Werkzeug war das Wetter. Mithilfe krimineller Banden, die im Darknet rekrutiert wurden, sollten das Wetter manipuliert und Verfolger zum Schweigen gebracht werden.

Lesen Sie im aktuellen Sonderheft, wie es einigen mutigen Helden gelang, das Schicksal zu wenden, die Sonne über Deutschland zurückzuholen und eine Machtübernahme der Nationalisten zu verhindern.

SZ, online

Der italienische *Gruppo di Intervento Speciale* hat auf mehrere im Namen des Fronte della Tempesta eröffneten Konten bei deutschen Banken hingewiesen. Der angebliche Thinktank steckte hinter den Wettermanipulationen der vergangenen Wochen.

Die Konten wurden beschlagnahmt. Die Innenministerin hat entschieden, das Vermögen in vollem Umfang dem von ihr verwalteten Hilfsfonds für Unwettergeschädigte zuzuschlagen.

EPILOG

»Wie gesagt, meine Damen und Herren, uns blieben nur 16 Tage bis zum Untergang Europas. Der Fronte della Tempesta, ein – wie wir heute wissen – aus radikalen Kreisen finanzierter sogenannter ›Thinktank‹, hatte sich zum Ziel gesetzt, die europäische Ordnung nachhaltig zu destabilisieren. Dafür wurden Sabotageakte und Kleinkriminalität im großen Maßstab finanziert. Hunderte, Tausende von Zwischenfällen, die alle Bürger verunsicherten. Als sich eine massive Schlechtwetterfront über ganz Europa einnistete, sahen die Macher ihre Chance gekommen. Sie verbündeten sich mit extremistischen Umweltaktivisten und planten, ganz Mitteleuropa für Jahre unter einer düsteren Wolkendecke zu begraben.

Die Bürger würden darauf, so spekulierten die Drahtzieher, mit einem massiven Rechtsruck hin zu den nationalistischen Parteien reagieren, die unter dem Fähnchen der individuellen Freiheit segeln.

Um dieses Ziel zu erreichen, verschärften die Terroristen mithilfe illegaler biochemischer Eingriffe die intensive natürliche Schlechtwetterlage noch massiv. Zusätzlich griffen sie direkt und indirekt wichtige Knotenpunkte der kritischen Infrastruktur an.

Ich muss ehrlich zugeben, als die Nephologin Fjella Lange, der Versicherungsgutachter Philip Graf und der Datenanalytiker Arian Fischer uns diese Theorie präsentierten, glaubten wir ihnen kein Wort. Zu verrückt und zugleich zu unvorstellbar menschenverachtend schien uns ein solches Vorgehen.

Wir wurden eines Besseren belehrt. Unsere Kollegin – *meine* Kollegin – Nina Kuhn ließ ihr Leben für unser Land. Hätten wir den Warnzeichen früher Glauben geschenkt, wäre sie vielleicht heute noch bei uns.

Im letzten Moment und nur aufgrund besonders glücklicher Umstände, auf die ich aus Geheimhaltungsgründen hier nicht näher eingehen darf, konnte großes Unglück nicht nur von unserem Land, sondern von ganz Europa abgehalten werden.

Die Anstifter dieses heimtückischen Anschlags auf die freiheitliche Grundordnung konnten dem Rechtsstaat zugeführt werden.

Meine Damen und Herren, ich habe in jenen Tagen eines gelernt, und das möchte ich an Sie weitergeben: Es ist nie zu spät, sich die eigenen Fehler einzugestehen und das Richtige zu tun. Nie.

Ich danke Ihnen.«

NACHWORT

›Dark Clouds‹ zu schreiben war in gewissem Maße selbst wie ein Wettlauf gegen die Zeit. Während der Arbeit am Manuskript trat immer wieder ein, was ich als Thriller-Fantasie entwickelt hatte. In New York sorgte der Sturm Ida für Überflutungen der U-Bahn und die Ausrufung des Notstands in allen fünf Stadtteilen. In Deutschland verwüstete Starkregen und die folgende Flut das Ahrtal. Die Open-Source-Schnittstelle Log4J, weltweit in nahezu allen sicherheitsrelevanten Computerprogrammen verwendet, erwies sich als perfektes Tool für Hacker und Kriminelle.

Vielleicht sind etliche der Szenarien, die in ›Dark Clouds‹ entworfen werden, doch gar nicht so unrealistisch …

Bei der Konstruktion der Story hatte ich mehrere Ziele: Erstens wünschte ich mir ein positives, zukunftsoffenes Ende. Denn Weltuntergangspanik hilft niemand. Zweitens wollte ich die zwingende Notwendigkeit einer länderübergreifenden Zusammenarbeit darstellen. Es ist so leicht, Zweifel zu säen. Ich wollte das Vertrauen in gemeinschaftliche Organisationen erhöhen, nicht verringern. Drittens sollte deutlich werden, warum privatwirtschaftliche Alleingänge für komplexe Probleme dieser Art keine gute Strategie darstellen. Und viertens wollte ich Verständnis dafür wecken, dass eine Umweltschutzpolitik der Kompromisse immer noch besser ist, als aus der Opposition herumzumeckern.

Darüber hinaus war es mein Ziel, einige der dramatischen Klimaerkenntnisse zu erwähnen und damit im besten Fall Interesse zu wecken für dieses faszinierende Thema. Nahezu alle Expertenaussagen sowie die allermeisten Schadensbeschreibungen sind wahrheitsgetreu.

Eines wollte ich hingegen nicht: eine echte Sabotageanleitung liefern. Deshalb habe ich entscheidende chemische und ermittlungstechnische Details verändert. Ja, Regenwolken lassen sich künstlich erzeugen, und das wäre auch relativ kostengünstig möglich. Aber es funktioniert eben nicht genau so wie dargestellt.

Das Bundesamt für Bevölkerungsschutz und Katastrophenhilfe kommt in ›Dark Clouds‹ nicht gut weg. Nur für den Fall, dass jemand genau dort arbeitet: Die Darstellung ist nicht persönlich gemeint, sondern exemplarisch. Weder in der Coronakrise noch bei den letzten Unwetterwarnungen haben sich die unterschiedlichen zuständigen Institutionen als sonderlich schlagkräftig erwiesen.

Ebenso beeindruckend wie bedrückend fand ich die Schadenssummen von Unwetterschäden. Allein die Deutsche Bahn muss nach der Hochwasserkatastrophe im Ahrtal Reparaturen für über 1,3 Milliarden (ja, Milliarden) Euro durchführen. Insgesamt war 2021 mit rund 12,5 Milliarden versicherten Schäden das teuerste Naturgefahrenjahr aller Zeiten. Davon entfallen etwa neun Milliarden auf Schäden an Wohngebäuden, Hausrat und Betrieben durch Überschwemmung und Starkregen sowie zwei Milliarden Euro auf Sturm- und Hagelschäden. (Der langjährige Schadensmittelwert pro Jahr beträgt 3,8 Milliarden Euro.)

Neu war mir auch, dass unter Klimaexperten unumstritten ist, dass zur Eindämmung der Klimakatastrophe nicht nur eine deutliche Senkung des Kohlendioxidausstoßes notwendig ist, sondern dass auch aktiv CO_2 aus der Luft entnommen oder das Klima anderweitig aktiv beeinflusst werden muss. Was heißt: Nachdem die Menschheit erst unwissentlich, dann wissentlich, aktiv zur Erderwärmung beigetragen hat, müssen wir nun aktiv zur Abkühlung beitragen – das wirft technische wie ethische Fragen auf, die sowohl möglichst kompetent diskutiert als auch geklärt werden müssen.

Eine große Hilfe bei der Arbeit waren kompetente und kritische Veröffentlichungen in der Presse, insbesondere in der ›Neuen Zürcher Zeitung‹, im ›Spiegel‹, in der ›Süddeutschen Zeitung‹, im ›Tagesspiegel‹ und in der ›ZEIT‹. Auch online gibt es viele eindrucksvolle Informationen. Besonders empfehlenswert finde ich die Zusammenstellung »Ist das noch Wetter oder schon Klimawandel?« von Quarks Data unter https://www.quarks.de/umwelt/klimawandel/wetter-oder-klimawandel-2/. Dort könnt ihr euren Wohnort eintragen und erhaltet eine lokale Auswertung. So werden Wetter- und Klimainformationen konkret nachvollziehbar!

Zur Erstellung realistischer Sabotagepläne und Katastrophenszenarien habe ich zudem auf die »Schriften zur Zukunft der Öffentlichen Sicherheit: Risiko- und Krisenkommunikation« sowie das »Grünbuch 2020 zur Öffentlichen Sicherheit« des Zukunftsforums Öffentliche Sicherheit zurückgegriffen.

Was bleibt? Bin ich durch die Recherche, aber auch durch das Hineinversetzen in unterschiedlich motivierte Akteure, pessimistischer oder optimistischer geworden?

Ehrlich gesagt, weder noch. Aber ungeduldiger. Denn mir ist bewusster geworden, *wie* dramatisch die Lage ist und *wie* dringend wir handeln müssen. Corona hat deutlich gemacht, dass vielen Menschen nicht klar ist, wie Wissenschaft funktioniert. Die Wissenschaftskommunikation (von Wissenschaft und über Wissenschaft) muss besser werden. Wir müssen deutlicher machen, was wir wissen, was wir nicht wissen, was daraus folgt und warum. Wenn es nicht gelingt, die meisten Menschen mitzunehmen, werden die notwendigen Veränderungen scheitern. Und »mitnehmen« heißt: Es ist Überzeugungsarbeit zu leisten.

Das wird hoffentlich zugleich dazu beitragen, den Gemeinsinn zu stärken und die Aggressionen zu lindern. Hass und Feindseligkeit sind nicht lösungsorientiert. Nie.

Es muss gelingen, Klimafrust, Klimawut, Klimadepression und leider nach wie vor auch Klimazweifel und Klimaunsinn auf fantasievolle und überzeugende Weise zu kontern. Wir brauchen Faktenchecker und Faktenvermittler, ja, und wir müssen die eigene und die allgemeine Medienkompetenz erhöhen.

Die gewaltigen Schadenssummen des Jahres 2021, die umfassende Darstellung der Katastrophenprojektionen, wenn wir nichts tun, hat für mich (wieder einmal) klargemacht: Die Experten haben eindeutig und unbezweifelbar recht, wenn sie sagen »Das Teuerste, was wir jetzt tun können, ist nichts.«

In den letzten Jahrzehnten ist es zu einer sogenannten »Singularisierung« gekommen. Die Gemeinschaft rückte in den Hintergrund, die Bedürfnisse des Individuums in den Vordergrund. Das hat vieles besser oder überhaupt erst möglich gemacht. Doch es unterläuft tendenziell das Politische, das kollektive Denken und Handeln. Ich bin überzeugt: Wir brauchen beides! Jede*r soll sich entfalten können, und jede*r kann etwas tun. Zugleich müssen wir gemeinsame Werte betonen und auf ihrer Grundlage ebenso zügig wie demokratisch zu einer gemeinsamen Handlungsfähigkeit gelangen.

Was brauchen wir noch? Humor. Ohne Humor lässt sich kaum Hoffnung entwickeln, und ohne Hoffnung werden wir es nicht schaffen.

Sagt der Mann: »Ich fahre ab jetzt mit dem Fahrrad zur Arbeit, der Umwelt zuliebe. Wenn es nur nicht so anstrengend wäre, das Ding in den Kofferraum zu heben.«

Ich hoffe, ihr fandet ›Dark Clouds‹ spannend, anregend, kritisch und ermutigend.

Alles Gute! Euer *Thilo Falk*